KULTURKRITIK ET PHILOSOPHIE THÉRAPEUTIQUE
CHEZ LE JEUNE NIETZSCHE

Pensée allemande et européenne
collection fondée par Guy Rocher
dirigée par Philippe Despoix et Augustin Simard

Universels quant à leurs préoccupations critiques, les ouvrages publiés dans cette collection pluridisciplinaire sont indissociables de l'univers intellectuel germanique et centre-européen, soit parce qu'ils proviennent de traditions de pensée qui y sont spécifiques, soit parce qu'ils y ont connu une postérité importante. En plus des traductions d'auteurs aujourd'hui classiques (tels Simmel, Weber ou Kracauer), la collection accueille des monographies ou des ouvrages collectifs qui éclairent sous un angle novateur des thèmes propres à cette constellation intellectuelle.

Martine Béland

Kulturkritik et philosophie thérapeutique
chez le jeune Nietzsche

Les Presses de l'Université de Montréal

La collection *Pensée allemande et européenne* est parrainée par le Centre canadien d'études allemandes et européennes (CCEAE, Université de Montréal), publie des ouvrages évalués par les pairs et reçoit l'appui du Deutscher Akademischer Austausch Dienst (DAAD).
http://www.cceae.umontreal.ca/La-collection-du-CCEAE

Catalogage avant publication de Bibliothèque et Archives nationales du Québec et Bibliothèque et Archives Canada

Béland, Martine, 1977-

Kulturkritik et philosophie thérapeutique chez le jeune Nietzsche

(Pensée allemande et européenne)
Comprend des réf. bibliogr.

ISBN 978-2-7606-2289-0

1. Nietzsche, Friedrich Wilhelm, 1844-1900. 2. Philosophie et civilisation. 3. Philosophie - Pratique. 4. Criticisme. 5. Counseling philosophique. I. Titre.

B3318.C54B44 2012   193   C2012-941057-8

Dépôt légal : 3ᵉ trimestre 2012
Bibliothèque et Archives nationales du Québec
© Les Presses de l'Université de Montréal, 2012

ISBN (papier) 978-2-7606-2289-0
ISBN (epub) 978-2-7606-3102-1
ISBN (pdf) 978-2-7606-3101-4

Les Presses de l'Université de Montréal reconnaissent l'aide financière du gouvernement du Canada par l'entremise du Fonds du livre du Canada pour leurs activités d'édition.

Les Presses de l'Université de Montréal remercient de leur soutien financier le Conseil des arts du Canada et la Société de développement des entreprises culturelles du Québec (SODEC).

Cet ouvrage a été publié grâce à une subvention de la Fédération canadienne des sciences humaines, de concert avec le Prix d'auteurs pour l'édition savante, dont les fonds proviennent du Conseil de recherches en sciences humaines du Canada.

IMPRIMÉ AU CANADA EN AOÛT 2012

AVANT-PROPOS

La conception de la philosophie comme médecine possède une longue histoire. Les écoles hellénistiques — en premier lieu, l'épicurisme et le stoïcisme — considéraient la philosophie comme un remède aux maux de l'âme, comme une thérapeutique permettant à l'individu d'atteindre l'autarcie et l'ataraxie, c'est-à-dire l'indépendance et la tranquillité d'esprit chères à Épicure et à Plutarque, par la connaissance de soi. Il n'est pas étonnant de retrouver des échos de ces écoles grecques sous la plume du philologue qu'était Friedrich Nietzsche.

Dans ses premiers écrits, Nietzsche donne à cette préoccupation thérapeutique la forme de la *Kulturkritik* : le philosophe est un médecin qui lutte contre la maladie de la civilisation (*Kultur*), en s'en prenant à la fois aux causes et aux manifestations du mal. Cette entreprise l'amène à critiquer les postures caractéristiques du moderne : l'optimisme théorique, l'esprit scientifique, le relativisme historique, l'esthétique de l'imitation, la dignité accordée au travail, etc. Ces maux qu'il diagnostique renvoient à des problèmes d'ordre moral — illusions (quant à la nature des phénomènes esthétiques) et mensonges (sur les fondements de l'État), fausses opinions (véhiculées par le journalisme sous toutes ses formes) et gonflement de l'orgueil (expression d'une nation ayant vaincu la France par les armes). En tant que tels, ils trouveront leur antidote dans une perspective philosophique fondamentalement différente de celle qui anime ce que Nietzsche appelle la civilisation «théorique» ou «alexandrine». La *Kulturkritik* se donne donc pour tâche d'assainir la civilisation contemporaine (l'Allemagne de Bismarck), en modifiant la perspective philosophique sur laquelle elle repose. Il s'agit alors pour le philosophe de préciser les limites que doit respecter le savoir scientifique, d'affermir les fondements d'une nouvelle esthétique et de fonder, sur ces bases, des orientations pédagogiques respectueuses d'une hiérarchie que Nietzsche considère comme naturelle. Ces tâches, encore une fois, ramènent Nietzsche aux Grecs. En tant que thérapeutique, la philosophie est d'abord une *praxis*. Plutôt que d'avoir son but en elle-même, la recherche philosophique doit déboucher sur une pratique, comme l'exprime déjà la *Lettre à Ménécée* d'Épicure : il faut faire des principes philosophiques l'objet d'une réflexion pratique. La philosophie a un effet direct sur l'individu, puisqu'elle est un exercice constant qui invite à l'adoption d'un certain mode de vie. Cet exercice prend d'ailleurs la forme, chez le jeune Nietzsche, d'une interrogation incessante sur la nature de la philosophie. Mais davantage encore, la question qui l'intéresse est : « Qu'est-ce qu'un philosophe ? » Dans sa volonté de « devenir philosophe », Nietzsche suit les préceptes d'Épicure qui invite son lecteur à s'exercer à devenir sage nuit et jour, en réfléchissant dans l'intimité d'une pensée solitaire et de discussions avec ses amis.

Cette démarche pour vivre en philosophe entraîne très tôt chez Nietzsche un conflit entre sa vocation et son métier de philologue et de professeur. La philosophie, en effet, commande une indépendance, une autonomie et un déracinement qui vont à l'encontre des attaches que suppose un métier. La pratique philosophique que Nietzsche développe à Bâle, pendant ses années de professorat, et qui se réclame autant des anciens Grecs que de Schopenhauer, aboutit ainsi à interroger la professionnalisation de la philosophie et le découpage disciplinaire dont elle répond encore aujourd'hui. Mais s'il s'agit pour Nietzsche de devenir philosophe plutôt que de faire carrière, sa réflexion entraîne aussi des questions sur l'orientation de la pratique philosophique comme telle. En ce sens, la deuxième *Considération inactuelle* souligne que plutôt que de savoir, il faut *savoir agir*.

La troisième *Inactuelle* invite le penseur à donner un exemple par sa vie plus que par ses livres. Et la maxime que Nietzsche emprunte à Pindare, et qu'il répète depuis ses tout premiers travaux philologiques jusqu'à *Ecce homo*, commande au lecteur : « Sois tel que tu as appris à te connaître. »

Pour le jeune Nietzsche, la philosophie va finalement plus loin que la *Kulturkritik*. Elle doit certes contribuer à purger la civilisation, mais elle est aussi essentiellement une discipline constante pour se connaître soi-même et se former. En ce sens, les textes philosophiques de l'Antiquité et de la modernité, que Nietzsche examine, témoignent des réponses qu'il est possible d'apporter aux questions existentielles qui préoccupent le penseur : dans ses écrits, un philosophe donne un exemple de vie qu'il faut tester, évaluer et peut-être même réactualiser. L'activité critique du philosophe médecin de la civilisation fonde ainsi un mode de vie que Nietzsche a défini, qu'il a exercé, et qu'il a enfin abandonné. C'est ce projet et cette définition de la philosophie que cet ouvrage retrace.

REMERCIEMENTS

Je tiens à remercier avant tout le Centre canadien d'études allemandes et européennes de l'Université de Montréal pour l'environnement vif et stimulant qu'il offre aux chercheurs qui s'intéressent à la pensée allemande, ainsi que pour son appui lors des recherches ayant mené à la préparation de ce livre. Je souhaite aussi remercier monsieur Jean Grondin et le Département de philosophie de l'Université de Montréal pour leur accueil lors de mon stage postdoctoral, pendant lequel j'ai pu travailler à la rédaction du manuscrit. Des remerciements particuliers sont offerts à messieurs Philippe Despoix, Pierre Manent et Jean-François Mattéi, qui m'ont donné de précieux commentaires sur différentes versions du manuscrit et, surtout, qui m'ont encouragée à le préparer en vue d'une publication. Enfin, je remercie vivement mon institution, le Collège Édouard-Montpetit, qui appuie la recherche chez ses professeurs.

NOTE SUR LES CITATIONS

Dans la mesure du possible, on renvoie à l'édition critique des écrits de Nietzsche, établie par Giorgio Colli et Mazzino Montinari. On cite la traduction française lorsqu'elle existe, et dans les cas où les textes utilisés n'ont pas été publiés en français, on traduit à partir de l'original allemand. À moins d'indication contraire en note, le texte qui apparaît en italiques dans les citations est souligné par Nietzsche.

Les références aux fragments posthumes renvoient aux volumes de l'édition Colli et Montinari chez Gallimard (FP1, FP2 ou FP3). Pour l'édition allemande, lorsqu'il y a lieu de la citer, on indique le numéro du volume (KSA, vol. 7, *Nachlaß 1869-1874*, ou vol. 8, *Nachlaß 1875-1879*).

Les données biographiques sur les contemporains de Nietzsche, qui apparaissent au fil de cette étude, proviennent en partie du travail publié par Hauke Reich, *Nietzsche-Zeitgenossenlexikon* (2004), mais aussi de la bibliographie établie par R. F. Krummel (1998) et de données recueillies dans des dictionnaires, des biographies et des index. À moins d'indication contraire, toutes les références au livre de Krummel, *Nietzsche und der deutsche Geist*, renvoient à la deuxième édition revue et augmentée (1998). Les quelques références à la première édition (1974) sont identifiées par la lettre «B».

Dans le but d'alléger les notes de bas de page, les références complètes aux ouvrages cités apparaissent seulement dans la bibliographie. Les citations tirées d'ouvrages allemands et anglais qui n'ont pas été publiés en français sont de notre traduction.

ABRÉVIATIONS

Dans le but d'alléger les notes, on renvoie aux écrits de Nietzsche au moyen des abréviations suivantes, que l'on fait suivre, lorsqu'il y a lieu, du numéro de la section (§) et de la page citées.

AÉE   *Sur l'avenir de nos établissements d'enseignement*, cinq conférences (1872)

CI   *Considérations inactuelles*
     CI1   *David Strauss, l'apôtre et l'écrivain* (1873)
     CI2   *De l'utilité et des inconvénients de l'histoire pour la vie* (1874)
     CI3   *Schopenhauer éducateur* (1874)
     CI4   *Richard Wagner à Bayreuth* (1876)

COR   *Correspondance*, 3 vol. (1869-1879)

CP   *Cinq préfaces à cinq livres qui n'ont pas été écrits*
– « La passion de la vérité » (1872)
– « Réflexions sur l'avenir de nos établissements d'enseignement » (1872)
– « L'État chez les Grecs » (1871)
– « Le rapport de la philosophie de Schopenhauer à une philosophie allemande » (1872)
– « La joute chez Homère » (1872)

FP   Fragments posthumes
     FP1   Automne 1869-printemps 1872
     FP2   Été 1872-hiver 1873-1874
     FP3   Début 1874-printemps 1876

GS	*Le gai savoir* (1882, 1887)
HTH	*Humain, trop humain. Un livre pour esprits libres*, vol. 1 et 2 (1878-1879)
IÉPC	*Introduction aux études de philologie classique*, cours (été 1871)
KSA	*Sämtliche Werke, kritische Studienausgabe*
KSB	*Sämtliche Briefe, kritische Studienausgabe*
NAP	*Nous autres philologues*, inachevé (1875)
NT	*La naissance de la tragédie* (1872)
PBM	*Par-delà bien et mal. Prélude d'une philosophie de l'avenir* (1886)
PÉTG	*La philosophie à l'époque tragique des Grecs*, inachevé (1873)
PH	*Sur la personnalité d'Homère*, leçon inaugurale (1869)
QANT	*Querelle autour de* La naissance de la tragédie (1871-1873), écrits et lettres de Nietzsche, Ritschl, Rohde, Wilamowitz-Möllendorff et R. et C. Wagner
RL	*Rhétorique et langage*, cours (hiver 1872-1873)
VME	*Vérité et mensonge au sens extra-moral*, inachevé (1873)

Introduction

Le conflit entre métier et vocation

> Mon objectif est de déclencher la guerre entre notre « civilisation » actuelle et l'Antiquité.
>
> NIETZSCHE, *Nous autres philologues*

Friedrich Nietzsche a vingt-quatre ans, et n'a achevé ni thèse ni habilitation, lorsqu'il est nommé à la chaire de philologie classique à l'Université de Bâle, en Suisse, en 1869. Il a été recommandé par l'éminent philologue Friedrich Ritschl, son professeur à Bonn puis à Leipzig, qui vantait son mérite et ses travaux scientifiques[1]. Nietzsche n'enseigne que dix ans : il donne ses cours de façon assez régulière jusqu'à l'obtention d'un congé de maladie en 1876, revient enseigner en 1877, et demande une retraite anticipée au cours de l'été 1879.

Au printemps 1869, Nietzsche arrive à Bâle avec enthousiasme, malgré certaines appréhensions quant à la lourde charge de travail qu'il entreprend. Moins d'un an après le début de sa carrière, il écrit à un ami proche : « De mon activité universitaire, dont j'ai heureusement terminé les six premiers mois, j'ai le droit

---

1. Publiés dans le *Rheinisches Museum für Philologie*, la revue francfortoise codirigée par Ritschl, ces articles contribuèrent à établir la réputation du jeune Nietzsche. On lui décerne le doctorat sur la base de ces travaux par l'Université de Leipzig, le 23 mars 1869. *Cf.* Curt Paul Janz, *Nietzsche. Biographie*, vol. 1, p. 229, et Richard Frank Krummel, *Nietzsche und der deutsche Geist*, vol. 1, p. 3 *sq.*

d'être tout à fait satisfait. J'observe chez mes auditeurs l'intérêt le plus éveillé et une réelle sympathie pour moi, qui se manifeste en ceci qu'ils viennent souvent et volontiers me demander conseil[2]. » Le jeune professeur, qui a sept publications en philologie à son actif depuis 1868 seulement et qui en prévoit d'autres au courant de l'année 1870, est heureux du travail scientifique qu'il a accompli jusqu'à présent. Mais aussi, au cours des premières années de sa carrière, il se montre convaincu de l'importance de sa mission pédagogique, comme l'indique la conclusion de son cours d'introduction aux études de philologie classique, en 1871 : « [J]e souhaite vous avoir montré la tâche de la philologie : comme un moyen de transfigurer sa propre existence et celle de la jeunesse qui grandit[3]. »

Pourtant, malgré cet enthousiasme initial, les écrits bâlois de Nietzsche témoignent d'un désenchantement progressif par rapport aux exigences du métier et d'une orientation résolue vers une vocation philosophique non scientifique. Dans une lettre à Erwin Rohde, écrite deux ans après son arrivée à Bâle, Nietzsche précise qu'il se sent « de plus en plus étranger » à l'égard de la philologie : « Je m'habitue progressivement à vivre en philosophe et j'ai déjà repris confiance en moi[4] ». Quatre ans plus tard, dans des notes pour un essai qu'il ne termine pas, il se penche sur la question du *Beruf* et dresse un constat amer : « L'homme *choisit* sa profession à un moment où il n'est pas encore capable de choisir, faute de connaître les diverses professions, faute de se connaître lui-même[5]. » Sévère bilan pour un jeune professeur d'à peine trente ans, en poste depuis tout juste six ans et, en théorie, bien loin du moment de la retraite. Au cours de l'hiver 1871, Nietzsche a tenté, pourtant, de changer de profession — ou plutôt, de discipline, en postulant, sans succès, à la chaire de

---

2. Lettre n° 32 à Carl von Gersdorff du 28 septembre 1869, *in* COR, vol. 2, p. 60.
3. IÉPC, conclusion, p. 130.
4. Lettre n° 130 à Rohde du 29 mars 1871, *in* COR, vol. 2, p. 175.
5. NAP, p. 43 *sq*.

philosophie de l'Université de Bâle[6]. Qu'est-il donc advenu du «spécialiste illustre[7]», de l'«étoile[8]» montante de l'école de Leipzig, arrivé à Bâle plein d'espoirs et armé de projets? De son propre aveu, le jeune professeur vit dans «dans un singulier conflit[9]». Au milieu des années 1870, il traverse une profonde crise. Nietzsche emploie ce terme, rétrospectivement, dans une lettre à Georg Brandes: «Entre les *Considérations inactuelles* et *Humain, trop humain* se tiennent une crise et une transformation. Aussi physique: je vécus pendant des années dans le voisinage de la mort[10]». On entend démontrer en ces pages que cette crise est la manifestation de la tension entre métier et vocation, qui le préoccupe depuis son arrivée en poste et qui fait régulièrement surface dans ses essais. La crise se cristallise finalement durant le congé de 1876, et le bref retour à la vie universitaire se fait sur le mode du retrait par rapport aux activités professionnelles et philosophiques des années précédentes. En effet, au moment de prendre congé en 1876, Nietzsche a abandonné la philologie classique comme activité intellectuelle principale, la polémique comme mode d'expression privilégié, le wagnérisme comme voie de réforme culturelle et l'université comme lieu de réalisation de la pulsion de connaissance. Il réévalue aussi ses amitiés et ses collaborations: en 1876, il s'éloigne d'Erwin Rohde[11] (dont la profonde amitié l'accompagnait depuis

---

6. *Cf.* la lettre n° 118 au recteur de l'Université de Bâle, W. Vischer-Bilfinger, de janvier 1871.
7. Charles Andler, *Nietzsche. Sa vie et sa pensée*, vol. 1, p. 323.
8. Lettre n° 18 à Friedrich Ritschl du 2 août 1869, *in* COR, vol. 2, p. 36.
9. Lettre n° 118 à Wilhelm Vischer-Bilfinger de janvier 1871, *in* COR, vol. 2, p. 163.
10. Lettre n° 997 à Brandes du 19 février 1888, *in* KSB, vol. 8, p. 260.
11. Le philologue Erwin Rohde (1845-1898) compte pour beaucoup dans les projets de Nietzsche dans la première moitié des années 1870: aussi sera-t-il souvent question de lui en ces pages. En 1876, alors professeur à Iéna, Rohde ne voit Nietzsche qu'une seule fois, après quoi ils ne se revoient qu'une toute dernière fois, en 1886 à Leipzig.

1867) et de Carl von Gersdorff[12] (ami intime depuis 1863) et il rompt ses relations avec Richard Wagner[13] après le premier festival de Bayreuth.

À ces retraits et ruptures s'ajoute une innovation, développée pendant cette période de crise : la modification de la forme de l'écrit et le développement du style aphoristique, apparents dès la publication, en avril 1878, d'*Humain, trop humain*. Des commentateurs de la première heure, parmi lesquels le philosophe Ludwig Stein (1859-1930), remarquent qu'à compter de cette époque, non seulement Nietzsche adopte une nouvelle écriture, mais de plus, il développe de nouveaux intérêts philosophiques : « Nietzsche a raison de dire que, avec les années, sa méthode est devenue plus claire et plus mûre ; mais pour ses idées, elles ne sont pas "devenues plus fortes", elles ont positivement changé[14]. » Stein attribue ce changement à la lecture par Nietzsche, en 1877, du livre du philosophe Paul Rée, *De l'origine des sentiments moraux*, la question de l'origine des valeurs morales apparaissant au cœur des réflexions nietzschéennes dès les deux compléments à *Humain, trop humain*.

En somme, l'année 1876 est celle d'une crise non seulement physique, mais plus profondément intellectuelle, qui se réper-

---

12. Le *Freiherr* Carl von Gersdorff (1844-1904), ancien étudiant de Pforta, était propriétaire terrien à Hohenheim. Dans les années 1870, il aide Nietzsche à mettre ses textes par écrit : ce dernier lui dicte la première ébauche de la première *Inactuelle* et *Vérité et mensonge au sens extra-moral*. Gersdorff l'aide aussi à corriger les épreuves des deux premières *Inactuelles*. Leur amitié se refroidit en 1876, puis se rompt en 1877.
13. Le 8 novembre 1868, « merveilleuse aventure », Nietzsche rencontre Richard Wagner à Leipzig. Immédiatement séduit par le « maître », il raconte avoir vécu ces journées « dans une atmosphère quelque peu romanesque » (lettre n° 599 à Rohde du 9 novembre 1868, *in* COR, vol. 1, p. 619). À compter de 1869, le philosophe et le musicien allemands, habitant tous deux la Suisse, entretiennent une relation faite d'admiration et de projets communs, jusqu'à l'éloignement de l'été 1876.
14. Ludwig Stein, « Frédéric Nietzsche. L'homme et l'écrivain » (1893), p. 750. Ancien étudiant du théologien et philosophe Eduard Zeller, L. Stein était professeur de philosophie à l'Université de Berne. Cet article est un extrait tiré de son livre de 1893, *Friedrich Nietzsches Weltanschauung und ihre Gefahren*.

cute par des modifications importantes aux plans philosophique, littéraire, social et professionnel. Mais comment expliquer le passage de l'enthousiasme à l'éloignement par rapport au métier? À quelles décisions, voire à quelles déceptions ou à quels échecs est-il lié? Comment comprendre les retraits nombreux dont témoignent les années bâloises de Nietzsche? Pour répondre à ces questions et clarifier la signification et la portée du conflit entre métier et vocation chez le jeune Nietzsche, on propose ici un essai de biographie philosophique en retraçant le parcours de Nietzsche entre 1869 et 1876 et en scrutant les formes de sa pratique philosophique[15]. Au cœur de cet examen, se trouvent l'homme — Nietzsche tout à la fois philologue, professeur à l'université et au collège, wagnérien, essayiste, polémiste, musicien, auteur — et ses écrits. Les multiples statuts que l'on peut reconnaître à l'individu et la variété des formes de son expression écrite à cette époque (cours, lettres, essais, articles, notes, livres, conférences) donneraient à tort l'image d'un penseur ou d'une œuvre dispersés. Nietzsche, en effet, travaille alors à un projet auquel tous ses écrits donnent une voix: le projet d'une médecine philosophique pour la civilisation allemande. C'est ce projet — ses objectifs, ses outils, ses étapes et, ultimement, ses écueils — que reconstruit le présent ouvrage, en suivant les traces de la critique culturelle nietzschéenne.

Kulturkritik et philosophie

Dans la première moitié des années 1870, l'échelle des valeurs d'une civilisation pose un problème capital pour Nietzsche, lui qui considère que la divergence fondamentale entre le monde grec et le monde moderne est d'ordre moral[16]. Le jeune philologue

---

15. L'expression est employée par Giuliano Campioni (*Les lectures françaises de Nietzsche*, p. 109).
16. Dans «La joute chez Homère», il écrit que «rien ne sépare davantage le monde grec du nôtre que la coloration [...] de certaines catégories morales» (*in* CP, p. 198).

espère opérer une transvaluation de la modernité, au moyen d'une philosophie conçue comme activité « thérapeutique ». Nietzsche se fait ainsi l'héritier d'une conception ancienne de la philosophie, les écoles hellénistiques ayant cherché à « soigner les hommes en changeant leurs jugements de valeur » : la philosophie comme activité thérapeutique est un soin agissant sur les valeurs et les choix que celles-ci déterminent. Jusqu'en 1876, la thérapeutique philosophique chez Nietzsche prend la forme d'une *Kulturkritik* orientée vers les domaines de l'éducation, de l'écrit, de l'art et du savoir au sens large. En se faisant tour à tour critique de la « misère provoquée par les conventions et les contraintes sociales », de la « recherche des faux plaisirs », de la « recherche du plaisir et de l'intérêt égoïste » et des « fausses opinions[17] », Nietzsche est un continuateur de la philosophie hellénistique thérapeutique, telle qu'elle fut pratiquée par les écoles cynique, épicurienne, stoïcienne et sceptique. Par la *Kulturkritik*, la philosophie thérapeutique, pour Nietzsche, doit calmer ce que lui et Erwin Rohde nommaient « le vacarme du jour[18] », afin de contribuer à une transvaluation de la modernité. Cette tâche appelle pour eux une rénovation de la philosophie comme telle. Dans ce contexte, Nietzsche reprend un autre aspect de la pensée grecque en soulignant la dimension pratique de la philosophie entendue comme mode de vie. Dans l'introduction à ses leçons sur Platon (1871-1872), il rappelle l'importance de s'intéresser d'abord et avant tout à l'*homme* Platon. En soulignant que c'est à travers l'examen de l'individu agissant que l'on peut le mieux étudier sa pensée, Nietzsche modifie ce que la tradition allemande, au moins depuis le XVIIIe siècle, considère comme un objet philosophique. Il opère cette modification en invoquant directement la perspective grecque, laquelle doit renverser la position moderne :

---

17. Les cinq dernières citations proviennent de Pierre Hadot, *Qu'est-ce que la philosophie antique ?*, p. 162.
18. Erwin Rohde, « Sous-philologie », *in* QANT, p. 218.

Il nous faut essayer de retrouver l'*homme* Platon *à partir* de l'écrivain : tandis que, habituellement, chez l'homme moderne, l'œuvre (les écrits) a plus de valeur que ce qui touche à son auteur, les écrits contenant l'essentiel, il en est autrement chez le Grec qui est tout entier homme public et seulement accessoirement homme de littérature [*litterarisch*]. Plus que ses écrits, certains faits que nous a transmis la tradition, par exemple les voyages politiques, nous donnent une image exacte du trait fondamental de Platon[19].

Dans la préface au manuscrit inachevé de son livre sur les préplatoniciens, Nietzsche écrit que « la seule chose qui peut encore nous intéresser dans des systèmes qui ont été réfutés, c'est précisément la personnalité. C'est là en effet ce qui est à jamais irréfutable ». Dans les thèses philosophiques, il cherche donc ce qui témoigne « le plus fortement de la personnalité d'un philosophe » et espère « faire enfin résonner à nouveau la polyphonie du tempérament grec[20] ».

Comme les actions d'un philosophe expriment sa philosophie, Nietzsche condamne les philosophes universitaires qui, par leur position dans une institution étatique, cautionnent l'utilitarisme d'État. Le jeune professeur de philologie transmet cette conception de la philosophie à ses étudiants au moyen de l'exemple de Platon : « La fondation de l'Académie est pour lui quelque chose de bien plus important [que ses écrits] : il écrit, pour affermir dans le combat ses compagnons de l'Académie[21]. » Par ces réflexions, Nietzsche invite l'interprète à lire ses écrits et à étudier son projet philosophique *à la lumière de ses actions*. En appliquant à Nietzsche ce qu'il préconise de faire avec Platon, on peut voir que ses écrits sont une arme de combat. Pour le jeune philosophe, les thèses ontologiques ou métaphysiques importent moins que la lutte menée avec des « compagnons d'armes[22] »

---

19. *Introduction à la lecture des dialogues de Platon*, introduction, p. 7.
20. Les trois dernières citations proviennent de PÉTG, première et seconde préfaces, p. 10 *sq.*
21. *Introduction à la lecture des dialogues de Platon*, introduction, p. 7.
22. Lettre n° 212 à Rohde du 30 avril 1872, *in* COR, vol. 2, p. 283.

par le biais d'écrits. Autrement dit, ce qui importe, c'est l'*action* philosophique.

Le travail de reconstruction du projet développé par Nietzsche entre 1869 et 1876 passe nécessairement par une élucidation de sa définition de la philosophie. Les écrits de cette période renvoient à une pratique philosophique ancienne, héritée de la tradition grecque, des présocratiques aux stoïciens. Mais bien plus que de révéler l'actualité, à la fin du XIXe siècle allemand, de certaines structures philosophiques, Nietzsche en montre la dimension pérenne. Ce faisant, il pose des questions essentielles sur la dimension disciplinaire et professionnelle de la philosophie. Les caractéristiques de cette conception de la philosophie, telle qu'il la développe à Bâle, doivent être mises au jour pour montrer la nécessité du passage, pour sa pratique, d'un espace institutionnel à un espace non professionnel.

L'objet particulier du présent ouvrage commande une étude contextuelle. Nietzsche est un homme ancré en son temps : il lit, rumine, assimile, interprète les idées de son époque et celles de la tradition ancienne, en une œuvre où se trouve réunie, reformulée et réfractée une variété surprenante de thèmes, d'enjeux, de questions et de concepts discutés dans le dernier quart du XIXe siècle. La compréhension de cette œuvre demande qu'on examine l'auteur comme un individu inscrit dans certains contextes (sociaux, professionnels, philosophiques ou, plus largement, culturels). Il s'agit alors de scruter les interactions entre l'auteur, son œuvre et son temps. C'est pourquoi on valorise ici la reconstitution des débats dans lesquels les écrits de Nietzsche prennent place, la réception de ses ouvrages par ses contemporains germanophones, ainsi que les sources des idées qu'il développe ou des thèmes qu'il adopte. On prend soin de distinguer, aussi, les types d'écrits favorisés par Nietzsche et de préciser leur statut public ou privé, achevé ou abandonné.

Médecine

Afin de faire ressortir l'unité du projet du jeune Nietzsche, la clef de la reconstruction proposée ici est une métaphore qu'il emploie fréquemment à cette époque : « *Le philosophe comme médecin de la civilisation*[23] ». En donnant un rôle de pivot à cette métaphore[24], on peut scruter la compréhension que Nietzsche lui-même a de son travail de philosophe. Les écrits bâlois dressent une symptomatologie de l'état de la civilisation : Nietzsche l'ausculte, décrit les symptômes de son mal, pose un diagnostic et avance un pronostic. Parallèlement, il propose une thérapeutique que le philosophe, en médecin de la civilisation, doit mener sur plusieurs fronts. Le fil conducteur suggéré par la métaphore médicale permet d'organiser la reconstruction[25] selon trois niveaux d'intelligibilité de la pensée du jeune Nietzsche, qui se présentent comme trois plans d'activités propres au philosophe médecin : un plan *descriptif*, un plan *normatif* et un plan *réflexif*, dont chacun correspond à une partie (II à IV) de cet ouvrage.

(I) Avant d'examiner ces plans, on consacre une première partie à décrire la métaphore médicale et à la situer dans le corpus bâlois. On discute aussi de trois constellations notionnelles

---

23. Fragment posthume 23[15] (hiver 1872-1873), *in* FP2 p. 290.
24. Patrick Wotling a souligné l'importance de la métaphore dans la pensée nietzschéenne : « Le soupçon à l'égard du langage aboutit [chez Nietzsche] à la contestation du primat du concept, et à la substitution de la métaphore à ce dernier comme outil philosophique fondamental » (*Nietzsche et le problème de la civilisation*, p. 40).
25. Un essai de « reconstruction » de la première philosophie nietzschéenne a été donné par Quentin Taylor dans *The Republic of Genius*. Taylor structure sa reconstruction autour de trois thèmes (l'État, la culture et l'éducation), sans toutefois souligner la dimension thérapeutique de la pratique philosophique de Nietzsche ni interroger sa conception de la philosophie à cette époque. Taylor ne cherche pas à expliquer les difficultés inhérentes à cette pratique philosophique, l'auteur se limitant, dans sa conclusion, à constater l'existence d'un paradoxe dans les objectifs poursuivis par la première philosophie nietzschéenne. Taylor, qui conclut hâtivement au « manque de clarté de Nietzsche quant aux implications pratiques de sa philosophie » et à « l'attitude ambivalente » du philosophe (p. 165), montre par là que son essai de reconstruction demeure fragmentaire.

déterminantes — celles de *Kultur* (ou *Cultur*), de *Zivilisation* (ou *Civilisation*) et de *Bildung*[26] — qui permettent d'interpréter le statut du philosophe au regard de la métaphore qu'il emploie. Après ces mises au point conceptuelles, on présente certains éléments de contexte biographique et historique, qui permettent de situer la pratique philosophique de Nietzsche à Bâle.

(II) La deuxième partie de cet ouvrage s'engage dans l'étude et l'interprétation des textes de la période 1869-1876. Elle met au jour le plan descriptif du projet nietzschéen et retrace la symptomatologie qui s'en dégage. Avant la description des symptômes, on consacre un chapitre à la discussion des moyens par lesquels Nietzsche ausculte la civilisation de son temps. La philologie se présente comme une méthode interprétative, tandis que la philosophie s'avère normative. En auscultant la *Kultur* allemande à l'aide d'outils philologiques et d'après des étalons philosophiques, le philosophe médecin identifie trois types de symptômes : politiques, pédagogiques, littéraires. Chacun de ces ensembles manifeste un important déséquilibre dans la civilisation. Sur la base de cette symptomatologie, Nietzsche pose un diagnostic et un pronostic qui définissent une maladie et qui prédisent son évolution possible, Nietzsche allant jusqu'à affirmer que la civilisation européenne se trouve près d'atteindre le point limite de son développement.

(III) Cette reconstruction de la symptomatologie appelle ensuite une étude du plan normatif du projet bâlois. Dans sa dimension thérapeutique, la pratique philosophique nietzschéenne se fait combative. Cette lutte se déroule sur trois fronts. Sur le premier, le philologue emploie la connaissance du monde grec à la recherche d'un équilibre des pulsions sous-jacentes aux tendances de la civilisation allemande. Sur le deuxième front, le *Kulturkritiker* tente de réveiller les esprits prisonniers de ce qu'Erwin Rohde appelait le « chant de sirènes des arts de l'abon-

---

26. Sur les différentes orthographes employées par Nietzsche, *cf. infra*, ch. 1, p. 43 *sqq*.

dance et du luxe[27] » et de rallier des forces créatives en vue de la renaissance de l'art tragique. Sur le troisième front, enfin, le professeur suggère une réforme en profondeur des établissements d'enseignement afin de renouer avec l'idéal humaniste qu'il voit disparaître de l'enseignement spécialisé, technique et individualiste. Les chapitres qui étudient cette thérapeutique soulignent la dimension active de la philosophie du jeune Nietzsche : ses actions montrent que Nietzsche, avec des frères d'armes, participe aux débats de son temps.

(IV) La dernière partie de cet ouvrage se tourne vers le plan réflexif de la pratique philosophique de Nietzsche à Bâle, en retraçant le processus par lequel il s'interroge sur l'efficacité propre à la philosophie. Un premier chapitre étudie les retraits qui marquent le parcours de Nietzsche, de son entrée en fonction à Bâle jusqu'à l'année charnière 1876 : retrait par rapport à son métier, aux débats engendrés par ses écrits, au projet wagnérien et à l'université. Un second chapitre identifie ensuite deux conflits auxquels le jeune Nietzsche s'est vu confronté : le désaccord entre le métier philologique et la vocation philosophique, d'une part, et, d'autre part, les antagonismes d'une philosophie de type culturel. Ces deux conflits formèrent une impasse : ayant entraîné une mutation des plans descriptif et normatif de la philosophie, ils sont à l'origine du fait que Nietzsche ait redéfini son premier projet philosophique et qu'il se soit radicalement détourné de la sphère institutionnelle et professionnelle.

En guise de conclusion, cette étude propose un épilogue où l'on évoque la redéfinition de la philosophie qui s'opère dans les années 1880, afin de souligner l'unité et la cohérence du projet philosophique du jeune Nietzsche. La pratique philosophique de Nietzsche en est venue à modifier sa cible : se détournant du problème de la civilisation, le philosophe se tourne vers lui-même comme premier objet de son étude. Ce n'est que par un travail thérapeutique sur soi — peut-être voué à ne pas connaître

---

27. E. Rohde, « Sous-philologie », in QANT, p. 218.

de fin — que le philosophe pourra ensuite se consacrer précisément au problème de la civilisation. Cette perspective est toute différente de celle des premières années à Bâle, alors que Nietzsche écrivait dans des notes pour un projet de livre sur la figure du philosophe : « [V]ous devez vous engager et vous sacrifier pour la *civilisation en train de naître*[28] *!* » Selon le jeune Nietzsche, le philosophe est un être engagé dans une époque aux impératifs et aux problèmes de laquelle il est inévitablement lié. Mais cette tâche se révèle rapidement insurmontable si le philosophe ne répond pas d'abord à l'injonction delphique.

Corpus

Les écrits de jeunesse ne sont pas parmi les plus lus ou les plus étudiés du corpus nietzschéen. Ayant souvent tardé à être traduits et publiés dans d'autres langues que l'allemand (notamment en anglais), ils demeurent encore parmi les moins vendus de l'œuvre[29]. Certains ont remarqué que « cette ignorance éditoriale de la période de formation psychologique et intellectuelle de Nietzsche prend la figure d'un paradoxe[30]. » La tendance à se concentrer sur les œuvres de la maturité et à ne lire les premières œuvres que dans la mesure où elles préfigurent ou anticipent des thèmes tardifs[31] est présente aussi bien dans les commentaires issus d'Amérique du Nord que d'Europe. Elle remonte d'ailleurs à plusieurs décennies : en 1936, Karl Jaspers s'étonne que les premiers écrits de Nietzsche présentent « déjà les tendances et

---

28. Fragment posthume 19[154] (été 1872-début 1873), *in* FP2, p. 219.
29. Les ventes des éditions Gallimard (qui était jusqu'à récemment l'éditeur attitré de la traduction française de l'édition critique des œuvres de Nietzsche) tendent à montrer que le lectorat francophone se désintéresse des livres publiés par le jeune Nietzsche. Selon les chiffres disponibles en 1998, *La naissance de la tragédie* (1872) arrivait en cinquième position des ventes et les *Considérations inactuelles* (1873-1876), en dernière (*cf.* Jacques Le Rider, *Nietzsche en France*, p. 242 *sqq.*).
30. Christian Molinier, présentation à Nietzsche, PH, p. 6.
31. *Cf.* par exemple Mark Warren, *Nietzsche and Political Thought*, p. XIV.

les pensées de sa dernière philosophie³²». Nietzsche aurait-il lui-même cautionné cette tendance, lui qui rappelait à ses étudiants que « [l]'expérience de tous les grands génies montre que les années de vingt à trente ans portent déjà en elles tous les germes de leur grandeur propre³³»?

Toutefois, il ne s'agit pas ici de remonter jusqu'aux premiers mots consignés par l'écolier de Naumbourg ou par l'étudiant de Pforta³⁴, ni de dégager les linéaments de la formation psychologique de Nietzsche³⁵. Il s'agit plutôt d'étudier les textes qu'il a écrits au cours des huit premières années de sa carrière, dans le but de comprendre sa pratique philosophique. Cette démarche prend toute sa signification lorsqu'on se rappelle qu'à l'inverse de la situation actuelle, ce sont les œuvres des années 1880 qui sont passées inaperçues de la critique allemande au XIXᵉ siècle. Entre 1872 et 1878, cinquante-six mentions des écrits de Nietzsche paraissent dans la presse germanophone — portant pour la plupart sur *La naissance de la tragédie* et la première *Inactuelle* —, alors qu'il n'y en a que vingt-huit entre 1881 et 1887. Au cours des années 1870, les publications du professeur Nietzsche et le projet philosophique qu'elles portent sont diffusés par des revues culturelles et savantes, où ils sont

---

32. Karl Jaspers, *Nietzsche. Introduction à sa philosophie*, p. 62.
33. *Introduction à la lecture des dialogues de Platon*, ch. 1, § 1, p. 13.
34. Ces textes sont réunis et publiés en français dans deux éditions qui se recoupent: *Premiers écrits. Le monde te prend tel que tu te donnes* (éd. Beckschè) et *Écrits autobiographiques 1856-1869* (éd. Schlechta) réunissent des textes autobiographiques et des travaux d'étudiant. Le second volume inclut deux courts essais de philosophie écrits en 1862 («Fatum et histoire» et «Liberté de la volonté et fatum»), que Karl Löwith considérait comme étant «la toute première version de sa dernière pensée» (*Nietzsche. Philosophie de l'éternel retour du même*, p. 252).
35. L'étude «psychobiographique» de Carl Pletsch, *Young Nietzsche. Becoming a Genius*, se penche précisément sur les années d'études de Nietzsche, afin d'expliquer son développement en fonction de la «catégorie culturelle du génie en tant que rôle construit socialement» (p. ix). À cet égard, Peter Sloterdijk a souligné que le culte aristocratique du génie dans l'Allemagne des XVIIIᵉ et XIXᵉ siècles a rendu possible l'existence, dans le monde universitaire, de quelqu'un comme Nietzsche (*cf. Le penseur sur scène*, p. 26 *sq.* et 31).

le plus souvent condamnés par la critique au nom d'une remise en cause générale du wagnérisme[36].

Le corpus de la période 1869-1876 est varié[37]. Au cours de ces huit années, Nietzsche écrit différents types de textes, que l'on peut classer en trois catégories : écrits publiés et donc publics[38], écrits publics mais non publiés, écrits privés.

(1) L'œuvre publiée par Nietzsche à cette époque paraît chez Ernst Wilhelm Fritzsch à Leipzig ou chez Ernst Schmeitzner à Schloss-Chemnitz. Fritzsch (1840-1902) est l'éditeur de Richard Wagner : c'est par l'entremise du compositeur qu'il devient celui de Nietzsche (en 1871-1874 et en 1886-1887). Depuis 1870, Fritzsch édite par ailleurs la revue *Musikalisches Wochenblatt* dans laquelle paraissent, entre 1873 et 1889, cinq articles sur les œuvres de Nietzsche[39]. Celui-ci publie chez Fritzsch son tout premier livre, *La naissance de la tragédie* (janvier 1872)[40], et ses deux suivants : les *Considérations inactuelles* I et II (août 1873 et

---

36. Nous avons publié en 2010 une étude de la réception germanophone contemporaine de l'œuvre de Nietzsche dans les *Nietzsche-Studien* : M. Béland, « Nietzsche avant Brandes. Une étude de réception germanophone (1872-1889) ».
37. On consultera avec profit l'ouvrage minutieux de William H. Schaberg, *The Nietzsche Canon. A Publication History and Bibliography*, qui décrit chronologiquement les activités de publication de Nietzsche, autant quant aux tirages et à la diffusion, que quant aux rapports avec ses éditeurs et ses imprimeurs.
38. Il faut d'emblée préciser qu'on ne se penche pas ici sur les études scientifiques que Nietzsche a publiées dans la revue *Rheinisches Museum für Philologie*. Sur le rapport de Nietzsche à la philologie en son temps, on peut consulter les études de Joachim Latacz (« Fruchtbares Ärgernis ». Nietzsches *Geburt der Tragödie* und die gräzistische Tragödienforschung », 1994, qui examine les fondements et l'effet de *La naissance de la tragédie* à la lumière de la philologie classique en Allemagne aux XIXe et XXe siècles), de Karl Reinhardt (« La philologie classique et le classique », 1941) et de Hans Flach (s.t., 1873).
39. Dans l'ensemble, ces articles sont très critiques. *Cf.*, par exemple, la dénonciation anonyme « Vom "Bildungsphilister" », parue dans l'édition d'août 1873. Hauke Reich (*Nietzsche-Zeitgenossenlexikon*, p. 71 *sq.*) avance que cette dénonciation a été écrite par Fritzsch lui-même, mais il ne donne pas de preuve à l'appui de cette thèse.
40. Notons qu'au début de l'été 1871 est paru un tirage limité des § 8 à 15 du manuscrit de *La naissance de la tragédie*, que Nietzsche fait imprimer à compte d'auteur sous le titre *Sokrates une die griechische Tragoedie* (*cf.* W. H. Schaberg, *The Nietzsche Canon*, p. 19-22).

février 1874). Les *Inactuelles* III et IV (octobre 1874 et juillet 1876) paraissent chez Schmeitzner (1851-1895). Mis à part ces cinq livres, les écrits nietzschéens de la période 1869-1876 ont été recueillis de manière posthume, sauf trois. Un court article que Nietzsche écrit à la défense de Wagner, « Un mot de Nouvel An au rédacteur de l'hebdomadaire *Im neuen Reich* », est publié dans la *Musikalisches Wochenblatt* de janvier 1873, et l'exhortation « Appel aux Allemands », écrite à la demande du wagnérien Emil Heckel[41] pour solliciter des dons en appui aux projets de Wagner, est imprimée en octobre 1873 pour être présentée aux membres des sociétés wagnériennes. Enfin, la leçon inaugurale prononcée à Bâle le 28 mai 1869, *Sur la personnalité d'Homère*, paraît alors en tirage limité sous le titre *Homère et la philologie classique*.

(2) Parmi les écrits publics, mais publiés seulement à titre posthume, figurent d'abord des conférences. Deux d'entre elles s'inscrivent dans la généalogie de *La naissance de la tragédie* : il s'agit du « Drame musical grec » (18 janvier 1870) et de « Socrate et la tragédie » (1er février 1870). Cinq autres conférences, réunies sous le titre *Sur l'avenir de nos établissements d'enseignement*, sont présentées à l'Université de Bâle entre les mois de janvier et de mars 1872. Outre ces conférences, les écrits publics mais non publiés par Nietzsche comprennent ses cours. Comme l'ont précisé Jean-Luc Nancy et Philippe Lacoue-Labarthe, la lecture des cours « a son intérêt comme déchiffrement du *travail* par lequel la pensée de Nietzsche prend naissance dans la philologie[42]. » Pourtant, ces cours n'ont pas encore fait l'objet d'études

---

41. Emil Heckel (1831-1908) était le fils de l'éditeur de musique K. F. Heckel à Mannheim, qui fut à l'origine des *Wagner-Vereine* et qui rencontra Nietzsche en 1871-1872 pour l'inauguration de Bayreuth. Nietzsche correspond avec lui au sujet des possibilités de fonder une association wagnérienne suisse. En guise d'histoire de la fondation du festival de Bayreuth, la correspondance entre E. Heckel et Wagner a été publiée en Allemagne en 1899, puis en français en 1929. Son fils, Karl Heckel, a écrit un essai sur Nietzsche : *Nietzsche, sein Leben und seine Lehre* (1922).

42. P. Lacoue-Labarthe et J.-L. Nancy, « Présentation », *in* Nietzsche, RL, p. 103.

approfondies. Certains sont perdus, d'autres demeurent incomplets et fragmentaires. Parmi les cours publiés à ce jour, le présent ouvrage s'arrête sur l'*Introduction aux leçons sur l'Œdipe-Roi de Sophocle* (été 1870), l'*Introduction aux études de philologie classique* (été 1871), l'*Introduction à la lecture des dialogues de Platon* (hiver 1871-1872, repris à l'hiver 1873-1874), un cours sur la rhétorique (hiver 1872-1873) et *Les philosophes préplatoniciens* (1872-1873, repris en 1876)[43].

(3) La troisième catégorie de textes est celle des écrits privés : elle regroupe des essais inachevés, des notes nombreuses[44] et une abondante correspondance. Parmi les essais, certains sont des ébauches de livres dont Nietzsche abandonne la rédaction : *La philosophie à l'époque tragique des Grecs* (1873), « L'État chez les Grecs » (1871-1872, qui figure parmi les *Cinq préfaces*) et *Nous autres philologues* (projet pour une *Inactuelle*, 1875). D'autres sont des textes que Nietzsche ne prévoit pas de publier. Parmi ceux-ci figurent une première mouture des thèses avancées dans *La naissance de la tragédie*, « La vision dionysiaque du monde » (1870) — au sujet de laquelle Nietzsche précise, dans une lettre à Wagner de l'automne 1870, qu'il l'a rédigée pour lui-même[45] — et un essai basé sur les notes de l'été 1872[46], *Vérité et men-*

---

43. Ne figurant pas dans l'édition Colli et Montinari en français, les cours sont cités ici selon les traductions françaises qui ont été faites soit d'après les volumes *Philologica* de l'édition Kröner (P. Gast et E. Förster-Nietzsche), soit d'après les manuscrits.
44. Angèle Kremer-Marietti a justifié l'intérêt que l'on doit porter aux notes et fragments posthumes du début des années 1870, dans l'optique d'une étude de la définition nietzschéenne de la philosophie : « Dans leur ensemble, [ils] touchent en fait au fondement même de la philosophie, puisque Nietzsche y pose, outre une théorie de la connaissance avec ses conclusions négatives, une intention positive formée sur l'être même du philosopher [...], sur le résidu radical du philosopher à partir duquel une civilisation humaine serait possible » (« Nietzsche sur la vérité et le langage (1872-1875) », p. 13 *sq.*).
45. Lettre n° 108 à Wagner du 10 novembre 1870, *in* COR, vol. 2, p. 146.
46. *Cf.* Nietzsche, KSA, vol. 14, p. 113. Dans la préface composée en septembre 1886 pour la réédition du deuxième volume d'*Humain, trop humain*, Nietzsche précise qu'il a « tenu caché » un « ouvrage » sur la vérité et le mensonge au sens extra-moral (HTH, vol. 2, préface, § 1, p. 16).

songe au sens extra-moral (1873), que Nietzsche (qui souffre alors de problèmes oculaires) dicte à Gersdorff en juin 1873, en même temps que la première *Inactuelle*. Parmi les textes de ce type, il faut aussi compter les *Cinq préfaces à cinq livres qui n'ont pas été écrits*, dédiées et offertes à Cosima Wagner pour les fêtes de Noël 1872, « en réponse à ses questions orales et épistolaires[47] ». Rédigées à la même époque que *La naissance de la tragédie*, ces préfaces ne sont pas publiées par Nietzsche, et les livres qu'elles présentent n'ont pas été écrits. Mais les *Cinq préfaces* renvoient directement aux textes de son corpus et exposent un éventail des thèmes sur lesquels il travaille alors. La première, « La passion de la vérité », contient des passages qui ont été refondus dans *La philosophie à l'époque tragique des Grecs* et *Vérité et mensonge*[48]. La deuxième, « Réflexions sur l'avenir de nos établissements d'enseignement », fait écho aux cinq conférences bâloises sur l'éducation de l'hiver 1872, et présente une version quelque peu remaniée de l'avant-propos que Nietzsche donne au manuscrit de ses conférences. C'est la seule des *Cinq préfaces* qu'il a insérée dans un manuscrit : elle devait figurer dans le livre formé à partir des conférences sur l'éducation — un ouvrage qui, même si Nietzsche prévoyait de le publier, n'est pas imprimé de son vivant. La troisième préface est la plus longue : « L'État chez les Grecs » provient des notes pour *La naissance de la tragédie*[49], mais sa conclusion suggère qu'elle aurait pu figurer dans un livre portant sur la *République* de Platon[50]. « Le rapport de la philosophie de Schopenhauer à une culture allemande » renvoie quant à elle aux notes de la deuxième moitié de l'année

---

47. CP, dédicace, p. 168. Ces préfaces furent publiées intégralement pour la première fois en 1956, dans l'édition Schlechta.
48. Comparer le § 8 de PÉTG à « La passion de la vérité » (*in* CP), p. 172 *sqq.* ; et comparer VME, p. 207 et 209, à « La passion de la vérité » (*in* CP), p. 175.
49. Notamment le fragment 10[1] de janvier 1871.
50. Elle se termine en effet sur cette phrase : « Ce que nous avons cru deviner dans cet écrit secret [*La République*], cette préface vient de l'exposer » (« L'État chez les Grecs », *in* CP, p. 191).

1872[51]. Elle préfigure en outre les *Considérations inactuelles*, en ce qu'elle critique le philistinisme de la culture et la conscience historique, et qu'elle propose Schopenhauer comme guide philosophique pour la culture allemande à venir. Enfin, « La joute chez Homère » renvoie au travail philologique de Nietzsche, mais elle peut se lire parallèlement à « L'État chez les Grecs » afin de compléter le tableau du politique chez les Grecs, qui soustend sa critique de la modernité.

Dans sa correspondance, enfin, Nietzsche emploie de nombreuses lettres à développer des projets (avec Rohde, Gersdorff, Overbeck ou Wagner), à orienter sa carrière (auprès de Vischer, Ritschl ou, encore, Rohde) et à développer des stratégies éditoriales et publicitaires (avec Fritzsch ou, toujours, Rohde). Témoin d'une époque mouvementée, la correspondance des années 1870 est le complément de l'œuvre philosophique.

À travers une lecture précise de ces textes, on veut rendre possible une vue d'ensemble du projet nietzschéen. La structure de cette reconstruction est thématique plutôt que chronologique, précisément parce que les écrits de Nietzsche, à cette époque, se recoupent et se complètent les uns les autres. Ce travail de reconstruction thématique permet de comprendre que la retraite de Nietzsche tient à des motifs philosophiques dont il est possible de repérer l'origine, le sens et la portée. En centrant cette étude sur l'élucidation du conflit entre métier et vocation, on souhaite souligner l'importance, chez Nietzsche, de la réflexion disciplinaire et professionnelle dans son rapport à la définition d'une vocation philosophique. Si le recours à la biographie s'avère utile pour cette entreprise, il n'est toutefois pas suffisant pour expliquer un parcours philosophique. Quitter l'université est pour Nietzsche une décision *philosophique*, et le passage de l'institution universitaire à l'errance européenne relève d'un choix motivé à la fois par une déception du professeur quant à son projet philosophique et par une appréhension très claire de

---

51. *Cf.* les fragments du manuscrit 19 (été 1872-début 1873).

l'incompatibilité entre le métier et la vocation. Autrement dit, le parcours intellectuel de Nietzsche est indissociable de sa définition de la philosophie. Le fait d'étudier la pensée de Nietzsche en réinsérant ce dernier dans un champ particulier des *Geisteswissenschaften* et en scrutant la dynamique entre son métier et sa conception (critique et thérapeutique) de la philosophie, s'intègre dans le développement actuel, que nous saluons, de l'étude contextuelle de la pensée nietzschéenne[52]. Souvent présenté comme une figure transcendant son époque, comme l'auteur « inactuel » de thèses nouvelles, Nietzsche était néanmoins un homme de son temps, comme permet de le rappeler l'étude des réseaux d'influence, des projets de collaboration, des sources et des cibles. Il aura passé la plus grande partie de sa carrière professionnelle à ruminer la possibilité d'une vie philosophique menée à l'intérieur de l'université. S'il ne pouvait pas être purement un homme de science, Nietzsche ne pouvait pas non plus être purement un professeur. En quittant l'institution universitaire pour devenir le « docteur itinérant[53] » que Rohde redoutait de voir naître, Nietzsche redevint cet « astre errant[54] » qu'il était avant sa nomination à Bâle. La pratique philosophique qu'il développa l'amena à quitter l'agora — la vie professionnelle et ses obligations, la polémique et ses remous — pour trouver, peut-être, un « jardin aux grilles dorées[55]. » Les raisons philosophiques de cette décision radicale font l'objet des pages qui suivent.

---

52. En font partie autant l'étude des sources (dont témoignent par exemple les « Beiträge zur Quellenforschung » des *Nietzsche-Studien* aux éditions de Gruyter) que l'étude de la réception, mais aussi l'étude historique du milieu intellectuel dans lequel Nietzsche travaillait (*cf.* par exemple Christian J. Emden, *Friedrich Nietzsche and the Politics of History*).
53. Lettre de Rohde à Nietzsche du 6 mai 1872, *in* QANT, p. 75.
54. Lettre n° 18 à Friedrich Ritschl du 2 août 1869, *in* COR, vol. 2, p. 36.
55. PBM, II, § 25, p. 44.

PARTIE I
Nietzsche à Bâle

Chapitre 1

Textes

> C'est un cabinet médical, hommes,
> que l'école d'un philosophe.
>
> Épictète, *Entretiens*, III, 23, 30

Au fil des années, à travers les divers sites de la « géographie nietzschéenne[1] », l'emploi de métaphores médicales est une constante chez le philosophe. Dans une étude chronologique sur l'usage nietzschéen des termes reliés à la médecine, le germaniste Malcolm Pasley note qu'après 1875, « les termes médicaux se multiplient et deviennent monnaie courante dans les écrits de Nietzsche[2]. » Or si la métaphore médicale définit de façon persistante chez Nietzsche une fonction essentielle de la pratique philosophique, la médecine n'est toutefois plus la même d'une période à l'autre. Quelques précisions conceptuelles s'imposent

---

[1]. L'expression d'Alexis Philonenko (« Nietzsche au miroir de la Belle Époque », p. 6) est d'autant plus à propos qu'après son départ de Bâle, le philosophe ne s'est jamais donné de domicile fixe.

[2]. Pasley poursuit : « En effet, à l'étape finale, en 1888, l'on peut presque dire qu'il *n'y a plus* d'autre thème, que la question de la santé a avalé tout le reste » (« Nietzsche's Use of Medical Terms », p. 136 *sq.*). L'éthicien Thomas Long reprend cette perspective dans un article sur la philosophie nietzschéenne de la médecine : « Sa vie *fut* sa pensée ; c'était fondamentalement une pensée sur le sens de la souffrance. Il n'est donc pas surprenant que ses écrits soient parsemés de remarques sur la santé, la maladie, la douleur et l'angoisse » (« Nietzsche's Philosophy of Medicine », p. 114).

afin d'analyser la métaphore médicale telle que Nietzsche l'emploie dans ses écrits bâlois. Grâce à une lecture des notes des années 1872-1873, mais aussi des textes publiés par Nietzsche à cette époque, on s'attelle dans ce chapitre à dégager dans un premier temps la métaphore médicale dans les écrits de jeunesse, pour ensuite fixer les définitions de *Kultur*, de *Zivilisation* et de *Bildung*.

La métaphore médicale

Les fragments posthumes de 1872-1873 témoignent que le jeune professeur travaillait en même temps à l'élaboration de ses cours, à la rédaction de critiques culturelles et à la préparation d'une œuvre philosophique. Ces notes, qu'il n'a pas toujours réutilisées dans ses écrits ultérieurs, sont souvent les seuls témoins des champs de son activité. Un programme de travail en montre les différentes orientations : « Naissance de la tragédie. / Considérations à l'horizon de Bayreuth. / Le rythme antique. / Philosophes pré-platoniciens. / Établissements d'enseignement[3] ». Cette liste renvoie respectivement à l'ouvrage de 1872, au livre en préparation sur la philosophie, au cours donné à l'hiver 1870-1871, à celui de l'été 1872 et aux conférences de l'hiver 1872.

Dans ses notes, Nietzsche donne une définition de cette figure de rhétorique qu'est la métaphore : « Il y a métaphore quand on traite comme *identiques* des choses dont on a constaté la *ressemblance* en un point[4]. » À première vue, cette définition paraît s'appliquer à un usage particulier du langage, tout comme c'est le cas dans celle que donne Aristote dans la *Poétique* : « La métaphore est l'application à une chose d'un nom qui lui est étranger par un glissement du genre à l'espèce, de l'espèce au genre, de l'espèce à l'espèce, ou bien selon un rapport d'analogie » (1457 b 5-10). En réalité, tout en se distançiant d'Aristote,

---

3. Fragment posthume 21[7] (été 1872-début 1873), *in* FP2, p. 273.
4. Fragment posthume 19[249] (été 1872-début 1873), *in* FP2, p. 248.

Nietzsche propose une définition plus large, de façon à ce que la métaphore qualifie le langage en tant que tel : postuler l'identité de choses différentes caractérise selon lui tout usage du langage. Les fragments posthumes montrent que Nietzsche a développé cette conception du langage au cours des années 1868 à 1874. On la retrouve notamment dans l'essai de l'été 1873, *Vérité et mensonge au sens extra-moral*. Curt Paul Janz, dont la biographie de Nietzsche en trois volumes fait autorité dans le monde germanophone, compte ce « premier écrit sceptique » de Nietzsche au nombre des « extravagances » du jeune professeur de philologie — une extravagance, selon Janz, que contrairement aux autres (sa leçon inaugurale sur Homère, ses conférences sur l'avenir des établissements d'enseignement allemands, voire même *La naissance de la tragédie*), il ne put se permettre de publier[5].

Cet essai avance que les concepts sont fondés sur l'illusion de l'identité, sur « de fausses intuitions ». Reprenant la définition de la métaphore en l'élargissant au processus de formation des concepts, Nietzsche affirme que « [t]out concept surgit de la postulation de l'identité du non-identique[6] ». Ce processus est tel parce que, d'une part, il n'existe pas de formes générales et que, d'autre part, notre rapport au monde est fondé sur des sensations toujours particulières. Un mot n'est donc que la « transposition sonore d'une excitation nerveuse » résultant d'une sensation ou d'une expérience originelle des choses, sensation ou expérience qui est « unique et absolument singulière ». De la singularité des choses comme de la singularité de chacune de nos expériences du monde découle le fait qu'il n'y a pas d'adéquation entre la réalité et le langage — ou pour le dire autrement : il n'y a pas d'adéquation entre notre rapport particulier au monde et les constructions conceptuelles générales que nous employons pour nommer et décrire aussi bien ce monde que le rapport que nous

---

5. *Cf.* C. P. Janz, *Nietzsche*, vol. 1, p. 273.
6. *Cf.* aussi le fragment 23[11] (hiver 1872-1873) : « Le concept naît d'une identification du non-identique : c'est-à-dire par l'illusion qu'il existe deux choses pareilles » (*in* FP2, p. 288).

entretenons avec lui. Les mots, selon Nietzsche, « ne parviennent jamais à la vérité ni à une expression adéquate[7] ». Volker Gerhardt a résumé cette idée capitale qui restera d'ailleurs une donnée fondamentale de la philosophie nietzschéenne : ce « diagnostic de la situation humaine articule *la* conclusion qui détermine plus que toute autre l'œuvre philosophique de Nietzsche : il n'y a pas de vérité ! La "vérité" n'est rien d'autre qu'une "illusion" dont on a oublié qu'elle en est une[8]. » Gerhardt répète ainsi l'un des enseignements que le jeune Nietzsche a tenus cachés du public : « [L]es vérités sont des illusions dont on a oublié qu'elles le sont[9] ».

Cette conception du langage et de la vérité entraîne deux caractéristiques de la connaissance : la connaissance, d'une part, est anthropomorphique (puisque toute création de concepts résulte de sensations ou de stimuli singuliers[10]) et, d'autre part, elle est métaphorique (puisque tout usage des concepts repose sur un rapport de ressemblance devenu postulat d'identité). Cette double dimension construite de la connaissance détermine aux yeux de Nietzsche l'une des tâches primordiales de la pensée : « Il faut *démontrer* que toutes les constructions du monde sont des anthropomorphismes[11] ». Le fait d'employer des métaphores qui, de par leur forme ou leur nouveauté, montrent d'elles-mêmes qu'elles établissent un rapport de ressemblance entre deux réalités qui trouvent là leur seul mode de connaissance, peut justement être l'une des manières de mener à bien cette démonstration. Car « il n'y a pas de "véritable" expression

---

7. Les cinq dernières citations proviennent de VME, § 1, p. 210-213.
8. V. Gerhardt, « Nietzsches ästhetische Revolution », p. 14. Gerhardt commente ici l'une des *Cinq préfaces* de 1872, « La passion de la vérité ».
9. VME, § 1, p. 212. Nous revenons sur cette question *infra*, ch. 6, p. 194-200.
10. Ainsi que le souligne Gerhardt : « Les concepts comme l'être et la vérité, l'espace et le temps, la cause et l'effet sont des instruments anthropogènes de la maîtrise de la vie. Comme les dents et les mains, ils nous permettent toujours de reconnaître *notre* action avec les choses, et jamais les choses elles-mêmes » (« Nietzsches ästhetische Revolution », p. 18).
11. Fragment posthume 19[125] (été 1872-début 1873), *in* FP2, p. 211.

et *pas de véritable connaissance sans métaphore*[12].» Angèle Kremer-Marietti a bien caractérisé cet usage de la métaphore chez le jeune Nietzsche : « On voit quel rôle joue la *métaphore* : elle devient, à l'analyse, le *modèle* de toute connaissance. [...] Essentiellement interprétation et traduction, créer la métaphore est l'acte de donner un signe, de signifier au moyen de mots et de concepts, de *désigner* et, enfin, de *représenter*[13].» Employer la métaphore de la médecine pour décrire l'activité philosophique essentielle participe ainsi, pour Nietzsche, de la tâche générale de renommer les activités humaines fondamentales, de manière à révéler le processus réactif (c'est-à-dire le processus de réaction à des excitations nerveuses ou des stimuli) qui sous-tend notre rapport (langagier et épistémologique) au monde, rapport toujours singulier.

Dans un cahier de l'hiver 1872-1873, Nietzsche note une formule en la soulignant et en la centrant sur la page, tel le titre possible d'un essai à venir : « *Le philosophe comme médecin de la civilisation*[14].» Certains commentateurs ont vu dans cette phrase l'annonce d'un projet abandonné pour une Considération inactuelle[15]. Toutefois, l'expression « philosophe-médecin » n'apparaît pas dans les quelques listes d'*Inactuelles* projetées par Nietzsche, que l'on trouve dans les fragments posthumes[16]. D'autres ont utilisé cet énoncé pour désigner une série de notes que Nietzsche a prises au cours du printemps 1873 : Elisabeth Förster-Nietzsche et Peter Gast réunirent sous ce titre une série d'aphorismes publiée dans les *Études théorétiques*[17]. Celles-ci regroupent un

---

12. Fragment posthume 19[228] (été 1872-début 1873), *in* FP2, p. 241.
13. A. Kremer-Marietti, « Nietzsche sur la vérité et le langage (1872-1875) », p. 27.
14. Fragment posthume 23[15] (hiver 1872-1873), *in* FP2, p. 290.
15. *Cf.* par exemple Janz, *Nietzsche*, vol. 3, p. 611.
16. Notamment le 29[163] (« Ébauche des *Considérations inactuelles* », hiver 1872-1873, *in* FP2, p. 427) ou encore les 19[330] (septembre 1873), 30[38] (automne-hiver 1873-1874) et 36[2] (mai 1874).
17. *Cf.* éd. Kröner (vol. 10), trad. fr. *in* Nietzsche, *Le livre du philosophe*, ch. II.

ensemble de notes des années 1872 à 1875 — des fragments posthumes dont l'édition de référence est aujourd'hui celle, purement chronologique plutôt que thématique, établie par Giorgio Colli et Mazzino Montinari. Angèle Kremer-Marietti, qui a écrit l'introduction à l'édition française des *Études théorétiques*, précise que ces notes « devaient constituer, avec une partie nettement historique [l'essai inachevé *La philosophie à l'époque tragique des Grecs*], un ouvrage consacré au philosophe, *Das Philosophenbuch*, dans lequel Nietzsche se serait proposé de dégager les grandes lignes d'une conception de la philosophie dans ses rapports avec l'art, la science et la civilisation en général[18]. »

Si l'on se détourne du collage thématique proposé par l'édition Kröner[19] pour ne conserver que l'édition chronologique de Colli et Montinari, l'on constate néanmoins que dans ses cahiers de la première moitié des années 1870, Nietzsche a effectivement consigné non seulement des idées de titre, mais aussi des possibilités d'ordre de chapitres ou de sections pour un projet d'ouvrage[20]. L'état inachevé de ces écrits montre que l'auteur a abandonné ce projet — mais l'idée qu'il en avait garde son importance du fait qu'elle témoigne de l'orientation générale de son activité philosophique. En ce sens, la note résumant l'intention globale de son projet pourrait bien être celle-ci : « [J]e veux savoir comment une philosophie non hostile se comporte vis-à-vis de la civilisation existante ou en cours de formation : le philosophe, ici, est le guérisseur [*Giftmischer*] de la civilisation[21]. » Le projet du début des années 1870 appelle un philosophe-médecin qui doit pouvoir mener « l'étude des symptômes de notre temps[22] »

---

18. Kremer-Marietti, « Nietzsche sur la vérité et le langage (1872-1875) », p. 9.

19. Les éditeurs ont modifié l'ordre et très souvent le découpage des sections, éliminant même certains passages.

20. Par exemple, le fragment posthume 29[230] (hiver 1872-1873) dresse le plan d'un livre en dix chapitres.

21. Fragment posthume 23[16] (hiver 1872-1873), *in* FP2, p. 290.

22. Fragment posthume 23[14] (hiver 1872-1873), *in* FP2, p. 290.

et déterminer « [l]es moyens pour protéger et guérir une civilisation[23] ». Si Nietzsche n'a finalement pas retravaillé ces notes pour en faire un ouvrage, entre 1872 et 1876 il a néanmoins publié des textes et donné des conférences qui s'inscrivent dans le projet plus général d'une philosophie prophylactique, auquel aurait participé un tel livre.

Kultur et *Zivilisation*

Lorsqu'il parle d'une médecine philosophique pour guérir la civilisation, Nietzsche emploie le mot *Kultur* qui correspond généralement, en français, à « civilisation »[24]. La formule qui nous intéresse est écrite ainsi dans le texte original allemand : « Der Philosoph als Arzt der Cultur[25]. » Nietzsche écrit le mot avec un K ou un C. Un examen rapide des fragments posthumes pourrait suggérer que *Kultur* trouve une acception plus positive : le terme renvoie par exemple à la civilisation allemande « en gestation », celle qui est encore à venir ou à construire, comme l'exprime par exemple le fragment 19[272] (été 1872-début 1873). *Cultur*, à l'opposé, a fréquemment une acception négative, lorsqu'il est employé pour caractériser la civilisation allemande contemporaine que réprouve Nietzsche — ainsi, par exemple, dans le fragment 19[283] (été 1872-début 1873) qui énumère les « facteurs de la civilisation [*Cultur*] actuelle ». Les neuf facteurs cités dans ce fragment renvoient à des dimensions de la civilisation allemande

---

23. Fragment posthume 19[33] (été 1872-début 1873), *in* FP2, p. 181.
24. Dans son petit ouvrage *Le vocabulaire de Nietzsche*, Patrick Wotling va à l'encontre de la tendance générale des traductions françaises de Nietzsche et traduit *Cultur* par « culture », conservant le terme français « civilisation » pour rendre l'allemand *Civilisation* (ou *Zivilisation*). Pourtant, dans son étude sur *Nietzsche et le problème de la civilisation*, P. Wotling traduisait autrement : il faisait de « civilisation » (*Kultur*) le terme capital pour Nietzsche, « le mot français de "culture" ayant, hors contexte, un sens plus restreint et évoquant de manière trop exclusive la sphère du savoir théorique » (p. 29, note 1). Suivant l'usage courant, le présent ouvrage emploie le français « civilisation » pour rendre l'allemand *Kultur* ou *Cultur*.
25. Fragment posthume 23[15] (hiver 1872-1873), *in* KSA, vol. 7, p. 545.

que Nietzsche a critiquées dans la première moitié des années 1870 — notamment : « L'élément historique, le devenir » (objet de la deuxième *Inactuelle*), « Le caractère philistin » et « L'écriture, pas la parole » (cibles de la première *Inactuelle*), « L'érudition savante » (vilipendée dans les conférences sur l'éducation, ainsi que dans la première *Inactuelle*)[26]. Le même sens négatif de *Cultur* apparaît dans le fragment 19[301] qui suggère encore une fois un titre d'essai, centré : « Ceux qui espèrent. / Considérations sur la prétendue civilisation [*Cultur*] allemande du présent[27]. »
Un examen plus approfondi des notes indique toutefois qu'il est difficile de généraliser cette remarque sur l'orthographe du terme, puisque dans un seul et même fragment (le 19[312], qui fait référence à la guerre franco-prussienne de 1870), Nietzsche emploie *Kultur* en un sens positif, puis négatif : « S'il fallait leur souhaiter la victoire, à eux, les barbares [allemands], ce n'était naturellement pas parce qu'ils sont des barbares, mais parce que l'espérance en une civilisation [*Kultur*] allemande naissante sanctifie les Allemands. Il n'y a, en revanche, aucune considération à avoir pour une civilisation [*Kultur*] dégénérée et épuisée[28] ».
Un autre fragment, enfin, emploie *Kultur* en un sens résolument négatif : « Nous voyons, sur l'exemple de l'Allemagne contemporaine, que les sciences peuvent fleurir dans une civilisation tombée en barbarie [*in einer barbarisirten Kultur*] [...]. Une civilisation [*Kultur*] déclinante (comme la civilisation alexandrine) et une non-culture [*Unkultur*] (comme la nôtre) ne la rendent pas impossible[29]. » Il faut en conclure que Nietzsche emploie indifféremment *Kultur* et *Cultur*[30].

---

26. Quant aux autres facteurs (dont les mœurs étrangères, la civilisation sans peuple et l'inesthétique), ils font l'objet de critiques fréquentes dans la plupart de ses textes de l'époque.
27. Été 1872-début 1873, *in* FP2, p. 261.
28. Été 1872-début 1873, *in* FP2, p. 264.
29. Fragment posthume 19[171] (été 1872-début 1873), *in* FP2, p. 223.
30. Le lexique du vocabulaire nietzschéen composé par P. Wotling souligne d'ailleurs que le philosophe orthographie systématiquement le mot avec un C à partir d'*Humain, trop humain*, en 1878 (*Le vocabulaire de Nietzsche*, p. 20, note 1).

Si les deux termes, *Kultur* et *Zivilisation*, sont souvent traduits par le même mot « civilisation » dans les éditions françaises, ils ne recouvrent pourtant pas le même sens. Le *Deutsches Wörterbuch* Grimm précise la distinction entre les deux concepts allemands : « Au cours du XIXe siècle, autrement dit depuis l'industrialisation et la manifestation de ses conséquences pour la vie de l'être humain moderne, la *Zivilisation* vint à s'établir comme le contraire de la *Kultur*. » Le dictionnaire poursuit en opposant les ensembles notionnels de chaque terme, en fonction des occurrences relevées dans la littérature : « La *Zivilisation*, c'est la technique, les sciences naturelles, la création du confort, le conventionnel, la poursuite d'un objectif, l'international, l'extérieur et le superficiel ; la *Kultur*, c'est le spirituel et l'artistique, le sentiment de la vie, le créatif, la formation et la découverte, la particularité nationale, l'intérieur et l'authentique. L'ensemble des valeurs de la science, des mœurs, de l'art et de la religion, nous les qualifions de *Kultur* et les distinguons de la *Zivilisation* (les sciences naturelles, la technique, l'économique) comme de son fondement naturel[31]. »

Le terme allemand *Zivilisation* (orthographié avec un Z ou un C) possède, chez Nietzsche, une définition proche du sens ordinaire qui décrit un type d'organisation des communautés humaines en fonction des aspects matériels ou techniques de cette organisation. La *Zivilisation* désigne ainsi « une forme particulière de culture » dont le paradigme, pour Nietzsche, est fourni par « la culture de l'Europe contemporaine[32] ». Nietzsche emploie effectivement le terme *Zivilisation* en un sens étroit — par exemple dans sa deuxième conférence sur l'éducation en 1872, lorsqu'il fait état de la « civilisation [*Civilisation*] des Français, antigermanique [*ungermanische*] dans son fondement le plus profond[33] », ou encore dans la première *Inactuelle*, lorsqu'il

---

31. *Deutsches Wörterbuch*, édition de 1971, vol. 31, p. 1733 (consulté dans sa version électronique, 17 janvier 2012).
32. Wotling, *Le vocabulaire de Nietzsche*, p. 16 sq.
33. AÉE, § 2, p. 116.

écrit : « Si l'on entend par barbarie le contraire de la civilisation [*Civilisation*], peut-être même la piraterie et le cannibalisme, cette distinction [entre barbare et philistin] se justifie[34] ». Mais il apparaît d'emblée que *Kultur* est le terme important pour Nietzsche — et non pas *Zivilisation*. Ce dernier terme ne figure que très rarement dans son œuvre : il n'y en a que neuf occurrences dans les essais publiés par Nietzsche de 1872 à 1876[35], et vingt dans les œuvres publiées entre 1878 et 1888. Dans ses rares apparitions chez Nietzsche, *Zivilisation* a donc un usage précis, assez proche du sens ordinaire allemand — bien qu'il ne se réduise pas au simple aspect matériel de la vie d'une société —, quasi ethnographique, et qui ne paraît pas faire problème pour le philosophe. Ce qui importe, pour lui, c'est la question de la *Kultur*.

Pionnier de la réception française de Nietzsche, le germaniste Charles Andler, au début des années 1920, proposait de traduire *Kultur* par « civilisation intellectuelle[36] ». Le dictionnaire des concepts philosophiques publié à Berlin en 1899 par le philosophe autrichien Rudolf Eisler (1873-1926) définit le terme *Kultur* en un sens qui appuie la proposition d'Andler : « Développement des facultés intellectuelles et morales des êtres humains dans les formations spirituelles et sociales (sciences, droit, éthique, etc.), maîtrise des pulsions vitales excessives par la volonté ; assimilation et adaptation de tout ce qui est *"naturel"* au service de besoins supérieurs dans le sens d'une progression de l'humanité qui soit une incarnation des formations et des institutions constituées par une vie consciente et méthodique, sous l'influence d'idées[37]. » En plus de montrer l'étendue du concept de

---

34. CI1, § 2, p. 30.
35. Quatre dans *La naissance de la tragédie*, une dans la première et quatre dans la dernière des *Considérations inactuelles*, chiffres auxquels l'on peut ajouter, pour un total de onze, les deux occurrences de ce terme dans les conférences de 1872 sur l'éducation. Ces chiffres sont fondés sur l'édition Schlechta.
36. C. Andler, *Nietzsche*, vol. 1, p. 490.
37. Rudolf Eisler, *Wörterbuch der philosophischen Begriffe* (éd. de 1904), vol. 1, p. 192.

Kultur dans la langue philosophique allemande, la définition d'Eisler précise que *Kultur* se définit corrélativement à la notion de *Bildung* et de ses dérivés (développement, *Ausbildung*; formation, *Gebilde*; etc.). L'on verra que c'est aussi le cas chez Nietzsche.

Dans ses écrits de 1872, Nietzsche donne une définition large à la *Kultur*, qui lui fait occuper une place fondamentale dans sa philosophie. Celle-ci est alors fortement tributaire de ses lectures du *Monde comme volonté et comme représentation* (1818) et des *Parerga et Paralipomena* (1851) de Schopenhauer. Le jeune Nietzsche identifie au principe de toutes choses ce qu'il appelle tour à tour, dans *La naissance de la tragédie*, le « vivant *unique* qui engendre et procrée » ou « l'insatiable volonté[38] ». En des accents résolument schopenhaueriens, il interprète le principe fondamental de la vie ou de la nature comme volonté et douleur. Cette douleur ou souffrance originelle, la nature la combat en elle-même par l'illusion qu'elle crée pour masquer sa véritable figure. L'illusion compte donc parmi les trois visages de l'être, ou du « tréfonds le plus intime des choses », dont les « mères » portent les noms *Wahn*, *Wille* et *Wehe* : illusion, volonté, douleur[39]. La vie est *illusion* de beauté et de permanence : cette nécessaire faculté fait que la vie est l'« artiste originaire du monde ». La vie est aussi *volonté* insatiable d'exister : « C'est un phénomène éternel : l'insatiable volonté, par l'illusion qu'elle déploie sur les choses, trouve toujours un moyen de tenir fermement en vie ses créatures et de les contraindre à continuer de vivre[40]. » La vie enfin est *souffrance*, car « chaque naissance est la mort d'êtres innombrables », ce qui fait dire au jeune Nietzsche que « [l]a procréation, la vie et le meurtre sont une seule et même chose[41]. »

---

38. NT, respectivement § 17, p. 101, et § 18, p. 107.
39. NT, § 16, p. 96, et § 20, p. 120.
40. Les deux dernières citations proviennent de NT, § 5, p. 47, et § 18, p. 107.
41. Ces deux citations proviennent de « L'État chez les Grecs » (1871), *in* CP, p. 184.

La *Kultur*, ou civilisation, est en rapport direct à ce triple visage de l'être : elle résulte du dosage des stimulants qui sont déployés par la nature pour tromper le dégoût de l'existence chez l'être humain. « Selon le dosage [de ces stimulants], nous obtiendrons plutôt, soit une civilisation *socratique*, soit une civilisation *artistique*, soit une civilisation *tragique* — ou bien, si l'on veut bien nous permettre de nous référer à des exemples historiques, une civilisation alexandrine, hellénique ou bouddhique. » Ces trois types de *Kultur* correspondent ainsi à trois degrés d'illusion servant la vie : « [L]e plaisir socratique de la connaissance et l'illusion de pouvoir guérir de cette manière l'éternelle blessure de l'existence », qui forme la civilisation alexandrine (ou socratique) ; la séduction opérée par la beauté apollinienne servant à masquer la souffrance et la douleur, qui caractérise la civilisation hellénique (ou artistique) ; et la consolation métaphysique qui donne « l'assurance que sous le tourbillon des phénomènes la vie continue de s'écouler[42] », et qui domine dans la civilisation bouddhique (ou tragique).

À l'origine de toute forme de civilisation se trouve donc la souffrance. Il ne fait aucun doute, pour Nietzsche, que ce qui précède la civilisation est tout le contraire de l'harmonie : celle-ci n'est pas l'une des formes de l'être. S'il affirme d'un point de vue philosophique ou esthétique que la civilisation est précédée par la souffrance et la douleur, il voit, d'un point de vue historique ou politique cette fois, qu'elle est précédée par la *barbarie*. On lit dans les fragments posthumes quelque peu postérieurs à *La naissance de la tragédie* : « Aucune civilisation ne s'est édifiée en trois jours, et il en est encore moins qui soient jamais tombées du ciel : une civilisation ne naît que d'une précédente barbarie, et il y a de longues périodes d'hésitations et de luttes, durant lesquelles l'issue est douteuse[43]. » Nietzsche s'oppose donc fermement à la vision rousseauiste de l'harmonie originelle

---

42. Les trois dernières citations proviennent de NT, § 18, p. 107.
43. Fragment posthume 19[306] (été 1872-début 1873), *in* FP2, p. 262.

entre l'être humain et la nature : « [C]ette unité de l'homme avec la nature [...] n'est en aucune manière cet état simple, allant de soi, quasi inévitable que nous devrions *obligatoirement* rencontrer au seuil de toute civilisation, comme un paradis de l'humanité[44] ». Selon l'esthétique de Nietzsche vers 1872, le naïf est le *produit* d'une civilisation plutôt que son fondement : « Partout où nous rencontrons le "naïf" en art, il faut au contraire y reconnaître l'effet suprême de la civilisation apollinienne ». Celle-ci, comme tout type de civilisation, « doit toujours commencer par jeter bas un royaume de Titans et terrasser des monstres » : elle « doit avoir triomphé, par de puissants mirages et d'agréables illusions, de la profondeur terrifiante de sa conception du monde et de son sens exacerbé de la souffrance[45]. »

Suivant cette perspective, l'on peut distinguer un sens général et un sens plus restreint à la compréhension qu'a Nietzsche de la *Kultur*. En son sens premier et général, dans l'optique schopenhauerienne du jeune Nietzsche, la civilisation est essentiellement liée aux processus fondamentaux de la vie comme souffrance, volonté et illusion. La civilisation, le regroupement des êtres humains, la vie sociopolitique et la vie culturelle reposent nécessairement sur ce sol premier. Tel un masque sur le visage de « l'éternelle douleur originaire[46] », la civilisation répond au besoin d'illusion qu'entraîne la douleur originaire : elle est un produit direct de la dimension fondamentalement créatrice de la vie. C'est pourquoi la nature réelle de la civilisation peut être révélée et définie grâce aux perspectives d'une philosophie esthétique. Ensuite, en son sens plus restreint, la civilisation est un dosage particulier des stimulants de la nature créatrice d'illusion. Ces dosages, comme on vient de le voir, donnent lieu à trois types de civilisation, définis par trois plaisirs : alexandrine (selon le plaisir pris à la connaissance), hellénique (selon le plaisir pris

---

44. NT, § 3, p. 37.
45. Les trois dernières citations proviennent de NT, § 3, p. 37 *sq*.
46. NT, § 4, p. 40.

à la beauté) et bouddhique (selon le plaisir pris à la consolation métaphysique).

Par rapport à la civilisation, comprise en son sens général et en son sens restreint, Nietzsche décrivait sa tâche ainsi : « Ma mission : comprendre *la cohésion interne et la nécessité de toute civilisation véritable.* Les moyens pour protéger et guérir une civilisation, la relation entre celle-ci et le génie populaire[47]. » Si la *Kultur* fait problème pour Nietzsche, c'est notamment parce que l'Allemagne de la deuxième moitié du XIXe siècle lui présente l'exemple d'une « non-civilisation » (*Unkultur*) ou d'une civilisation retournée à un état de barbarie[48]. Mais son constat dépasse en fait le strict cadre de sa patrie, car il voit que l'Allemagne témoigne qu'une civilisation de type alexandrin peut sombrer dans la barbarie par suite d'une recherche effrénée de connaissance. Il notait au printemps 1873 : « Il est possible *d'anéantir la culture. Il est même facile de la ruiner ; peu d'hommes et peu d'années y suffisent*[49] ». Dans ce fragment, toutefois, le mot employé par Nietzsche, et traduit ici par « culture », n'est pas *Kultur*, mais bien *Bildung*. À l'idée de civilisation (et principalement d'une civilisation alexandrine) correspond l'idée d'une culture de la connaissance qu'il importe de distinguer de la culture comme *Bildung* afin de comprendre le spectre de la barbarie qui guette, selon Nietzsche, l'Allemagne bismarckienne — et même toute civilisation alexandrine.

Bildung et *Gebildetheit*

Bildung possède plusieurs significations, rendues par différents termes dans les traductions françaises des écrits de Nietzsche. Le mot fait en premier lieu référence à la formation, tout autant à l'éducation qu'à la formation personnelle ou individuelle. Ce premier sens apparaît dans le titre des conférences de 1872 : *Über*

---

47. Fragment posthume 19[33] (été 1872-début 1873), *in* FP2, p. 181.
48. *Cf.* le fragment posthume 19[171] (été 1872-début 1873), *in* FP2, p. 223.
49. Fragment posthume 26[14] (printemps 1873), *in* FP2, p. 319.

die Zukunft unserer Bildungsanstalten (*Sur l'avenir de nos établissements d'enseignement*). Cette idée d'éducation est présente aussi dans un fragment de l'hiver 1872-1873 qui énumère les tâches de la philosophie et situe en huitième position : « Contre l'instruction [*Bildung*] pour tous[50]. »

En son sens éducatif ou pédagogique, la *Bildung* comme formation s'oppose pour Nietzsche au simple fait d'être « instruit » pour avoir suivi un cursus général ou technique : la *Bildung* n'est pas la *Gebildetheit*. Simple « instruction », la *Gebildetheit* est durement critiquée dans les *Considérations inactuelles*. Dès les premiers paragraphes de celle sur David Strauss, le pamphlétaire s'élève « contre l'ennemi intérieur, contre cette forme d'instruction [*"Gebildetheit"*] extrêmement équivoque et en tout cas non nationale qu'un dangereux malentendu baptise aujourd'hui en Allemagne du nom de culture [*Kultur*] ». Quelques lignes plus loin, le même terme est traduit par « pseudo-culture », lorsque Nietzsche énonce l'espoir « d'édifier une authentique culture [*Kultur*] allemande, le contraire de cette pseudo-culture [*Gebildetheit*][51]. » Voilà qui révèle la dimension péjorative que lui donne le philosophe : généralement opposée à la *Kultur* authentique, la *Gebildetheit* caractérise quelqu'un que l'on dit « cultivé », mais sans plus, l'être cultivé qui n'est ni génie, ni artiste, ni philosophe et auquel le véritable esprit critique et l'originalité personnelle peuvent faire défaut. C'est cette « pseudo-culture » que Nietzsche considère comme l'ennemi intérieur à l'Allemagne : « Où sont nos alliés naturels avec lesquels nous pourrons lutter contre la prolifération luxuriante et étouffante de la culture [*Gebildetheit*] dispensée de nos jours ? Car pour le moment nous n'avons qu'un seul ennemi [...] ce sont justement ces "gens cultivés" [*Gebildeten*][52] ».

---

50. Fragment posthume 23[7] (hiver 1872-1873), *in* FP2, p. 286.
51. Les deux dernières citations proviennent de CI1, § 1, p. 20.
52. CI4, § 4, p. 115.

La *Gebildetheit* s'oppose à la véritable formation comme *Bildung*. Lorsqu'on lit *Bildung* au sens d'«éducation» ou de «formation», il faut donc prendre soin d'y ajouter la valeur supérieure de cette formation qui développe des qualités particulières, qui ouvre sur la vie de l'esprit qu'elle cultive et qui s'adresse à chaque individu en tant que personne singulière. La définition que donne Nietzsche de la civilisation dans la première *Inactuelle* illustre la différence de degrés entre l'accumulation de connaissances qui fait d'un individu une personne cultivée, et la formation comme *Bildung* : « La civilisation [*Kultur*], c'est avant tout l'unité du style artistique à travers toutes les manifestations de la vie d'un peuple. Mais le fait de beaucoup savoir et d'avoir beaucoup appris n'est ni un instrument nécessaire ni un signe de la civilisation [*Kultur*] et, au besoin, s'accorde parfaitement avec son contraire, la barbarie, c'est-à-dire l'absence de style ou le mélange chaotique de tous les styles[53]. »

La *Bildung* est aussi une «formation» au sens véritablement actif du terme, c'est-à-dire un processus, comme dans un fragment de l'été 1872-début 1873, où figure le titre « Über die Bildung eines deutschen Kunststils » (« *Sur la formation d'un style artistique allemand*[54] »). *Bildung*, enfin, trouve une traduction française dans le terme de «culture» : le mot en exprime alors le sens positif, le résultat de la *Bildung* comme formation. Dans un essai de définition, Nietzsche écrit notamment : « La culture [*Bildung*] n'est pas forcément une culture *intellectuelle*, mais avant tout une formation du *regard* et de la faculté de bien choisir : comme le musicien qui sait trouver ses doigtés dans l'obscurité. *Éduquer* un peuple à la *culture* [Bildung], c'est essentiellement l'accoutumer à de bons modèles et lui donner de nobles besoins[55]. » La *Bildung* désigne donc à la fois une formation essentielle et l'état qui résulte de cette « noble » formation.

---

53. CII, § 1, p. 22. Nietzsche répète cette définition dans sa deuxième *Inactuelle*, § 4, p. 117.
54. Fragment posthume 19[298], *in* FP2, p. 260 ; KSA, vol. 7, p. 511.
55. Fragment posthume 19[299] (été 1872-début 1873), *in* FP2, p. 261.

En ce terme, comme le rappelle le dictionnaire Grimm, le culte de l'âme et de l'*humanitas* se joint à l'idée de la formation, et même d'une institution vouée à ce culte. Cette culture forme le terreau d'une véritable civilisation et s'oppose ainsi à l'instruction que valorise le *Bildungsphilister*. « Philistin de la culture » est la dénomination par laquelle Nietzsche décrit David Strauss dans la première *Inactuelle*[56], pour marquer la distance entre l'érudition de ce dernier et l'état résultant de la *Bildung*. « [I]l y a dans l'érudition savante une contradiction avec l'unité de la culture [*Bildung*][57] », du fait que l'érudition savante encourage et valorise le morcellement des connaissances et l'atomisation des sciences, alors que la *Bildung* se veut une formation générale et complète — « holiste », dirait-on aujourd'hui. Rare et fragile, la *Bildung*, selon Nietzsche, ne trouve plus de quoi croître dans les établissements d'éducation allemands qui font de plus en plus de place à l'accumulation de connaissances, utile aux disciplines techniques. Or, c'est précisément parce que « [l]a culture [*Bildung*] ne se transmet pas par le simple fait de la génération » qu'elle est « menacée » : elle risque d'« être réellement anéantie pendant des siècles[58] ». Aussi voit-on que la mission de Nietzsche se précise en fonction de l'importance qu'il confère à la *Bildung*, laquelle est intrinsèquement liée à la civilisation et au génie par la dimension essentiellement créatrice qui caractérise ces trois pôles positifs de sa philosophie esthétique. Vis-à-vis de la *Bildung*,

---

56. L'expression « philistin de la culture » revient quelques fois seulement dans les deuxième et troisième *Inactuelles*. Dans la préface qu'il compose en 1886 pour la réédition du second volume d'*Humain, trop humain*, Nietzsche revendique « la paternité de l'expression "philistin de la culture", dont on use et abuse beaucoup maintenant » (§ 1, p. 15), paternité qu'il souligne aussi dans une lettre à Georg Brandes, datée du 19 février 1888, où il note que son écrit contre Strauss fut « le premier attentat contre l'*éducation* [Bildung] allemande — cette "éducation", comme l'on s'en vantait, qui aurait remporté la victoire sur la France » (KSB, vol. 8, p. 260 ; *cf.* aussi la section d'*Ecce homo* sur les *Inactuelles*, § 2, p. 146).
57. Fragment posthume 19[281] (été 1872-début 1873), *in* FP2, p. 256 *sq.*
58. Les trois dernières citations proviennent du fragment posthume 26[14] (printemps 1873), *in* FP2, p. 319.

cette «culture humaine complète[59]», et face à la civilisation allemande, «dégénérée et épuisée[60]» au point d'être devenue une *Unkultur*, une tâche capitale, selon Nietzsche, se dessine pour le philosophe.

Le philosophe

«[R]éfléchis que nous sommes tous les deux appelés ensemble à combattre en première ligne, et à travailler pour un mouvement culturel qui, peut-être dès la prochaine génération, peut-être plus tard encore, se communiquera à la plus grande masse[61]» : ainsi s'exprime Nietzsche à son ami Gersdorff au courant de l'hiver 1872. Avec la publication de son premier ouvrage, il mène ses activités moins dans le domaine de la pure philologie scientifique que sur le terrain de la philosophie et il octroie au philosophe un statut particulier face au problème de l'«incivilisation» ou de la barbarie allemande. On peut relever trois caractéristiques de la réflexion de Nietzsche sur le philosophe dans la première moitié des années 1870. D'une part, ses notes montrent qu'il travaille à en définir et à en préciser le rôle au regard de sa compréhension esthétique de la civilisation. Il confère au philosophe une tâche qui est générale (celle du médecin de la civilisation) et élevée (celle de favoriser la culture humaine complète qu'est la *Bildung*). D'autre part, ses écrits témoignent de la distance qu'il maintient entre la philosophie et le peuple. Enfin, sa correspondance révèle tout le sérieux de cette tâche qui répond à un appel à la lutte pour la civilisation allemande. Chacune de ces caractéristiques informe le constat suivant lequel le jeune Nietzsche travaillait à un ouvrage consacré au statut du philosophe en tant que tel.

Consignée dans un cahier de 1872-1873, une idée de titre suggère la position médiane de la philosophie au sein de la civi-

---

59. Lettre d'Erwin Rohde à Nietzsche du 26 février 1872, *in* QANT, p. 55.
60. Fragment posthume 19[312] (été 1872-début 1873), *in* FP2, p. 264.
61. Lettre n° 197 à Gersdorff du 4 février 1872, *in* COR, vol. 2, p. 260.

lisation : « *Le philosophe. Considérations sur la lutte entre l'art et la connaissance*[62]. » De manière à résoudre les problèmes auxquels la civilisation se trouve confrontée et à lutter contre les excès qui la menacent, le philosophe, selon Nietzsche, doit être le médiateur entre l'art et la science. Dans le cas de l'Allemagne, il s'agit de s'assurer qu'une dose d'art puisse servir de contrepoids à l'excès de connaissance qui a entraîné cette civilisation alexandrine dans la barbarie. Mais si le philosophe est l'instance médiatrice permettant à l'art de s'exprimer dans la civilisation allemande en devenir, il lui faut toutefois s'assurer en même temps que l'art ne tourne pas à son tour à l'excès et ne mène ainsi la civilisation vers de nouveaux écueils. Comme l'écrit Paolo D'Iorio en guise d'introduction à son édition du cours donné par Nietzsche en 1872-1873, « [l]e philosophe garde encore en mains les rênes de la science, et continue à refréner l'envie de savoir et à renforcer la composante mythique, artistique et mystique. Mais, en même temps, [...] le médecin de la civilisation a la tâche de fortifier le sens de la vérité face à l'excès de la libre poésie, et de *refréner* l'élément mythique[63]. » En effet, Nietzsche écrit que le philosophe doit « [r]efréner les effets barbares de l'instinct de connaissance » — mais tout en faisant attention à ne pas « tomber dans la philosophie purement méditative[64] ».

Pour le dire autrement, le philosophe doit évaluer, doser et limiter les pulsions naturelles qui sont au fondement des civilisations, lesquels forment des équilibres fragiles. Nietzsche considère que toute grande civilisation a su « réussir ce dosage admirable » entre les pulsions déployées en l'être humain par la nature. C'est d'ailleurs l'une des raisons de sa profonde et durable admiration pour les anciens Grecs : alors que certaines civilisations s'épuisèrent soit dans l'excès d'extase (comme l'Inde), soit dans la « poursuite effrénée de la gloire et de l'hégémonie

---

62. Fragment posthume 19[98] (été 1872-début 1873), *in* FP2, p. 205.
63. Paolo D'Iorio, « La naissance de la philosophie enfantée par l'esprit scientifique », p. 38.
64. Fragment posthume 23[14] (hiver 1872-1873), *in* FP2, p. 290.

mondiale » (comme Rome), à leur apogée les Grecs réussirent un dosage de deux pulsions impétueuses de la nature — la pulsion orgiastique (dionysiaque) et la pulsion politique (apollinienne). *La naissance de la tragédie* voulait montrer que l'art tragique fut un remède qui permit aux Grecs d'échapper à ces excès et de maintenir un équilibre entre les extrêmes qui tendent à diminuer la vigueur d'une civilisation, voire même à la détruire. La tragédie grecque fut « la quintessence de toutes les vertus prophylactiques, [...] la médiatrice qui établit son règne en séparant les plus vigoureuses qualités d'un peuple de ses défauts les plus néfastes[65]. »

Bien qu'il reconnaisse cette efficacité de la tragédie grecque, Nietzsche considère toutefois que la tâche de maintenir un équilibre dans la civilisation échoit au philosophe, et non pas au poète tragique. Résumant sa vision de la philosophie en devenir, il conclut : « Le philosophe de l'avenir ? il devra être le tribunal suprême d'une civilisation artistique, une sorte d'instance de sûreté contre tous les excès[66] », et c'était déjà, selon lui, le rôle du philosophe grec. Nietzsche estime donc que le philosophe contemporain doit se réapproprier une tâche qui était celle de la philosophie à ses débuts. Or si c'est précisément la philosophie — et non l'art — qui peut et doit occuper la place du médiateur, c'est parce que le philosophe est seul en position médiane entre l'art et la science. Ne prenant parti ni pour le premier ni pour la seconde, le philosophe peut les faire jouer l'un contre l'autre — et les limiter l'un par l'autre. Mais à quoi tient le fait que le philosophe occupe précisément cette position entre le besoin d'illusion ou de création et le désir de connaissance ?

La réponse de Nietzsche renvoie à sa conception de la vérité et à sa reprise du pessimisme antique. Il avance en effet que cet entre-deux est occupé par la philosophie parce que le philosophe est fondamentalement un ami de la vérité — fût-elle horrible

---

65. Les trois dernières citations proviennent de NT, § 21, p. 122.
66. Fragment posthume 19[73] (été 1872-début 1873), *in* FP2, p. 196.

et « inhumaine ». Il entend donc le mot « philosophie » en son sens étymologique : le philosophe est un ami de la sagesse. Dans un fragment du printemps 1873, il distingue trois types d'êtres humains : « Il n'y a que des philosophes, c'est-à-dire des amis de la vérité / ou des *ennemis de la vérité* / ou des sceptiques[67]. » Le jeune Nietzsche oscille toutefois entre le premier type (celui du philosophe qu'il incarne dans *La naissance de la tragédie*) et le troisième (celui du sceptique qu'il met à l'essai dans *Vérité et mensonge au sens extra-moral*). Mais l'impossibilité de dire la vérité, démontrée par l'épistémologie et la philosophie du langage mises de l'avant dans *Vérité et mensonge*, est tout à la fois complétée et en partie démentie par ce qu'on pourrait appeler l'ontologie schopenhauerienne de *La naissance de la tragédie*[68]. Dans son premier livre, Nietzsche affirme que le philosophe *connaît* l'affreuse sagesse de Silène, cette « sagesse populaire grecque » qui dit la vérité. Dans la troisième section, il fait résonner la voix du satyre qui s'adresse au roi Midas après avoir été capturé : « Misérable race d'éphémères, enfants du hasard et de la peine, pourquoi m'obliger à te dire ce que tu as le moins intérêt à entendre ? Le bien suprême, il t'est absolument inaccessible : c'est de ne pas être né, de ne pas *être*, de n'être *rien*. En revanche le second des biens, il est pour toi — et c'est de mourir sous peu[69] ». Cette histoire relatée par Plutarque dans sa *Consolation à Apollonios* (§ 27, 115 B-E) est représentative du pessimisme antique dont Nietzsche se réclame en 1872[70]. Tout comme dans la tragédie et la mystique orphique, la vision optimiste de la mort que Plutarque décrit pour apaiser Apollonios participe au genre largement répandu de la consolation comme « recherche

---

67. Fragment posthume 26[10] (printemps 1873), *in* FP2, p. 314.
68. Rappelons que si Nietzsche a renoncé à terminer et à publier *Vérité et mensonge au sens extra-moral*, il avait de hautes attentes de la publication de son essai et manifeste sur la tragédie.
69. Les deux dernières citations proviennent de NT, § 3, p. 36.
70. Plutarque dit citer le traité *De l'âme* d'Aristote. Par ailleurs, rappelons qu'à compter de sa réédition en 1886, le livre de Nietzsche porte en sous-titre *Hellénité et pessimisme*.

de l'âme grecque pour échapper à son pessimisme[71]». Dans *La naissance de la tragédie*, Nietzsche est précisément à la recherche d'une nouvelle «consolation métaphysique» pour l'âme humaine, une consolation pour apaiser les effets de la «*connaissance tragique*[72]» qui caractérise l'âme philosophe et qui risque toujours de prendre la forme du pessimisme. Le regard perçant du philosophe sur la vie (tout à la fois coup d'œil de philologue et de médecin) lui ramène constamment la vérité de Silène à l'esprit. Mais c'est justement grâce à cette affinité avec la vérité que le philosophe peut mettre en doute la valeur de la connaissance[73] et ainsi en modérer le désir au sein de la civilisation, en rappelant notamment qu'il n'est pas toujours souhaitable de rechercher la connaissance en toute chose et à tout prix.

Par ailleurs, le philosophe, qui n'a «pas de public[74]» — voilà qui le distingue de l'artiste — et qui ne s'adresse à personne en particulier, mène ses activités soit en solitaire, soit en petite communauté de semblables. Il peut ainsi considérer l'objet de ses réflexions dans une perspective plus fondamentale que celle qu'il est nécessaire d'adopter si l'on souhaite se faire comprendre d'une grande majorité, ou si l'on cherche à professer des maximes capables d'inspirer des actions. Le philosophe, en somme, examine la civilisation à partir d'une position de retrait: «La civilisation est une unité. Or, le philosophe semble se tenir en dehors. Il s'adresse à la plus lointaine postérité[75]», non à ses contemporains. Ce retrait lui permet de voir que la civilisation est un corps, un important réseau d'affects, une perpétuelle recherche d'équilibre entre des pulsions qu'il faut mesurer,

---

71. Jean Hani, introduction à Plutarque, *Consolation à Apollonios*, p. 66.
72. Ces deux citations proviennent de NT, § 7, p. 55, et § 15, p. 94. On revient sur la consolation de type nietzschéen au prochain chapitre.
73. *Cf.* le fragment posthume 19[172] (été 1872-début 1873), *in* FP2, p. 224.
74. Fragment posthume 19[170] (été 1872-début 1873), *in* FP2, p. 223.
75. Fragment posthume 19[221] (été 1872-début 1873), *in* FP2, p. 239.

sinon dompter. « À bonne hauteur, tout se rejoint et coïncide[76] » : les sciences n'étant pas encore atomisées, la connaissance apparaît comme une grande entreprise répondant à des pulsions précises et fondamentales. Un tel point de vue rend possible l'établissement d'un diagnostic sur l'état d'une civilisation, appréhendée alors en un processus éclairant. Le philosophe est ainsi en mesure de reconnaître si une civilisation se porte bien ou, au contraire, si elle est malade en raison d'excès particuliers et d'un mauvais dosage des pulsions — auquel cas la position de retrait du philosophe lui permet de déterminer les moyens d'une guérison de ce grand corps malade.

Ce retrait permet en outre d'apprécier le devenir des peuples et des civilisations en fonction de ce qu'ils transmettent aux nouvelles générations. On lit dans les notes de 1872-1873 : « Il existe un pont invisible de génie à génie — c'est là la seule "histoire" réelle d'un peuple, tout le reste n'est que variation innombrable et inconsistante faite de vile étoffe, copies dues à des mains malhabiles[77]. » Sa compréhension du retrait propre à l'activité philosophique montre que Nietzsche en défend une vision véritablement aristocratique : la philosophie doit « maintenir à travers les siècles la *ligne de crête de l'esprit* et, ainsi, l'éternelle fécondité de toute grandeur[78]. » Un fragment de l'hiver 1872-1873 énumère les caractéristiques de la philosophie : elle est « par essence » « convaincue de l'anthropomorphisme », sceptique, « capable de choix et de grandeur », apte à embrasser « les choses dans une vision unitaire » et porteuse d'une « saine interprétation et [d'une] vision simple de la nature ». La philosophie, finalement, est destructrice de « la croyance en l'inviolabilité » de ce qui est compris comme des lois, puisqu'elle est « contre le dogmatisme des sciences », « contre la confusion des

---

76. Fragment posthume 19[1] (été 1872-début 1873), *in* FP2, p. 173.
77. *Ibidem*.
78. Fragment posthume 19[33] (été 1872-début 1873), *in* FP2, p. 181.

images introduites dans la nature par les religions mythiques» et «contre la confusion éthique due aux religions[79]».

Cette énumération permet de constater que le philosophe nietzschéen doit *lui-même* savoir doser son amour de la vérité et son scepticisme : voilà certainement pourquoi l'hésitation entre ces deux orientations de la pensée se retrouve au sein même des œuvres du jeune Nietzsche. Néanmoins, la valeur supérieure de l'activité philosophique n'est jamais remise en cause. Du fait que la vie est fondamentalement «souffrance éternelle» mais tout à la fois «insatiable volonté[80]» d'être, ce qui possède le plus de valeur, dans cette perspective, est ce qui réalise les plus grandes potentialités de l'animal humain — à savoir la capacité de maintenir des civilisations durables, pouvant léguer aux générations suivantes, par-delà les siècles et l'incessant écoulement du temps, les plus hautes réalisations de la vie de l'esprit. Car un tel sommet représente en fait une cime atteinte par la vie en l'être humain : il s'agit d'un équilibre des pulsions fondamentales et donc un reflet de l'harmonie que la vie peut créer, par-delà le chaos originaire. La permanence d'une civilisation nécessite cet équilibre. Or cet équilibre demande à son tour un médiateur, un pont, un individu tourné vers la vie de l'esprit — la seule création humaine véritablement durable —, un individu qui «cherche à faire résonner en lui tous les sons de l'univers et à exprimer cette harmonie en concepts[81]». Voilà la raison d'être du philosophe. Or Nietzsche croit avoir trouvé chez les présocratiques l'exemple d'une conception et d'une pratique de la philosophie qui a en vue la sauvegarde de la civilisation, comme il veut notamment le montrer dans son essai de 1873, *La philosophie à l'époque tragique des Grecs*, demeuré inachevé[82].

---

79. Fragment posthume 23[45] (hiver 1872-1873), *in* FP2, p. 302.
80. Ces deux citations proviennent de NT, § 18, respectivement des p. 109 (*cf.* aussi § 16, p. 101) et 107.
81. Fragment posthume 19[71] (été 1872-début 1873), *in* FP2, p. 196.
82. Nous nous y attardons au troisième chapitre de cette étude.

On le constate, la distance propre à la position du médiateur marque le rapport unique du philosophe à la civilisation, et du même coup son rapport particulier au peuple. Nietzsche est on ne peut plus clair quant à l'écart qui les sépare : « La philosophie *n'est pas pour le peuple*[83] ». Pour cette raison, elle ne peut servir de fondement à une civilisation : sa tâche est d'abord de la préparer, de la préserver ou de la tempérer[84]. Autrement dit, la philosophie ne peut être que l'*instrument* d'une civilisation. Aussi le philosophe n'a-t-il aucune fonction directe par rapport au peuple : « Le philosophe n'est jamais utile que pour un petit nombre, et pas pour le peuple. Et encore l'utilité n'est-elle pas aussi grande pour ce petit nombre que pour le philosophe lui-même[85]. » Celui-ci n'est utile qu'à long terme, et uniquement dans la perspective générale et distante à partir de laquelle il mène son action. Nietzsche précise par ailleurs que la fonction principale du philosophe envers la civilisation doit peut-être finalement être appréciée en termes négatifs : le philosophe agit toujours de manière négative, « en supprimant des entraves, ou en les atténuant et, ainsi, en les conservant, ou encore en les détruisant. [...] Il est, relativement à tous les contenus positifs d'une civilisation, [...] une force *dissolvante, destructrice* (même lorsqu'il cherche à *fonder* quelque chose) ». Le philosophe trouve donc sa plus grande utilité pour la civilisation « quand *il y a beaucoup à détruire*, dans les époques de chaos et de dégénérescence[86] ». Aussi Nietzsche croit-il que l'Allemagne bismarckienne offre un terreau fertile pour son activité. Après son action négative, le philosophe médiateur est toutefois convié à s'atteler à une tâche plus proprement « positive » de guérison : il doit participer à la construction d'une civilisation qualitativement différente de celle qui méritait auparavant son hostilité. En indiquant que le

---

83. Fragment posthume 23[45] (hiver 1872-1873), *in* FP2, p. 302.
84. *Cf.* le fragment posthume 23[14] (hiver 1872-1873), *in* FP2, p. 290.
85. Fragment posthume 29[223] (été-automne 1873), *in* FP2, p. 447.
86. Les deux dernières citations proviennent du fragment posthume 28[2] (printemps-automne 1873), *in* FP2, p. 351.

philosophe trouve sa raison d'être principalement dans les époques de dégénérescence, Nietzsche suggère que la philosophie peut pallier les maladresses de la nature. Il ne veut pas dire qu'une civilisation décadente ne pourra éventuellement se redresser d'elle-même, mais plutôt que ce processus, s'il est entièrement laissé à la nature, risque d'être fort long. Son résultat, en tous les cas, demeure incertain : « Dans le domaine de la civilisation, la nature se montre aussi dispendieuse qu'avec les plantes et les semences. Elle atteint ses buts d'une manière maladroite et générale. Elle déploie beaucoup trop d'efforts pour des buts sans rapport avec eux. [...] La nature est utile à tous, mais elle n'emploie pas toujours les meilleurs moyens, ni les plus appropriés[87]. » Le philosophe est donc l'arc capable de réunir toutes ses énergies de manière à viser des cibles précises, lui qui a comme seule mission de susciter l'équilibre permettant une durée de la civilisation dans le temps.

À défaut d'être modeste, la tâche de la philosophie pour Nietzsche est claire. Sa grandeur — et Nietzsche ajouterait certainement sa noblesse — motive le sérieux avec lequel le philosophe l'aborde, lui qui y voit une mission, un appel auquel il importe de répondre par un engagement envers la lutte pour la civilisation. À ce propos, le discours du professeur bâlois est des plus explicites : il multiplie les appels à l'action. S'adressant aux philosophes (non pas les universitaires, mais bien les esprits indépendants et les philosophes en devenir) et rompant résolument avec les tropismes hégéliens de la philosophie dominante dans l'Allemagne de son temps, il écrit : « Vous ne devez pas vous réfugier dans une métaphysique, vous devez vous engager et vous sacrifier pour la *civilisation en train de naître*[88] *!* » Cette apostrophe fait appel au sens de la probité chez le philosophe médecin de la civilisation, libre de ses mouvements car sans attache à un public particulier. Le vocabulaire de Nietzsche est

---

87. Fragment posthume 29[223] (été-automne 1873), *in* FP2, p. 447.
88. Fragment posthume 19[154] (été 1872-début 1873), *in* FP2, p. 219.

sans équivoque : il parle d'engagement et de sacrifice. C'est ce qu'il signifiait à Gersdorff en lui rappelant qu'ils devaient « combattre en première ligne ». C'est encore ce qu'il écrivait à son ancien professeur Friedrich Ritschl en lui précisant qu'à travers ses actions, il ne cherchait rien pour lui : « [C]'est pour d'autres que j'espère produire quelque chose ». Nietzsche s'éloignait alors déjà de ses premières ambitions : « [P]our moi je ne veux rien, et moins que tout faire carrière[89]. »

En vertu de sa mission, ce qui importe par-dessus tout pour le jeune Nietzsche est que le philosophe ne vive pas en ermite. Loin de chercher à s'exiler, il doit œuvrer à la guérison de la civilisation, en vertu de la « loi d'airain qui enchaîne le philosophe à une civilisation authentique[90] ». Et si celle-ci isole elle-même le philosophe, comme Nietzsche le voit en Allemagne, il faut alors pallier cette faiblesse de la nature et faire en sorte que le penseur puisse poursuivre son œuvre — notamment en cherchant à réunir une communauté d'esprits philosophiques. Mais aussi, il faut détourner les grands esprits de l'attrait (social et pécuniaire) présenté par la philosophie purement universitaire, incarnée par ces professeurs voulant faire carrière et dont Nietzsche, tout au long de son œuvre, cherche à se distinguer. Ce sont eux que critiquait déjà Schopenhauer en 1851 dans son pamphlet *Contre la philosophie universitaire*. « [S]trictement opposé[e] aux rêveries idéalistes[91] », la philosophie telle que la comprend Nietzsche est plutôt une manière de vivre : dans un fragment de 1872-1873, il évoque directement l'idée de « vivre en philosophe[92] ». Cette manière de vivre se caractérise par une mission qui dépasse l'individu, lui qui a conscience de se situer dans une lignée de penseurs ayant œuvré à la guérison d'une civilisation. Voilà qui

---

89. Les trois dernières citations sont tirées de la lettre n° 197 à Gersdorff du 4 février 1872, *in* COR, vol. 2, p. 260 ; de la lettre n° 194 à Ritschl du 30 janvier 1872, *in* COR, vol. 2, p. 256 ; et à nouveau de la lettre n° 197.
90. PÉTG, § 1, p. 17.
91. Fragment posthume 19[154] (été 1872-début 1873), *in* FP2, p. 219.
92. Fragment posthume 19[222] (été 1872-début 1873), *in* FP2, p. 239.

demande une probité et une fidélité du philosophe envers sa tâche pérenne, par-delà l'«étonnement», voire la «malveillance[93]» que peuvent lui témoigner ses contemporains. Cette tâche, le jeune Nietzsche veut y participer notamment avec un ouvrage sur la philosophie et sur le rapport que le philosophe entretient avec la civilisation. C'est un projet auquel il travaille en 1872-1873, comme en témoignent les notes et les essais inachevés de cette époque, dont divers essais de titres : «*Qu'est-ce que le philosophe ?*», «*Que doit faire à présent la philosophie ?*», «*Le philosophe*», ou encore «*Le philosophe comme médecin de la civilisation*»[94]. Ses notes montrent aussi les diverses orientations qu'il pensait donner à ce projet qu'il ne mène pourtant pas à terme. D'une part, il souhaitait développer les fondements théoriques de sa compréhension des rapports de la philosophie au langage, à la vérité et à la connaissance : c'est ce travail qu'il amorça avec l'essai *Vérité et mensonge au sens extra-moral*, commencé et abandonné en 1873. D'autre part, il voulait définir ce qu'est un philosophe en étudiant les penseurs présocratiques comme types d'esprits et représentants de doctrines[95]. C'est un chantier auquel il s'attaqua avec son essai *La philosophie à l'époque tragique des Grecs*, abandonné lui aussi en 1873, qui se voulait un remaniement et un développement de son cours de 1872-1873 sur les philosophes préplatoniciens. Enfin, la philosophie étant un «combat» dans le cadre d'un «mouvement culturel[96]» général, il cherchait à préciser les tâches de la philosophie comme médecine pour la civilisation (et plus précisément pour la civilisation allemande). Ce dernier travail n'a pas fait l'objet d'un essai particulier dans l'œuvre de

---

93. Fragment posthume 19[222] (été 1872-début 1873), *in* FP2, p. 239.
94. *Cf.* respectivement les fragments posthumes 23[7] (hiver 1872-1873), *in* FP2, p. 285 ; *ibidem* ; 29[230] (été-automne 1873), *in* FP2, p. 450 ; 23[15] (hiver 1872-1873), *in* FP2, p. 290.
95. *Cf.* les fragments posthumes 19[89.212] (été 1872-début 1873), *in* FP2, p. 201 *sq.* et 236.
96. Lettre n° 197 à Gersdorff du 4 février 1872, *in* COR, vol. 2, p. 260.

Nietzsche, mais on peut y rattacher de nombreux fragments de 1872-1873. On remarque en outre que les tâches citées dans ces fragments ont fait l'objet de *Considérations inactuelles* axées sur des symptômes précis de la maladie de la civilisation[97]. Mais encore une fois, Nietzsche a abandonné ce projet, les *Inactuelles* qu'il prévoyait d'écrire au rythme de deux par an pour en produire une douzaine, n'étant finalement qu'au nombre de quatre.

Le projet d'un ouvrage sur le philosophe ou la philosophie, élaboré principalement dans les années 1871-1873, se trouve résumé par cette phrase : « Je veux décrire et ressentir moi-même *le formidable développement de l'unique philosophe* qui veut la connaissance, du philosophe de l'humanité[98]. » Nietzsche n'en aura pas fait l'objet d'un livre, tel qu'il le projetait — mais, au fond, toutes ses activités ne concourent-elles pas à réaliser cette volonté de « ressentir » la philosophie comme mode de vie ? Et pourtant, c'était comme professeur de philologie classique que Nietzsche était arrivé à l'Université de Bâle, en 1869.

---

97. *Cf.* le fragment posthume 19[283] (été 1872-début 1873), *in* FP2, p. 257.
98. Fragment posthume 19[136] (été 1872-début 1873), *in* FP2, p. 214.

Chapitre 2

Contexte

« Quelle fatale incongruité que d'être né philosophe parmi des Allemands[1] ! » Celui qui s'exprime ainsi en 1872 se considère déjà comme un philosophe. Le désarroi qu'il exprime en ses notes pourrait expliquer qu'une fois nommé professeur en Suisse, il n'ait jamais cherché à se trouver une chaire de philologie en Allemagne[2], contrairement à la tendance générale suivant laquelle les jeunes professeurs allemands usaient de leur nomination précoce dans une université suisse comme d'un tremplin pour briguer un poste en Allemagne. Dans ce contexte, les dix années de Nietzsche à l'Université de Bâle manifestent une véritable « fidélité[3] » envers cette petite institution.

La brièveté de sa carrière universitaire serait-elle due à un manque ou à une perte d'ambition ? Très tôt, Nietzsche affirmait ne pas vouloir faire carrière. On peut certainement voir là un écho des diatribes de Schopenhauer contre les « professionnels de la philosophie ». En 1851, en cherchant notamment à se démarquer des professeurs (principalement hégéliens, ces « messieurs de la philosophie lucrative » et autres « philosophes apprivoisés »), Schopenhauer rappelait avoir « recherché la vérité, et non

---

[1]. Fragment posthume 19[222] (été 1872-début 1873), *in* FP2, p. 239.
[2]. Sur la tentative faite par Nietzsche pour obtenir la chaire de philosophie à Bâle, *cf. infra*, ch. 11.
[3]. Janz, *Nietzsche*, vol. 1, p. 252.

une chaire » et il se réclamait des Grecs pour réaffirmer l'importance de l'indépendance et du désintéressement : « Que la philosophie ne se prête pas à être un gagne-pain, c'est ce que Platon a déjà démontré dans ses peintures des Sophistes. » Platon serait le modèle du « vrai philosophe », « le plus propre à développer l'esprit philosophique », classe au sein de laquelle Schopenhauer situait aussi les Aristote, Descartes, Hume, Malebranche, Locke, Spinoza et, par-dessus tout, Kant, auteur de « la doctrine la plus importante qui se soit produite depuis deux mille ans[4] ». Nul doute que l'essai *Contre la philosophie universitaire*, tiré du troisième volume des *Parerga et Paralipomena*, a eu un effet marquant sur la manière dont Nietzsche, très tôt, en est venu à considérer la philosophie comme une « recherche libre de la vérité », et le philosophe comme cet être probe, caractérisé par la « sincérité d'effort la plus désintéressée, l'aspiration irrésistible à expliquer l'existence, la sérieuse profondeur d'esprit qui s'efforce de pénétrer dans l'intimité des êtres, et l'enthousiasme réel pour la vérité ». En un mot, qui pourrait provenir indifféremment de la plume de Nietzsche ou de Schopenhauer : « Les véritables penseurs ont recherché la connaissance, et pour elle-même, parce qu'ils aspiraient ardemment à s'expliquer d'une façon quelconque le monde dans lequel ils vivaient ; mais ils ne l'ont pas recherchée pour enseigner et pour bavarder[5] ».

Par-delà cette critique de la philosophie professionnelle, la perte d'ambition pour une carrière universitaire pourrait-elle être une réaction au dégoût que lui inspirait l'Allemagne savante et cultivée ? Pourtant, Nietzsche arrive à Bâle en 1869 avec enthousiasme et ardeur au travail. Curt Paul Janz a donné un portrait détaillé des premières années d'enseignement de Nietzsche, et

---

4. Les dernières citations proviennent de Schopenhauer, *Contre la philosophie universitaire*, respectivement p. 51, 60, 46, 70, 41 *sq.* et 103.

5. Les trois dernières citations proviennent de Schopenhauer, *Contre la philosophie universitaire*, p. 42, 95 et 83. Nietzsche mentionne cette « théorie schopenhauerienne sur la sagesse universitaire » dans la lettre n° 113 à Rohde du 15 décembre 1870 (*in* COR, vol. 2, p. 154).

plutôt que de répéter ici ces faits biographiques, on souhaite souligner certaines dimensions de ses activités à Bâle, qui permettent de se faire un portrait des impressions, des espoirs, de l'orientation professionnelle et des cours du jeune professeur. On complétera ce tableau par un rappel des événements marquants des quelque huit années d'enseignement qui séparent la leçon inaugurale livrée en avril 1869, du premier congé universitaire, commencé en octobre 1876.

Nietzsche à Bâle

En 1870, l'Université de Bâle compte 116 étudiants répartis en quatre facultés, et pour la plupart inscrits en théologie[6]. À son arrivée, Nietzsche donne de manière hebdomadaire huit heures de cours universitaires, en plus de six heures de cours secondaires au Pedagogium de Bâle. Huit personnes assistent à ses cours universitaires, soit la totalité des étudiants inscrits en philologie, ainsi qu'un étudiant en théologie. Rapidement, le jeune professeur trouve sa charge de cours éreintante, ainsi qu'il l'écrit à quelques proches dès l'été et l'automne 1869[7]. À la même époque, il écrit néanmoins à Friedrich Ritschl qu'il est heureux de cette nomination qui l'a transformé d'astre errant en étoile fixe, et que c'est avec plaisir qu'il retrouve un travail régulier, bien qu'amer[8].

Dès le début les impressions du jeune professeur tracent deux voies : il fait montre d'un réel enthousiasme en même temps que d'inquiétudes récurrentes quant à la quantité de travail que lui demandent ses cours de philologie et la vie professionnelle en général, avec toutes les obligations mondaines

---

6. À moins d'indication contraire, les chiffres que nous citons dans cette section proviennent de Janz, *Nietzsche*, vol. 1.
7. *Cf.* par exemple les lettres à sa mère de l'été 1869 ou la lettre n° 32 à Gersdorff du 28 septembre 1869.
8. *Cf.* la lettre n° 18 à Ritschl du 2 août 1869, *in* COR, vol. 2, p. 36. La métaphore stellaire réapparaît dans la suite de son parcours : nous y reviendrons.

qu'une telle fonction entraîne[9]. Nietzsche paraît à la fois débordant d'espoir quant à sa mission générale et travaillé de doutes par rapport à sa vocation philologique. Au printemps 1870, il écrit à Ritschl une lettre dans laquelle il fait le détail de ses projets philologiques pour l'année à venir, pour conclure : « J'ai maintenant, somme toute, les meilleurs espoirs en ce qui concerne ma philologie [...] parce que je sens partout dans mes conceptions fondamentales les signes d'un progrès, qui me laisse prévoir une bonne moisson. À condition pourtant que je me réserve du loisir pour une œuvre maîtresse. Voici maintenant une année que j'ai tenu le coup dans le métier universitaire. Ça va, ça va[10] ! » Sa productivité est à juste titre source de satisfaction. En 1868-1869, il a publié sept articles de philologie ainsi qu'un compte rendu, et en 1870 sont encore parus quelques écrits philologiques de sa main : *Contributions à l'étude des sources de Diogène Laërce* (qui fut choisi comme hommage du Pedagogium de Bâle pour souligner les cinquante années d'activité du professeur F. D. Gerlach), *Analecta Lœrtiana, Le Traité florentin sur Homère et Hésiode* et une recension du livre *Der Hellenismus und der Platonismus*, parue dans le *Literarisches Centralblatt*.

Nietzsche a certainement raison d'être content de son travail : ses articles publiés dans le *Rheinisches Museum* avant même qu'il ne soit professeur lui ont valu non seulement d'être nommé à l'Université de Bâle, mais aussi de recevoir le titre de docteur de l'Université de Leipzig, le 23 mars 1869, sans thèse ni

---

9. *Cf.* les lettres n° 7 et 13 à sa mère, datées de la mi-juin (« Je sens très nettement que même l'activité la plus souhaitée, si elle s'exerce sur le mode de la "fonction" et du "métier", est une chaîne sur laquelle parfois les gens de mon espèce tirent impatiemment. [...] Le plus pénible pour moi, tu peux le penser, est l'horrible masse de mes "honorés" collègues, qui se font un devoir de m'inviter soir après soir ; si bien que je suis déjà devenu assez ingénieux dans l'art d'éluder les invitations ») et du début juillet 1869 (« il sera indispensable de se remettre sérieusement au travail car j'ai une foule de choses à mettre au point, pour lesquelles le train journalier de l'activité universitaire ne me laisse aucun loisir »), *in* COR, vol. 2, p. 19 et 28.
10. Lettre n° 68 à Ritschl du 28 mars 1870, *in* COR, vol. 2, p. 104.

soutenance[11]. Nietzsche avait plusieurs fois changé de sujet de thèse : sa correspondance témoigne des différents thèmes qu'il a envisagés, parmi lesquels la contemporanéité d'Homère et d'Hésiode[12] ou encore « "le concept d'organique depuis Kant", à mi-chemin entre la philosophie et les sciences de la nature[13] ». Au début de sa carrière, sa satisfaction scientifique et sa conviction quant à l'importance de sa mission pédagogique lui font élargir les frontières de sa discipline : « Le commentaire du Phédon me donne l'occasion d'inoculer de la philosophie à mes élèves [du Pedagogium][14] ».

Le jeune professeur est heureux, aussi, de s'être rapproché de Tribschen, à savoir du domaine du maître qu'il a trouvé en Richard Wagner et de l'amie qu'il a rencontrée en Cosima von Bülow. Le jeune Nietzsche place alors Wagner aux côtés de Schopenhauer au rang des grands esprits — ce qui fait dire à certains commentateurs que Nietzsche « endossa le joug du professorat, à seule fin de se rapprocher, de se faire un ami de la première personne d'exception qu'il eût rencontrée[15] ». Il

---

11. *Cf.* Janz, *Nietzsche*, vol. 1, p. 229. L'information bibliographique sur les six articles philologiques (tous publiés dans le *Rheinisches Museum* entre 1867 et 1870) ayant contribué à établir la réputation du jeune Nietzsche apparaît *in* Krummel, *Nietzsche und der deutsche Geist*, vol. 1, p. 3 sq.

12. Il écrit à Gersdorff en février 1868 : « Plus tard, quand je serai libéré de mon travail sur Démocrite et qu'une dissertation de Homero Hesiodoque aequalibus sera bien en train, c'est l'esprit frais que je m'attaquerai à une œuvre maîtresse, un exposé sur les études littéraires des Anciens » (lettre n° 562 du 16 février 1868, *in* COR, vol. 1, p. 544).

13. Lettre n° 568 à Paul Deussen de la fin avril-début mai 1868, *in* COR, vol. 1, p. 556.

14. Lettre n° 3 à Ritschl du 10 mai 1869, *in* COR, vol. 2, p. 12.

15. Janz, *Nietzsche*, vol. 1, p. 257. En 1868, lors de leur toute première rencontre à Leipzig, Wagner avait invité Nietzsche à venir le saluer un jour. Selon Janz, si cette invitation avait peu de poids aux yeux du compositeur, pour Nietzsche elle « signifiait davantage. Il se sentait requis au plus intime de lui-même, sommé par ce destin auquel, toute sa vie, il croira si profondément. Lorsque [...] il eut ses premiers entretiens avec Ritschl au sujet d'une éventuelle nomination à Bâle, la considération de cette invitation, de la proximité de Tribschen, dut tenir une grande place dans ses réflexions, et, plus encore, dans ses émotions » (p. 257). Il est vrai que Wagner occupe beaucoup d'espace dans

entreprend en effet son premier pèlerinage à Tribschen moins d'un mois après son arrivée à Bâle, mais il faut souligner que par-delà cette rencontre spirituelle, Nietzsche est flatté de l'honneur d'avoir été nommé aussi rapidement à une chaire de philologie classique. Le cas de Nietzsche, toutefois, était moins rare qu'on ne pourrait le croire : à cette époque, l'Université de Bâle, en pleine restructuration, « était à la recherche de jeunes collaborateurs » et nombreuses furent les nouvelles recrues de moins de trente ans. C. P. Janz croit que « [l]a nomination de Nietzsche n'avait ainsi, pour Bâle, rien de sensationnel[16] ». Bien qu'il ait obtenu son poste sans même avoir complété de thèse, le plus remarquable dans le cas de Nietzsche est plutôt qu'il soit resté dix ans à Bâle.

Jeune et encore en bonne santé (son état se détériore à compter de 1875), Nietzsche a de plus le sentiment d'appartenir à quelques lignées importantes. Il est tenu par son milieu professionnel pour l'étoile montante d'une école de la philologie classique en Allemagne : celle de Leipzig, dont le chef de file était Friedrich Ritschl. Il se considère lui-même comme le représentant d'une διαδοχή, une succession philosophique moderne qui, dans la lignée de Kant ainsi que de Schopenhauer, veut employer les instruments de la raison critique pour justifier une vision tragique de l'existence contre l'idéalisme hégélien. Un professeur de philosophie à l'Université de Wurtzbourg, Franz Hoffmann (1804-1881), a justement souligné cette « querelle d'écoles » philosophiques, la première *Inactuelle* faisant selon lui figure de « manifeste de l'école schopenhauerienne contre l'école hégélienne[17] ». Nietzsche se définit, enfin, comme disciple de Wagner

---

la correspondance de Nietzsche au cours des années 1869-1870, le jeune professeur envoyant même à sa mère une photographie du maître (lettre n° 13 de juillet 1869, *in* COR, vol. 2, p. 29).

16. Janz, *Nietzsche*, vol. 1, p. 251 *sq*.

17. Franz Hoffmann, « Unzeitgemässe Betrachtungen von Dr. Friedrich Nietzsche. Erstes Stuck: David Strauss der Bekenner und der Schriftsteller » (*Allgemeiner litterarische Anzeiger für das evangelische Deutschland*, déc. 1873), ici cité dans l'édition de 1878, p. 411.

qui lui enjoint de participer à son projet de rénovation de l'Allemagne par l'art musical auquel le jeune professeur, justement, est si sensible, lui qui cultive des velléités de compositeur. Cette triple compréhension (philologique, philosophique, culturelle) qu'il a de sa position enthousiasme Nietzsche et nourrit ses espoirs, mais aussi ses ambitions qui ne sont donc pas purement philologiques ou scientifiques: elles sont intriquées dans ce qu'il vient à considérer comme une mission philosophique envers l'Allemagne. La position intellectuelle du jeune Nietzsche est ainsi cause d'une réorientation qui l'éloigne de la philologie pour le diriger résolument vers la philosophie. Se détachant de sa fonction de professeur, il ne la considère décidément pas comme sa vraie nature, mais plutôt comme un « masque » qu'il endosse selon les occasions et suivant le besoin, comme il l'écrit à Wagner en 1872, avant de se rendre au jubilé de l'Université de Munich où il doit représenter sa petite université : « [J]e prends le masque d'un délégué universitaire et je pars — en dépit de toutes les raisons que j'aurais de ne pas partir[18]. »

C'est ce détachement par rapport à son statut professionnel, et à la discipline selon lui par trop fermée qu'est la philologie, qui lui a permis, déjà, de livrer une leçon inaugurale si foncièrement éloignée (malgré son thème) des débats techniques, typiques de sa spécialité. Sa leçon *Sur la personnalité d'Homère*, présentée à Bâle le 28 mai 1869, est en fait un plaidoyer pour le tissage de liens intimes et solides entre la philologie et la philosophie dont la première doit se nourrir. Prenant « du recul et de la hauteur », Nietzsche y définit la philologie en un sens large : elle est pour lui une pédagogie qui a « l'ambition de mettre au jour un monde idéal enseveli et de tendre au présent le miroir du classicisme comme modèle éternel[19]. » Cette philologie, « messagère des dieux », doit, comme toute activité philologique d'ailleurs, « être encadrée, canalisée par une conception philosophique du monde

---

18. Lettre n⁰ 246 à Wagner du 25 juillet 1872, *in* COR, vol. 2, p. 325 *sq*.
19. Les deux dernières citations proviennent de PH, p. 12 et 38.

qui évacue tout isolat pour ne prendre en compte que ce qui représente une unité globale[20].» Cette vision générale de sa discipline et du travail de la pensée comme tel, Nietzsche a osé la présenter à ses collègues dès son arrivée à Bâle, alors qu'il ne pouvait être assuré que ceux-ci seraient disposés à répondre positivement aux espoirs du jeune professeur qui terminait ainsi sa leçon inaugurale : « [P]ermettez-moi d'espérer que cette orientation ne fera pas de moi un étranger parmi vous ». Ce souhait de Nietzsche n'était-il que rhétorique, lui qui devait savoir qu'un philologue énonçant sa profession de foi par la maxime « Ce qui fut philologie est devenu philosophie[21] » ne pourrait que demeurer isolé parmi ses collègues universitaires ? C'est du reste le même détachement — ou la même perspective de recul et de généralité — qui a permis au jeune Nietzsche d'écrire un premier ouvrage tel que *La naissance de la tragédie*, qui devait heurter les philologues patentés, et de suivre les voies que lui suggérait Richard Wagner, son maître à penser, plutôt que celles que lui proposait Friedrich Ritschl, son ancien maître de philologie qui, selon le mot de Nietzsche, fut jusque-là le « destin » de son existence[22].

La mission dont Nietzsche se sent investi, et à laquelle participe son ami intime Erwin Rohde, lui aussi philologue, est tout entière tournée vers le renouveau de la civilisation : c'est une mission culturelle, au sens large du terme, et non une tâche universitaire. Aussi les conseils de Wagner ont-ils du poids en cette matière. Les premiers écrits du professeur Nietzsche sont au diapason de ceux du maestro : il envoie à Wagner une copie de sa conférence de février 1870, « Socrate et la tragédie » ; il offre en cadeau à Cosima son essai de l'été 1870, « La vision dionysiaque du monde » ; il dédie au compositeur son premier livre, paru en janvier 1872 ; et il offre et dédie à Cosima Wagner, cette même

---

20. PH, p. 40 *sq*.
21. Les deux dernières citations proviennent de PH, p. 41 et 40.
22. Lettre n° 18 à Ritschl du 2 août 1869, *in* COR, vol. 2, p. 36.

année, ses *Cinq préfaces à cinq livres qui n'ont pas été écrits*. De son côté, Wagner encourage Nietzsche à prendre la plume pour leur lutte commune, notamment par l'appui public que le compositeur donne à *La naissance de la tragédie* dans la *Norddeutsche allgemeine Zeitung* du 23 juin 1872. Wagner y fait écho aux conférences que Nietzsche a données à Bâle au courant de l'hiver de la même année : « Qu'en est-il de nos établissements d'enseignement ? C'est à vous précisément que nous adressons cette question, à vous qui avez été nommé si jeune à cette chaire qu'un éminent maître de la philologie vous a réservée entre tous, et qui y avez rapidement acquis un crédit tel que vous avez pu oser vous dégager avec une audacieuse fermeté de ce contexte vicié et dénoncer ses méfaits d'un geste créateur. » Wagner profite de ces pages publiques pour souligner le lien qui les unit et décrire leur tâche, en encourageant son disciple à poursuivre dans la voie de la lutte pour la civilisation : « Ce que nous attendons de vous ne peut être que la tâche de toute une vie, et de la vie d'un homme tel que nous en avons le plus urgent besoin, et tel que vous vous annoncez à tous ceux qui demandent aux sources les plus pures de l'esprit allemand [...] des éclaircissements et des indications sur ce que doit être la culture allemande pour pouvoir aider la nation régénérée à atteindre ses buts les plus nobles[23]. »

À ce lyrisme du compositeur répondent l'enthousiasme et le sérieux du philologue, par la plume d'Erwin Rohde qui, secondé par Nietzsche, écrit dans une lettre ouverte à Wagner, datée du 15 octobre 1872 :

> Devons-nous, nous aussi, demander qu'on applaudisse cette culture exubérante, dans laquelle même notre science peut tout au plus trouver place comme un luxe innocent ? Non, vraiment, pas tant que retentiront puissamment dans le pays allemand, par-dessus la rage du marché et le chant de sirènes des arts de l'abondance et du

---

23. Les deux dernières citations proviennent de Richard Wagner, « Lettre ouverte à Friedrich Nietzsche, professeur ordinaire de philologie classique à l'Université de Bâle », datée du 12 juin 1872, *in* QANT, p. 145.

luxe, les sons émouvants d'une très profonde nostalgie, aspirant à libérer notre peuple de l'emprise de cette inquiétante culture, afin que soit instaurée une civilisation plus noble[24].

Impossible de ne pas en convenir, les premiers écrits du professeur Nietzsche sont en dialogue constant avec Wagner. Le maître serait peut-être aussi à l'origine du choix que fit Nietzsche de diriger sa première *Inactuelle* contre David Strauss[25], Wagner ayant jugé « opportun de ramener son jeune disciple », égaré dans un projet sur la définition du philosophe chez les Grecs anciens, « sur la voie de la propagande wagnérienne[26] ». Nietzsche s'implique donc dans ce combat et rédige en 1873 deux textes à la défense de Wagner et du projet de Bayreuth : « Un mot de Nouvel An au rédacteur en chef de l'hebdomadaire "Im neuen Reich" » et « Appel aux Allemands ». Néanmoins, il poursuit ses études philosophiques — il lit ou relit Kant, Démocrite, Schopenhauer, les présocratiques, Platon — et semble de plus en plus près de « renvoyer la philologie à sa vraie place, parmi les ustensiles domestiques de grand-papa[27]. »

Mais en même temps que ses activités wagnériennes et son écriture philosophique liée à la mission de *Kulturkritik*, Nietzsche continue de préparer et de dispenser ses cours et ses séminaires de philologie à l'université, ainsi que ses leçons de grec au Pedagogium. À l'été 1869, ses premiers cours[28] portent sur

---

24. Erwin Rohde, « Sous-philologie. Éclaircissements sur le pamphlet "Philologie de l'avenir!" publié par le docteur en philologie Ulrich von Wilamowitz-Möllendorff. Lettre ouverte d'un philologue à Richard Wagner », datée du 15 octobre 1872, *in* QANT, p. 218.

25. *Cf. infra*, ch. 6.

26. D'Iorio, « La naissance de la philosophie enfantée par l'esprit scientifique », p. 40.

27. Lettre n° 608 à Rohde du 16 janvier 1869, *in* COR, vol. 1, p. 639.

28. Nous nous fions ici au précieux travail effectué par Janz, « Friedrich Nietzsches Lehrtätigkeit in Basel 1869-1879 », qui, pour établir le programme de cours donnés par Nietzsche à tous les niveaux, a parcouru les archives municipales et universitaires aussi bien que la correspondance et la littérature biographique. En raison d'informations manquantes, ce cursus n'a toutefois pu être reconstitué au complet.

Les Choéphores d'Eschyle et sur les lyriques grecs, tandis qu'il fait lire à ses étudiants du Pedagogium le *Phédon* de Platon ainsi que des extraits de l'*Iliade*. Les premières années, ses leçons proposent des études de langue grecque et latine (grammaire, rythmique, métrique), d'auteurs tragiques (Eschyle, Sophocle, Euripide), de poètes (Homère, Hésiode) et de philosophes (surtout Platon et les présocratiques, mais aussi Aristote). Si l'on ajoute à cela les leçons pour le Pedagogium sur les historiens (Thucydide, Hérodote) et les auteurs comiques (Aristophane), on constate que son programme pédagogique esquisse une étude historique de la littérature grecque[29].

Les cours qui ont été conservés développent deux grands thèmes : l'étude des écrits philosophiques grecs et la réflexion sur la discipline philologique en tant que telle. Du côté de la littérature philosophique, un premier cours sur les présocratiques est annoncé pour l'hiver 1869-1870, mais il n'est pas donné avant l'été 1872 (il sera répété durant les étés 1873 et 1876); un cours sur les dialogues platoniciens est livré durant l'hiver 1871-1872 et un autre, sur la vie et les écrits de Platon, durant l'hiver 1873-1874; et un premier cours sur Aristote (*Rhétorique*) est donné à l'hiver 1874-1875. Du côté de la réflexion sur la philologie, Nietzsche présente un premier cours d'introduction à la philologie classique à l'été 1871, qu'il prévoit de redonner à l'hiver 1873-1874, mais qu'il doit toutefois annuler en raison du manque d'étudiants. Cette situation s'était déjà produite au semestre d'hiver 1872-1873, alors que son séminaire annoncé sur des exercices critiques et exégétiques n'avait pas suscité d'intérêt. Nul doute que la publication de son livre sur la tragédie en 1872 et la controverse qui s'ensuivit agirent négativement sur les

---

29. Dans son étude sur les cours et les fragments posthumes bâlois, Fritz Bornmann montre que, bien qu'il n'ait publié aucun travail philologique après 1873, Nietzsche a poursuivi une activité philologique au sens strict dans ses cours et ses séminaires (*cf.* «Anekdota Nietzscheana aus dem philologischen Nachlaß der Basler Jahre (1869-1878)», p. 67 *sq.*).

étudiants. Le professeur s'en plaint d'ailleurs dans une lettre à Rohde au début de l'année 1873 :

> Étant donné qu'à présent le nombre de mes deux auditeurs parle en ce sens [que je serais un mauvais professeur] et que tout le monde, à partir de mon livre, se fait de mon enseignement une idée qui ne tient pas debout, je comprends ce jugement compte tenu de la malveillance générale à mon endroit — *mais on y ajoute désormais astucieusement mon incapacité universitaire et mon impuissance à faire carrière*. Au reste, toute modestie mise à part, je crois être un professeur tout à fait acceptable, et on le croit aussi à Bâle[30].

S'ils ne rejoignent pas un grand auditoire, ses cours sont toutefois réguliers et correspondent presque toujours à l'annonce qu'il en fait — et rappelons que même dans le cadre des critiques à la suite de la parution de *La naissance de la tragédie*, Nietzsche ne songe pas à quitter Bâle pour trouver une chaire ailleurs. Il poursuit ses activités professionnelles sans arrêt jusqu'à l'été 1876, malgré un hiver difficile en 1875-1876 et des cours interrompus en février pour des raisons de santé.

Pendant la période de huit années entre 1869 et 1876, la figure de Platon est certainement celle qui revient le plus régulièrement dans son enseignement, autant à l'université qu'au Pedagogium, avec des études du *Phédon*, de l'*Apologie*, du *Protagoras*, du *Gorgias* et du *Phèdre*. Par ailleurs, philosophie et philologie vont toujours de pair, conformément au programme qu'annonçait la leçon inaugurale d'avril 1869, et tel que Nietzsche le précisait à ses étudiants en 1871 :

> Il a été maintes fois proposé que chaque futur spécialiste étudie d'abord la philosophie pendant un an, afin qu'il ne finisse pas par ressembler à l'ouvrier d'usine qui fabrique des vis d'un bout à l'autre de l'année. Il faut que le philologue classique s'appuie constamment et fermement sur la philosophie afin que sa revendication en faveur du classicisme de l'Antiquité face au monde

---

30. Lettre n° 288 à Rohde du 4 janvier 1873, *in* COR, vol. 2, p. 392.

moderne n'ait pas l'air d'une prétention ridicule. Car il énonce ainsi un *jugement*[31].

Ce jugement porte tout à la fois sur l'Antiquité et sur la civilisation européenne contemporaine : c'est un jugement sur leur relation et sur la supériorité des Grecs anciens, eux « qui tiennent dans leurs mains les rênes de notre civilisation comme de toute civilisation[32] ». Les « maîtres grecs » peuvent contrer la soif d'érudition qui guette tout jeune étudiant et servir d'antidote pour « guérir la maladie [du] temps[33] », comme le disait Rohde, parce qu'ils réussirent à atteindre un équilibre inégalé entre les pulsions naturelles fondamentales. Si la philologie doit s'appuyer sur la philosophie, on voit ici, corrélativement, que la philosophie doit être philologique afin qu'elle puisse mener son travail de médiation et de dosage des pulsions. Ainsi l'étude des Grecs, dans les cours du jeune professeur, est-elle toujours menée dans une perspective philosophique où interviennent deux tendances primordiales : d'une part, un *eros* de la connaissance (plutôt qu'une « volonté égoïste de connaître[34] »), et d'autre part, une réflexion fondamentale sur le sens de l'existence humaine. Nietzsche affirme à ses étudiants que « la question primordiale, c'est celle du pessimisme ou de l'optimisme à l'égard de l'existence[35] » : cette affirmation est pour lui non seulement un écho à Schopenhauer, mais aussi une position dans l'interprétation des écoles philosophiques grecques.

Dans sa présentation du cours de l'été 1870, Michel Haar remarque à juste titre qu'il s'agit, pour Nietzsche dans ses cours, « de saisir la spécificité des Grecs par rapport à nous et celle

---

31. IÉPC, § 7, p. 101.
32. NT, § 15, p. 91.
33. Rohde, « Recension [de *La naissance de la tragédie*] parue dans la *Norddeutsche allgemeine Zeitung* du 26 mai 1872 », *in* QANT, p. 85.
34. « Je suis contre le déploiement d'une volonté égoïste de connaître. Est par-dessus tout nécessaire la joie prise au sujet et c'est la tâche de l'enseignant que de la faire partager à d'autres » (IÉPC, préface, p. 94).
35. IÉPC, § 7, p. 102.

de notre position vis-à-vis d'eux, ce qui constitue à ses yeux le véritable enjeu des études de "philologie classique"³⁶.» La philologie doit non pas encourager l'érudition ou la prétention — Nietzsche précise à ses étudiants qu'«il faut se demander sérieusement au bout du compte si *l'augmentation du savoir* [...] est finalement un progrès» —, mais plutôt cultiver un autre rapport humain au monde et à l'existence, que celui qui prévaut dans l'Europe contemporaine. La connaissance des Grecs doit ramener à un niveau de généralité où il devient possible de penser l'être humain dans une perspective fondamentale, et donc universelle. Dans leurs réalisations artistiques et littéraires, les Grecs atteignirent cette rare perspective générale: «L'art grec est le seul qui ait surmonté les conditions nationales: ici nous accédons en premier lieu à *ce qui est humain*, c'est-à-dire non pas à l'humanité moyenne, mais à l'humanité la plus haute». Cet humanisme au sens premier du terme peut être cultivé par une *Bildung* et s'opposer ainsi au «mode d'éducation uniformisant et absolument non originel³⁷» qui prévaut en Allemagne. Dans la conclusion de son cours de l'été 1871, Nietzsche résume en une phrase l'orientation à la fois personnelle et civilisationnelle qu'il voit comme la tâche propre de la philologie: «[J]e souhaite vous avoir montré la tâche de la philologie: comme un moyen de transfigurer sa propre existence et celle de la jeunesse qui grandit³⁸.» Mais se mettre à l'école des Grecs, afin de n'être «plus emporté aussi tumultueusement par le présent³⁹», cela prend aussi la forme, pour le professeur Nietzsche, de la critique culturelle envers l'Allemagne de Bismarck.

---

36. Michel Haar, «La décadence de la tragédie à l'époque moderne», p. 23 *sq.*
37. Les trois dernières citations proviennent de IÉPC, § 7, p. 101, 102 et 103.
38. IÉPC, conclusion, p. 130.
39. IÉPC, § 7, p. 104 et 103.

L'Allemagne

Bien que son propos s'étende parfois jusqu'à l'Europe entière, c'est essentiellement l'état de la civilisation allemande qui préoccupe Nietzsche à cette époque. Celui-ci a vingt-deux ans, et publiera bientôt son premier article dans le *Rheinisches Museum* (en mars 1867), lorsque après la guerre austro-prussienne de 1866, le territoire de la Prusse est pour la première fois réuni, avec la création de la Confédération de l'Allemagne du Nord sous administration prussienne[40]. Dans les années 1860-1870, l'Allemagne est en pleine construction, sous la tutelle de Bismarck, devenu président du Conseil et premier ministre de la Prusse le 23 septembre 1862. À l'unité territoriale prussienne de 1866 fait suite la fondation du Reich allemand, dont l'acte est signé à Versailles le 18 janvier 1871, à l'issue de la guerre de 1870-1871 qui voit la victoire de la Prusse contre la France. Dans cet empire allemand, les États du Nord et du Sud sont unis pour la première fois : de Königsberg à Cologne, et de Kiel à Munich, l'Allemagne est une. Son empereur est Guillaume Ier et son chancelier, Bismarck. C'est une Allemagne nouvelle, aux contours encore incertains, qui se dessine peu à peu. Nietzsche assiste à cette naissance nationale de l'étranger, puisqu'il réside en Suisse dès avril 1869. Il est aussi un observateur extérieur dans la mesure où il n'est plus citoyen allemand : pour prendre son poste, il avait dû se départir de la nationalité prussienne, et il obtint son expatriation le 17 avril 1869. Il ne prit toutefois pas la nationalité suisse, et ne redemandera jamais la nationalité allemande. Autrement dit, à compter de cette date, le philosophe, véritable Européen, est sans nationalité, *heimatlos*[41].

---

40. L'Autriche, qui présidait depuis 1815 la Confédération germanique réunissant 39 États allemands, est alors chassée de l'Allemagne : ne reste que la Prusse à la tête de la Confédération. Joseph Rovan (*Histoire de l'Allemagne des origines à nos jours*, ch. 16 et 17) dresse un utile tableau de l'histoire de l'Allemagne au XIXe siècle.

41. *Cf.* Janz, *Nietzsche*, vol. 1, p. 230.

Les premières années du nouveau Reich sont marquées par le *Kulturkampf*, une série de mesures anticléricales et de laïcisation, que le chancelier applique notamment pour diminuer le pouvoir du centre catholique. Les Lois de mai (1873-1875) entraînent l'emprisonnement d'ecclésiastiques, mais à partir de 1875, c'est plutôt contre les socialistes que se tournent les politiques répressives de Bismarck qui, faisant presque volte-face en 1880, se décide à gouverner dorénavant avec le centre et les conservateurs pour contrer la montée du socialisme. L'Allemagne est ainsi divisée sur des questions de religion, de propagande socialiste et de territoire (notamment à l'égard des minorités annexées de force dans le nouvel empire). Au cœur de ces dissensions, une politique semble toutefois faire l'unanimité : l'opposition à la France, dont Bismarck, après la guerre de 1870-1871, vise l'isolement, autant en 1872 par l'Entente des trois empereurs (d'Allemagne, d'Autriche-Hongrie et de Russie, entente renouvelée en 1881), qu'en 1882 par la Triple-Alliance entre l'Allemagne, l'Autriche et l'Italie. Dans une étude sur la notion de réalisme dans l'espace politique et littéraire allemand de la fin du XIXe siècle, Jacques Le Rider rappelle que les Allemands de l'époque considèrent généralement ce contexte sociopolitique avec optimisme :

> Au cours de la période 1870-1890, l'expérience de la guerre franco-allemande, de la victoire de Sedan et de la proclamation du Reich, le spectacle de la « débâcle » française et de la Commune de Paris se surimposent à la mémoire de la révolution de 1848, comme la confirmation, pour beaucoup de contemporains, que l'Allemagne nouvelle a surmonté son idéalisme révolutionnaire et a démontré l'éclatante supériorité de la « voie particulière » (*Sonderweg*) du réalisme suivie depuis l'arrivée au pouvoir de Bismarck[42].

Dans ce contexte politique, où se publient des essais portant des titres tels que « Comment nous sommes redevenus une

---

42. J. Le Rider, *L'Allemagne au temps du réalisme. De l'espoir au désenchantement, 1848-1890*, p. 9.

nation[43] », nul doute que la publication en 1873 de la première *Inactuelle* de Nietzsche — qui s'ouvre par une critique de l'enthousiasme généralisé suscité par la victoire prussienne sur la France — fit l'effet d'un « énorme scandale[44] ». Le premier paragraphe de l'essai sur David Strauss affirme on ne peut plus clairement la position de Nietzsche par rapport au nouvel empire allemand et présente un éventail des opinions politiques du professeur. On y reconnaît la critique de la nouvelle Allemagne, la condamnation des journalistes et de l'opinion publique en matière de culture, les vues sur la nécessité de l'illusion pour la vie humaine (développées dans *La naissance de la tragédie* et *Vérité et mensonge au sens extra-moral*) et l'importance accordée à l'« esprit allemand » qui doit avoir sa place au cœur d'une civilisation allemande forte, mais durable — autant de positions qui traversent tous les essais du jeune Nietzsche. Il n'est pas inutile de citer ce paragraphe au complet :

> L'opinion publique en Allemagne semble presque interdire de parler des suites fâcheuses et dangereuses de la guerre, d'autant plus que celle-ci s'est terminée par une victoire ; on n'en prête que plus volontiers l'oreille aux écrivains qui, ne connaissant pas d'opinion plus importante que celle du public, célèbrent à qui mieux mieux cette guerre et analysent avec jubilation ses puissantes répercussions sur la moralité, la culture et l'art. Disons-le pourtant : une grande victoire est un grand danger. La nature humaine s'en accommode moins aisément que d'une défaite ; il semble même qu'il soit plus facile de remporter une telle victoire que de s'en accommoder de manière qu'il n'en résulte pas une défaite plus grave. Mais de toutes les suites fâcheuses qu'entraîne notre récente guerre contre la France, la plus fâcheuse est peut-être une erreur largement répandue, sinon générale : l'erreur qui fait croire à l'opinion publique et à tous les opineurs publics que la civilisation allemande aurait aussi sa part à cette victoire, et

---

43. C'est le titre d'un essai de Hermann Baumgarten, « Wie wir wieder ein Volk geworden sind » (1870), publié en 1894 dans ses *Historische und politische Aufsätze und Reden*.

44. Lettre n° 997 à Brandes du 19 février 1888, *in* KSB, vol. 8, p. 259.

devrait par conséquent être couronnée comme il sied après des événements et des succès aussi extraordinaires. Cette illusion est extrêmement nuisible : non parce que c'est une illusion — il existe en effet des erreurs parfaitement salutaires et bénéfiques —, mais parce qu'elle est susceptible de transformer notre victoire en une totale défaite : *la défaite, voire l'extirpation de l'esprit allemand au profit de l'« Empire allemand »*[45].

Bien entendu, cette perspective qui rabaisse la victoire prussienne et qui apprécie négativement la fondation de l'empire n'a pas manqué de s'attirer des critiques, et souvent virulentes. Gustav Binder, un professeur en théologie à Schönthal, est tout à fait représentatif des commentaires que suscite la publication du pamphlet, lorsqu'il écrit dans un compte rendu de la première *Inactuelle*, publié en décembre 1873 : « À partir des confins du Rhin, ainsi s'adresse Monsieur Nietzsche à toute l'Allemagne ! Bien rugit, le tigre[46] !» Comme d'autres[47], Binder reproche au professeur que sa critique de l'Allemagne provienne d'un point de vue extérieur à la patrie : on désapprouve que cet Allemand se soit exilé au cours d'une période capitale de construction nationale. Bien qu'il soit en Suisse, Nietzsche se trouve pourtant dans une région collée au Bade-Wurtemberg et traversée par le Rhin. L'état de la civilisation allemande est la préoccupation constante de celui qui a même demandé à l'Université de Bâle la permission (qu'il a reçue) d'être mis en disponibilité pour la guerre de 1870, afin de servir l'Allemagne et de remplir ce qu'il appelait « *son devoir allemand*[48] ».

Sur un autre front, on lui reproche alors la généralité de son concept de civilisation, tel qu'il le présente dans sa première

---

45. CIl, § 1, p. 19.
46. Gustav Binder, « Herr Nietzsche » (déc. 1873), p. 362. Binder était le fils éponyme d'un ami intime de David Strauss. *Cf.* aussi l'article d'un critique anonyme, B. F., « Herr Friedrich Nietzsche und die deutsche Cultur » (oct. 1873).
47. Par exemple Arthur Richter, dans sa recension de la première *Inactuelle* (1874), ou F. Hoffmann, « Unzeitgemässe Betrachtungen von Dr. Friedrich Nietzsche » (1873), p. 411.
48. Lettre n° 89 à Wilhelm Vischer-Bilfinger du 8 août 1870, *in* COR, vol. 2, p. 126.

Inactuelle : « La civilisation, c'est avant tout l'unité du style artistique à travers toutes les manifestations de la vie d'un peuple[49] ». Franz Hoffmann lui tient rigueur de ne pas donner de définition de la civilisation en fonction de son contenu réel : « Nous ne voulons pas savoir ce qu'est *avant tout* la civilisation, mais bien ce qu'elle est en tout. [...] [Nietzsche] ne nous dit rien sur le contenu de la civilisation[50]. » À partir de la position de retrait propre à la philosophie, Nietzsche cherche effectivement à revenir à des définitions générales permettant de voir ce qui peut être en excès ou en déséquilibre dans la civilisation contemporaine. Mais en refusant de se placer sur le terrain du questionnement philosophique de Nietzsche quant aux origines et aux fondements de la *Kultur*, Hoffmann oppose à ses idées une fin de non-recevoir — comme cela avait été le cas, déjà, pour la réception de *La naissance de la tragédie* en 1872-1873, avec les deux pamphlets d'Ulrich von Wilamowitz-Möllendorff[51].

C'est une perspective philosophique englobante qui intéresse Nietzsche, et non l'optique plus étroite de la politique allemande. Aux dires de ses proches, le professeur n'est pas porté vers la politique. En janvier 1869, Friedrich Ritschl écrit au conseiller à l'instruction publique de la ville de Bâle, qui considère alors la nomination de Nietzsche à la chaire vacante de philologie : « Il n'est pas, de nature, particulièrement enclin à la politique : ses sympathies, dans les grandes lignes, vont certes plutôt du côté de la Grande Allemagne qui se prépare, mais il ne nourrit guère plus de tendresse que moi-même pour le prussianisme, et se montre bien davantage attaché à l'idée d'un progrès intellectuel et social indépendant[52]. » Ces derniers mots montrent où se tourne l'attention du professeur, qu'inquiètent les directions

---

49. CI1, § 1, p. 22.
50. Hoffmann, « Unzeitgemässe Betrachtungen von Dr. Friedrich Nietzsche », p. 413.
51. Nous y reviendrons : *cf. infra*, ch. 6.
52. Lettre de Ritschl à Vischer-Bilfinger du 10 janvier 1869, citée *in* Janz, *Nietzsche*, vol. 1, p. 222.

prises par la nouvelle civilisation allemande en construction. Nietzsche ne se gêne pas pour critiquer ce qu'il nomme, dans ses conférences *Sur l'avenir de nos établissements d'enseignement*, « notre barbarie allemande actuelle ». Dans le manuscrit préparé pour la publication de ces conférences, mais finalement abandonné, il espère que son lecteur voudra chercher à comprendre « ce qui nous distingue si remarquablement, nous autres barbares du dix-neuvième siècle, des barbares des autres époques[53]. » C'est à tort que l'Allemagne de la fin du XIXe siècle croit avoir une civilisation originale et diffuser une haute culture. En cela, elle est fort différente de la France qui a une « civilisation authentique et féconde, quelle qu'en soit d'ailleurs la valeur », civilisation à laquelle l'Allemagne, selon Nietzsche, a « jusqu'à présent tout emprunté », elle qui n'est ainsi qu'un « carnavalesque bariolage », un assemblage des valeurs provenant d'autres cultures. Le deuxième Reich est une collection de styles, de formes et de produits, sur laquelle les savants et les écrivains allemands se penchent avec frénésie et suffisance. Or cette activité scientifique et culturelle, véritable comédie, « n'est en fait qu'une flegmatique indifférence à la civilisation[54] ». Nietzsche en conclut que la particularité du barbare allemand du XIXe siècle est d'être *satisfait*, « une satisfaction qui, depuis la dernière guerre, éclate à la moindre occasion en cris de jubilation et de triomphe ».

L'Allemand, barbare moderne, croit posséder une véritable culture : il est un « philistin de la culture » — et David Strauss en représente l'exemple type. Nietzsche définit ainsi ce qu'il entend par cette expression qu'il forge à l'occasion du pamphlet qu'est sa première *Inactuelle* : « On sait que le mot de "philistin" est emprunté au langage étudiant et désigne [...] le contraire de l'artiste, du nourrisson des Muses, de l'homme véritablement cultivé. Mais le philistin de la culture — dont nous avons main-

---

53. Les deux dernières citations proviennent de AÉE, avant-propos, p. 83.
54. Les quatre dernières citations proviennent de CII, § 1, p. 23.

tenant le triste devoir d'étudier le type et d'écouter les confessions, quand il en fait — se distingue de l'idée générale du "philistin" par une superstition : il croit lui-même être un nourrisson des Muses et un homme de culture. » Il poursuit un peu plus loin :

> S'illusionnant ainsi sur lui-même, il se sent fermement convaincu que sa culture [*Bildung*] est l'expression pleine et entière de l'authentique civilisation [*Kultur*] allemande, et puisqu'il rencontre partout des gens instruits [*Gebildete*] de son espèce, puisque toutes les institutions publiques, tous les établissements d'enseignement, d'art et de culture [*Bildungsanstalten*] sont adaptés à son instruction [*Gebildetheit*] et à ses besoins, il évolue avec le sentiment victorieux d'être le digne représentant de la civilisation [*Kultur*] allemande actuelle, et formule en tant que tel ses exigences et ses prétentions[55].

Voilà qui dessine des tâches pressantes pour Nietzsche : montrer le contraste entre la suffisance ou la satisfaction du *Bildungsphilister* et la pauvreté de ses vues et de ses moyens ; souligner la différence entre la *Gebildetheit* ou l'instruction et la véritable *Bildung* ou culture ; étudier, en somme, le type du philistin pour exposer ses illusions qui révèlent le déséquilibre et les insuffisances fondamentales de la civilisation allemande. C'est à cette tâche qu'il travaille dans sa première *Considération inactuelle* et aussi dans ses conférences sur les *Bildungsanstalten*, lorsqu'il affirme que des tendances néfastes à la civilisation dominent dorénavant l'éducation et la culture.

On voit ainsi que la tâche de la pensée, pour le jeune Nietzsche, est de s'atteler (dans une perspective philosophique englobante et avec les moyens de la philologie) à la mise au jour et à la critique des réseaux culturels, éducatifs et scientifiques de l'Allemagne nouvelle. C'est pourquoi lui et Erwin Rohde, son premier compagnon de combat, cherchent à lutter contre « le

---

55. Les trois dernières citations proviennent de CI1, § 2, p. 24 ; traduction légèrement modifiée.

fantasme anti-philosophique, anti-religieux et non artistique de cette époque purement scientiste[56]», que ce fantasme néfaste soit exprimé par des essayistes (comme Alfred Dove), des théologiens (comme David Strauss) ou des philologues (comme Ulrich von Wilamowitz-Möllendorff). S'il est peu enclin à la politique, si les discussions entourant la construction de l'empire allemand l'occupent beaucoup moins que les réflexions philosophiques sur le fondement esthétique des civilisations (lesquelles sont selon lui des mises en forme de l'illusion créée par la volonté et la douleur de l'Un originaire), Nietzsche s'intéresse toutefois aux causes des inquiétudes qu'il nourrit à l'endroit de la *Kultur* allemande. La «rage du marché et le chant de sirènes des arts de l'abondance et du luxe[57]», la déviation «de l'instinct d'État en État financier[58]», «l'état de dépravation actuel des pensées et des opinions[59]», «l'utilisation de la pensée révolutionnaire au service d'une aristocratie d'argent égoïste et dénuée du sens de l'État[60]», la décadence des arts et des institutions d'enseignement — voilà autant de symptômes d'une véritable maladie de la civilisation qu'il entend combattre, non pas seul, mais avec ceux qui sont engagés dans la même lutte que lui : Richard Wagner, ses amis Erwin Rohde et Carl von Gersdorff et aussi — du moins, il l'espère — quelques autres qu'il lui faut encore trouver. C'est dans cet élan que le jeune professeur cherche à réunir un petit groupe d'intimes pour former un cercle, voire une école : une «forme nouvelle d'Académie». Il décrit sa vision dans une lettre à Rohde : «Même si nous ne recrutons qu'un petit nombre de personnes pour partager nos idées, je crois que nous réussirons suffisamment [...] à nous arracher à ce courant et à prendre pied sur un îlot où nous n'aurons plus besoin de cire pour nous bou-

---

56. Lettre de Rohde à Otto Ribbeck du 5 novembre 1872, citée *in* QANT, p. 229.
57. Rohde, «Sous-philologie», *in* QANT, p. 218.
58. «L'État chez les Grecs», *in* CP, p. 188.
59. Rohde, «Sous-philologie», *in* QANT, p. 183.
60. «L'État chez les Grecs», *in* CP, p. 188.

cher les oreilles[61]. » Une lettre de Nietzsche adressée à Gersdorff en 1870 résume sa perspective :

> L'état présent de notre civilisation [*Culturzustande*] me cause les plus graves soucis. Pourvu que nous n'ayons pas à payer trop cher les immenses succès nationaux dans un domaine où, pour ma part, je ne saurais souffrir aucune sorte de dommages ! Entre nous soit dit, je considère la Prusse actuelle comme une puissance au plus haut point dangereuse pour la civilisation [*Cultur*]. Quelque jour je mettrai publiquement à nu les institutions scolaires [...]. Ce n'est certes pas toujours une tâche aisée, mais il nous faut être assez philosophes pour garder notre sang-froid au milieu de l'ébriété générale [...]. Pour l'ère [*Culturperiode*] à venir les combattants sont indispensables ; il faut que pour elle nous nous conservions sains et saufs[62].

Le vocabulaire qu'emploie Nietzsche est sans équivoque : c'est une lutte pour la civilisation que mène le jeune professeur. En qualité de philosophe médecin d'une civilisation déséquilibrée, il lance son propre *Kulturkampf*.

---

61. Les deux dernières citations proviennent de la lettre n° 113 à Rohde du 15 décembre 1870, *in* COR, vol. 2, p. 154.
62. Lettre n° 107 à Gersdorff du 7 novembre 1870, *in* COR, vol. 2, p. 145 *sq.* ; traduction légèrement modifiée.

# PARTIE II

Symptomatologie

Chapitre 3

Auscultation : le modèle de l'Antiquité grecque

Dès le début des années 1870, Nietzsche affirme que la philologie est une discipline particulière de la pensée, qui doit seconder la philosophie dans sa mission envers la civilisation. Comme outil, comme méthode et comme savoir, la philologie occupe une place essentielle dans le projet d'une médecine philosophique, ce qui lui confère un rôle dans le cadre de la *Kulturkritik*. C'est en raison de ce statut culturel de la philologie que Richard Wagner a pu tout naturellement intégrer les perspectives nietzschéennes à ses projets. Wagner annonce d'ailleurs publiquement son appui à *La naissance de la tragédie*, en même temps qu'il réplique à la parodie de son *Œuvre d'art de l'avenir* par le jeune philologue Ulrich von Wilamowitz-Möllendorff : « [N]ous attendons qu'un homme sorte un jour de cette sphère merveilleuse [de la philologie universitaire] et nous dise, sans se servir d'une langue savante ni de citations effroyables, ce que les initiés peuvent voir derrière le voile de recherches qui, pour les profanes que nous sommes, sont tellement incompréhensibles, et qu'il nous dise s'il vaut la peine d'entretenir une caste si coûteuse[1]. »

---

1. Wagner, « Lettre ouverte à Friedrich Nietzsche, professeur ordinaire de philologie classique à l'Université de Bâle » (datée du 12 juin 1872), *in* QANT, p. 142. Le pamphlet de Wilamowitz, sur lequel nous aurons l'occasion de revenir (*cf. infra*, ch. 6), s'intitulait *Zukunftsphilologie!*

Dans sa défense de *La naissance de la tragédie*, Erwin Rohde, professeur de philologie à l'Université de Kiel depuis quelques mois à peine, fait écho aux attentes du compositeur : « La grande majorité des philologues actuels trouvera en effet tout à fait paradoxal qu'un écrivain essaie sérieusement de faire de la philologie autre chose que l'occasion d'exercer sa perspicacité et sa mémoire[2] ». Nietzsche, en effet, a alors comme ambition de régénérer sa discipline, autant d'un point de vue scientifique que pédagogique. Le souhait que formule Wagner coïncide ainsi avec la compréhension qu'ont Nietzsche et Rohde de leur mission en tant que jeunes professeurs à qui est donnée la possibilité d'épurer la philologie en la ramenant à la grandeur de ses origines.

Pour Nietzsche et Rohde, la source d'une philologie probe et consciente de sa fonction se trouve du côté de Wolf. Auteur d'une encyclopédie de la philologie, professeur à Halle, puis membre de l'Akademie der Wissenschaften de Berlin, l'helléniste et philologue classique Friedrich August Wolf (1759-1824) demeure aujourd'hui encore célèbre pour sa thèse sur la question homérique (*Prolegomena ad Homerum*, 1795), voulant que loin d'être les œuvres de Homère, l'*Iliade* et l'*Odyssée* aient été écrites par plusieurs poètes à des époques différentes. Nietzsche et Rohde ne tarissent pas d'admiration pour ce modèle d'une philologie hardie, audacieuse et créative[3], qu'il importe de maintenir dans les institutions d'enseignement afin de défendre une *Bildung* humaniste et d'opposer la *Kultur* au développement toujours plus rapide de la *Zivilisation* technique. Dans ses conférences sur l'éducation, Nietzsche juge positivement l'« initiative hardie » par laquelle Wolf « réussit à imposer une nouvelle image du gymnase [le lycée allemand] qui ne devait plus être désormais seulement une pépinière pour la science, mais avant tout le lieu consacré à toute culture noble et supérieure. » Wolf participa au

---

2. Rohde, « Sous-philologie », *in* QANT, p. 181.

3. Nietzsche écrit carrément : « Qui était donc Homère avant le coup d'audace intellectuel de Wolf ? » (PH, p. 39).

développement d'une culture humaniste dans le *Gymnasium*, centrée autour du « nouvel esprit classique qui venait de Grèce et de Rome » par l'intermédiaire des « grands poètes » allemands (Goethe, Schiller). Nietzsche déplore que ce camp ait depuis perdu le « combat » au profit de la « culture savante » et de l'« érudition[4] ». Wolf est également cité en exemple par Rohde dans sa lettre ouverte à Wagner, où, optant pour un ton à la fois sérieux et passionné, nostalgique et pessimiste, il écrit :

> Il fut un temps où, non sans quelque raison, [la philologie] pouvait porter le nom de « classique » [...]. C'était le temps où elle savait pourquoi c'était justement à elle que, dans les lycées, on confiait la plus noble jeunesse, non pas seulement pour l'instruire dans toutes les connaissances utiles, mais pour la cultiver ; c'était le temps de notre plus grande élévation spirituelle, l'époque où, dans sa fameuse *Présentation de la science de l'Antiquité* [1807], F. A. Wolf opposait à cette *Zivilisation* qu'on loue tant une *Kultur* qui est un bien de beaucoup supérieur [...]. Je pense qu'instruits par une détresse croissante, nous comprenons actuellement très profondément le grave sens de cette opposition[5].

Dans leur combat, Nietzsche et Rohde prennent ainsi soin de se situer dans la filiation d'un pilier de leur discipline. Aussi n'est-ce pas un hasard si Nietzsche consacre sa leçon inaugurale à la question homérique — c'est-à-dire à la question sur la personnalité de l'aède (« *A-t-on fait ainsi d'une personne un concept, ou d'un concept une personne*[6] ? ») : Wolf a donné l'exemple d'une activité philologique tournée vers le développement de l'individualité et l'examen de questions fondamentales, et animée par le courage de proposer des thèses inédites et audacieuses.

---

4. Les dernières citations proviennent de AÉE, II, p. 115 *sq*.
5. Rohde, « Sous-philologie », *in* QANT, p. 217.
6. PH, p. 24. Le philologue James Porter, dans « Nietzsche, Homer, and the Classical Tradition », a situé la réflexion de Nietzsche sur Homère au début des années 1870 dans le contexte des études classiques de l'époque. Son article permet une appréciation nuancée de l'originalité propre de Nietzsche sur cette question.

Nietzsche insiste pour que la philologie se munisse d'une perspective générale : ceux qui sont les mieux à même de connaître les fondements de la culture occidentale doivent avoir un effet véritable sur le développement de la civilisation. Mais il va plus loin, en affirmant que l'érudition est en réalité à la source des problèmes de l'Allemagne : celle-ci serait notamment malade d'une trop grande soif d'érudition. Or la philologie peut avoir un effet guérissant, mais à condition qu'elle sorte du carcan universitaire et scientifique. Pour cela, le philologue doit élargir les horizons de sa discipline et se faire philosophe.

Rappelons qu'en raison de sa position médiane entre l'art et la science, le philosophe est un agent prophylactique qui peut doser les pulsions élémentaires de la nature de façon à susciter leur sain équilibre dans la civilisation[7]. Nietzsche sait que la compréhension de l'effet médical de la philosophie n'est pas nouvelle : ses essais de jeunesse sur les Grecs rappellent que les Anciens la possédaient déjà. Le professeur cherche donc à revenir aux sources de la philosophie plutôt qu'à la refonder. Contre l'idéalisme de ceux qu'il appellera toujours les « "ruminants" universitaires et autres professeurs de philosophie[8] », il croit que la philosophie prophylactique peut répondre aux perturbations que connaît l'Allemagne de Bismarck. Entre 1869 et 1876, son œuvre est tout entière traversée par cette métaphore médicale qui informe l'élaboration et la mise en œuvre du projet auquel il travaille. Mais une autre image revient constamment dans ces écrits : le philosophe médecin *lutte* contre une maladie. Par nature, le philosophe est toujours au combat — et ses armes ont été forgées par l'Antiquité grecque.

Les prochains chapitres suivent le fil directeur offert par ces deux métaphores — la médecine, le combat — pour reconstruire le projet philosophique du jeune Nietzsche. La médecine se divise en une série d'activités qui ont chacune leur mode précis.

---

7. *Cf. supra*, ch. 1.
8. EH, V (« Les *Inactuelles* »), § 3, p. 149.

Décomposé en ses étapes générales, le travail médical se fait tour à tour observation et étude de symptômes, détermination d'une maladie d'après ces phénomènes observables, jugement sur l'évolution du mal et, enfin, élaboration d'une méthode de soulagement et, si possible, de guérison. Auscultation, diagnostic, pronostic, thérapeutique — autant d'activités médicales que Nietzsche applique à la philosophie.

L'étude de cette médecine permet d'interroger la pratique philosophique de Nietzsche, et plus précisément le passage qui s'opère d'un niveau descriptif à un niveau normatif de la réflexion. Avant tout, deux remarques s'imposent. D'une part, il importe de préciser que dans les œuvres de jeunesse, les niveaux descriptif et normatif sont tour à tour explorés par Nietzsche en un incessant va-et-vient. *La naissance de la tragédie* en est un excellent exemple : en alternant entre des sections descriptives (sur la genèse du chœur dithyrambique, par exemple) et des sections normatives (sur les moyens d'opérer un renouveau de l'art tragique en Allemagne), Nietzsche délaisse par moments la posture scientifique pour emprunter le ton de l'exhortation. Il va sans dire que cette imbrication de modes discursifs distincts a été l'une des cibles visées par les critiques à l'endroit de *La naissance*. D'autre part, il faut souligner qu'on propose essentiellement ici un travail de lecture des textes et qu'en tant que tel, on s'efforce de demeurer attentif à ce que Nietzsche estimait l'un des apports principaux de la philologie comme méthodologie : l'art de la bonne lecture, ainsi qu'il définissait la philologie en 1878[9]. Cet art consiste pour Nietzsche en une lecture lente, précise et répétée au besoin[10]. On a tâché ici de demeurer à l'écoute de

---

9. « Toutes les sciences n'ont acquis de continuité et de stabilité que du moment où l'art de bien lire, c'est-à-dire la philologie, est parvenu à son apogée » (HTH, vol. 1, V, § 270, p. 207).

10. Les règles de bonne lecture, ainsi que la distinction entre le texte et l'interprétation, traversent l'œuvre de Nietzsche, des tout premiers essais jusqu'à *Ecce homo*. Très tôt, Nietzsche a décrit le lecteur qu'il souhaitait : « Le lecteur dont j'attends quelque chose doit avoir trois qualités : il doit être calme et lire sans hâte, il ne doit pas toujours s'interposer, lui et sa "culture" [*"Bildung"*],

cette injonction, comme Éric Blondel nous y invite : « Cet appel de Nietzsche à la philologie est d'abord une exhortation à s'inspirer de la méthode philologique pour lire les textes de Nietzsche d'une manière à la fois consciencieuse, conservatrice et nouvelle par rapport aux autres textes philosophiques. C'est pour nous une leçon, un principe[11]. »

La méthode philologique

Dans une lettre à Erwin Rohde en juin 1872, Nietzsche donne des directives sur la forme et le contenu du texte d'appui à *La naissance de la tragédie*, qui portera le titre *Sous-philologie*. Cette lettre, parmi d'autres, montre que, bien que ce soit Rohde qui signe cette défense, c'est en fait Rohde *et Nietzsche* qui travaillent à son élaboration. À cette époque, les intentions et les actions de Nietzsche et de Rohde sont véritablement communes. Dans leurs échanges épistolaires et leurs écrits, les amis précisent que le projet qu'ils développent ensemble, s'il est culturel, pédagogique et philosophique, est avant tout un « projet philologique » : ils sont encore persuadés de la « noblesse innée[12] » de leur discipline.

---

il ne doit pas enfin attendre pour finir un tableau de résultats » (AÉE, avant-propos, p. 82). Dans un texte connexe, il interprète le chapitre 8 du livre IV de l'*Éthique à Nicomaque* et reprend la description de l'homme magnanime pour se représenter le lecteur qu'il souhaite trouver : il en appelle à un « contemplatif » qui traverserait la vie « en hésitant et sans agir sinon lorsqu'une grande œuvre et un grand honneur [le] réclam[ent] ! » (« Réflexions sur l'avenir de nos établissements d'enseignement », *in* CP, p. 179 ; *cf.* aussi AÉE, avant-propos, p. 84). *Cf.* Aristote, *Éthique à Nicomaque*, 1124 b 25 : « [L']homme magnanime [...] est lent, il temporise, sauf là où une grave question d'honneur ou une affaire sérieuse sont en jeu ; il ne s'engage que dans un petit nombre d'entreprises, mais qui sont d'importance et de renom » (p. 192).

11. Éric Blondel, *Nietzsche, le corps et la culture*, p. 137.
12. Les deux dernières citations proviennent de Rohde, « Sous-philologie », *in* QANT, p. 216, et de la lettre n° 230 à Rohde du 18 juin 1872, *in* COR, vol. 2, p. 302. Pour un exemple de la proximité des rapports de travail et de pensée entre Nietzsche et Rohde, *cf.* la lettre n° 288 à Rohde du 4 janvier 1873, *in* COR, vol. 2, p. 392.

Nietzsche n'a publié aucun essai portant précisément sur sa profession, mais il est néanmoins possible d'identifier sa position sur la philologie au fil de ses ouvrages. Éric Blondel (et Patrick Wotling après lui) a souligné avec justesse que « Nietzsche étend les méthodes de la philologie à ce qui, au sens strict, sort de sa compétence : déchiffrer la culture, telle qu'elle s'offre non seulement sous la forme de textes, mais aussi sous d'autres formes non linguistiques[13]. » La philologie fait ainsi figure de métaphore qui permet à Nietzsche de décrire l'action de la pensée, et elle acquiert alors une fonction méthodologique générale, comme l'a précisé Patrick Wotling : « La dimension profondément métaphorique de la référence nietzschéenne à la philologie montre qu'au-delà de la demande de rigueur, l'activité philologique constitue la procédure de signification fondamentale qui structure la détermination du travail philosophique [...]. Le philosophe est par nature un philologue dont la tâche consiste à déchiffrer un texte dont il n'est pas l'auteur et qu'il doit transposer dans une autre langue[14]. » La perspective méthodologique du philologue s'avère être la mieux à même de conduire une probe investigation du monde humain, qui repose sur un langage interprétatif et une connaissance de type métaphorique[15].

---

13. É. Blondel, *Nietzsche, le corps et la culture*, p. 145. Blondel présente un échantillon des affirmations sur la philologie qui ponctuent l'œuvre de l'« ancien » philologue à compter d'*Humain, trop humain* (1878), ce qui permet de constater une continuité dans la conception nietzschéenne de la philologie. É. Blondel (*Nietzsche, le corps et la culture*) et P. Wotling (*Nietzsche et le problème de la civilisation*) ont d'ailleurs interprété la pensée de Nietzsche en fonction du fil conducteur offert par la philologie — de la philologie comme profession à la philologie comme méthode philosophique d'investigation et comme méthode de travail prophylactique sur la civilisation et la morale.
14. Wotling, *Nietzsche et le problème de la civilisation*, p. 43.
15. P. Wotling reconnaît là la portée méthodologique de la métaphore de la philologie chez Nietzsche : « [S]on sens est en effet de récuser la légitimité du concept d'"explication" et de lui substituer celui d'"interprétation" » (*Nietzsche et le problème de la civilisation*, p. 43). Comme l'écrit justement É. Blondel, « cette extension des méthodes et des capacités de la philologie revient pour Nietzsche à décider que *toute la culture* [...] doit être déchiffrée comme *un*

On retrouve les racines de cette fonction métaphorique de la philologie dans les textes bâlois. À cette époque, la réflexion de Nietzsche sur la philologie se déploie principalement dans son cours d'*Introduction aux études de philologie classique* de l'été 1871, ainsi que dans des notes inachevées pour une *Considération inactuelle, Nous autres philologues*, abandonnées en 1875, mais aussi dans sa leçon inaugurale de mai 1869, *Sur la personnalité d'Homère*, qui fut imprimée en tirage limité sous le titre *Homer und die klassische Philologie*. Tout en se penchant sur le thème classique de la question homérique, la première allocution de Nietzsche à Bâle souligne la dimension pédagogique de la philologie tout comme l'orientation philosophique qui doit la guider : la question homérique offre alors un prétexte au professeur pour défendre l'orientation qu'il entend donner à sa discipline. Ces trois documents révèlent la fonction déterminante de la philologie pour celui qui la pense dans un rapport de complémentarité avec la philosophie, plutôt que dans un rapport d'identité.

Le premier texte, un séminaire de trois heures par semaine, développe pour les étudiants des questions de méthode — telle que la distinction entre le texte lui-même et l'interprétation que le philologue en donne à partir de sa propre inscription dans un contexte historique donné — et souligne l'importance de la lecture. Le professeur y fait aussi quelques remarques sur le métier et la vocation philologiques, en précisant l'importance d'aimer l'Antiquité. Il espère qu'en se mettant à l'écoute des Grecs, le philologue débutant « ne sera plus emporté aussi tumultueusement par le présent » : c'est dire que l'étude des textes anciens doit avoir un effet direct sur le rapport du penseur à sa propre époque. Nietzsche insiste aussi sur la tendance pédagogique de la philologie :

---

texte, constitue un ensemble de signes, doit être un objet de *lecture* » (*Nietzsche, le corps et la culture*, p. 145).

> Le philologue, tant qu'il n'est qu'un érudit, n'est donc rien de plus qu'un historien spécialisé. Pour être un pédagogue au sens élevé de ce terme il lui faut concevoir ce qui est *classique*. Mais comme il ne peut pas convaincre la jeunesse de l'importance du classicisme, il lui faut chercher un autre champ d'exercice pour sa vocation d'enseignant. Il lui faut être l'enseignant idéal pour les tranches d'âges les plus capables : enseignant et diffuseur des matériaux de la culture, l'intermédiaire entre les grands génies et les génies nouveaux en devenir, entre le grand passé et l'avenir[16].

La mission pédagogique de la philologie élargit sa perspective, et donc son champ, et garantit que la connaissance des Anciens puisse avoir un effet sur la civilisation.

Quatre ans après ce cours, Nietzsche reprend la plume pour écrire sur la philologie, mais dans l'esprit cette fois des écrits pamphlétaires de critique culturelle, dont il commence la rédaction en 1873 avec l'*Inactuelle* sur David Strauss. Loin de s'adresser à des étudiants, *Nous autres philologues*, ainsi que son titre l'indique, interpelle directement les gens du métier. L'auteur y brosse un tableau critique de sa discipline ainsi que de ses collègues : il reproche aux philologues leur distance par rapport à la Grèce classique, leur absence de capacité éducative, leur incompétence générale dans l'art de la lecture et dans celui de l'interprétation, la vanité, enfin, qui les empêche de voir leur double dépendance envers le monde grec et envers leur propre époque. Ce faisant, il rappelle qu'il est nécessaire que la philologie œuvre au sein d'une perspective philosophique globale et qu'elle cultive une profonde ambition pédagogique.

Leçon inaugurale, cours universitaire et essai inachevé : aucun de ces écrits n'a été publié par Nietzsche[17]. Ces textes conservent ainsi un caractère privé, le cours et la leçon s'adressant à

---

16. Les deux dernières citations proviennent de IÉPC, § 7, p. 104 et § 6, p. 98.
17. La correspondance de 1878 suggère que Nietzsche — suivant une proposition de son éditeur Schmeitzner ? — songeait alors à retravailler sa leçon inaugurale sur Homère en vue d'une publication, un projet finalement abandonné. *Cf.* entre autres la lettre n° 728 à Schmeitzner du 20 juin 1878.

un public restreint et l'essai n'ayant finalement pas été terminé de manière à haranguer réellement les philologues de métier, comme l'auteur se proposait de le faire. Ces écrits, pourtant, développent une perspective cohérente : ils soulignent tous la parenté unissant la philologie à la philosophie, ainsi que la dimension pédagogique inhérente à cette activité qui donne au philosophe médecin les moyens d'ausculter son époque. Le jeune Nietzsche distingue deux sens de la philologie, qui s'opposent et se complètent : un premier sens négatif est critiqué, alors qu'un second sens, positif cette fois, est élevé en modèle. Dans une perspective fortement critique, Nietzsche fustige la philologie en tant que *discipline* — c'est-à-dire telle que la pratiquent les philologues professionnels, au rang desquels il est venu se placer au printemps 1869. Le jeune professeur reproche à ses collègues une érudition maniaque et exclusive, un éloignement de la vie concrète et un désintérêt pour la dimension philosophique, et même artistique, de l'Antiquité dont ils décortiquent et classent les textes avec zèle, mais sans ardeur : ils travaillent des fragments comme on manipulerait des tessons, sans plus. À contrario, la passion envers l'objet de pensée et le sentiment de vocation sont pour Nietzsche des facteurs essentiels à l'activité savante. Rappelant la dimension *existentielle* du travail intellectuel, il souligne que la philologie doit être « un moyen de transfigurer sa propre existence et celle de la jeunesse qui grandit[18] ».

Ses reproches envers la philologie professionnelle prennent ainsi appui sur la critique qu'il adresse au monde universitaire et à la pédagogie en général. Les établissements d'enseignement allemands — et principalement le *Gymnasium*, qui a comme mandat de fournir la base de toute éducation supérieure — cultivent l'érudition sans perspective globale. Nietzsche s'inscrit ainsi dans le courant des critiques de la surspécialisation propre à la constitution disciplinaire des savoirs en Allemagne, dans le

---

18. IÉPC, conclusion, p. 130 ; *cf.* aussi NAP, p. 12 *sq.*

dernier quart du XIXe siècle[19], mais il rappelle aussi l'esprit du classicisme et de l'idéalisme allemands qui aspiraient à retrouver et à maintenir l'unité fondamentale du savoir. Sa perspective n'est pas sans rappeler celle de Schelling qui, dans ses *Leçons sur la méthode des études académiques* (1803), a beaucoup insisté sur l'unité organique des sciences particulières, qui doit orienter la perspective générale et le travail particulier du savant, peu importe sa discipline:

> [D]ans la science comme dans l'art, le particulier n'a de valeur que dans la mesure où il retient en soi l'universel et l'absolu. Mais il n'arrive que trop souvent, comme le montrent beaucoup d'exemples, que la préoccupation générale d'une formation complète soit négligée au profit de préoccupations déterminées, et qu'en s'efforçant de devenir un juriste ou un médecin excellents, on en oublie la destination bien plus haute du savant en général, de l'esprit ennobli par la science. [...] La formation particulière en vue d'une branche spécialisée doit donc être précédée de la connaissance de la totalité organique des sciences[20].

Pour Nietzsche, la perspective générale et englobante du savant doit nécessairement se former à partir d'une connaissance du présent et d'une connaissance de soi, lesquelles seront jumelées à la connaissance du passé qui se tient à leur source. Or le type d'éducation dominant en Allemagne élève plutôt le présent au rang de norme: uniformisante, l'éducation est guidée par le préjugé que l'époque en cours est la meilleure[21]. Nietzsche entend donc ramener la modestie intellectuelle à l'ordre du jour: «[N]ous sommes le résultat d'une addition de passés: comment alors pourrions-nous être une fin ultime[22]?» Nourri par une connaissance du passé grec et inspiré par l'admiration que celui-ci suscite, le philologue doit cultiver cette modestie qui résulte

---

19. Ces critiques provenaient autant des sciences naturelles que des sciences humaines. À ce sujet, *cf.* l'éclairant article de Lorraine Daston, «The Academies and the Unity of Knowledge. The Disciplining of the Disciplines».
20. Schelling, *Leçons sur la méthode des études académiques*, I, p. 45.
21. *Cf.* IÉPC, § 7.
22. NAP, p. 53.

d'une ouverture au temps historique. Contre le culte du présent, le professeur bâlois véhicule ainsi les craintes de la *Bildungsbürgerturm* qui voit avec inquiétude que la réforme de l'enseignement va dans le sens de la modernisation économique et sociale qui travaille l'Allemagne en cette seconde moitié du XIXe siècle et qui est à la source du modèle de l'université axée vers la recherche[23].

La discipline historique qu'est la philologie est une science risquée : face à l'attrait de l'érudition maniaque (qui vient à n'avoir d'autre but qu'elle-même), le chercheur peut facilement perdre son intérêt premier et ignorer la perspective générale au sein de laquelle s'inscrit son activité épistémologique. Voilà pourquoi un cadre philosophique est nécessaire : entraîné à la fois au travail herméneutique sur ce que transmettent les écrits et à la critique envers le processus de transmission lui-même, le philologue « doit ainsi s'exercer, avant tout à l'Université, à considérer les choses avec sérieux et ampleur et à s'arracher lui-même et ce qui l'entoure à son cloisonnement. » Il importe par-dessus tout que le philologue puisse s'extraire de son inscription historique : il doit instaurer une contemporanéité entre l'Europe moderne, d'une part, et d'autre part, l'Antiquité classique qui est à sa source et qui a de ce fait établi les fondements de ses critères axiologiques. Pour ce faire, le philologue doit prendre garde à ne pas « rester prisonnier des détails[24] ». Paradoxalement, la philologie peut être ennemie de l'érudition[25].

Par son appel à la connaissance de soi et à la mesure, et par sa position distante, et éventuellement critique, face à l'activité

---

23. *Cf.* William Clark, *Academic Charisma and the Origins of the Research University*, ch. 1.

24. Les deux dernières citations proviennent de IÉPC, § 7, p. 104.

25. Cet avertissement formulé quelques mois avant la querelle entourant *La naissance de la tragédie*, Nietzsche et Rohde l'adresseront directement à Wilamowitz-Möllendorff en 1872, et pour cause : Wilamowitz réplique justement à *La naissance* par une salve de tirs érudits (et de citations fautives, comme le montre J. Porter dans « "Don't Quote Me on That!" Wilamowitz Contra Nietzsche in 1872 and 1873 »). *Cf. infra*, ch. 6.

purement scientifique, la philosophie se présente comme un remède au danger qui guette la discipline scientifique qu'est la philologie. Le professeur affirme sans équivoque : « En tout temps un grand travail de charretier est nécessaire : mais il faut alors que les charretiers se laissent aussi commander[26]. » Par ces énoncés, la conception de la philologie que Nietzsche présente dans le cours de l'été 1871 remet en cause trois caractéristiques communément acceptées : l'érudition, le cloisonnement et l'autonomie de la philologie par rapport aux autres disciplines (notamment l'histoire et la philosophie)[27]. Les philologues, que Nietzsche n'est pas loin de qualifier de simples ouvriers, doivent se laisser guider par des perspectives extérieures agissant comme remparts contre l'érudition ou la méticulosité excessive. Le décloisonnement est nécessaire pour que la créativité s'exprime à nouveau au sein même de la philologie — comme c'était le cas chez Friedrich August Wolf.

Profondément sévère envers sa discipline, Nietzsche va jusqu'à imputer la faillite de l'éducation classique au philologue retranché dans sa spécialité, auquel fait défaut l'un des trois savoirs capitaux que sont la connaissance de soi, la connaissance du présent et la connaissance de l'Antiquité. Ces savoirs sont liés entre eux, et pour les posséder, le philologue doit d'abord être *humain*, avec les multiples perspectives sur la vie que cela suppose. Un savant, en effet, n'est jamais uniquement un spécialiste : il est aussi un Européen, un professeur, un musicien, et peut-être un père, un ami, etc. Les modes d'être « humain » sont multiples, et Nietzsche rappelle qu'ils agissent nécessairement sur la manière dont le savant travaille : « [O]n s'est expliqué l'Antiquité à partir de l'expérience vécue et, à partir de l'Antiquité ainsi obtenue, on a *apprécié*, jugé cette expérience. Avoir cette *expérience* vécue est donc une condition indispensable pour être *philologue*, cela veut dire qu'il faut d'abord être un être humain pour pouvoir être

---

26. IÉPC, § 8, p. 109.
27. *Cf.* K. Reinhardt, « La philologie classique et le classique ».

fécond en tant que philologue[28] ». En soulignant l'importance de l'« expérience vécue » pour le travail des philologues, qui ne sont pas des érudits interchangeables, Nietzsche affirme l'importance de la connaissance de soi — une connaissance proprement philosophique, selon les anciens Grecs. Voilà l'effet du présent sur l'étude du passé : le philologue doit sentir que sa connaissance de soi, premier moment de la connaissance du présent, est un aiguillon le poussant *hors de lui-même*. La connaissance de son propre présent l'amènera à « ressentir *cet instinct qui pousse* vers l'Antiquité classique[29]. » La connaissance du présent entraîne ainsi naturellement le désir de connaître le passé. C'est donc dire qu'en posant un regard sur soi, le philosophe est naturellement amené à se tourner vers le passé, puis vers l'avenir dans lequel il est toujours déjà engagé. Le cours de l'été 1871 le montre bien, où Nietzsche part de sa propre perspective d'enseignant pour expliquer ce que peut être la philologie[30]. Mais un passage de la deuxième *Considération inactuelle* est aussi particulièrement éloquent à cet égard :

> Il est également vrai que je suis le disciple d'époques plus anciennes, notamment de l'Antiquité grecque, et que c'est seulement dans cette mesure que j'ai pu faire sur moi-même, comme fils du temps présent, des découvertes aussi inactuelles. Cela, ma profession de philologue classique me donne le droit de le dire : car je ne sais quel sens la philologie classique pourrait avoir aujourd'hui, sinon celui d'exercer une influence inactuelle, c'est-à-dire d'agir contre le temps, donc sur le temps, et, espérons-le, au bénéfice d'un temps à venir[31].

La contemporanéité des temps présent, passé et futur est un leitmotiv chez Nietzsche : la connaissance du passé doit agir sur

---

28. NAP, p. 47 *sq.* En ce sens, c'est avec raison que Karl Jaspers (par ex. dans *Nietzsche*, p. 54) a très tôt insisté sur la dimension existentielle du parcours philosophique de Nietzsche.
29. NAP, p. 48.
30. Cité *supra*, p. 101.
31. CI2, préface, p. 94.

le présent pour construire et garantir un avenir où, à nouveau, le passé sera toujours actif. Nietzsche entend ainsi rompre avec la temporalité moderne d'une historicité entièrement tournée vers l'avenir comme résultat d'un progrès. Suivant sa perspective, le présent n'est jamais réellement nouveau, puisque les données fondamentales de l'existence humaine sont toujours les mêmes. L'individu est donc un fil tendu entre le passé et l'avenir, car « on ne vit pas seulement comme le produit des générations antérieures, mais aussi dans la perspective de celles à venir[32]. »

Si un individu cultivant une connaissance de soi et assurant un pont entre les époques de la pensée est rare, Nietzsche souligne qu'il est toutefois possible de susciter son apparition et d'encourager son développement : voilà la tâche fondamentale de l'éducation. Comme la fréquentation des Anciens est nécessaire pour la connaissance du temps présent ainsi que pour la décision en vue du temps futur, le philologue occupe une place capitale dans la chaîne éducative[33] qui lie les diverses époques de la civilisation. Nietzsche a décrit cette position dans son projet pour une *Inactuelle* sur les philologues :

> La philologie, comme étude de l'Antiquité, n'est naturellement pas une science éternelle, car sa matière peut s'épuiser. Mais ce qui ne peut s'épuiser, c'est que toute époque se confronte à l'Antiquité, la prend pour mesure. Si la tâche de la philologie est de mieux comprendre *son* époque à l'aide de l'Antiquité, c'est là une tâche éternelle. Nous avons ici la contradiction de la philologie : en fait, on a toujours saisi *l'Antiquité à partir du présent* — et maintenant il faudrait comprendre *le présent à partir de l'Antiquité*[34].

---

32. NAP, p. 49.
33. Peter Sloterdijk dirait la « chaîne épistolaire », ainsi qu'il l'écrit dans ses *Règles pour le parc humain* (p. 7) — une conférence, notons-le au passage, que Sloterdijk a présentée en 1997 à Bâle, en contribution à un cycle sur l'actualité de l'humanisme. Le lieu était indiqué pour faire un clin d'œil à Nietzsche, « lequel savait que l'écrit est le pouvoir de transformer l'amour de l'immédiat et du prochain en un amour pour la vie inconnue, éloignée, à venir » (p. 9).
34. NAP, p. 47. James Porter a discuté de cette thèse étonnante que l'on retrouve au début du cours de 1871 : « L'étude des Anciens, selon Nietzsche, est

Le jeune professeur entend ainsi mener une véritable réforme interne de sa discipline : Nietzsche et Rohde érigent leur philologie philosophique en contre-exemple de la posture intellectuelle et scientifique encouragée par les établissements d'enseignement. La philosophie doit compléter la philologie dans sa double tâche d'*apprentissage* par les Grecs et d'*enseignement* des formes classiques. C'est dans cet esprit que le cours de l'été 1871 se conclut par une formule simple, visant à ramener la philologie à ses fonctions premières : « Nous voulons apprendre des Grecs, nous voulons enseigner avec, en main, leurs exemples. Cela doit être notre tâche[35]. »

Nietzsche souhaite donc raviver sa discipline, en conquérant « pour la philologie une efficacité pédagogique générale[36]. » À cette tâche s'applique à nouveau la métaphore médicale, cette fois pour décrire et interpréter la situation critiquée, comme Nietzsche le fait à l'hiver 1872 par la voix du vieux philosophe qu'il met en scène dans ses conférences sur l'éducation : « Les gymnases peuvent donc être encore maintenant les pépinières de l'érudition, non de [l']érudition qui n'est pour ainsi dire que l'effet secondaire naturel et non prémédité d'une culture [*Bildung*] dirigée sur les buts les plus nobles, mais plutôt de celle qu'il faudrait comparer au gonflement hypertrophique d'un corps malsain[37]. » Ce « gonflement » maladif propre aux établissements d'enseignement est renforcé, selon Nietzsche et Rohde, par la culture artistique, journalistique et politique : trop d'égocentrisme et de vanité, trop de discours creux, trop de patriotisme primaire résonnent dans les écrits publics. C'est ce que le professeur explique d'ailleurs à ses étudiants : « Étant donné que la transmission consiste habituellement en l'écriture, il nous faut donc apprendre à nouveau à *lire* : ce que nous avons

---

littéralement l'étude de la modernité » (Porter, *Nietzsche and the Philology of the Future*, p. 175).

35. IÉPC, conclusion, p. 130.
36. NAP, p. 48.
37. AÉE, III, p. 129.

désappris à cause de l'hégémonie de la chose imprimée[38].» Dans une perspective proprement pédagogique, Nietzsche décrit la philologie comme une méthode de lente lecture, incontournable pour tout travail de pensée. C'est une idée qu'il répétera souvent, comme dans ses notes en vue d'*Humain, trop humain*: «La philologie, à une époque où on lit trop, est l'art d'apprendre et d'enseigner à lire. Seul le philologue lit lentement et médite une demi-heure sur six lignes[39].» Il avait déjà développé cette idée dans son cours de l'hiver 1872-1873: sa conception de la lecture est tout entière fondée sur l'étude de la rhétorique grecque et de la distinction entre le discours oral et le discours écrit[40]. Un lecteur, pour Nietzsche est un individu «[c]alme, attentif, sans souci, oisif, un homme qui a encore du temps[41]». À l'écart du «chant de sirènes des arts de l'abondance et du luxe», la philologie est une «science tranquille[42]» qui rumine et qui se tient naturellement loin des polémiques. C'est à elle qu'il revient de cultiver la grande vocation de former et d'éduquer le genre humain[43].

Nietzsche fait de l'autocritique de la philologie une lutte qu'il engage d'emblée dans l'arène universitaire: le bon philologue est

---

38. IÉPC, § 7, p 105. Heinz Wismann (*cf.* «Nietzsche et la philologie») a souligné à juste titre que, pour Nietzsche, réapprendre à lire se présente comme un remède pour un temps où on lit trop.

39. Fragment posthume de 1876-1878, repris *in* RL, p. 132, note 5. Nietzsche a répété cette idée en 1886, dans son avant-propos à la deuxième édition d'*Aurore*: «La philologie, effectivement, est cet art vénérable qui exige avant tout de son admirateur une chose: se tenir à l'écart, prendre son temps, devenir silencieux, devenir lent, [...] elle enseigne à *bien* lire, c'est-à-dire lentement, profondément» (§ 5, p. 18).

40. À ce sujet, *cf.* l'étude de Porter, «Being on Time. The Studies in Ancient Rhythm and Meter (1870-1872)», dans son *Nietzsche and the Philology of the Future*.

41. RL, «Extraits du cours sur l'histoire de l'éloquence grecque», p. 131: «[O]n peut ainsi se faire une image du *lecteur* grec à l'époque d'Isocrate: c'est un lecteur lent, qui savoure phrase par phrase, attardant son œil et son oreille, qui reçoit un écrit comme un vin de prix, qui ressent en lui-même tout l'art de l'auteur [...]: l'homme d'action, le passionné, l'homme qui souffre n'est pas un lecteur.»

42. Ces deux citations proviennent de Rohde, «Sous-philologie», *in* QANT, p. 218 et 217.

43. *Cf.* NAP, p. 57.

d'abord celui qui veut revenir au modèle classique pour former les étudiants et apaiser ainsi le mal de la civilisation moderne. Mais cette philologie est aussi appelée à participer au projet wagnérien d'un renouveau culturel pour l'Allemagne[44]. Lorsque Wagner affirme en 1872 que « la philologie actuelle n'exerce aucune influence sur l'état général de la culture allemande », il signifie précisément son intention de travailler de pair avec son jeune disciple philologue. Anticipant les idées que ce dernier couchera sur papier dans le projet de 1875 pour une *Inactuelle*, Wagner écrit que « la philologie ne produit jamais que des philologues qui ne sont purement et simplement utiles qu'à eux-mêmes. » Il affirme toutefois avoir enfin rencontré « un philologue s'adressant à nous et non à des philologues[45] ». Armé des outils fournis par la connaissance de l'Antiquité grecque et guidé par les perspectives culturelles du maître Wagner, ce philologue philosophe peut mener une « guerre entre notre "civilisation" actuelle et l'Antiquité[46] ». La philologie lui fournit une méthode et des outils : elle lui sert d'instrument d'auscultation pour étudier les symptômes par lesquels la maladie de la civilisation se manifeste. Mais c'est la philosophie qui lui offre la perspective globale dans laquelle s'inscrit son travail critique.

La perspective philosophique

La critique culturelle de Nietzsche dans les années 1870 se fonde sur une philosophie esthétique pessimiste. Celle-ci est en grande partie schopenhauerienne, mais elle est aussi tributaire du pessimisme antique et de ce que Nietzsche définit comme la « sagesse

---

44. Nietzsche va d'ailleurs jusqu'à écrire à Rohde que c'est vers Wagner qu'il a orienté toutes ses actions au cours des événements de la querelle entourant *La naissance de la tragédie* : « [P]our un unique spectateur tel que Wagner, j'abandonne tous les lauriers dont pourrait me couronner le temps présent » (lettre n° 265 à Rohde du 25 octobre 1872, *in* COR, vol. 2, p. 356).
45. Les trois dernières citations proviennent de Wagner, « Lettre ouverte à Friedrich Nietzsche », *in* QANT, p. 142.
46. NAP, p. 53.

populaire grecque[47] ». Cette sagesse fonde une perspective philosophique fondamentale dont l'époque moderne[48] se serait éloignée : c'est elle qui configure l'éthique que Nietzsche oppose à la moralité de son époque. On peut résumer les caractéristiques de cette perspective philosophique en distinguant le niveau « ontologique » et les impératifs éthiques qui en découlent. Au plan ontologique, Nietzsche reconnaît une primauté à la vie (ou au « vivant ») : l'action des pulsions vitales, partout à l'œuvre, est comprise comme un phénomène esthétique. La rencontre avec l'être, si elle se produit, est un moment esthétique qui permet une découverte de la vérité. La connaissance tragique en découle, ainsi que le pessimisme. Nietzsche distingue alors deux pessimismes qui naissent de cette même connaissance : le pessimisme ascétique, qui présente comme tel un danger à la fois pour la volonté individuelle et pour la civilisation en entier, et le pessimisme philosophique, qui représente une position forte et probe, mais difficile à maintenir. En réalité, le pessimisme dans ses deux formes a besoin d'être tempéré par une consolation que seul l'art tragique — et principalement par la musique — peut donner. En plus d'informer la philosophie, la « sagesse populaire grecque » sous-tend donc aussi un art tragique dont la fonction est précisément d'offrir une consolation métaphysique. L'« ontologie » tragique décrite par Nietzsche informe enfin un plan éthique orienté vers la légitimation du tragique et la valorisation des catégories morales qui reposent sur la reconnaissance des visages de l'être — par exemple, les catégories de l'envie (*eris*), du combat (*agôn*) et de la joie de vaincre. On décrira ici chacun de ces niveaux plus en détail.

---

47. NT, § 3, p. 36.
48. Nietzsche emploie l'expression « les modernes » en faisant référence à son siècle et à ses contemporains.

Ontologie et pessimismes

Nietzsche emploie plusieurs noms pour dire l'« être originel », qu'il s'agisse du « mystère de l'Un originaire » dont parle abondamment *La naissance de la tragédie*, de la « Mère originelle », de « l'insatiable volonté » ou du « tréfonds le plus intime des choses[49] ». Le tout se précise lorsqu'il indique que les « Mères de l'être » portent les noms *Wahn, Wille, Wehe* : illusion, volonté, douleur. Ces caractéristiques se rapportent à ce qui est premier et universel, à savoir la vie — ou la nature. Nietzsche, en effet, identifie les deux, vie et nature nommant ce « vivant *unique* qui engendre et procrée[50] », qu'il comprend comme un phénomène esthétique — c'est-à-dire un ensemble de pulsions (*Triebe*) organiques, à l'œuvre partout où il y a vie, et dont l'interaction figure une incessante création. Pour autant que « nature » et « vie » sont synonymes, l'on peut donc parler indifféremment, à cette époque, de naturalisme ou de vitalisme.

Nietzsche voit que la découverte par l'être humain des trois visages de l'être entraîne une perspective philosophique particulière : le pessimisme. Le philologue reprend ainsi le fil d'une longue tradition antique : le pessimisme auquel il fait référence est illustré au Ve siècle avant Jésus-Christ par le poète lyrique Pindare, ou encore au Ier siècle de notre ère par le philosophe et moraliste Plutarque. Pour le dire dans les mots de Pindare, le pessimisme naît de la découverte que l'existence n'est rien de plus que « le rêve d'une ombre[51] ». Nietzsche qualifie ce pessimisme de « sagesse populaire grecque[52] ». Celle-ci suppose la « connaissance tragique » révélée par le satyre Silène au roi

---

49. Les cinq dernières citations proviennent de NT, § 17, p. 101 ; § 1, p. 31 ; § 16, p. 101 ; § 18, p. 107 ; et § 16, p. 96.

50. Les deux dernières citations proviennent de NT, § 20, p. 120, et § 17, p. 101.

51. « L'État chez les Grecs », *in* CP, p. 181. Nietzsche cite Pindare : « Êtres éphémères ! Qu'est chacun de nous, que n'est-il pas ? L'homme est le rêve d'une ombre » (*Pythiques*, VIII, 95-97, p. 124).

52. NT, § 3, p. 36.

Midas, ainsi que Plutarque le rapporte dans sa *Consolation à Apollonios*⁵³. Nietzsche considère cette connaissance comme la vérité première et dernière sur l'existence humaine : autrement dit, il ne pense pas la sagesse de Silène de façon historique.

Son recours au pessimisme marque encore un emprunt du philologue à son premier maître en philosophie. Schopenhauer, en effet, parle de cette sagesse pessimiste précisément dans la section du *Monde comme volonté et comme représentation* qui porte sur l'art tragique. Il considère la tragédie « comme le plus élevé des genres poétiques », notamment parce qu'elle est « un symbole significatif de la nature du monde et de l'existence » dans lequel le héros expie « le péché originel, c'est-à-dire le crime de l'existence elle-même ». Toutefois, plutôt que de se tourner vers la Grèce antique, Schopenhauer invoque un auteur baroque et cite *La vie est un songe* (1635), de l'Espagnol Calderón de la Barca : « Car le plus grand crime de l'homme, c'est d'être né⁵⁴ ». Loin de rappeler cette source possible d'un pessimisme moderne, Nietzsche reste résolument du côté des auteurs grecs : ce recours lui permet de trouver dans le pessimisme ancien le fondement de l'éthique présocratique qu'il oppose à la civilisation moderne.

Si la découverte, par l'être humain, de la vérité de l'être entraîne nécessairement une perspective pessimiste sur l'existence, celle-ci peut toutefois prendre diverses formes. Les esprits et les constitutions physiques de chacun n'étant, selon Nietzsche, ni pareils ni égaux, chez certains individus qui ne sont pas caractérisés par un esprit philosophique, le pessimisme peut devenir ascétisme. Dans ce cas, la connaissance tragique entraîne un « pessimisme dans l'action⁵⁵ », c'est-à-dire un dégoût pour l'action, qui équivaut à une négation de la volonté de vie. Pour autant qu'il caractérise un *état* qui fait suite à la découverte de

---

53. *Cf.* Plutarque, *Consolation à Apollonios*, § 27 (cité *infra*, ch. 1); NT, § 3, p. 36; et « L'État chez les Grecs », *in* CP, p. 181.
54. Les quatre dernières citations proviennent du *Monde comme volonté et comme représentation*, III, § 51, p. 323 (deux fois) et 325 (deux fois).
55. « L'État chez les Grecs », *in* CP, p. 180.

la vérité de l'existence, ce pessimisme nomme, dans les écrits de jeunesse, ce qui se rapproche le plus du « nihilisme ». Au début des années 1870, Nietzsche considère cet état comme un moment esthétique : la découverte de la vérité procède d'une rencontre avec l'« être originel », cet événement donnant lieu à un état d'extase dionysiaque qui est un moment de création artistique. Plus tardivement, à la fin des années 1880, il décrit l'état qui suit la découverte de la vérité selon une perspective plus psychologique qu'esthétique, dans laquelle il emploie désormais le terme « nihilisme », repris de ses lectures de romanciers russes (Tourgueniev, Dostoïevski) et français (Paul Bourget)[56]. Il définit ce terme ainsi en 1887 : « Le nihilisme représente un *état intermédiaire* pathologique (pathologique est l'énorme généralisation, la conclusion à une *absence totale de sens*)[57] ». On reviendra, à la fin de ce chapitre, sur la question du « nihilisme » chez le jeune Nietzsche, mais conservons pour l'instant l'idée d'un pessimisme (soit philosophique, soit ascétique) qui est le résultat de la connaissance tragique. Comme celle-ci peut entraîner une négation de la volonté de vie, les pulsions de la nature et les instincts humains sont occupés à combattre l'effet, en l'individu, de la découverte de la vérité de Silène. Pour le dire autrement, les pulsions naturelles en l'être humain doivent limiter le « pessimisme dans l'action, que la nature abhorre en tant qu'il est véritablement contre-nature[58] ». La reprise du pessimisme ancien par Nietzsche est ainsi rattachée à son ontologie vitaliste.

---

56. Comme l'a bien dit Giuliano Campioni, Nietzsche trouve dans le roman « un instrument privilégié de recherche psychologique » (*Les lectures françaises de Nietzsche*, p. 231).

57. Fragment posthume 9[35] (automne 1887), *in* Nietzsche, *Fragments posthumes automne 1887-mars 1888*, p. 28. *Cf.* aussi 11[97] (novembre 1887-mars 1888) et 11[99] (novembre 1887-mars 1888) qui s'intitule « Critique du nihilisme ». La redéfinition tardive du pessimisme par Nietzsche en fonction de sa compréhension dorénavant psychologique et historique du nihilisme cause certes une réorientation critique de son rapport à Schopenhauer.

58. « L'État chez les Grecs », *in* CP, p. 180.

Consolation, art et génie

Encore en référence à la tradition moraliste ancienne et à ses écrits de consolation, Nietzsche avance que pour qu'il puisse être enduré, le pessimisme (philosophique ou ascétique) demande une « consolation métaphysique ». Il précise son idée en écrivant que la connaissance tragique réclame, « pour être supportable, le remède et la protection de l'art[59] ». C'est en raison de l'action esthétique de la nature en lui que l'être humain est essentiellement caractérisé par un « besoin d'art[60] ». Ce besoin fondamental trahit donc la double fonction de l'art : celui-ci est le moyen que prend la nature pour surmonter l'ascétisme en l'être humain et il est la voie que l'être humain doit suivre afin de trouver la consolation nécessaire pour apaiser son pessimisme. Comme source de consolation, l'art est un antidote naturel : l'art « sauve » l'individu, mais « par l'art, c'est la vie qui le sauve à son profit[61]. »

La perspective philosophique mise de l'avant dans *La naissance de la tragédie* fait ainsi un amalgame du pessimisme grec ancien, du pessimisme moderne de Schopenhauer et des théories wagnériennes sur l'art. L'origine naturelle de l'art, selon Nietzsche, garantit sa noblesse. C'est pourquoi il considère, comme Wagner d'ailleurs[62], que la pratique artistique représente une forme élevée d'existence. Mais par-dessus tout, c'est l'art tragique qu'il identifie, à la suite de Schopenhauer, comme l'art le plus noble. L'artiste tragique a cette particularité d'être conscient qu'il est l'instrument d'une consolation métaphysique par laquelle la nature intime à un individu, voire à un peuple, de poursuivre dans l'existence malgré l'horrible vérité des trois visages de l'être. Nietzsche considère donc l'art tragique comme une activité humaine en harmonie complète avec le pessimisme philosophique.

---

59. Les deux dernières citations proviennent de NT, § 7, p. 55, et § 15, p. 94.
60. « L'État chez les Grecs », *in* CP, p. 181.
61. NT, § 7, p. 55.
62. Sur l'esthétique wagnérienne, *cf. infra*, ch. 9.

Nietzsche reconnaît que l'époque moderne possède « une sorte de consolation » qui pousse à l'action : la « dignité de l'homme » et la « dignité du travail[63] ». Il rejette toutefois cette consolation parce qu'elle est en désaccord avec la perspective fondamentale du pessimisme. La seule consolation adaptée à l'ontologie vitaliste et au pessimisme « naturel » entraîné par la connaissance est celle de l'art tragique : celui-ci met en scène et en chant la vérité tragique. Son terreau, si l'on peut dire, est la sagesse de Silène : l'art tragique naît d'un moment de rencontre avec l'être, qu'il représente en réalisant l'union de deux pulsions artistiques de la nature, la dionysiaque et l'apollinienne[64]. Cette représentation de la sagesse de Silène permet à l'être humain d'être consolé de son pessimisme et de poursuivre dans la volonté de vie. Dans cette perspective, la consolation moderne qui affirme la dignité humaine est mensongère à deux égards : d'une part, elle nie la connaissance tragique en recourant à un optimisme mensonger ; d'autre part, elle postule la dignité de l'être humain alors qu'il ne règne pourtant dans la nature qu'illusion, volonté et douleur. Suivant l'ontologie vitaliste que Nietzsche propose, l'être humain « ne peut justifier son existence que comme un être déterminé de façon absolue à servir des buts dont il n'est pas conscient », à savoir ceux de la nature. C'est pourquoi le pessimisme philosophique nietzschéen avance que, loin des discours humanistes et de la valorisation naïve du travail, la seule véritable dignité humaine est en réalité d'être « consciemment ou inconsciemment l'instrument du génie[65] » : le génie artistique est l'incarnation de l'action esthétique de la nature. Autrement dit, le génie est entièrement l'instrument de la nature, jusque dans la conscience qu'il a de son travail et de sa mission.

---

63. Ces trois citations proviennent de « L'État chez les Grecs », *in* CP, p. 180.
64. *Cf. infra*, ch. 9.
65. Les deux dernières citations proviennent de « L'État chez les Grecs », *in* CP, p. 190.

Comme Nietzsche ne précise pas ce qu'il entend par «génie», une comparaison avec la définition donnée par Schopenhauer s'avère utile, mais aussi nécessaire dans la mesure où ce dernier est le guide philosophique de Nietzsche à cette époque. *Le monde comme volonté et comme représentation* définit le génie comme «la perfection et l'énergie de la connaissance intuitive», qui consiste en :

> [U]n développement considérable de la faculté de connaissance, développement supérieur aux besoins du service de la volonté, pour lequel seule cette faculté est née à l'origine. [...] L'essence du génie est donc un excès anormal d'intelligence, dont le seul emploi possible est l'application à la connaissance de ce qu'il y a de général dans l'être; il est donc consacré au service de l'humanité entière.

Ainsi compris, le génie relève de la connaissance intuitive, que Schopenhauer oppose à la connaissance par abstraction et concepts qui ne produisent que des «représentations partielles d'intuition». Les textes de Nietzsche montrent que lui aussi privilégie une définition du génie par la connaissance intuitive. Si on trouve là un point de rapprochement entre les positions schopenhauerienne et nietzschéenne, le lien essentiel que voit Nietzsche entre la nature et le génie lui semble toutefois propre, Schopenhauer considérant le génie comme «une faculté contre nature, puisqu'il consiste en ce que l'intellect, destiné à servir la volonté, s'émancipe de cet esclavage pour travailler de son propre chef[66].» Nietzsche reprend donc la dimension intuitive de la définition épistémologique du génie en la complétant par son vitalisme, qui veut que la nature soit considérée comme le véritable acteur à l'œuvre derrière le génie. Voilà qui cautionne la noblesse et la dignité du génie, cet individu où dominent les instincts, où les pulsions de la nature sont à l'œuvre à un tel

---

66. Les quatre dernières citations proviennent de Schopenhauer, *Le monde comme volonté et comme représentation*, supplément au Livre troisième, ch. 34, respectivement des pages 1104, 1105, 1107 et 1116.

degré d'activité qu'il est amené à créer des formes inédites. Le génie apparaît ainsi comme un individu chez qui la nature a choisi de se dépasser elle-même en ouvrant de nouvelles voies pour un peuple ou une civilisation. Le jeune Nietzsche amalgame le génie comme but de la nature et le génie comme but de la civilisation, ce qui lui permet d'avancer que la nature recherche l'individu génial pour ses propres fins et que la civilisation doit à son tour rechercher l'individu génial pour son propre bien. Dans un cas comme dans l'autre, Nietzsche comprend le génie comme le moyen que prend la nature pour contrer le pessimisme dans l'action, puisque le génie est créateur de consolation métaphysique pour l'individu comme pour le peuple en entier.

Éthique

L'ontologie vitaliste, la connaissance tragique, la nécessité d'une consolation métaphysique et la dimension salvatrice de l'art tragique sont les piliers du pessimisme philosophique que Nietzsche distingue aux sources de l'éthique grecque. Dans une étude sur le rapport de Nietzsche aux Grecs, Dale Wilkerson écrit à juste titre que le principal objectif de Nietzsche à travers son étude des Anciens « n'est rien de moins que la transvaluation en bloc de la modernité[67]. » Il est clair que le problème essentiel, déjà pour le jeune Nietzsche, est celui de l'échelle des valeurs. De nombreux passages dans ses textes du début des années 1870, et notamment dans les *Cinq préfaces à cinq livres qui n'ont pas été écrits*, montrent qu'il comprend l'opposition fondamentale entre le monde grec et le monde moderne comme étant d'ordre éthique. Soulignant à plusieurs reprises l'« abîme » entre le jugement moral des Anciens et le jugement moral de son époque, il avance que « rien ne sépare davantage le monde grec du nôtre

---

67. Dale Wilkerson, *Nietzsche and the Greeks*, p. 20.

que la coloration, qui dérive de cette légitimation [du combat et de la joie de vaincre], de certaines catégories morales[68] ».

Pour révéler cette divergence axiologique, Nietzsche développe un modèle éthique qu'il oppose à la moralité moderne. C'est ce qui l'amène à s'intéresser, en philologue et en philosophe, aux auteurs préplatoniciens : Homère, Hésiode, les tragiques (notamment Eschyle et Sophocle) et les philosophes jusqu'à Socrate. Lorsque son étude porte plutôt sur des figures postsocratiques (Platon, par exemple), c'est pour montrer une bifurcation capitale dans l'*ethos* grec, un tournant vers le génie de la connaissance et l'optimisme, dont Socrate serait l'instigateur principal et Euripide, le représentant artistique. Peu importe le domaine, Nietzsche montre que la différence axiologique entre le monde grec et le monde moderne revient à une opposition philosophique essentielle : l'éthique grecque ancienne est établie sur une perspective philosophique fondamentale que la modernité a exclue d'emblée. La modernité se serait construite sur le refus du pessimisme propre à la connaissance tragique, et sa persistance dans cette voie est cause de son mal.

La reconnaissance du pessimisme philosophique, qui fait largement défaut dans la modernité, implique une compréhension de l'action des diverses pulsions de la nature en l'être humain. Si Nietzsche a beaucoup discuté des pulsions artistiques de la nature dans *La naissance de la tragédie*, la pulsion politique a quant à elle fait l'objet, la même année, de l'une des *Cinq préfaces*. « La joute chez Homère » (1872) montre que la pulsion politique est l'*agôn*. Le terme français de « joute » traduit l'allemand *Wettkampf*, que le philologue emploie pour rendre le grec *agôn*, auquel il accorde une grande importance dans le développement de la vie politique des Grecs : « Ôtons [...] la joute de la vie grecque, notre regard plonge aussitôt dans cet abîme préhomérique de sauvage cruauté faite de haine et de plaisir

---

68. « La joute chez Homère », *in* CP, p. 198 *sq.*

destructeur[69] ». Pour affirmer que l'*agôn* a façonné la société grecque antique au point d'en être le véritable élément civilisateur, Nietzsche s'est inspiré des leçons d'*Histoire de la civilisation grecque* que son collègue Jacob Burckhardt (1818-1897) donna à l'Université de Bâle à compter de 1870. Burckhardt termine son chapitre sur « Les combats entre cités et les forces de l'unification nationale » par ce constat : « En fin de compte, tout Grec était animé d'une force à travers laquelle nous reconnaîtrons le goût de la compétition au sens le plus large du terme. Avec le temps, tout cela allait servir de base à une éducation consciente, et le jour où la grammaire, le jeu de la cithare et la gymnastique exercèrent leur emprise sur tous les jeunes citoyens, chacun comprit très vite quel était l'enjeu de cette vie grecque[70] ». À la suite de l'historien, Nietzsche s'attache à démontrer que la joute était présente dans toutes les dimensions de la vie sociale grecque[71]. Il précise que l'*agôn* se fait sentir en l'être humain sous la forme de la bonne *eris* — c'est-à-dire comme la discorde, l'ambition ou l'envie, dont le concept apparaît dans la section de la *Rhétorique* d'Aristote sur l'envie (II, 10, 1387 b – 1388 a), à laquelle Nietzsche se réfère[72]. Le philologue croit que c'est à travers ces

---

69. « La joute chez Homère », *in* CP, p. 202. *Cf.* Porter, « Nietzsche, Homer, and the Classical Tradition », p. 16 et 8.
70. Jacob Burckhardt, *Histoire de la civilisation grecque*, vol. I, p. 416 *sq*. Historien de la culture et de l'art, Burckhardt était professeur à l'Université de Bâle (de 1858 à 1893). Auteur de nombreux travaux sur la Grèce classique et sur la Renaissance italienne, il entretint une amitié d'une vingtaine d'années avec Nietzsche. Après son départ de Bâle, Nietzsche conserva un contact épistolaire avec Burckhardt et lui fit parvenir des exemplaires de ses publications. Les commentateurs insistent sur l'influence de Burckhardt sur la deuxième *Inactuelle*, à commencer par le germaniste Charles Andler (*cf. Nietzsche*, vol. 1, livre III, ch. 1) et l'économiste bâlois Edgar Salin (*Jakob Burckhardt und Nietzsche*). La transcription du cours de Burckhardt était celle de l'un des élèves de Nietzsche, Luis Kelterborn ; *cf.* les fragments posthumes du printemps et de l'été 1875 (*in* FP3 p. 282-356).
71. *Cf.* C. D. Acampora, « Nietzsche's Problem of Homer », p. 56. Sur la lecture et les emprunts que Nietzsche fit de Burckhardt, *cf.* Campioni, *Les lectures françaises de Nietzsche*, ch. 3 et 4.
72. *Cf.* « La joute chez Homère », *in* CP, p. 199.

voies de l'*agôn* et de la bonne *eris* que la nature entraîne la formation de civilisations comme moyens d'atteindre ses propres objectifs.

Le but ultime de la civilisation, selon Nietzsche, est donc le même que celui de la nature en tout — à savoir la production du génie. Toutefois, lorsqu'il pense le génie en rapport à la civilisation, il comprend plus précisément sa fonction comme une manière de dépasser les conditions ordinaires de la vie par la création de formes supérieures et uniques, afin de perpétuer «le haut dialogue des esprits» qui «vivent dans une simultanéité intemporelle». Nietzsche se réfère évidemment à Schopenhauer lorsqu'il présente le but de l'histoire comme étant la constitution d'un «haut dialogue des esprits» ou d'une «république des génies»: «La tâche de l'histoire est de servir d'intermédiaire entre eux, pour, ce faisant, constamment susciter et soutenir l'éveil de la grandeur. Non, le but de l'humanité ne peut résider en son terme, mais seulement dans ses exemplaires supérieurs[73].» Nietzsche définit ainsi l'histoire d'un peuple ou d'une civilisation en fonction du génie et des moments créateurs que les génies engendrent: «Il existe un pont invisible de génie à génie — c'est là la seule "histoire" réelle d'un peuple[74]». Voilà une autre manière pour lui de soutenir une position philosophique antihégélienne, contre la conception moderne d'une historicité orientée vers un progrès: sa conception du génie participe ainsi de sa compréhension non linéaire de l'histoire.

Nietzsche fait sienne la perspective éthique présocratique fondée sur la pulsion agonale et la bonne *eris*. Elle lui semble proprement adaptée au monde germanique, tout à l'opposé de ce qu'il identifie comme l'éthique latine optimiste qui suit plutôt «le socratisme scientifique et son plaisir satisfait de l'existence». Ce point est capital: Nietzsche affirme que l'esprit allemand est

---

73. Les dernières citations proviennent de CI2, § 9, p. 155. La référence à la république des génies renvoie aux écrits posthumes de Schopenhauer.
74. Fragment posthume 19[1] (été 1872-début 1873), *in* FP2, p. 173.

fondamentalement pessimiste et donc métaphysique, comme le prouvent les sommets atteints par l'action de la nature dans la culture allemande — à travers Bach, Goethe, Schiller, Beethoven, Schopenhauer, Wagner. C'est pourquoi l'esprit allemand serait à même de développer une nouvelle consolation métaphysique par la voie de l'art tragique. Selon Nietzsche un renouveau de l'art tragique ne peut venir que de l'Allemagne, non pas des pays latins : « Du fond dionysiaque [c'est-à-dire la sagesse de Silène et la réactualisation du pessimisme antique] de l'esprit allemand une puissance a surgi qui n'a rien de commun avec les conditions de la civilisation socratique, [...] — je veux dire la *musique allemande*, dans sa marche souveraine et solaire qui la conduit de Bach à Beethoven et de Beethoven à Wagner[75] ». On reviendra sur l'art musical et la renaissance allemande de l'art tragique[76]. Qu'il suffise pour l'instant de noter que ces thèmes — qui renvoient aux mystères dionysiaques et aux tragédies d'Eschyle, ainsi qu'à la tradition antique de l'écrit de consolation, et jusqu'à l'art wagnérien — forment la perspective philosophique fondamentale du jeune Nietzsche et sous-tendent son travail de pensée dans la première moitié des années 1870. En accord avec cette position philosophique, l'anthropologie de Nietzsche, ainsi que l'épistémologie qui en découle, sont résumées dans les premières lignes de son essai *Vérité et mensonge au sens extramoral* (1873) :

> Au détour de quelque coin de l'univers inondé des feux d'innombrables systèmes solaires, il y eut un jour une planète sur laquelle des animaux intelligents inventèrent la connaissance. Ce fut la minute la plus orgueilleuse et la plus mensongère de l'« histoire universelle », mais ce ne fut cependant qu'une minute. Après quelques soupirs de la nature, la planète se congela et les animaux intelligents n'eurent plus qu'à mourir. Telle est la fable qu'on pourrait inventer, sans parvenir à mettre suffisamment en lumière l'aspect lamentable, flou et fugitif, l'aspect vain et arbitraire de

---

75. Les deux dernières citations proviennent de NT, § 19, p. 117 et 116.
76. *Cf. infra*, ch. 9.

cette exception que constitue l'intellect humain au sein de la nature. Des éternités ont passé d'où il était absent; et s'il disparaît à nouveau, il ne se sera rien passé. Car il n'y a pas pour cet intellect de mission qui dépasserait le cadre d'une vie humaine[77].

Au regard de cette position philosophique, trois phénomènes examinés par Nietzsche se présentent comme des ensembles de symptômes révélateurs de la maladie de la civilisation : l'État, l'éducation et l'écrit. En philosophe médecin, le philologue se penche sur des symptômes de nature politique, pédagogique et littéraire, chacun de ces ensembles étant la manifestation d'un déséquilibre des pulsions naturelles dans la civilisation. C'est vers ce travail de symptomatologie qu'on peut maintenant se tourner, mais il faut d'emblée en souligner deux constantes. D'une part, on voit que la Grèce antique tient le rôle d'étalon positif à l'aune duquel Nietzsche évalue l'Allemagne. C'est par comparaison avec ce modèle qu'il identifie des déficiences dans les formes modernes du politique, en alliant rigueur philologique et intuition philosophique. D'autre part, il faut rappeler que sa pensée à cette époque se caractérise par un naturalisme fort : la nature y remplit ce qu'on pourrait appeler une fonction de « sanction universelle[78] », au sens d'une mesure d'approbation. Suivant l'ontologie vitaliste de Nietzsche, la nature poursuit ses propres buts à travers l'actualisation de ses pulsions dans les individus. *La naissance de la tragédie* discute ce phénomène au moyen d'une expression schopenhauerienne : le « principe

---

77. VME, § 1, p. 207. Ce passage apparaît aussi vers la fin de la première des *Cinq préfaces*, « La passion de la vérité » (p. 175). S'il considère que la vocation la plus haute est d'être éducateur et « formateur du genre humain » (NAP, p. 53), Nietzsche se trompe en affirmant ici qu'il n'y a pas de mission qui dépasse le cadre d'une vie humaine : dans la mesure où un livre survit à son auteur, la mission de ce dernier dépasse de beaucoup les années de sa vie.

78. Le politologue américain Quentin Taylor a suggéré que la civilisation grecque fonctionne comme un idéal-type pour le jeune Nietzsche, comme « un écran supérieur sur lequel les défauts de la civilisation contemporaine peuvent être réfractés de manière instructive » (*The Republic of Genius*, p. 9).

d'individuation[79] », que Nietzsche comprend comme le résultat de la pulsion apollinienne de la nature. Il fonde sa compréhension du politique, de l'art, de la civilisation et de la philosophie sur ce naturalisme, et mesure à l'étalon de la Grèce antique l'état de santé ou de morbidité de la civilisation occidentale qu'il étudie primordialement, voire exclusivement, à travers sa forme allemande contemporaine. Nietzsche, en effet, est moins intéressé par la santé de l'Europe que par le renouveau de l'« esprit allemand ». Sa lutte pour donner une nouvelle direction à la *Kultur* allemande, dans les années 1870, ne touche donc l'histoire de l'Occident que par ricochet.

---

79. *Cf.* notamment NT, § 1, p. 30 ; et Schopenhauer, *Le monde comme volonté et comme représentation*, livre IV, ch. 68.

Chapitre 4

Symptômes politiques : les mensonges de l'État

> Certains faits affligeants sont dans la nature des choses.
> Nietzsche, *Introduction aux études de philologie classique*, § 7

La préface de janvier 1871 qui s'intitule « L'État chez les Grecs » (*Der griechische Staat*) propose une critique de l'État moderne par le biais d'une réflexion sur les fondements du politique chez les Grecs. Le concept de *Staat* prend ici le sens général de « politique », plutôt que le sens juridique plus restreint que l'on donne aujourd'hui à ce terme. Autrement dit, *der griechische Staat*, c'est la *polis* grecque. Nietzsche partage ici une conception répandue au XIXe siècle qui fait un usage assez large du concept d'État, ce qui explique, comme l'a remarqué Carl Schmitt, que l'on ait pu parler de quelque chose comme l'« État antique », l'« État allemand médiéval » ou encore l'« État chinois » : « [A]u XIXe siècle, ce concept d'*État* a pu faire figure de concept général s'appliquant à tous les temps et à tous les peuples[1] ». Un signe de l'emploi général du mot *Staat* chez Nietzsche est le fait qu'il

---

1. Ainsi Schmitt décrit-il l'« élévation du concept d'État à un concept normal et général de la forme d'organisation politique de tous les temps et de tous les peuples » (C. Schmitt, « Staat als ein konkreter, an eine geschichtliche Epoche gebundener Begriff », p. 376).

développe sa réflexion sur le politique chez les Grecs dans l'optique d'une étude de « la conception d'ensemble de l'État platonicien » dans *La République*². Sa réflexion sur le politique est en outre complétée, dans « La joute chez Homère », par une discussion de la fonction générale de l'*agôn*.

La conception nietzschéenne du politique chez les Grecs se déploie dans les *Cinq préfaces* de 1871-1872, mais aussi dans les autres textes de cette époque, où elle se greffe à la réflexion sur l'éducation, l'art et l'éthique. Fort de sa lecture des Grecs, le philosophe médecin identifie quatre symptômes politiques de la maladie de la civilisation allemande : une contradiction entre deux tendances fondamentales dans la société ; un mensonge sur les fondements du politique ; une hypertrophie de l'égoïsme ; et une carence en mythe. Les deux premiers symptômes ont trait à une méconnaissance ou à une incompréhension philosophique propre à la modernité politique, alors que les deux autres ont trait à une absence de *Staatstendenz*³. En étudiant l'État comme ensemble de symptômes, Nietzsche oppose les caractéristiques modernes du politique à ce qu'il identifie comme les fondements du politique chez les Grecs, lesquels fondements s'appuient sur le pessimisme ancien dont il se réclame.

La contradiction fondamentale

Lorsqu'elle est réfléchie sur l'écran formé par le pessimisme philosophique et l'éthique qu'il détermine, la société moderne révèle à Nietzsche son état maladif. Celui-ci se manifeste d'abord

---

2. « L'État chez les Grecs », *in* CP, p. 191. Soulignant que la fin de la cité idéale platonicienne est le génie, Nietzsche affirme trouver chez Platon les fondements d'une « *doctrine ésotérique sur la relation entre l'État et le génie* » (p. 191). Il remarque toutefois que le philosophe athénien pense au génie théorique, et non au génie artistique. Si le jeune Nietzsche fut souvent en dialogue avec Platon — et avec le Socrate de Platon —, sa réflexion sur la *République* ne s'est toutefois pas précisée davantage que ce qui est esquissé dans cette préface de 1871.

3. Généralement traduite dans les éditions françaises par « instinct d'État », cette expression signifie quelque chose comme un « sens de l'État » ou un « sens politique ».

en ce qu'elle combine deux tendances contradictoires en un « amalgame antinaturel[4] » : elle a tendance à donner de la valeur à la fois à l'art et au travail, alors que ces deux activités répondent fondamentalement à des besoins d'ordre différent. L'art est le résultat de la volonté d'« exister *bien* » (par la promotion d'une « forme plus élevée d'existence[5] »), alors que le travail répond à la nécessité d'« exister *à tout prix* » (par la simple conservation de la personne). Alors que le travail est une lutte pour la survie, l'art est une lutte pour contrer le « dégoût pour l'action[6] ». Nietzsche avance qu'on ne peut donc pas parler d'une dignité du travail, celui-ci n'assurant que la survie matérielle de l'être humain. La nécessité de la survie est une donnée première et ordinaire de l'existence humaine, tandis que le pessimisme dans l'action est le résultat de la connaissance tragique, c'est-à-dire de la connaissance philosophique fondamentale quant au fait que l'existence humaine est dépourvue de valeur propre.

Comme sa mission est de contrer le pessimisme dans l'action, l'art est véritablement digne de valeur. En s'appuyant sur l'exemple des Grecs, Nietzsche précise que pour qu'il y ait art, il est nécessaire qu'une majorité de la population soit soumise à l'obligation du travail — c'est-à-dire à l'esclavage[7]. S'il ne servait qu'à assurer la survie matérielle des individus, le travail serait une activité purement dégradante ; il permet toutefois d'assurer l'existence d'une minorité de la population qui pourra s'adonner à la production d'œuvres plus élevées. « Le travail est un avilissement car l'existence n'a pas de valeur en soi[8] » : cette proposition éthique implique que l'art et le travail ne peuvent faire l'objet

---

4. « L'État chez les Grecs », *in* CP, p. 181.
5. Les deux dernières citations proviennent de « L'État chez les Grecs », *in* CP, p. 182.
6. NT, § 7, p. 55.
7. « Friedrich August Wolf a affirmé la nécessité des *esclaves* dans l'intérêt d'une civilisation : voilà une des connaissances puissantes acquises par mon grand prédécesseur ; les autres sont trop mous pour la saisir » (fragment posthume 7[79], fin 1870-avril 1871, *in* NT, p. 195).
8. « L'État chez les Grecs », *in* CP, p. 181.

d'une valorisation simultanée. Un premier symptôme politique de la maladie de la civilisation est donc la contradiction entre la valorisation du travail et le désir d'art.

Le mensonge politique

Nietzsche rattache un autre symptôme politique à cette contradiction fondamentale : il s'agit cette fois d'un mensonge sur les fondements du politique. Tout en soulignant « l'éclat mensonger dont les modernes ont voilé l'origine et la signification de l'État », le philologue définit l'État comme un instrument de la nature : il est la « main de fer » qu'elle s'est donnée pour parvenir à la société et, à travers elle, atteindre « sa libération dans l'éclat et le rayonnement du génie[9]. » Cette affirmation révèle une fois de plus la signification générale que Nietzsche donne au concept de *Staat*, qui se confond avec une pulsion politique de la nature humaine, qui structure la vie sociale. Ainsi compris, le politique a un double fondement : d'une part, dans la violence inhérente à la nature, et d'autre part, dans le génie dont la production est le but ultime de la nature.

D'une part, la violence caractérise le politique, mais en tant qu'elle définit la vie comme telle : « Chaque instant dévore le précédent, chaque naissance est la mort d'êtres innombrables. La procréation, la vie et le meurtre sont une seule et même chose[10]. » La violence précède donc le politique, constat qui amène Nietzsche à décrire l'état de nature comme un *bellum omnium contra omnes*[11]. Sa position ne peut toutefois pas se ramener à la conception hobbésienne du politique, puisqu'une différence majeure les sépare : la conception artificialiste de

---

9. Les citations de cette phrase proviennent de « L'État chez les Grecs », *in* CP, p. 184 *sq*.

10. « L'État chez les Grecs », *in* CP, p. 184. C'est ce qui explique que Nietzsche puisse affirmer que la souffrance est le sens de l'existence (*cf.* le fragment 32[67], début 1874-printemps 1874).

11. *Cf.* « L'État chez les Grecs », *in* CP, p. 187.

l'État chez Hobbes[12] est aux antipodes de la compréhension que le jeune Nietzsche a de l'État comme pulsion politique de la nature. Omniprésente dans l'état prépolitique, la violence, selon Nietzsche, se poursuit aussi tout naturellement dans l'ordre politique, puisqu'elle tient « à la nature même du *pouvoir* qui est toujours mauvais[13] ». La violence se trouve au principe de toute civilisation et demeure active au sein de l'État : ce dernier est l'objectivation de la raison du plus fort. Les formes politiques ne sont créées par rien de plus sophistiqué que la force : « [L]'État, comme nous l'avons dit, n'est pas autre chose que cette poigne de fer qui contraint par la violence la société à se développer. » Selon Nietzsche, les Grecs avaient compris cette vérité, ce dont témoigne leur éthique : « Les Grecs nous l'ont révélé à travers l'instinct qu'ils avaient du droit des gens qui même à l'apogée de leur moralité et de leur humanité n'a pas cessé de proclamer de sa voix d'airain des maximes comme celles-ci : "Au vainqueur appartient le vaincu avec femme et enfants, corps et biens", "La force donne le premier *droit*" et "Il n'y a pas de droit qui, en son principe, ne soit abus, usurpation, violence"[14]. »

D'autre part, le politique se tient en rapport étroit au génie. En rompant de manière violente avec l'état de nature, l'État instaure de force des moments de paix au cours desquels la société peut germer et faire éclore le génie, dont la production est un but de la nature en tant que processus esthétique. Voilà

---

12. *Cf.* l'introduction au *Léviathan* : « [C]'est l'art qui crée ce grand *Léviathan* qu'on appelle *République* ou *État* (*civitas* en latin), lequel n'est qu'un homme artificiel, quoique d'une stature et d'une force plus grandes que celles de l'homme naturel, pour la défense et la protection duquel il a été conçu » (p. 5). Le rapport de Nietzsche à Hobbes est changeant : en 1873, il le qualifie d'« esprit intrépide » sûrement muni d'un « amour de la vérité autrement plus grandiose [que celui de D. Strauss] » (CI1, § 7, p. 49), alors qu'en 1886, il le ravale au rang de « ces Anglais » qui « ont avili et déprécié pour plus d'un siècle la notion même de philosophe » (PBM, VIII, § 252, p. 171). Hobbes demeure un auteur dont Nietzsche a peu parlé : il n'y a que trois occurrences de son nom dans son œuvre publiée.

13. « L'État chez les Grecs », *in* CP, p. 183.

14. Les deux dernières citations proviennent de « L'État chez les Grecs », *in* CP, p. 185 *sq*.

qui permet une définition du politique comme organisation naturelle des êtres humains en société par la violence, dont le résultat est la création des conditions rendant possible le génie. Le politique est le moyen que prend la nature pour parvenir au génie dans des moments d'accalmie et au travers d'individus libérés de leur lutte pour la survie grâce au travail d'une majorité de la population. Le politique rend ainsi possible la création, par le génie, d'une consolation métaphysique garantissant l'action malgré la connaissance tragique.

La violence précède le politique dans l'état de guerre de tous contre tous et elle caractérise l'instauration de l'ordre politique par la force. Mais aussi, la violence perdure dans l'ordre politique, du fait qu'une majorité de la population est soumise au travail et à la contrainte dans l'esclavage afin qu'une minorité puisse s'adonner à la création du monde de l'art et que puisse naître le génie comme but de la nature. Voilà les caractéristiques fondamentales du politique qui sont masquées dans la modernité. En ignorant cette dimension profondément violente — mais aussi esthétique — de la vie politique, l'époque moderne oublie les fondements de la *Bildung*, cette formation au sens supérieur du terme. Car en tant qu'elle est un « authentique besoin d'art », la *Bildung* « repose sur un fondement terrifiant » :

> Pour que l'art puisse se développer sur un terrain fertile, vaste et profond, l'immense majorité doit être soumise à l'esclavage et à une vie de contrainte au service de la minorité et bien *au-delà* des besoins limités de sa propre existence. Elle doit à ses dépens et par son sur-travail dispenser cette classe privilégiée de la lutte pour l'existence afin que cette dernière puisse alors produire et satisfaire un nouveau monde de besoins. Nous ne pouvons par conséquent que tomber d'accord pour avancer cette vérité cruelle à entendre : *l'esclavage appartient à l'essence d'une civilisation* ; vérité qui ne laisse à vrai dire subsister aucun doute quant à la valeur absolue de l'existence[15].

---

15. Les trois dernières citations proviennent de « L'État chez les Grecs », *in* CP, p. 182 *sq*.

Ainsi la phrase que le professeur notait en 1871 à l'attention de ses étudiants en philologie classique prend-elle tout son sens : « Certains faits affligeants sont dans la nature des choses[16] ». C'est le moins que puisse dire celui qui espère démontrer que la possibilité de la *Bildung* — et avec elle, de toute grande civilisation — repose sur l'esclavage et sur l'exploitation de l'homme par l'homme.

Cette discussion sur la contradiction et le mensonge inhérents à la compréhension moderne du politique — laquelle serait bâtie sur les concepts « consolateurs » que sont la « dignité » de l'être humain et du travail, et donc sur la croyance en la valeur de l'existence humaine —, forme le premier front de la critique nietzschéenne de la modernité politique. Sur le second, Nietzsche combat plus précisément l'absence de sens politique dans la modernité en critiquant, d'une part, l'égoïsme et l'utilitarisme qui en découlent, et d'autre part, la perte du mythe dans la civilisation moderne.

L'égoïsme hypertrophié

Nietzsche considère le libéralisme — une doctrine « optimiste » et « non métaphysique, purement plate et latine, absolument non germanique[17] » — et les mouvements révolutionnaires de son temps comme les avatars d'un même phénomène qui porte différents noms selon la perspective adoptée par l'observateur. Si on l'examine du point de vue de l'élite minoritaire, ce phénomène porte le nom d'« instinct financier » : il s'agit de ce que Nietzsche appelle la *Geldtendenz* égoïste. Si on l'examine du point de vue de la majorité, il porte alors le nom d'« utilitarisme ». Ces noms distinguent deux types de rapport au politique : celui, actif, d'une minorité et celui, passif, de la majorité. La minorité est formée par certains individus qui se démarquent de

---

16. IÉPC, § 7, p. 103.
17. « L'État chez les Grecs », *in* CP, p. 188.

la masse en ceci qu'ils « savent ce qu'*ils* veulent de l'État et ce que l'État doit leur accorder ». Elle considère de ce fait l'État « comme un *instrument*, alors que tous les autres sont soumis à ces desseins de l'État dont ils sont inconscients et ne sont eux-mêmes que les moyens de ses fins[18]. » Nietzsche ne précise pas ce qui amène cette minorité à s'éloigner du sens politique général — on doit supposer que la volonté de ces individus est plus affirmée et leur force, plus vigoureuse, car selon la perspective où le politique est violence et lutte, c'est « [l]a force [qui] donne le premier *droit*[19] ». En se servant du politique comme d'un instrument à sa portée, cette minorité puissante peut assurer ses intérêts, pour autant que soit maintenu un état de paix qu'elle veillera à instaurer en rendant la guerre impossible, ou du moins difficile et donc improbable. Ici, l'équilibre des pulsions agonales (qui permet les moments d'accalmie) ne sert plus à la production du génie, mais seulement à la satisfaction utilitariste des besoins individuels de l'élite : voilà qui témoigne d'une absence de sens politique, dans la mesure où le politique ne vise plus quelque chose d'extérieur et de supérieur à l'individu. C'est pourquoi Nietzsche définit l'utilitarisme comme une « déviation [...] de l'instinct d'État en instinct financier[20] ».

Cette disparition de la *Staatstendenz* et ce gonflement de l'égoïsme, Nietzsche ne les diagnostique pas uniquement chez la minorité détentrice du pouvoir politique, mais aussi chez la majorité de la population. Il remarque que l'équation sociale dominante est celle qui trace une égalité entre trois termes : « Autant de connaissance et de culture [*Bildung*] que possible — donc autant de production et de besoins que possible —, donc autant de bonheur que possible : — voilà à peu près la formule.

---

18. Les deux dernières citations proviennent de « L'État chez les Grecs », *in* CP, p. 187.
19. « L'État chez les Grecs », *in* CP, p. 185.
20. « L'État chez les Grecs », *in* CP, p. 188. L'original se lit ainsi : « [D]*ie* [...] *Ablenkung der Staatstendenz zur Geldtendenz* » (« Der griechische Staat », *in* KSA, vol. 1, p. 774).

Nous avons ici comme but et fin de la culture l'utilité ou plus exactement le profit, le plus gros gain d'argent possible[21]. » La *Geldtendenz* est généralisée dans la modernité. Ces considérations utilitaires sous-tendent la formation du *Kulturstaat*, l'État culturel moderne, que Nietzsche appelle aussi parfois l'État « mystagogue de la culture[22] ». Or cette extension de la culture — « l'un des dogmes d'économie politique les plus chers au temps présent[23] » — est un non-sens, parce que le but ultime de la *Bildung* comme de la *Kultur* est la production du génie, et non la satisfaction des simples besoins humains.

Le professeur de Bâle oppose à cette conception moderne de la culture son interprétation de la définition grecque du politique. Alors que la Prusse a soumis « tous les efforts vers la culture [*Bildungsbestreungen*] aux buts de l'État », « l'État antique est justement resté aussi éloigné que possible de cette considération utilitaire qui pousse à n'admettre la culture que dans la mesure où elle lui est directement utile[24] ». C'est sur cette base que Nietzsche affirme que l'État n'est pas une instance protégeant les égoïsmes individuels : le politique doit être guidé par un élan éthique supérieur, puisque la véritable grandeur pour l'être humain est d'être un instrument du génie — c'est-à-dire un outil de la nature[25]. Autrement dit, Nietzsche subordonne le politique à la culture au sens d'une formation (*Bildung*), et non au sens d'une production de besoins comme le fait le *Kulturstaat* prussien.

Le philologue profite de ces analyses culturelles et politiques pour réaffirmer son appartenance à la lignée qui va du pessimisme grec ancien à la philosophie schopenhauerienne, en passant par le criticisme kantien, loin des tenants berlinois de la

---

21. AÉE, I, p. 98.
22. *Cf.* « Ueber die Zukunft unserer Bildungsanstalten », III, *in* KSA, vol. 1, p. 707.
23. AÉE, III, p. 131.
24. Les deux dernières citations proviennent de AÉE, III, p. 131.
25. *Cf.* « L'État chez les Grecs », *in* CP, p. 190.

doctrine de Hegel. Dans ses conférences de 1872 sur l'éducation, il précise en effet que le *Kulturstaat* « s'est assimilé avec succès la partie pratiquement valable de l'héritage de la philosophie hégélienne », dans une « apothéose de l'État[26] » qui concentre tous les efforts vers la culture en oubliant l'importance d'un rapport vivant au passé. Bien que Hegel soit la cible de nombreuses attaques de la part de Nietzsche, ce sont plus souvent les hégéliens et l'hégélianisme qu'il vise directement. Tout indique qu'il avait une pauvre connaissance de Hegel (il l'aurait lu en 1865)[27]. Néanmoins, la critique de l'hégélianisme demeure une constante de son œuvre : cela s'explique moins par une lecture de Hegel que par l'omniprésence des hégéliens dans les universités allemandes et leur domination du champ de la philosophie dans la deuxième moitié du XIXe siècle. Critiquer l'hégélianisme est un moyen, pour Nietzsche, de réprouver une large part de la culture philosophique, savante et littéraire de l'Allemagne de son temps, ainsi que de souligner son appartenance à une tout autre école philosophique. Sa critique de l'hégélianisme vise essentiellement la conception linéaire du temps comme progrès et l'idée de la fin de l'histoire, qui mènent au culte du temps présent que condamne le jeune *Kulturkritiker* :

> [L'hégélianisme conduit à] diviniser le type du tard-venu comme le sens et le but de toute l'évolution antérieure, [à faire] de sa savante misère l'accomplissement de l'histoire universelle. C'est une telle conception qui a habitué les Allemands à parler du « processus universel » et à justifier leur propre époque comme le résultat nécessaire de ce processus. C'est encore elle qui a détrôné les autres puissances spirituelles, l'art et la religion, au profit de

---

26. Les deux dernières citations proviennent de AÉE, III, p. 131.
27. Selon Thomas Brobjer, il est difficile de déterminer dans quelle mesure Nietzsche avait lu Hegel — ou plutôt, des comptes rendus sur la philosophie hégélienne (*cf. Nietzsche's Philosophical Context*, p. 47 et 135 *sq.*, note 25). Mais c'est la permanence de son rapport critique envers l'hégélianisme qui permet à Nietzsche de fustiger en 1873, avec l'accord de Wagner, les naïvetés hégéliennes de David Strauss (*cf.* CII, § 7, p. 137), puis de railler en 1888 l'hégélianisme de Wagner, l'« "Idée" faite musique » (*Le cas Wagner*, § 10, p. 42).

l'histoire, qui est « le concept se réalisant lui-même », la « dialectique de l'esprit des peuples » et le « Jugement dernier ».

Nietzsche désapprouve donc l'*effet* de l'hégélianisme sur ses contemporains. Ses charges contre Hegel et l'hégélianisme sont sans conteste inspirées par Schopenhauer, autant sur le fond que sur la forme. Pour Schopenhauer comme pour Nietzsche, Hegel, le «*philosophe parodiste*[28] », est à combattre au nom d'un retour au criticisme kantien : le philologue bâlois estime Kant pour la limite qu'il a imposée à la connaissance en distinguant la chose-en-soi du phénomène, mais aussi pour sa valorisation du point de vue moral en philosophie[29].

La carence en mythe

Le rapport au passé caractérise le quatrième symptôme politique de la maladie de la civilisation. Nietzsche associe « la perte de la patrie mythique[30] » à la soif moderne de connaissance et à la « sursaturation de culture historique[31] » dont souffre son temps. La perte du mythe est donc un symptôme concomitant à l'hypertrophie de l'esprit historique. La critique des études historiques fait l'objet de la deuxième *Considération inactuelle*, *De l'utilité et des inconvénients de l'histoire pour la vie*, qui, avec *La naissance de la tragédie*, est certainement l'un des écrits du jeune Nietzsche les plus étudiés. En décrivant les trois rapports sous lesquels la vie peut avoir besoin d'histoire et en distinguant les trois types d'histoire (monumentale, traditionnaliste [*antiquarische*], critique) auxquels ces rapports donnent lieu, Nietzsche montre que chacun d'entre eux possède un état normal et bénéfique, mais aussi un état dégénéré qui peut nuire à la civilisation.

---

28. Les deux dernières citations proviennent de CI2, § 8, p. 146 *sq.*, et § 9, p. 151.
29. Sur l'« ultra-kantisme » de Schopenhauer, qui orienta la lecture de Kant par Nietzsche, *cf.* Paul Valadier, *Jésus-Christ ou Dionysos*, p. 181 *sqq.*
30. NT, § 23, p. 134.
31. Ola Hansson, *Friedrich Nietzsche* (1890), p. 21.

Nietzsche résume le problème de la culture historique ainsi : « Quant à savoir jusqu'à quel point la vie a besoin des services de l'histoire, c'est là une des questions et des inquiétudes les plus graves concernant la santé d'un individu, d'un peuple, d'une civilisation [*Cultur*]. » Il précise que la vie a besoin d'histoire dans la mesure où l'être humain agit et poursuit un but, conserve et vénère ce qui a été, et souffre et a besoin de délivrance. Il ajoute que dans leur état normal et non dégénéré, les trois types d'histoire proposent des sens qui servent la vie (d'un individu, d'un peuple ou d'une civilisation) : ils ne se réduisent absolument pas au sens produit par une discipline scientifique ayant un objet de connaissance. Dans leur état normal, en effet, les trois types d'histoire *déforment* le passé en se l'appropriant : « [L]e passé lui-même pâtit tant que l'histoire sert la vie et se trouve dominée par des instincts vitaux[32]. » Or, même dans ses états normaux, l'histoire peut présenter un danger pour la vie individuelle ou collective : c'est le cas lorsqu'un type d'histoire prend trop d'importance, jusqu'à étouffer les deux autres. L'être humain, en somme, a besoin d'un équilibre entre l'histoire monumentale, l'histoire traditionaliste et l'histoire critique, précisément parce que les objectifs qu'elles remplissent caractérisent ensemble et en même temps la vie : l'être humain poursuit un but tout en vénérant le passé et en ayant besoin d'être délivré de sa souffrance. Les trois histoires se limitent l'une l'autre, parent à leurs dangers et s'équilibrent, à la fois quant à leurs objectifs, à leurs méthodes et à leurs résultats.

Le partage du sens historique entre ces trois objectifs permet en outre d'assurer que l'histoire ne devienne pas une entreprise de connaissance pure. C'est un thème essentiel de la philosophie de Nietzsche, dans les années 1870 tout comme dans les années 1880, que la vie a besoin d'un certain degré d'oubli afin que l'action soit possible : « Tout être vivant a besoin d'être enve-

---

32. Les deux dernières citations proviennent de C12, § 1, p. 103, et § 3, p. 111.

loppé dans une atmosphère, dans un voile de mystère [...]. Pour parvenir à maturation, chaque peuple, chaque homme même, a besoin d'un tel voile d'illusion, d'une telle enveloppe protectrice[33] ». La thèse de Nietzsche est bien connue : l'oubli est nécessaire à la vie, et l'histoire, pour servir la vie, doit prendre garde à ne pas verser dans l'idéal (d'ailleurs irréalisable) d'une mémoire parfaite. C'est pour cette raison que l'histoire, comme discipline scientifique cette fois, est subordonnée à l'utilité qu'elle peut avoir *pour la vie*. Cette critique de l'objectivité dans les études historiques, que Nietzsche publie en 1874, repose sur l'ontologie vitaliste et sur le pessimisme philosophique qui s'ensuit. Cela est manifeste lorsque vers la fin de la troisième section, Nietzsche cite le *Faust* de Goethe qui fait écho à la sagesse de Silène invoquée dans *La naissance de la tragédie* : « "Car tout ce qui naît *mérite* de périr. Aussi vaudrait-il mieux que rien ne naquît." Il faut beaucoup de force pour pouvoir vivre et oublier que vivre et être injuste ne font qu'un[34]. » Loin de nier le besoin d'histoire, Nietzsche montre plutôt qu'il est toujours orienté vers la vie et qu'en conséquence, l'augmentation du savoir doit être limitée. « C'est là la relation normale qu'une époque, une civilisation [*Cultur*] ou un peuple entretiennent avec l'histoire ».

Or, se tournant vers son époque, Nietzsche remarque que « ce lien pur, clair et naturel qui devrait unir la vie et l'histoire » a disparu : animée d'une « *volonté de faire de l'histoire une science* » — et plus récemment, une « science du devenir universel[35] » —, la civilisation moderne transforme tout en objet pour cette nouvelle science historique. Le résultat est que le passé ne peut plus avoir d'effet « intérieur » sur l'individu ou le peuple : « L'excès d'histoire a entamé la force plastique de la vie, qui ne sait plus utiliser le passé comme une nourriture substantielle[36]. »

---

33. CI2, § 7, p. 138.
34. CI2, § 3, p. 113 ; Nietzsche cite Goethe, *Faust*, I, 1339-1341.
35. Les quatre dernières citations proviennent de CI2, § 4, p. 114 *sq*.
36. CI2, § 10, p. 165.

Dorénavant absent du présent, sinon comme objet pour une science qui se veut exacte, le passé n'est plus à même d'agir comme matériau pour la construction de l'avenir. En invoquant les termes de la distinction générale entre *Kultur* et *Zivilisation*[37], Nietzsche écrit: « Le savoir, dont on se gave sans, le plus souvent, en éprouver la faim, parfois même malgré un besoin contraire, n'agit plus comme une force transformatrice orientée vers le dehors, il reste dissimulé dans une certaine intériorité chaotique, que l'homme moderne désigne avec une singulière fierté comme sa "profondeur" spécifique[38]. » L'intériorité, associée à la *Kultur*, ne peut plus profiter de l'action des ingrédients du passé de manière à former et à transformer l'extériorité de la *Zivilisation*. Intériorité et extériorité semblent ainsi coupées l'une de l'autre, laissées à elles-mêmes dans une *Zivilisation* définie uniquement par des impératifs épistémologiques, techniques et « réalistes ». Cette situation témoigne des dangers de l'excès d'histoire pour la vie individuelle et collective. L'étude de ces dangers amène Nietzsche à conclure, dans la dernière section de sa deuxième *Inactuelle*, que l'époque moderne est atteinte d'une « *maladie historique*[39] ».

Cette sursaturation de culture historique est cause de la carence en mythe dans la civilisation moderne. Le mythe est nécessaire à toute civilisation: voilà l'un des enseignements que le jeune philologue retient de son étude des Grecs. « [S]eul un horizon circonscrit par le mythe peut assurer la clôture et l'unité d'une civilisation en mouvement »: le mythe peut créer ou entraîner une *Staatstendenz* et il permet de canaliser l'imagination artistique, car les signes qu'il manifeste donnent un sens à l'existence humaine. Construit grâce à l'appropriation, à la transformation et à l'oubli partiel d'événements passés, le mythe est le contraire de « l'histoire politique » d'un peuple. Il réunit

---

37. *Cf.* les définitions précisées *supra*, ch. 1.
38. CI2, § 4, p. 116.
39. CI2, § 10, p. 165.

et oriente les forces créatrices qui sont à l'œuvre dans une civilisation. C'est pourquoi Nietzsche écrit que la « loi non écrite » la plus puissante de l'État est « le fondement mythique[40] » qui sanctionne sa représentation et ses origines. Sans mythe conducteur, il ne reste que l'être humain abstrait, l'éducation abstraite, le droit abstrait, l'État abstrait. Comme le précise Erwin Rohde dans sa recension de *La naissance de la tragédie*, « le mythe *précède* l'abstraction » : c'est lui qui assure le contenu et il est de fait plus fondamental que « cette écorce impersonnelle des choses que sont les concepts abstraits[41]. » Le mythe est ainsi le foyer originel d'une *Kultur*. Rapporter ses actes au mythe, c'est pour l'être humain comprendre le présent *sub specie æterni* : la valeur d'un peuple se mesure pour Nietzsche à sa capacité d'imprimer à sa vie le sceau de l'éternité, témoignant ainsi de sa foi en une signification métaphysique de l'être humain, par-delà les époques. Le mythe répond donc à la nécessité, *pour le peuple*, d'une consolation métaphysique. Au contraire, lorsqu'un peuple « commence à se comprendre historiquement et à détruire tout autour de lui le rempart du mythe », il vit alors « sauvagement, dans le désert de la pensée, de la moralité et de l'action[42] », *sub specie sæculi*, en suivant « la dangereuse audace de sa devise : fiat veritas, pereat vita[43]. »

Parce que le mythe est nécessaire, une civilisation en carence mythique cherchera à combler son manque en tentant « la greffe d'un mythe étranger[44] » : voilà précisément le processus que Nietzsche voit à l'œuvre dans le rapport ambivalent de l'Allemagne à la France. À l'issue de la guerre franco-prussienne, l'Allemagne est persuadée d'avoir vaincu non pas simplement la France, mais aussi la *Kultur* française. Le philologue de Bâle soutient toutefois

---

40. Les trois dernières citations proviennent de NT, § 23, p. 133.
41. Rohde, « Recension parue dans la *Norddeutsche allgemeine Zeitung* du 26 mai 1872 », *in* QANT, p. 83.
42. NT, § 23, p. 135 *sq*.
43. CI2, § 4, p. 115.
44. NT, § 23, p. 136.

qu'en réalité, l'empire allemand prend toujours cette civilisation comme étalon. En 1873, puis à nouveau en 1874, il commente la guerre franco-prussienne en écrivant qu'«il ne peut être question, dans notre cas, d'une victoire de la civilisation allemande, pour cette simple raison que la civilisation française continue à exister comme hier, et que, comme hier, nous continuons à en être tributaires[45]». Plutôt que de hausser la valeur de ses origines, de ses us et coutumes et de ses mythes fondateurs, l'Allemagne bismarckienne suit, sans se l'avouer, les normes et les modes fournies par la France, et souvent en écho, avec quelques années de retard, comme dans le cas du courant réaliste en littérature. Sans mythe, le moderne, en «éternel affamé», est condamné à «creuse[r] et fouille[r] en quête de racines[46]» ou à respecter des étalons culturels étrangers, car la vie d'une civilisation a besoin du sceau d'une origine et de la sanction d'un sens.

Cette symptomatologie politique en quatre temps circonscrit la pensée politique du jeune Nietzsche. Il est manifeste que celui-ci fonde sa compréhension esthétique du politique sur son ontologie vitaliste: la nature est le principe premier et la sanction universelle des principes éthiques que Nietzsche oppose à la civilisation allemande. En fonction de ce critère, il identifie des dérèglements précis dans la conception moderne du politique. C'est aussi l'ontologie vitaliste qui lui permet d'affirmer que l'art est supérieur au travail qui n'est qu'une simple lutte pour la survie. La culture authentique, dans sa définition nietzschéenne, est incompatible avec la valorisation du travail: le philosophe en conclut que dans la mesure où une civilisation est un processus

---

45. CI1, § 1, p. 20. *Cf.* aussi la deuxième *Inactuelle*: «Aussi sommes-nous aujourd'hui encore prisonniers d'une convention française que nous suivons, par rapport aux époques passées, de façon incorrecte et brouillonne: témoin notre façon de marcher, de nous tenir, de converser, de nous vêtir, de nous loger. [...] Il n'est que de se promener dans une ville allemande: nous n'avons, en comparaison avec le cachet national des villes étrangères, de convention que négative» (CI2, § 4, p. 118).

46. NT, § 23, p. 133.

esthétique de la nature dont le but ultime est la production du génie, la civilisation moderne périra du manque d'esclavage[47].

Antidotes

Force est de constater que la détermination des remèdes à appliquer aux symptômes politiques qu'il décèle est une question sur laquelle Nietzsche se prononce peu dans les *Cinq préfaces* de 1871-1872. Si quelques éléments curatifs sont suggérés dans « L'État chez les Grecs » et « La joute chez Homère », aucun ne fait précisément l'objet du propos de l'auteur. Ces deux essais, dont le premier emprunte un ton souvent programmatique, conservent donc certaines ambiguïtés quant à la position normative de leur auteur. S'il affirme, par exemple, que la civilisation allemande périra d'un manque d'esclavage, Nietzsche ne précise pas quelle forme pourrait prendre un esclavage « salvateur » dans la modernité. À cette difficulté s'ajoute le fait qu'il ne définit pas explicitement ses concepts (par exemple, le « génie » ou l'« État »), mais aussi que ces essais sont demeurés inachevés : leur objectif était avant tout de poursuivre des discussions entamées par Nietzsche avec les Wagner sur des questions qui l'occupaient alors.

Des remèdes adaptés à chaque symptôme politique sont néanmoins suggérés dans les *Cinq préfaces*, et leur description peut être complétée par la lecture des autres écrits de cette époque. Les deux premiers remèdes visent à contrer la méconnaissance philosophique fondamentale de la modernité, en ramenant au jour une philosophie pessimiste, alors que les deux autres remèdes visent plus précisément à susciter le retour d'une *Staatstendenz*.

---

47. *Cf.* « L'État chez les Grecs » : « [S]'il devait s'avérer que les Grecs ont péri à cause de l'esclavage, il est bien plus certain que c'est du manque d'esclavage que nous périrons : esclavage qui n'a jamais paru choquant et encore moins répréhensible aux premiers chrétiens et aux Germains » (*in* CP, p. 184).

(1) Pour contrer le premier dérèglement — la survalorisation du travail —, Nietzsche propose de modifier l'échelle des valeurs prédominante en rappelant que le phénomène de l'esclavage existe toujours en Europe et en démontrant son importance au regard d'une compréhension «vitaliste» du politique. Rappelons que Nietzsche souligne que la mise au travail de la majorité de la population est nécessaire au fonctionnement de la civilisation en tant que telle : l'esclavage s'inscrit dans l'essence d'une civilisation. Rien, toutefois, ne permet de savoir comment Nietzsche entendait concrètement procéder à la dévalorisation du travail et à la revalorisation de l'esclavage. Qui plus est, il a défendu cette position uniquement dans un texte de nature privée, offert à Cosima Wagner : Nietzsche n'a ni publié ni même développé ses idées sur l'esclavage. Serait-ce parce que, comme certains de ses prédécesseurs (dont Schopenhauer[48]), mais aussi de ses épigones (pensons à Ernst Jünger[49]), Nietzsche aurait considéré qu'il valait mieux se taire par rapport aux perspectives éthiques de sa philosophie ?

(2) Face au deuxième mal moderne — le mensonge quant aux fondements du politique — Nietzsche souligne l'effet prophylactique de la guerre. Conformément à sa perspective selon laquelle la force est la sanction première de tout ordre politique et la

---

48. Miguel Abensour et Pierre-Jean Labarrière précisent la portée philosophique du pamphlet *Contre la philosophie universitaire*, dans lequel Schopenhauer cherche à «ramener l'attention sur la place que l'*inquiétude métaphysique*, le sens de l'énigme, l'interrogation doivent tenir, en tout état de cause, dans l'aventure de la pensée. C'est à un tel niveau que ce "pamphlet sanglant" cesse d'apparaître comme un simple règlement de comptes [...] pour se révéler porteur d'une certaine idée de la philosophie, laquelle, comme on le sait, prend chez Schopenhauer et chez tant de ses successeurs, les formes risquées d'une esthétique ou d'une éthique» («Parasites appointés, qu'avez-vous fait de la vérité ?», p. 31).

49. Le lecteur de Nietzsche que fut Ernst Jünger affirmait jusque dans les années 1980 : «Nietzsche fut l'un des premiers à avoir pressenti qu'un nécessaire renversement des valeurs allait un jour se produire, mais, quant à moi, je me garderai bien de me risquer à formuler une éthique qui correspondrait à la figure du Travailleur. Mieux vaut se taire à ce sujet» (E. Jünger, «Le Travailleur planétaire», p. 148).

violence une donnée fondamentale de l'existence humaine, il situe la forme originaire du politique dans la société guerrière. Aussi dit-il s'intéresser à la Sparte de Lycurgue afin de se représenter l'« État militaire originel » et de saisir en quoi le guerrier est un « *instrument* du génie militaire[50] » de la nature. Nietzsche, toutefois, ne procède pas à une esthétisation de la guerre : il s'efforce plutôt de situer le combat dans le cadre général de la politique antimoderne qu'il construit sur la base de son ontologie vitaliste et de l'éthique grecque présocratique. Il avance que « la guerre est aussi nécessaire à l'État que l'esclave à la société[51] », une idée qui peut être éclairée par sa discussion de l'*agôn*. Dans « La joute chez Homère », Nietzsche écrit que « le fondement éternel qui est au principe de la vie de l'État grec[52] » est que personne ne soit le meilleur — c'est-à-dire qu'il y ait constamment des joutes (*Wettkämpfe*) pour assurer le renouvellement du lieu du pouvoir. L'*agôn*, en ce sens, est une mesure de protection contre la suprématie d'un seul — ainsi Nietzsche comprend-il le sens originel de l'ostracisme : « [O]n écarte l'individu qui surpasse les autres afin que le jeu des forces rivales retrouve sa vigueur. » Il croit que le « sentiment de la nécessité de la joute » peut donc « être le salut de l'État », une conception qui s'oppose à la morale moderne qui rejette la légitimité du combat et de la « joie de vaincre[53] ». Qui plus est, le fait d'affirmer que l'*agôn* est le fondement de la vie politique grecque implique que l'envie, la discorde et la compétition, qui donnent un élan à l'*agôn*, sont elles aussi nécessaires au principe de la vie politique. Le philologue suggère en fait que la lutte et le combat orientent toutes les dimensions de la vie grecque, autant mythique que politique ou artistique.

---

50. Ces deux citations proviennent de « L'État chez les Grecs », *in* CP, p. 189 *sq*.
51. « L'État chez les Grecs », *in* CP, p. 189.
52. « La joute chez Homère », *in* CP, p. 200.
53. Les dernières citations proviennent de « La joute chez Homère », *in* CP, p. 201, 200 et 198.

Nietzsche semble toutefois assimiler le combat (comme joute ou *agôn*) en tant que mécanisme de politique intérieure (dans l'ostracisme, par exemple), au combat (comme guerre ou antagonisme) en tant qu'instrument de politique extérieure (entre les cités grecques ou entre les nations européennes). Par ailleurs, il ne s'arrête ni sur la différence d'importance (superficie, population) entre les cités grecques et les nations européennes ni sur leur différence de rayonnement (colonies et zones d'influence). Il faut du reste souligner qu'à l'encontre d'une tendance encore dominante à son époque, le philologue ne prône pas l'imitation de la culture grecque — comme le firent par exemple l'archéologue et historien de l'art Johann Joachim Winckelmann (1717-1768) ou l'archéologue prussien Karl Friedrich Schinkel (1781-1841), adeptes du néoclassicisme en art. Nietzsche ne cherche pas à opérer un retour au classicisme grec : ce qu'il propose est une construction qui utilise des éléments grecs. Il encourage une transformation fondamentale : la revivification des principes éthiques grecs, afin d'orienter la civilisation allemande vers la poursuite des sommets atteints, déjà, par l'esprit allemand à travers Luther, Bach, le classicisme weimarien, le pessimisme schopenhauerien et, plus récemment, l'art wagnérien.

Il n'est pas inutile de rappeler que Nietzsche écrit « L'État chez les Grecs » au cours du mois où est signé l'acte de fondation du deuxième Reich (le 18 janvier 1871), qui scelle l'unité allemande, soulignant officiellement la fin de la guerre franco-prussienne. Dans cet essai privé, le professeur identifie donc la guerre comme remède aux maux de la civilisation précisément au moment où l'Allemagne sort victorieuse d'un important conflit armé. Aussi est-il instructif de relire, parallèlement à cet appel belliciste, le premier paragraphe de la *Considération inactuelle* de 1873, où Nietzsche se montre fort critique quant aux suites « fâcheuses et dangereuses[54] » de la victoire sur la France. On pourrait être porté à croire qu'entre l'hiver 1871 et l'été 1873, son appréciation

---

54. CI1, § 1, p. 19.

de la guerre a été modérée par les manœuvres bismarckiennes visant à un isolement diplomatique de la IIIe République (entre autres par l'entente entre les empereurs d'Allemagne, d'Autriche-Hongrie et de Russie, signée en 1872) ou par l'opinion publique célébrant rapidement et bruyamment une prétendue victoire culturelle de l'Allemagne sur la France — car voilà précisément ce que Nietzsche critique en 1873 : « [D]e toutes les suites fâcheuses qu'entraîne notre récente guerre contre la France, la plus fâcheuse est peut-être une erreur largement répandue, sinon générale : l'erreur qui fait croire à l'opinion publique et à tous les opineurs publics que la civilisation allemande aurait aussi sa part à cette victoire, et devrait par conséquent être couronnée comme il sied ». Mais en 1873, Nietzsche ne désapprouve pas la guerre — plutôt, il blâme la manière dont l'Allemagne a célébré la victoire culturelle qu'elle est convaincue d'avoir remportée sur la France, c'est-à-dire sur son étalon culturel étranger. Le danger, pour Nietzsche, n'est donc pas la guerre, mais bien la *victoire* : « [U]ne grande victoire est un grand danger. La nature humaine s'en accommode moins aisément que d'une défaite[55] », car la défaite peut être un aiguillon poussant à raviver le combat, et donc à maintenir le jeu de l'*eris* (l'envie) et de l'*agôn*. La solution se trouve dans la valorisation de l'*agôn*, qui présente un remède à l'autosatisfaction et à l'inertie que celle-ci entraîne. L'*agôn* doit informer la vie sociale et politique — ce qui demande que l'envie et le désir de compétition que celle-ci induit fassent à nouveau l'objet d'une valorisation générale.

(3) Pour répondre à l'hypertrophie de l'égoïsme et à l'utilitarisme politique qu'elle entraîne, Nietzsche suggère justement la valorisation de la bonne *eris*. À l'individualisme contemporain, il oppose l'éthique grecque qui distingue deux types d'*eris* là où les modernes n'en voient qu'un seul : « [C]'est toute l'Antiquité grecque qui diffère de nous dans sa conception de la jalousie et de l'envie ». Démontrant l'intrication de ses intérêts pour l'éthique

---

55. Les deux dernières citations proviennent de CII, § 1, p. 19.

et pour la psychologie, Nietzsche écrit : « "Il y a sur terre *deux* déesses Eris." C'est l'une des pensées grecques les plus remarquables et digne déjà d'être inscrite, à l'intention du visiteur, au fronton de l'éthique grecque[56] ». Il renvoie ainsi à la discussion de l'envie dans la *Rhétorique* d'Aristote : au livre II, chapitre 10, le Stagirite cite un passage d'Hésiode sur lequel Nietzsche fonde sa discussion de la distinction des deux *eris*[57]. La première *eris*, jugée mauvaise, pousse les êtres humains à s'entre-tuer : cette pulsion conduit aux guerres. Il semble ainsi y avoir une contradiction entre la définition d'une mauvaise *eris* belliciste, dans « La joute chez Homère », et la conception de la guerre comme remède, dans « L'État chez les Grecs ». Michel Haar a souligné que l'appel à la guerre peut participer de la tentative que fait Nietzsche pour revaloriser la *Staatstendenz* :

> Opposant l'instinct de l'État à « l'instinct financier », Nietzsche, tirant en 1872 les leçons de la guerre de 1870, considère « la guerre, et encore la guerre » comme l'ultime parade, l'expédient désespéré auquel a recours l'État pour se placer au-dessus « d'une aristocratie d'argent égoïste et dénuée de tout sens de l'État », pour montrer qu'il est une institution d'une autre nature que celle qui consisterait à protéger la somme des intérêts privés, et pour réveiller à travers l'amour de la patrie « un élan éthique qui révèle une destination bien plus élevée »[58].

Mais l'ambiguïté qui naît de la confrontation des deux préfaces demeure — et elle peut certainement être redevable au caractère inachevé et privé de ces textes où l'auteur s'essaie à la discussion d'hypothèses embryonnaires.

Une seconde *eris*, donc, est jugée bonne, car « sous les espèces de la convoitise, de la jalousie et de l'envie, [elle] incite les

---

56. Les deux dernières citations proviennent de « La joute chez Homère », *in* CP, p. 199 et 198.
57. *Cf.* Hésiode, *Les travaux et les jours*, vers 25 ; Aristote, *Rhétorique*, 1388 a 16 ; et Aristote, *Éthique à Nicomaque*, VIII, 2, 1155 a 35 – 1155 b 1.
58. Haar, « Institution et destitution du politique », p. 223 (M. Haar cite des extraits de « L'État chez les Grecs » dans l'édition de l'œuvre complète de Nietzsche, Gallimard, partie I, vol. 2, *Écrits posthumes (1870-1873)*, p. 186).

hommes à agir; elle ne les entraîne pas au combat à mort, mais à la *joute*. Le Grec est *envieux* et ressent ce trait non comme un défaut, mais comme l'influence d'une divinité *bienfaisante* ». Cette pulsion se trouve au fondement de la vie éthique grecque, car en plus d'inciter à l'action, elle impose une limite aux actes individuels en ce que le Grec craint l'*eris* divine à son endroit : « Parce qu'il est envieux, il sent également à chaque excès d'honneur, de richesse, d'éclat et de bonheur, l'œil envieux d'un dieu se poser sur lui et il craint cette envie. Elle lui rappelle alors la vanité de toute destinée humaine, son bonheur l'épouvante, il en offre la meilleure part en sacrifice et s'incline devant l'envie du dieu[59] ! » Cette crainte pousse l'homme à éviter l'*hybris*, la démesure, qui peut causer la ruine d'un individu tout comme elle causa, selon le philologue, la ruine des cités grecques. « Remarquons bien que les cités grecques les plus prestigieuses sombrèrent comme Miltiade lorsque, quittant l'arène de la joute, elles parvinrent, grâce à leur mérite et leur prospérité, au temple de la Victoire. » Sparte et Athènes « ont provoqué leur propre chute par leurs actes de démesure[60]. » Voilà un constat qui appuie la thèse formulée au début de la première *Inactuelle* : toute victoire est dangereuse.

Nietzsche considère la bonne *eris* comme une pulsion essentielle. Il est capital pour la santé et la durée historique d'une civilisation que cette pulsion soit encouragée, car elle présente quatre bienfaits éthiques : elle pousse à l'action, elle oriente le politique vers un concours perpétuel entre les forces rivales, elle limite l'ambition par le rappel que l'on peut toujours faire soi-même l'envie d'un plus puissant et enfin, elle suscite la compréhension que l'existence humaine est dénuée de valeur en soi. L'*eris* est ainsi un mécanisme politique dont la conséquence serait d'une part d'empêcher ou de rendre peu durable la prise

---

59. Les deux dernières citations proviennent de « La joute chez Homère », *in* CP, p. 199.

60. Les deux dernières citations proviennent de « La joute chez Homère », *in* CP, p. 203.

du pouvoir par un seul, et d'autre part d'éviter le statu quo ou l'inaction étatique en termes de politique extérieure, puisque le politique repose sur une confrontation perpétuelle des forces en présence. La bonne *eris* est donc un appel à l'action en même temps qu'un appel à la modestie : elle peut être le fondement d'une éthique, tout comme elle est un mécanisme politique et le déclencheur d'une connaissance philosophique existentielle. Nietzsche considère que la bonne *eris* peut être un remède pour l'individu, tout autant que pour la cité. Comme antidote à l'égoïsme hypertrophié, elle prépare chez l'individu le terrain propice au développement d'une *Staatstendenz*.

(4) Le quatrième remède politique suggéré par Nietzsche, enfin, est celui qui a le plus mobilisé son énergie au début des années 1870 : la renaissance du mythe allemand. Au début de sa deuxième *Inactuelle*, il décrit à nouveau la vie comme une recherche d'équilibre entre des pulsions, qui fait que « *l'élément historique* [la connaissance et la critique] *et l'élément non historique* [l'oubli] *sont également nécessaires à la santé d'un individu, d'un peuple, d'une civilisation*[61] ». Pour guérir la « maladie historique », il faut renouer avec une certaine forme d'oubli, afin de susciter un équilibre dans la civilisation. Le mythe procure au peuple l'enveloppe protectrice dont il a besoin, formée de l'illusion et de l'oubli nécessaires à la création et à la poursuite d'objectifs. Autrement dit, le mythe entraîne le peuple à persévérer dans l'être et dans l'action malgré la connaissance tragique : il est le remède populaire à la connaissance pessimiste. Pour le peuple, l'histoire se présente donc comme l'opposé du mythe.

Nietzsche associe sa thèse aux idées de Richard Wagner. Le remède apporté par le mythe, qui se situe au cœur du programme wagnérien que le jeune professeur révèle dans *La naissance de la tragédie*, vise précisément à susciter la création d'une *Staatstendenz* dans l'Allemagne contemporaine, où « on erre sans patrie,

---

61. CI2, § 1, p. 98.

[où] on se presse aux tables étrangères, [où] c'est la divinisation frivole du présent ou son refus paresseux — et le tout *sub specie sæculi*, du point du vue du "maintenant" : symptômes identiques qui donnent à déchiffrer le même manque au cœur de cette civilisation, la destruction du mythe[62]. » Tout le § 23 de *La naissance de la tragédie* porte précisément sur le mythe : le livre se fait alors programmatique, l'auteur se lançant dans une emphatique exhortation patriotique, dont la fin est particulièrement éloquente :

> [N]otre confiance est telle dans la pureté et la vigueur profonde de la germanité, que nous osons justement attendre d'elle ce rejet des éléments étrangers entrés de force, et croire à la possibilité, pour l'esprit allemand, de se ressaisir. Plus d'un pensera sans doute qu'un tel combat devrait commencer par le rejet de l'élément latin : à quoi il trouvera une préparation extérieure et un signe encourageant dans la bravoure victorieuse et la gloire sanglante de la dernière guerre [franco-prussienne] [...]. *Mais qu'il n'aille jamais croire à la possibilité de soutenir semblable combat sans la protection de ses dieux domestiques, sans la présence de sa patrie mythique, sans la « restitution » de toutes choses allemandes*[63] *!*

Le « retour » de l'Allemagne à elle-même passe par la réintroduction d'un mythe allemand. Or, le canal propre à ce mythe ne fait aucun doute pour Nietzsche — il s'agit de l'art tragique, ainsi que le montre la dernière phrase du § 23 : « Et si l'Allemand, hésitant, devait chercher autour de lui un guide qui pût le ramener dans sa patrie, perdue depuis si longtemps que c'est à peine s'il en connaît encore les chemins et les voies — qu'il prête simplement l'oreille à l'appel enchanteur de l'oiseau dionysiaque qui voltige au-dessus de sa tête et lui montre la route ». Nietzsche invoque à nouveau cette métaphore de l'oiseau à la fin de l'avant-dernière section de *La naissance de la tragédie* : « Gardons-nous de croire que l'esprit allemand a perdu à jamais sa patrie mythique, quand il entend si clairement encore les chants d'oiseaux

---

62. Les deux dernières citations proviennent de NT, § 23, p. 134 et 136.
63. NT, § 23, p. 136 ; nous soulignons.

qui lui en parlent[64] ». Cette image renvoie au *Waldvogel* de *Siegfried* de Wagner. En 1871, à l'époque où Nietzsche travaille à *La naissance de la tragédie*, Wagner achève la composition du troisième volet de la *Tétralogie*, abandonné depuis 1857. Le compositeur est alors en exil en Suisse, à Tribschen, près de Lucerne : Nietzsche lui rend fréquemment visite, il discute de son travail avec lui, maître et disciple lisant ensemble des extraits de leurs textes et jouant des airs de l'opéra naissant[65]. Le *Waldvogel* intervient au deuxième acte de *Siegfried* : l'oiseau indique à Siegfried que le trésor des Nibelungen, l'or du Rhin, est maintenant sien ; il montre au héros son ennemi, le sauvant ainsi de la mort ; et il raconte enfin à Siegfried (acte II, scène 3) l'histoire de Brunehilde, fille de Wotan, qui renoncera à sa divinité et deviendra la compagne du héros humain. Le *Waldvogel*, on le voit, est le conseiller et le compagnon de Siegfried qui comprend le langage des animaux par suite d'un événement magique, mais surtout grâce à sa hardiesse, à son courage et à sa naïveté toute humaine. L'oiseau représente la forêt, mais aussi le fait que l'homme sort des bois pour triompher des dieux : il intervient dans un moment central de la *Tétralogie* où s'accomplit le passage de l'époque des dieux au monde humain. Pour Nietzsche, qui reprend le symbole wagnérien de l'oiseau dans des moments cruciaux et programmatiques de son premier livre, il ne fait aucun doute que la renaissance du mythe passe par la régénération wagnérienne de l'art tragique, qui assure l'union des pulsions dionysiaque et apollinienne de la nature. Ce retour au summum de l'art est nécessaire pour « purifier » l'esthétique allemande et réfléchir « sérieusement à l'étroite et nécessaire intrication, dans leurs racines mêmes, de l'art et du peuple, du mythe et des mœurs, de la tragédie et de l'État[66] ». Cette affirma-

---

64. Les deux dernières citations proviennent de NT, § 23, p. 136, et § 24, p. 140.
65. Sur cette époque, *cf.* Janz, *Nietzsche*, vol. 1, p. 373-451 ; et Andler, *Nietzsche*, vol. 1, p. 371-393.
66. NT, § 23, p. 134 *sq.*

tion réunit les pôles fondamentaux de la pensée politique du jeune Nietzsche.

La civilisation de type nietzschéen, où primerait le droit du plus fort et qui serait consciemment tournée vers l'accomplissement des visées esthétiques de la nature, est nécessairement aristocratique, puisqu'elle doit être fondée, en tant que civilisation, sur la mise au travail — ou l'esclavage — de la majorité de la population afin qu'une minorité puisse œuvrer à la production du monde de l'art sous l'égide du génie. Elle est nécessairement aristocratique, aussi, dans la mesure où Nietzsche avance que le politique n'a pas d'autre fondement que la force. La pulsion agonale y serait donc à nouveau valorisée de manière positive — et Nietzsche affirme d'ailleurs que cette pulsion fondamentale agit encore et toujours, même sous le couvert moderne et mensonger d'une politique « humaniste » ou « démocratique ». Dans la politique nietzschéenne, c'est toujours la nature qui agit et qui mène — l'être humain étant le lieu d'une lutte entre des pulsions organiques qui visent la survie de l'individu, soit par le maintien des conditions permettant une vie ordinaire (le travail, une simple survie de la majorité), soit par la réalisation des conditions permettant une vie supérieure (l'art, une sur-vie accomplie par la minorité).

En opérant un retour aux fondements grecs du politique, les quatre remèdes suggérés par Nietzsche doivent cultiver le pessimisme philosophique, encourager le développement de la bonne *eris* et entraîner le retour des joutes, ainsi que créer et véhiculer un mythe allemand qui trouverait à s'affirmer dans une nouvelle forme de l'art tragique, par la musique wagnérienne[67]. Ces remèdes passent obligatoirement par une réforme de l'éducation, dans la mesure où celle-ci permet le développement de certaines qualités intellectuelles (notamment la probité, la modestie, la curiosité et l'*eros* intellectuel) pouvant susciter l'apparition d'un sens politique et d'une culture du génie.

---

67. Sur le lien entre la musique et le mythe tragique, *cf. infra*, ch. 9.

Chapitre 5

Symptômes pédagogiques : l'élargissement et la réduction de l'éducation

En février 1872, peu après la parution de *La naissance de la tragédie*, Nietzsche écrit de Bâle à Erwin Rohde : « Ici tout mon travail intellectuel est consacré à l'avenir de nos établissements d'instruction[1] ». Il n'est pas étonnant qu'au cours de la période de construction de l'État-nation allemand, le jeune professeur se soit tout particulièrement intéressé au problème de l'éducation et de l'université. Cette question n'était d'ailleurs pas nouvelle : elle occupait la philosophie allemande au moins depuis le début du XIXe siècle[2]. En s'y attelant, toutefois, Nietzsche réagit moins à des discussions issues de l'idéalisme qu'il ne donne son mot dans une affaire nationale mobilisant l'opinion de la *Bildungsbürgertum*, à savoir « le débat sur la réforme du système éducatif destinée à moderniser l'enseignement en renforçant les options "réalistes" (*real*) ». Nietzsche participe à ce débat par les cinq conférences qu'il présente à l'Université de Bâle, de janvier à mars 1872. On peut les lire comme une réaction à la modernisation

---

1. Lettre n° 201 à Rohde de la mi-février 1872, *in* COR, vol. 2, p. 267.
2. *Cf.* l'ouvrage préparé par L. Ferry, J.-P. Pesron et A. Renaut, *Philosophies de l'Université. L'idéalisme allemand et la question de l'Université*, qui regroupe des textes de Schelling, de Fichte, de Schleiermacher, de Humboldt et de Hegel.

industrielle et sociale qui, dans l'Allemagne de la seconde moitié du XIXe siècle, suit un rythme plus rapide qu'en France ou en Angleterre. Comme les romanciers allemands de l'époque, mais par des moyens différents, Nietzsche témoigne « de la nostalgie des classes moyennes pour le monde que la modernisation est en train d'abolir[3] ». Ce monde est celui de la culture weimarienne, de la *Bildung* idéale, un monde incarné par Goethe et Schiller. Mais encore une fois, on se trouve ici face à un projet inachevé : Nietzsche prévoyait de compléter cette série de conférences par une sixième allocution et d'en publier le manuscrit — ce qu'il ne fit jamais.

L'intervention de Nietzsche dans ce débat de société poursuit aussi une réflexion entamée par son maître en philosophie. Les conférences *Sur l'avenir de nos établissements d'enseignement* doivent en effet être lues conjointement avec l'opuscule de Schopenhauer *Contre la philosophie universitaire*. Le ton de ces deux écrits n'est toutefois pas le même : Schopenhauer livre un pamphlet acide et fort critique à l'endroit de ses collègues philosophes idéalistes, alors que Nietzsche donne à ses conférences la forme platonicienne d'un dialogue entre un philosophe et son disciple. Le texte de Nietzsche possède ainsi une dimension dramatique que le lecteur ne peut négliger. Si l'analyse des symboles, des mises en scène et des réminiscences autobiographiques qui y figurent s'avère instructive, on laissera de côté ici l'analyse de la forme symbolique de cet essai, de manière à cerner plutôt la cible pédagogique de la critique culturelle qui s'y déploie. L'examen de l'éducation comme symptôme amène par ailleurs l'interprète vers d'autres textes, car la réflexion de Nietzsche sur l'éducation se développe notamment dans la deuxième *Considération inactuelle* (sur l'histoire) et la troisième (sur Schopenhauer comme éducateur), ainsi que dans les *Cinq préfaces*.

---

3. Les deux dernières citations proviennent de J. Le Rider, *L'Allemagne au temps du réalisme*, p. 83 *sqq*.

Les conférences de 1872 sur l'éducation ne furent pas populaires : le public vint nombreux à la première, mais il se clairsema lors des conférences subséquentes, ce qui peut expliquer que Nietzsche ait prématurément mis fin à son cycle. Il y défend une position à tout le moins réactionnaire, selon laquelle le *Gymnasium* serait trop ouvert et démocratique, et qu'il risquerait d'entraîner une revendication généralisée de toutes les classes de la société au droit à l'éducation. Selon Nietzsche, en effet, l'éducation ne s'adresse pas à tous, mais à une élite particulière, qui provient des classes moyennes et supérieures. Une vision élitiste de l'éducation secondaire sous-tendait pourtant déjà la structure du *Gymnasium*, « autoritaire dans son organisation et antidémocratique dans son contenu éducatif. » Il n'est peut-être pas surprenant que le public de la ville de Bâle ait été choqué de la critique de l'éducation classique, menée par un nouveau et jeune professeur étranger : « [A]yant été délestée de ses terres de l'arrière-pays, et donc d'importants revenus provenant de l'impôt foncier, Bâle maintenait avec difficulté et à grands frais la qualité de l'éducation[4]. »

Signalons d'emblée que Nietzsche n'entend pas proposer de programme pour le *Gymnasium* ou pour l'université. Il précise dès les premières lignes de ses « Réflexions sur l'avenir de nos établissements d'enseignement », écrites en guise de deuxième préface au manuscrit inédit de ses conférences de 1872 : « Je ne promets ni Tables ni programmes pour les lycées et autres écoles ». Un travail préparatoire doit d'abord être mené, qui demande de « méditer sur l'avenir de notre culture » avant d'en former les règles. S'agissant de « parcourir en son entier le chemin qui va des profondeurs de l'expérience jusqu'aux sommets des vrais problèmes de civilisation[5] », le travail préparatoire dessine une tâche généalogique et philologique, menée dans une

---

[4]. Les deux dernières citations proviennent de Pletsch, *Young Nietzsche*, p. 149.

[5]. Les trois dernières citations proviennent de « Réflexions sur l'avenir de nos établissements d'enseignement », *in* CP, p. 177 *sq*.

perspective existentielle et philosophique et, pour cette raison même, probablement vouée à n'être jamais achevée. Il n'est pas encore venu le temps d'une réforme concrète de l'éducation en fonction d'une réforme de la culture. Mais ce temps viendra-t-il? Nietzsche ne le dit pas, pas plus qu'il ne le nie: il se contente plutôt d'espérer et se lance dans une méditation dont il ne voit pas encore le terme.

Dans sa préface sur l'éducation, il décrit l'individu auquel s'adresse son manuscrit et lui parle directement en ces mots: «Tu es mon lecteur, car tu seras assez patient pour entreprendre avec l'auteur un long voyage, dont il ne peut discerner les buts, auxquels il doit croire loyalement, afin qu'une génération ultérieure, peut-être éloignée, puisse voir de ses yeux ce vers quoi nous tâtonnons en aveugles, guidés par le seul instinct[6]». Cet appel présente certains *topoï* de la réflexion de Nietzsche: l'importance de l'instinct (un type de connaissance lié au génie), la lenteur et la longueur qui caractérisent le travail de la pensée, et l'orientation de ce travail vers l'avenir. Avant de construire de nouveaux programmes pédagogiques, il importe d'«aider la jeunesse à se faire entendre»: «[I]l faut jeter sur sa résistance *instinctive*[7] la lumière du concept, lui permettre de prendre conscience d'elle-même et de s'exprimer bien haut», pour montrer, avec les philosophes pessimistes et contre les penseurs malades d'«hégélerie», qu'il est faux de dire «qu'il n'est pas d'autre réalité possible que notre misérable réalité actuelle[8].» Voilà qui révèle la mission éducative dont Nietzsche s'investit: un travail mené directement auprès des étudiants précède la

---

6. «Réflexions sur l'avenir de nos établissements d'enseignement», *in* CP, p. 178.

7. Fondamentale pour Nietzsche comme pour Schopenhauer, la connaissance immédiate, intuitive ou instinctive caractérise la jeunesse: c'est sur elle que le pédagogue doit miser (*cf.* par exemple C12, § 10: «Ces jeunes gens pleins d'espoir, je sais qu'ils ont pour toutes ces généralités une compréhension immédiate», p. 167).

8. Les trois dernières citations proviennent de C12, § 10, p. 163; nous soulignons. Pour la référence à l'«hégélerie», *cf.* C11, § 6, p. 46.

tâche politique visant à définir de nouvelles formes d'éducation supérieure.

Nietzsche affirme que l'éducation doit être orientée vers la production du génie et encourager non pas les masses, mais bien les «individus, qui forment une sorte de pont sur le torrent sauvage du devenir[9]. » Suivant cette perspective, il distingue des symptômes de la maladie de la civilisation dans deux tendances de l'éducation contemporaine, qu'il juge à la fois contre-nature et néfastes. Ces tendances sont l'*élargissement* de la *Bildung* et sa *réduction*, deux phénomènes qu'il décrit dans la préface aux conférences de 1872 :

> Deux courants en apparence opposés, pareillement néfastes dans leurs effets et finalement réunis dans leurs résultats dominent aujourd'hui nos établissements d'enseignement initialement fondés sur de tout autres bases : d'une part la tendance à *élargir autant que possible la culture* [Bildung], d'autre part la tendance à la *réduire* et à l'*affaiblir*. Selon la première tendance, la culture doit être transportée dans des cercles de plus en plus vastes, selon la seconde on exige de la culture qu'elle abandonne ses plus hautes prétentions à la souveraineté et qu'elle se soumette comme une servante à une autre forme de vie, nommément celle de l'État.

La première tendance répond à un dogme de l'économie politique : celui de la recherche du profit. Nietzsche décrit ce phénomène :

> «L'union de l'intelligence et de la propriété» que l'on pose en principe dans cette conception du monde prend valeur d'exigence morale. On en vient à haïr toute culture [*Bildung*] qui rend solitaire, qui propose des fins au-delà de l'argent et du gain, qui demande beaucoup de temps [...]. La morale qui est ici en vigueur exige assurément quelque chose d'inverse, en l'espèce une culture *rapide*, pour que l'on puisse rapidement devenir un être qui gagne de l'argent, mais aussi une culture assez approfondie pour que l'on puisse devenir un être qui gagne *beaucoup* d'argent[10].

---

9. CI2, § 9, p. 155.
10. Les deux dernières citations proviennent de AéE, préface, p. 80, et I, p. 98 *sq*.

La haine pour la culture visant autre chose que le profit révèle une tendance à dévaloriser l'« inutile », c'est-à-dire ce qui demande du temps et qui ne garantit aucun résultat. Nietzsche critique ainsi la mainmise d'une idéologie individualiste sur des activités et des biens collectifs — à savoir la langue, la littérature, l'art et le mythe nationaux. S'ensuit la dénonciation fondamentale qui sous-tend les conférences de 1872 : « On ne permet la culture [*Kultur*] à l'homme qu'en proportion de ce que demande l'intérêt du gain », et uniquement en réponse à un prétendu droit de l'humanité au bonheur, lequel passerait nécessairement par l'assouvissement des désirs. Nietzsche ramène la « question sociale » à la prétention illusoire des masses au bonheur sur terre. Selon lui, la culture et l'éducation visent bien autre chose que le bonheur : celui-ci n'a pas sa place dans la perspective du pessimisme philosophique ni dans le programme qui en découle. C'est ainsi l'anthropologie des Lumières qu'il combat, lorsqu'il écrit que « la "culture [*Bildung*] aussi universelle que possible" affaiblit à ce point la culture qu'elle ne peut plus fonder aucun privilège ni aucun respect » : en somme, il considère l'élargissement de la culture comme une « barbarie ». Cette première tendance entraîne la seconde : la réduction de la *Bildung*. Nietzsche voit que la civilisation occidentale, particulièrement dans le nouvel empire allemand en construction, renonce peu à peu au projet de produire une grande culture, au profit de la création de conditions égales, mais médiocres, pour tous. Cette tendance invite « la culture [*Bildung*] à abdiquer ses ambitions les plus hautes, les plus nobles, les plus sublimes, et à se mettre avec modestie au service de n'importe quelle autre forme de vie, l'État par exemple[11]. »

Le résultat de ces deux tendances est simple : l'individu contemporain manque d'unité, il « est déchiré en morceaux[12]. »

---

11. Toutes les citations de ce paragraphe proviennent de AÉE, I, p. 98 *sq.* ; traduction légèrement modifiée.
12. IÉPC, § 7, p. 102.

Or la grandeur implique la participation à un tout : elle requiert une unité. Un individu isolé, du reste, n'est pas possible — il n'est *rien*. Ce qu'il importe de penser, ce ne sont donc pas les individus comme tels, comme atomes indépendants, mais plutôt les dynamiques entre un peuple et les individus qui le forment, entre le tout et ses parties. S'il prône l'affirmation de l'individualité géniale, exceptionnelle, Nietzsche souligne toutefois que celle-ci ne peut croître et s'exprimer que si elle est enracinée dans le sol fécond du peuple qui l'a vue naître et à la vie duquel elle participe. Un individu exprime des pulsions naturelles, mais ces pulsions sont toujours à l'œuvre ailleurs, en même temps qu'elles sont actives en lui. L'individu ne peut pas, *il ne doit pas* être un solitaire. Nietzsche rappelle parallèlement que le grand individu (y compris le philosophe ou l'artiste) ne doit pas se séparer du peuple ou de la civilisation pour laquelle il combat. « Vous ne devez pas vous réfugier dans une métaphysique, vous devez vous engager et vous sacrifier pour la *civilisation en train de naître* ! C'est la raison pour laquelle je suis strictement opposé aux rêveries idéalistes[13] » : ainsi s'adresse-t-il, dans ses notes, aux jeunes philosophes de son temps. Si le philosophe « semble se tenir en dehors » de « l'unité[14] » qu'est la civilisation, en réalité, il « ne se tient pas totalement à l'écart du peuple, comme une exception : la volonté veut aussi faire quelque chose de lui. L'intention est la même que dans l'art — la transfiguration et la rédemption de la volonté elle-même. Celle-ci *tend vers la pureté et l'ennoblissement*[15] » à travers les individus.

L'être humain (et pas uniquement le grand individu) doit faire partie d'un tout dans la civilisation, parce que par nature il fait toujours déjà partie d'un tout qui le surpasse. Pour Nietzsche, ce sont ces rapports qu'il s'agit d'étudier, car c'est seulement en

---

13. Fragment posthume 19[154] (été 1872-début 1873), *in* FP2, p. 219.
14. Fragment posthume 19[221] (été 1872-début 1873), *in* FP2, p. 239.
15. Fragment posthume 19[13] (été 1872-début 1873), *in* FP2, p. 175. D'une manière schopenhauerienne, Nietzsche emploie ici « volonté », alors qu'on lit « vie » dans d'autres textes, et les deux dans *La naissance de la tragédie*.

cultivant une dynamique entre l'individu et le peuple, entre la partie et le tout, que peuvent naître de grandes réalisations. À l'opposé de ce schéma, la civilisation moderne morcelle les individus en les détachant de leur appartenance à un tout qui les dépasse et les englobe. Qui plus est, suivant le dogme d'économie politique qu'il décrit, Nietzsche croit que la société moderne trouve son intérêt à *ne pas éduquer*, pour mieux exploiter. Cette idée traverse les *Considérations inactuelles*, et plus particulièrement celle sur la connaissance historique[16] et celle sur Richard Wagner[17]. Par leur « présomptueuse satisfaction d'eux-mêmes » et leur divinisation de l'époque présente, les éducateurs contemporains, selon Nietzsche, incitent « à ce sacrifice de nouvelles générations[18]. » En enseignant des doctrines néfastes[19] et en encourageant la surspécialisation, ils forment une main-d'œuvre facilement utilisable, qui n'a plus d'autre ambition que de rechercher les moyens lui permettant d'atteindre le bonheur rapidement, en réalisant ses désirs immédiats. Nietzsche résume cette perspective éducative ainsi : l'objectif de la civilisation moderne est « de former chacun de telle sorte que de sa mesure de connaissance et de savoir il tire la plus grande mesure possible de bonheur et de profit. » Autrement dit, chez Nietzsche la critique de l'éducation est directement liée à la critique de l'utilitarisme culturel et politique.

Dans les conférences de 1872, le résultat de cet assujettissement de la sphère pédagogique à l'économie est nommé

---

16. « Il y a des oiseaux qu'on aveugle afin qu'ils chantent mieux : je ne crois pas que les hommes d'aujourd'hui chantent mieux que leurs ancêtres, mais je sais bien qu'ils ont été aveuglés de bonne heure » (CI2, § 7, p. 139).

17. « [C]ette société a su, par l'usage le plus cruel et le plus habile de sa puissance, rendre les plus démunis, le peuple, toujours plus dociles, plus humbles et plus étrangers à eux-mêmes, et tirer de ce peuple le "travailleur" moderne » (CI4, § 8, p. 138).

18. Les deux dernières citations proviennent de CI3, § 2, p. 23.

19. Après avoir écrit que les hommes d'aujourd'hui « ont été aveuglés de bonne heure », Nietzsche ajoute que « le moyen, l'infâme moyen dont on use pour cela, consiste à les soumettre *à une lumière trop vive, trop brutale, trop changeante* » (CI2, § 7, p. 139).

« l'homme courant » — « un peu comme on parle d'une "monnaie courante"[20] » —, alors que dans la première *Inactuelle*, le résultat de l'éducation en Allemagne reçoit le nom de *Bildungsphilister*. Pour décrire ce type, Nietzsche en explique les positions pédagogiques :

> [Le but de l'éducation de la jeunesse] dans une perspective pure et idéale, n'est nullement de former l'esprit libre et cultivé, mais le savant, l'homme de science que l'on peut utiliser le plus tôt possible et *qui se tient à l'écart de la vie pour mieux la connaître* ; son résultat, dans une perspective vulgairement empirique, est d'engendrer le philistin de la culture [*Bildungsphilister*] nourri d'esthétique et d'histoire, le bavard sénile et prétentieux toujours prêt à discourir sur l'État, l'Église et l'Art, l'esprit capable de s'approprier mille et une choses, l'estomac insatiable qui ne sait pourtant pas ce que sont une vraie faim et une vraie soif. Qu'une éducation ayant un tel but et un tel résultat soit une éducation contre nature, c'est ce que seul peut sentir l'individu qui n'a pas encore été complètement formé en son sein, *c'est ce que seul peut sentir l'instinct naturel de la jeunesse qui n'a pas encore été artificiellement et violemment brisé par une telle éducation*[21].

Ce passage est révélateur. Nietzsche y prend pour cible David Strauss comme type du *Bildungsphilister* ou de l'homme « cultivé » (*gebildet*). On y voit aussi que la nature sert d'étalon, puisque si cette éducation est « contre nature », c'est par un « instinct naturel » que la jeunesse peut le déceler, l'instinct naturel s'opposant à l'éducation « artificielle » que délivrent les établissements d'enseignement. L'opposition classique entre la *Kultur* (et la *Bildung* qui y participe) et la *Zivilisation* trouve ici un écho. On y lit, enfin, que Nietzsche veut préserver la jeunesse qui n'a pas encore été atteinte par ces tendances néfastes. C'est la raison pour laquelle le professeur bâlois s'intéresse plus au *Gymnasium* qu'à l'université : la tâche y est plus urgente, certes, mais aussi plus réalisable. À travers cet appel à l'assainissement

---

20. Les deux dernières citations proviennent de AÉE, I, p. 98.
21. CI2, § 10, p. 162 *sq.* ; nous soulignons.

de l'éducation, toutefois, Nietzsche ne dit nulle part qu'il s'agit d'éduquer toute la jeunesse. Ceux qu'il entend rescaper — ou alors, ceux qu'il estime à même d'être sauvés, ceux qui sauront d'eux-mêmes déceler ou reconnaître le péril que présente l'éducation contemporaine —, ce sont les grandes personnalités.

Aux deux tendances néfastes de l'éducation contemporaine, Nietzsche oppose deux remèdes : le rétrécissement et la concentration de la culture, d'une part, et l'affirmation de sa souveraineté, d'autre part[22]. Mais avant tout, à l'encontre des tendances contemporaines de la pédagogie, orientées vers le profit économique et le bonheur personnel, l'éducation doit développer l'autonomie et la connaissance de soi. Elle doit mener l'individu à se doter lui-même du sens de son existence : « [P]ourquoi tu existes, toi, comme individu, cela tu dois te le demander, et si personne ne peut te le dire, tâche donc de justifier pour ainsi dire *a posteriori* le sens de ton existence en te donnant à toi-même un but, un objectif, une haute et noble raison d'être. » Nietzsche le souligne pour ses lecteurs : « Nous avons à assumer envers nous-mêmes la responsabilité de notre existence[23] ». Plus qu'un « enseignant », le pédagogue est donc un *formateur*, il est un libérateur qui doit amener la jeunesse à imiter et à adorer la nature — car cette éducation, cette formation et cette libération font « tourner à bien » les accès cruels de la nature et jettent « le voile sur ses intentions de marâtre[24] ». L'éducation, en réalité, complète et parfait la nature. Mais pour que cette éducation porte ses fruits, il faut que résonne l'injonction delphique que Nietzsche invoque à la fin de sa deuxième *Inactuelle* : « Le dieu de Delphes vous adresse, dès le commencement du voyage qui

---

22. L'étude de ces remèdes est laissée de côté pour l'instant : on y revient *infra*, ch. 10.

23. Les deux dernières citations proviennent de CI2, § 9, p. 156, et de CI3, § 1, p. 19 (Nietzsche ajoute tout de suite après : « Personne ne peut bâtir à ta place le pont qu'il te faudra toi-même franchir sur le fleuve de la vie — personne, hormis toi »).

24. CI3, § 1, p. 21.

doit vous y mener, son précepte: "Connais-toi toi-même[25]."» Le philologue classique revient encore aux Grecs, à la première connaissance, au lieu d'où part toute investigation philosophique. «Chaque individu doit organiser son chaos intérieur en réfléchissant à ses véritables besoins»: ainsi commence-t-on «alors à comprendre que la civilisation peut être autre chose que la *décoration de la vie*». L'injonction delphique, qui entraîne l'individu à la connaissance de soi et qui l'encourage à se tourner vers la vie sociale et politique, amènera cet individu à retrouver «la conception grecque de la civilisation, qui, contrairement à la conception latine, voit en celle-ci une nouvelle et meilleure *physis, sans distinction d'un intérieur et d'un extérieur,* sans dissimulation ni convention: la conception d'une civilisation où se réalise l'accord de la vie et de la pensée, du paraître et du vouloir[26].»

L'éducation est donc un «venir à soi»: un venir à soi de l'individu vers lui-même, de l'individu vers son peuple ou sa civilisation, et de l'individu (ainsi que de la civilisation tout entière) vers la nature. De là l'importance des éducateurs: ils peuvent montrer ce qui est «la substance fondamentale de ton essence, ce qui résiste absolument à toute éducation et à toute formation». Ainsi les éducateurs donnent-ils à l'individu un modèle qui se situe au-dessus de lui et qui lui permet alors «d'échapper à l'étourdissement dans lequel on se meut d'ordinaire[27]». C'est pour cette raison que Nietzsche consacre sa troisième *Inactuelle* à *Schopenhauer éducateur*: Schopenhauer est le seul maître à penser du jeune Nietzsche, ainsi qu'il le précise à la fin de la première section de la troisième *Inactuelle*[28]. C'est dire qu'en 1874, le philologue de Bâle s'estime plus redevable à son éducation

---

25. CI2, § 10, p. 168.
26. Les trois dernières citations proviennent de CI2, § 10, p. 169; nous soulignons dans la troisième citation.
27. Les trois dernières citations proviennent de CI3, § 1, p. 20 *sq.*
28. Il répète encore en 1886 que Schopenhauer fut son «premier» et son «unique éducateur» (HTH, vol. 2, préface, § 1, p. 16).

philosophique qu'à la formation philologique reçue de Friedrich Ritschl à Bonn et à Leipzig. Schopenhauer a pu lui « enseigner de nouveau à être *simple* et *honnête* dans la pensée et dans la vie, et donc inactuel, au sens le plus profond du mot ».

En tant qu'éducateur, Schopenhauer présente un modèle extérieur à l'individu, modèle vers lequel ce dernier peut orienter son intériorité. Il ne le pousse pas à se trouver un modèle en lui-même — car il peut être « pénible et dangereux [...] de creuser ainsi en soi-même et de descendre de force, par le plus court chemin, dans le puits de son être[29] ». Comme l'a écrit Paolo D'Iorio dans une étude sur la représentation nietzschéenne des présocratiques, « l'introspection peut dévoiler le secret de l'être[30] » : elle est la voie vers le pessimisme philosophique, mais il peut être dangereux pour un individu de l'atteindre trop rapidement — et seul. Le début de la troisième *Inactuelle* paraît ainsi en contradiction avec un texte contemporain : la fin de la deuxième *Inactuelle* et son appel au « Connais-toi toi-même ». C'est qu'en fait, l'injonction delphique demande l'aide d'un modèle pour se réaliser. Intériorité et extériorité se complètent et travaillent ensemble pour atteindre, à terme, l'unité de l'individualité, sans distinction d'un intérieur et d'un extérieur. Une note de 1872-1873 rappelle l'importance des grands modèles dans l'éducation : « Le talent n'est que la condition de la civilisation, le principal est une discipline réglée sur des modèles[31] ». La voie vers l'être est celle de l'intériorité, mais on ne peut pas — on ne doit pas, sous peine de mettre en danger la volonté de vie — la parcourir pour la première fois seul et rapidement : cette voie demande une marche tranquille et accompagnée, ou guidée.

Cette lecture des textes révèle quatre caractéristiques de l'éducation, selon Nietzsche, dont l'objectif premier est de déve-

---

29. Les deux dernières citations proviennent de C13, § 2, p. 25, et § 1, p. 20.
30. P. D'Iorio, « L'image des philosophes préplatoniciens chez le jeune Nietzsche », p. 395.
31. Les deux dernières citations proviennent de C12, § 10, p. 169, et du fragment posthume 19[299] (été 1872-début 1873), *in* FP2, p. 261.

lopper l'autonomie et la connaissance de soi. En premier lieu, notons qu'elle est tout entière tournée vers l'individu. Nietzsche critique le sacrifice de l'individu à la totalité, prôné par l'un de ses contemporains, le philosophe Eduard von Hartmann (1842-1906). Établi à Berlin, Hartmann publie en 1869 sa *Philosophie des Unbewussten*. Cet ouvrage, qui eut un grand succès en Allemagne dans les années 1870, propose une synthèse du schopenhauerisme et de l'idéalisme hégélien. Il est la cible de Nietzsche dans la seconde *Inactuelle*[32]. Si Nietzsche défend comme Hartmann « la totale acceptation de la vie et de ses souffrances », il ne souhaite pas que cette acceptation se fasse dans « le total abandon de la personnalité au processus universel », mais plutôt dans la « gaieté[33] ». Il prend très rapidement ses distances par rapport au pessimisme post-schopenhauerien et à la philosophie de l'histoire défendus par son contemporain. Il condamne cette position qu'il qualifie encore en 1886, alors que la popularité de Hartmann a significativement décliné, d'« amalgamiste » et de « philosophe du micmac[34] ». Par-delà sa tentative d'unir Schopenhauer et Hegel, Hartmann se présente en effet comme une combinaison paradoxale du « conformisme d'un bourgeois national-libéral bien-pensant de l'époque bismarckienne, [du] pessimisme qu'il présente comme le plus sage, le plus réaliste et le plus raisonnable des points de vue, et des perspectives de fin du monde qu'il s'efforce de présenter sous la forme la plus rassurante possible[35]. » En 1887, Nietzsche juge finalement que la philosophie hartmanienne de l'inconscient

---

32. Et plus tard, aussi, dans *Par-delà bien et mal* et dans le cinquième livre du *Gai savoir*. Soulignons au passage que Hartmann critiqua en 1874 le *Über die Christlichkeit unserer heutigen Theologie* (1873) de Franz Overbeck, dans *Die Selbstzersetzung des Christenthums und die Religion der Zukunft* (Berlin, p. 24 *sq*.), mais qu'il attendit 1891 pour publier dans les *Preußische Jahrbücher* une critique étendue de la philosophie nietzschéenne, « Nietzsche's "Neue Moral" » (*cf. infra*, note 37).
33. Les trois dernières citations proviennent de CI2, § 9, p. 154.
34. PBM, VI, § 204, p. 119 *sq*.
35. Le Rider, *L'Allemagne au temps du réalisme*, p. 128 *sq*.

« n'a peut-être rien fait d'autre que de se moquer du pessimisme allemand[36] ». Loin d'être un véritable penseur, loin même d'être un véritable pessimiste, Hartmann, selon Nietzsche, n'est rien de plus qu'un philosophe mineur et maladroit, qui ne fut que brièvement à la mode[37].

On peut remarquer ensuite que la pédagogie de type nietzschéen vise le génie : en s'intéressant à l'individu, elle cherche à cultiver les « exemplaires supérieurs. » L'État idéal — où l'éducation « ne tiendra plus compte des masses, mais seulement des individus » — pourra éventuellement constituer une république des génies, au sens où l'entendait Schopenhauer, les génies vivant dans une « simultanéité intemporelle[38] ».

Aussi, cette pédagogie a comme fonction de compléter la nature. La nature, la culture et l'éducation se tiennent dans une relation intime : « [L]'état d'esprit qu'il faut justement implanter et cultiver chez un jeune homme, c'est qu'il se comprenne somme toute lui-même comme une œuvre manquée de la nature, mais en même temps comme un témoignage des intentions les plus grandes et les plus merveilleuses de cette artiste : elle a échoué, devrait-il se dire ; mais je veux honorer sa grande intention en me mettant à son service, afin qu'une autre fois elle réussisse mieux[39]. » Voilà ce qu'est la culture : elle naît de la connaissance

---

36. GS, V, § 357 (« Éléments pour le vieux problème : "qu'est-ce qui est allemand ?" »), p. 262.

37. Eduard von Hartmann a répondu tardivement aux critiques de Nietzsche : dans un article publié au début de la phase d'engouement du public allemand pour les idées de Nietzsche, il accuse ce dernier de n'avoir rien présenté d'original et d'avoir en somme répété des thèses défendues déjà par Max Stirner en 1845 (*cf.* « Nietzsche's "Neue Moral" », p. 60 *sq.*). L'article de Hartmann fait figure de querelle d'école, puisqu'il critique chez Nietzsche l'interprétation individualiste de la métaphysique schopenhauerienne de la volonté (*cf.* p. 37). Hartmann tente tout à la fois de présenter une synthèse de l'ensemble de l'œuvre de Nietzsche, de souligner ses influences souvent non avouées (comme celles de Stirner, de Hartmann lui-même, de la psychologie populaire ou du sensualisme) et d'expliquer l'engouement contemporain pour Nietzsche, ce « type de la décadence » (p. 67). Malade et alité, Nietzsche, en 1891, n'a pu lui répondre.

38. Les trois dernières citations proviennent de CI2, § 9, p. 155.

39. CI3, § 6, p. 59.

de soi et de l'insatisfaction de soi — donc de la volonté de *se perfectionner*.

Enfin, il faut souligner que Nietzsche ne dit pas que l'éducation doit véhiculer la vérité qu'il discute dans d'autres écrits. Il ne s'agit pas d'enseigner le pessimisme philosophique et la sagesse de Silène à la jeunesse allemande. Certains faits, certaines vérités ne peuvent faire l'objet d'un enseignement public. Cet enseignement serait plutôt du ressort de l'éducateur, du maître à penser ou du guide que chacun doit éventuellement se trouver — comme Nietzsche trouva Schopenhauer dans sa jeunesse. L'*Inactuelle* sur la connaissance historique présente d'ailleurs des exemples de mauvais enseignements publics. Nietzsche montre que deux enseignements de l'histoire sont néfastes : ce que l'on nomme aujourd'hui l'historicisme, d'une part, et d'autre part, la doctrine de la fin de l'histoire. L'historicisme est le résultat de ce que Nietzsche appelle la « conscience historique » qui entraîne le postulat de la relativité de toutes les époques : « Le jeune homme [d'aujourd'hui] est devenu un déraciné qui doute de toutes les coutumes et de toutes les idées. Il le sait à présent : peu importe ce que tu es, puisque jamais deux époques n'ont vu les choses de la même manière ». La doctrine de la fin de l'histoire mène quant à elle à « diviniser la quotidienneté[40] » : elle est le principal effet de la propagation de la philosophie hégélienne. Cela permet de constater que le professeur redoute les méfaits de l'enseignement de *mensonges* (par exemple, ce qu'il considère comme le mensonge hégélien) et de *vérités* (l'ontologie vitaliste et le pessimisme philosophique). À cet égard, une phrase révélatrice apparaît dans la deuxième *Inactuelle* : « L'heure est sans aucun doute extrêmement dangereuse : les hommes semblent être sur le point de découvrir que l'égoïsme des individus, des groupes ou des masses a de tout temps été le levier des mouvements historiques. Mais en même temps, on n'est aucunement

---

40. Les deux dernières citations proviennent de CI2, § 7, p. 139, et de CII, § 1, p. 28.

troublé par cette découverte ; on décrète au contraire que l'égoïsme doit être notre Dieu ». Certains enseignements, certaines connaissances ne doivent pas être véhiculés par les établissements d'éducation. C'est pourquoi Nietzsche écrit qu'une fois accompli le processus souhaité d'assainissement de l'éducation, les jeunes « seront plus ignorants que les "esprits cultivés" [*"Gebildeten"*] d'aujourd'hui ; car ils auront oublié beaucoup de choses[41] », l'oubli étant une composante essentielle du savoir, comme l'a montré la deuxième *Considération inactuelle*. Aussi Nietzsche comprend-il l'éducation moins comme un enseignement (à savoir une transmission de connaissances) que comme une formation (une *Bildung* au sens actif) qui doit maintenir un équilibre fragile entre deux écueils : ne pas enseigner de mensonges, sous peine de malhonnêteté, et ne pas enseigner certaines vérités, sous peine de danger.

Pourtant, du simple fait qu'il écrit, Nietzsche montre que la vérité doit être dite. Mais il affirme en même temps qu'elle ne doit pas être dite à tous, d'une part lorsqu'il souligne (comme dans la deuxième *Inactuelle*) les dangers (pour un peuple, une civilisation ou certains types d'individus) qu'entraîne la connaissance de certaines vérités, et d'autre part lorsqu'il identifie lui-même ses écrits comme des textes ésotériques ou exotériques. Ses écrits ésotériques présentent sans ambages toutes les vérités, même dangereuses, mais ils ne sont pas destinés à tous. Quant à ses écrits exotériques, ils ne véhiculent pas de vérités dangereuses et ils sont plus programmatiques, Nietzsche s'y livrant notamment à la critique de ce qui est et à la description de ce qui doit être. Nietzsche qualifie *La naissance de la tragédie* d'écrit ésotérique, et il considère ses conférences *Sur l'avenir de nos établissements d'enseignement* comme son pendant « "populaire" ou "exotérique"[42] ». Le commentateur peut alors s'étonner que le

---

41. Les deux dernières citations proviennent de C12, § 9, p. 158, et § 10, p. 168.

42. Lettre n° 202 à Rohde du 15 mars 1872, *in* COR, vol. 2, p. 268.

premier livre publié par Nietzsche soit un écrit ésotérique, présentant des vérités potentiellement dangereuses, alors qu'il a renoncé à en publier la version exotérique, c'est-à-dire le manuscrit des conférences de 1872 sur l'éducation! La raison ne peut certainement pas en être le risque de redites, car les deux essais ont une forme, une structure argumentative et un contenu fort différents. Par ailleurs, le philosophe a maintenu le caractère privé d'autres essais qui présentent substantiellement les mêmes vérités que *La naissance de la tragédie*, à savoir *Vérité et mensonge au sens extra-moral*, qui est demeuré inachevé, et les *Cinq préfaces* de 1872.

Si la distinction des écrits du jeune Nietzsche entre essais publics et privés est claire, la stratégie de publicisation de ses idées l'est moins. La querelle de 1872-1873 entourant *La naissance de la tragédie* aurait-elle permis au professeur de préciser la nature et le degré de la publicité qu'il souhaitait pour ses idées ? Ses quatre publications suivantes (les *Inactuelles*) sont en effet résolument exotériques, Nietzsche y livrant son combat contre la civilisation allemande. Sa première publication lui aura peut-être appris la leçon qu'il formula en 1887 :

> On ne tient pas seulement à être compris quand on écrit, mais tout aussi certainement à *ne pas* l'être. Ce n'est nullement une objection suffisante contre un livre, si une quelconque personne le juge incompréhensible : peut-être cela même rentrait-il dans les intentions de l'auteur, — il ne *voulait pas* être compris par « n'importe qui ». Chaque esprit, chaque goût plus élevé quand il veut se communiquer choisit son audience [...]. C'est de là que procèdent toutes les lois plus affinées du style : elles écartent, créent de la distance, interdisent l'« accès »[43].

Nietzsche écrit dans une note de la première moitié des années 1870 : « À l'opposé de la presse — des *opineurs publics* — nous, les *instructeurs publics*. Nous portons les *soucis immortels du peuple* — nous devons être libres de ses soucis passagers, temporels.

---

43. GS, V, § 381 (« De la question de l'intelligibilité »), p. 289 *sq.*

Décrire la tâche de la nouvelle génération de philosophes. L'exigence de se vaincre soi-même, c'est-à-dire de vaincre le *sæculare*, l'esprit du temps[44]. » Celui qui symbolise par excellence les deux tendances néfastes de l'éducation que Nietzsche critique est le représentant de l'esprit du temps : le *journaliste*, l'écrivain public qui remplit alors la tâche que Nietzsche souhaite voir réservée aux éducateurs.

---

44. Fragment posthume 19[7] (été 1872-début 1873), *in* FP2, p. 174.

Chapitre 6

Symptômes littéraires : la domination du journalisme

Nietzsche distingue deux symptômes de la maladie de la civilisation dans les formes qui dominent la chose écrite à son époque : il y a d'abord le fait que celle-ci est l'« époque des opinions publiques[1] », et ensuite, le fait que « la *langue* est malade ». Ces symptômes sont particulièrement évidents lorsque l'on considère que la maladie de la langue encourage le philistinisme de la culture et qu'elle transforme l'individu en « esclave des mots[2] ». Nietzsche croit que ces défauts se rassemblent en la personne de David Strauss : il en fait l'exemple type de la maladie de la langue et le présente, dans la première *Considération inactuelle*, comme un *Bildungsphilister* et un piètre écrivain. Mais l'incarnation générale de ces maux — ou plutôt, le terme que Nietzsche emploie pour les désigner — est le « journalisme », qui représente l'état maladif de l'écrit dans l'Allemagne nouvelle et, par extension, l'état anémique de la pensée dans la civilisation moderne. L'ensemble des symptômes liés à l'usage de la langue et à la production écrite est étudié par Nietzsche dans les quatre *Inactuelles*, *La naissance de la tragédie*, les conférences sur l'éducation et les *Cinq préfaces*.

---

1. CI3, § 2, p. 26.
2. Les deux dernières citations proviennent de CI4, § 5, p. 120.

Journalisme et *Bildungsphilistinismus*

Le terme *Journalistik* a un sens restreint et un sens large pour Nietzsche. Il désigne non seulement l'activité journalistique comme telle, mais aussi un type de travail intellectuel : la « tâche de journalier[3] », qui envisage uniquement le présent et la quotidienneté, et qui formule et véhicule « les opinions reçues, c'est-à-dire les paresses privées[4] ». Au sens premier, le journaliste est « cet esclave en papier du jour » (*der papierne Sclave des Tages*) ; au sens second, il est « interprète de l'opinion[5] ». Comme le montre un extrait des *Cinq préfaces*, Nietzsche oppose son travail pédagogique au journalisme en son sens large :

> Dans notre chère et abjecte Allemagne tombée en déchéance, la culture [*Bildung*] court aujourd'hui les rues dans un tel état d'abandon, il règne de façon si éhontée une jalousie lorgnant sur tout ce qui est grand, la clameur unanime de ceux qui se précipitent dans la course au « bonheur » est si assourdissante qu'il faut une foi robuste, presque au sens du *credo quia absurdum est*, pour nourrir ici encore quelque espérance quant à une culture en devenir et surtout y contribuer par notre travail en dispensant un enseignement publiquement, au contraire de la presse qui pense selon l'« opinion publique »[6].

Cette critique du journalisme participe donc de sa remise en cause de l'éducation allemande, mais elle s'inscrit aussi dans le wagnérisme. Dans une lettre datée de juin 1872, Cosima Wagner annonce d'ailleurs au professeur de Bâle qu'elle et son mari ont pris une « décision libératrice, celle de ne plus lire aucun journal ». Les Wagner — qui affirment que « la seule chose dont

---

3. AÉE, I, p. 101.
4. CI3, § 1, p. 18. Cette idée ressurgit dans les derniers aphorismes d'*Humain, trop humain*, où Nietzsche écrit que « quiconque a de l'argent et de l'influence peut, de toute opinion, faire une opinion publique » (HTH, vol. 1, VIII, § 447, p. 268).
5. Ces deux citations proviennent de NT, § 20, p. 119 (pour l'allemand : KSA, vol. 1, p. 130), et de CI3, § 1, p. 18.
6. « Le rapport de la philosophie de Schopenhauer à une culture allemande », *in* CP, p. 192.

l'homme puisse être fier, c'est la liberté de l'esprit, la seule chose qui l'élève au-dessus de l'animal[7] » — ne trouvent pas de matière propre à une éducation de l'esprit dans la presse quotidienne. Avec sa critique du journalisme, Nietzsche s'arrime certes à une position wagnérienne, mais il s'inscrit aussi dans un courant de pensée pessimiste qui prend de l'ampleur dans les années 1870 : celui de la *Kulturkritik*. Comme le souligne le germaniste Jacques Le Rider, « [l]a dénonciation de la dépendance économique des intellectuels et la prédiction d'un déclin inévitable de la culture provoqué par les productions culturelles de masse deviennent le thème favori de la *Kulturkritik*. » Sa critique de l'éducation et de la culture matérialistes fait de l'auteur des *Considérations inactuelles* un écrivain bien de son temps, qui voit dans le débat sur la réforme de l'éducation, dans la modernisation socio-économique, ainsi que dans la popularité des journaux et des romanciers contemporains une « menace de déclassement » de la *Bildungsbürgerturm*, « vécue comme un processus global de décadence culturelle[8]. » En s'attaquant au journalisme, le professeur s'inscrit résolument dans la critique culturelle qui occupe autant un romancier comme Gustav Freytag (que Nietzsche réprouve pourtant) au milieu des années 1850, qu'un publiciste comme Karl Kraus à la fin du XIXe siècle.

Le journalisme incarne aux yeux de Nietzsche les deux tendances néfastes et contre-nature qui sont propres à l'éducation contemporaine. Il « est le confluent des deux directions : élargissement et réduction se donnent ici la main ; le journal se substitue à la culture [*Bildung*] ». Nietzsche poursuit : « C'est dans le journal que culmine le dessein particulier que notre temps a sur la culture : le journaliste, le maître de l'instant, a pris la place du grand génie, du guide établi pour toujours, de celui qui délivre

---

7. Les deux dernières citations proviennent de C. Wagner, lettre à Nietzsche du 14 juin 1872, *in* QANT, p. 132 ; et de C. Wagner, *Journal*, entrée du 24 octobre 1870, vol. 1, p. 350.

8. Les trois dernières citations proviennent de Le Rider, *L'Allemagne au temps du réalisme*, p. 84 *sqq*.

de l'instant[9].» Journalisme et *Bildung* forment ainsi un couple d'opposés : l'éducation doit être une formation et un accompagnement, alors que le journalisme éduque la jeunesse de manière à entraîner la reproduction du *Bildungsphilister*. En se concentrant sur l'aujourd'hui — et donc sur l'éphémère —, le journaliste mène une activité contraire à celle qui doit occuper l'éducateur : il enferme l'individu dans l'instant. C'est pourquoi Nietzsche assure que « le pouvoir formateur de notre enseignement supérieur n'a jamais été ni si bas ni si faible, [...] le "journaliste" [...] a pu triompher du professeur dans tous les domaines de la culture sans lui laisser — comme cela s'est vu souvent — d'autre possibilité que de se métamorphoser en joyeux papillon cultivé [*gebildeter*] prenant le style et s'ébattant dans l'"élégance légère" du journaliste[10] ».

Pour comprendre les antagonismes que Nietzsche perçoit entre le journaliste et l'éducateur, il faut donc garder à l'esprit la signification générale qu'il donne au mot « journalisme ». Le « journaliste » n'est pas uniquement l'auteur maniant la plume pour le compte d'un grand quotidien : il est aussi l'écrivain qui réfléchit aux problèmes du jour et qui formule son appréciation ou son jugement, et souvent à la première personne du singulier. Ce journaliste peut par exemple être un auteur de « romans à la mode », qui véhicule des « opinions publiques » et des « veuleries privées[11] ». Nietzsche voit Gustav Freytag (1816-1895) comme exemple d'un tel « produit de librairie[12] ». À ses yeux, le succès des romans de Freytag est représentatif du fait que le public lettré et cultivé se détourne des classiques (et des classiques allemands) pour s'intéresser à une littérature actuelle, dont les thèmes et les messages sont malheureusement éphémères. L'écrivain, journaliste et homme politique (il était représentant du

---

9. AÉE, I, p. 101.
10. NT, § 20, p. 119 ; traduction légèrement modifiée.
11. Pour « opinions publiques, veuleries privées », *cf.* HTH, vol. 1, VIII, § 482, p. 291. Pour « romans à la mode », *cf.* AÉE, I, p. 101.
12. Fragment posthume 19[201] (été 1872-début 1873), *in* FP2, p. 232.

Nationalliberalen Partei au parlement de l'Allemagne du Nord) Gustav Freytag avait pourtant connu un franc succès au début des années 1850 avec une comédie intitulée *Die Journalisten*. Celle-ci présentait un personnage dont le nom a fait école : Schmock, caricature du journaliste corrompu, sans intégrité et sans scrupule, que Karl Kraus (1874-1936) reprit à la toute fin du XIXe siècle pour livrer sa bataille contre le journalisme autrichien, dans sa revue *Die Fackel*[13]. Nietzsche se serait-il trompé de cible avec Freytag ? Car *Les journalistes* pourrait fort bien se lire dans le sens même de la critique de Nietzsche, la comédie de Freytag démontrant que la presse allemande n'encourage finalement « que des écrivains manqués et des manipulateurs de l'opinion publique[14]. » Mais Nietzsche visait moins le théâtre de Freytag que ses romans, des produits représentatifs, selon lui, de « l'industrie littéraire[15] ».

Le « journaliste », tel que l'entend Nietzsche, peut être non seulement un littéraire, mais aussi un type savant. Dans ce cas, l'auteur déborde de sa sphère propre pour publier des livres « dont le style porte déjà les armoiries écœurantes de la barbarie cultivée [*Bildungsbarbarei*] qui a cours aujourd'hui[16] ». L'exemple de ce type est David Strauss : « Nous ne souffrons pas que le premier venu nous fasse une leçon de philosophie, notamment lorsqu'il s'agit de David Strauss, qui n'est plus bon à rien en dehors de sa sphère spécifique, la critique historique[17]. » Il est alors tentant d'adresser à Nietzsche sa propre critique : le philologue

---

13. Sur la comédie de Freytag, on peut consulter l'article de Jacques Le Rider, « *Les Journalistes* de Gustav Freytag, prototype de la satire de la presse et des journalistes dans le théâtre de langue allemande ». Sur le Schmock de Kraus, on peut se tourner vers Jacques Bouveresse, *Schmock ou le triomphe du journalisme. La grande bataille de Karl Kraus*.
14. Le Rider, *L'Allemagne au temps du réalisme*, p. 124.
15. Fragment posthume 19[201] (été 1872-début 1873), *in* FP2, p. 232.
16. AÉE, I, p. 101.
17. Fragment posthume 19[19] (été 1872-début 1873), *in* FP2, p. 177. *Cf.* aussi « Le rapport de la philosophie de Schopenhauer à une culture allemande » : « Qu'il est inopportun, équivoque, de s'occuper de philosophie en "homme cultivé" [*"gebildet"*] ! » (*in* CP, p. 195).

classique, qu'il est par formation et par profession, franchit en effet les limites de sa discipline pour se faire essayiste dans ses quatre *Considérations inactuelles*, mais aussi dès son premier livre qui s'essaie à la leçon de philosophie ainsi qu'à la lutte wagnérienne. Cela rejoint d'ailleurs les reproches que lui fait alors la critique. Ulrich von Wilamowitz-Möllendorff réagit de la sorte à la publication de *La naissance de la tragédie* :

> Si maintenant [Monsieur Nietzsche] m'objecte qu'il ne veut rien avoir à faire avec « la science historique et critique », non plus qu'avec « la soi-disant histoire universelle », que son dessein est de créer une œuvre d'art dionysiaco-apollinienne qui soit susceptible d'offrir une « consolation métaphysique » [...] — alors je retire ce que j'ai dit et je lui présente mes excuses dans les meilleures formes. Dès lors, je veux bien laisser valoir son évangile, car mes armes ne l'atteignent pas. [...] Je ne demande qu'une seule chose : que Monsieur Nietzsche tienne parole, qu'il prenne le thyrse, qu'il se rende d'Inde jusqu'en Grèce, mais qu'il descende de la chaire du haut de laquelle il est censé dispenser un enseignement scientifique[18].

Mais Nietzsche estime que son travail d'« inactuel » le préserve justement de faire œuvre de « journalier »[19]. Le journaliste et l'inactuel sont des types opposés : incarnations de deux rapports à la pensée, à la culture et à l'éducation, ils représentent des positions antagonistes face à la civilisation et à l'Allemagne en construction. Si Nietzsche, comme philologue, est un savant, il s'estime, en tant que penseur inactuel, un savant qui connaît les limites de son positivisme et les conditions de ce qu'on pourrait appeler le « problème de la culture intellectuelle[20]. »

Il faut ajouter que le « journaliste » peut aussi être un type critique, qui n'est pas formé à faire la distinction entre sa propre appréciation d'une œuvre d'art et cette œuvre elle-même. De

---

18. Ulrich von Wilamowitz-Möllendorff, « Philologie de l'avenir », 1re partie, *in* QANT, p. 126.

19. *Cf.* CI3, § 1, où Nietzsche écrit que le meilleur moyen « d'échapper à l'étourdissement dans lequel on se meut d'ordinaire », est de « se souvenir de ses maîtres et de ses éducateurs » (p. 21).

20. Andler, *Nietzsche*, vol. 1, p. 498.

même, le critique ne sait pas faire la différence, dans ce qui se présente à lui comme « œuvre », entre l'expression subjective d'un individu et la création « objective » d'une œuvre par un artiste. Pour Nietzsche, le critique d'art ou le critique musical ignore que le seul artiste véritable est la nature, et non l'artiste « subjectif »[21]. Il ignore que l'art demande « qu'on se délivre du "je" et qu'on impose silence à toutes les formes individuelles de la volonté et du désir ». C'est dire que le critique, ce penseur journalier, ne sait pas ce que sont réellement l'art et la culture : il lui manque la perspective philosophique qui lui permettrait de discerner que des pulsions naturelles guident les actes humains, et que l'art est une expression de l'action esthétique de la nature en nous. Par la faute de ce type de journalisme, « [j]amais dans toute l'histoire il n'y a eu un divorce tel, ni tant d'aversion, entre ce qui s'intitule du nom de culture [*die sogenannte Bildung*] et l'art proprement dit[22]. » Un exemple de ce type est l'essayiste Alfred Dove (1844-1916). Dans un texte paru dans le journal leipzigois *Im neuen Reich* au début 1873, Dove appuie la thèse récemment publiée par un médecin de Munich, Theodor Puschmann (1844-1899), soutenant « d'un point de vue théorique[23] » que Richard Wagner souffre de mégalomanie. Nietzsche publie sa réponse critique dans un journal — et c'est d'ailleurs l'une des deux seules contributions que Nietzsche fait à un *Zeitschrift*[24]. Le 17 janvier 1873 dans le journal wagnérien de Leipzig *Musikalisches Wochenblatt. Organ für Musiker und*

---

21. Sur la critique faite par Nietzsche de l'art subjectif, *cf. infra*, ch. 9.
22. Les deux dernières citations proviennent de NT, § 5, p. 47, et § 20, p. 119.
23. « Un mot de Nouvel An au rédacteur de l'hebdomadaire *Im neuen Reich* », p. 203. *Cf.* Theodor Puschmann, *Richard Wagner. Eine psychiatrische Studie* (1873). Puschmann était par ailleurs l'auteur d'une histoire de la médecine en trois volumes. Historien et essayiste, Dove publia aussi une recension critique du livre d'Overbeck, *Über die Christlichkeit unserer heutigen Theologie* (« Ein Theologe wider Willen », 1873).
24. La deuxième contribution de Nietzsche à un *Zeitschrift* est la publication, au printemps 1882, de ses huit poèmes « Idyllen aus Messina » dans la *Schmeitzner's internationale Monatsschrift. Zeitschrift für allgemeine und nationale Kultur und deren Litteratur*, publiée par son nouvel éditeur à Chemnitz.

Musikfreunde, Nietzsche raille la position du critique autoproclamé qui ne baigne pas assez dans le monde de l'art pour en discuter publiquement en toute connaissance de cause. Mais ce faisant, le philologue critique aussi le type du journaliste savant qui dépasse sa sphère propre : c'est le cas du médecin Puschmann, mais aussi de l'essayiste Dove qui était l'auteur d'une thèse d'histoire sur la Sardaigne et la Corse et d'une biographie d'Alexander von Humboldt. Sur un ton cynique, le professeur de Bâle écrit souhaiter que Puschmann et Dove se stimulent « l'un l'autre, sur les plus efficaces des petites formules magiques qui pourront les faire entrer dans la course, eux ou leur feuille imprimée, grâce à un charlatanisme pseudo-scientifique[25]. »

Le terme *Journalistik* et le titre de *Journalist* désignent ainsi chez Nietzsche au moins quatre types possibles — le journaliste au sens étroit du terme, le romancier, le savant essayiste et le critique d'art —, qui recouvrent un éventail de rapports à la civilisation et à la culture et qui se caractérisent par leur position intellectuelle résolument tournée vers le temps présent. Ce journalisme, qu'il décrit dès l'hiver 1870 comme le « socratisme de notre temps[26] », témoigne pour Nietzsche d'une perspective mensongère sur la vie, qui ignore le pessimisme philosophique. Le journalisme est responsable de la déchéance de la culture : il croit remplir le rôle éducatif d'un agent culturel, mais il se révèle en réalité un puissant facteur de faiblesse, d'anémie et de déséquilibre maladif. La généralisation de la « tâche de journalier » à presque toutes les sphères de la pensée et à tous les types d'écrit entraîne la formation de philistins de la culture. Nietzsche montre que le *Bildungsphilister* « se distingue de l'idée générale du "philistin" par une superstition : il croit lui-même être un nourrisson des Muses et un homme de culture. »

---

25. « Un mot de Nouvel An au rédacteur de l'hebdomadaire *Im neuen Reich* », p. 204.
26. « Socrate et la tragédie », p. 288.

S'illusionnant ainsi sur lui-même, il se sent fermement convaincu que sa «culture» [*Bildung*] est l'expression pleine et entière de l'authentique civilisation [*Kultur*] allemande, et puisqu'il rencontre partout des gens cultivés [*Gebildete*] de son espèce, puisque toutes les institutions publiques, tous les établissements d'enseignement, d'art et de culture [*Bildungsanstalten*] sont adaptés à son instruction [*Gebildetheit*] et à ses besoins, il évolue avec le sentiment victorieux d'être le digne représentant de la civilisation allemande actuelle, et formule en tant que tel ses exigences et ses prétentions.

Outre son illusion culturelle et philosophique fondamentale, ce philistin se caractérise donc par sa satisfaction et par le confort qu'il trouve dans son état: «Il se comporte comme si la vie n'était pour lui qu'un *otium*, mais *sine dignitate*[27]».

En faisant du philistin de la culture le résultat de la tendance générale au journalisme dans la civilisation allemande, Nietzsche reprend la définition qu'en avait donnée Wagner, mais en l'élargissant considérablement. Au début des années 1850, Richard Wagner présentait une définition plus étroite du philistin en fonction d'une compréhension marchande de l'art: «[A]ujourd'hui, le maître du goût public, en fait d'art, c'est celui qui paye les artistes, comme la noblesse avait accoutumé de les payer; celui qui donne, en échange de son argent, la commande d'une œuvre d'art et qui, en fait de nouveauté, ne veut avoir que des variations sur son thème favori, mais pas de thème nouveau, — ce maître et client qui commande, c'est le *philistin*[28]». Nietzsche remarque que ses traits sont partagés par un autre type d'individu: l'«homme cultivé» ou instruit, le savant, le «prolétaire de l'esprit[29]». Le *Gebildete* lui est semblable, pour autant que l'on étende le concept de philistin en l'arrimant au concept élargi de journalisme. Du coup, un même mot permet à Nietzsche de

---

27. Les deux dernières citations proviennent de CII, § 2, p. 24 (traduction légèrement modifiée), et § 8, p. 56.
28. Richard Wagner, *Opéra et drame*, partie III, ch. 7, p. 280.
29. CII, § 8, p. 58.

désigner tout à la fois le savant, le « journaliste » aux multiples visages et le philistin artistique : celui de *Bildungsphilister*. La différence entre ces types s'estompe au point qu'ils se mêlent en une même célébration de l'inculture allemande :

> Aujourd'hui, les « *gens instruits* » [« *Gebildeten* »] parmi les Allemands qu'on sait si cultivés [*kultivirten*], et les « *philistins* » parmi les Allemands qu'on sait si incultes [*unkultivirten*], ne craignent pas de se serrer publiquement la main et tombent d'accord sur la manière dont il convient d'en user maintenant avec l'écriture, la peinture, la musique et même la philosophie, voire la politique afin de ne pas rester trop à l'écart de la « culture » [« *Bildung* »] des uns, ni d'empiéter trop sur le « confort » des autres. Voilà ce qu'on appelle désormais la « culture allemande d'aujourd'hui » [« *die deutsche Cultur der Jetztzeit* »][30].

Le fond commun à ces types contemporains ne fait pas de doute : c'est l'inculture. Or Nietzsche avance que l'inculture allemande est voulue et entretenue par le *Bildungsphilister*. Celui-ci tend la main au savant et au journaliste car « son souci est de pousser le savant à exprimer ses opinions, et de les servir ensuite au peuple allemand mélangées, diluées ou systématisées, comme un breuvage salutaire[31]. » Nietzsche suggère ainsi que, plus que l'influence de la culture étrangère, c'est le *Bildungsphilister* qui est le véritable ennemi intérieur de l'Allemagne.

Le philistinisme refuse l'idée qu'une éducation requiert nécessairement du temps et des questions — c'est-à-dire de l'incertitude, des temps d'arrêt et fort probablement peu de résultats tangibles : il cherche plutôt des réponses rapides et il encourage les résultats concrets. Nietzsche déplore que la science et la culture fassent l'objet d'une activité frénétique, sans même

---

30. « Le rapport de la philosophie de Schopenhauer à une culture allemande », *in* CP, p. 193 ; traduction légèrement modifiée. Cette idée apparaît aussi dans le fragment posthume 19[201] (été 1872-début 1873) : « Le philistin et l'homme "cultivé" [*"Gebildete"*] sans cervelle de notre atmosphère journalistique [*Zeitungsatmosphäre*] se tendent fraternellement la main » (*in* FP2, p. 232).
31. CI1, § 8, p. 58.

que soit jugée nécessaire une connaissance intime des sources classiques de la civilisation occidentale et sans que des questions fondamentales ne soient soulevées. Il invoque un moraliste français pour critiquer ce fait : « Pascal estime que les hommes ne sont aussi assidus à leurs affaires ou à leur étude que pour échapper aux questions essentielles qui les assailleraient dans la solitude ou dans un véritable loisir : à quoi bon ? Où vas-tu ? D'où viens-tu[32] ? » Autrement dit, il considère le *Bildungsphilister* comme l'incarnation du refus de la posture et de la vie philosophiques. Et ce refus, constate-t-il, est de plus en plus fréquent dans l'empire allemand — alors que l'Allemagne aurait justement besoin que ses jeunes sachent employer les outils de la réflexion lente et de la connaissance des Anciens pour la construction d'une *Kultur* nouvelle. L'individu moderne ne possède plus les mesures lui permettant de différencier une grande œuvre d'une réalisation médiocre — ce que Nietzsche exprime ainsi dans ses notes de 1872-1873 : « Aujourd'hui, personne ne sait à quoi ressemble un bon livre, il faut le leur montrer : ils ne comprennent pas la composition. La presse tue de plus en plus le sens de ces choses-là. » Il précise sa pensée en formulant des réserves à l'endroit même de la philologie classique, généralement considérée comme l'un des plus importants apports allemands à la science au cours des XVIIIe et XIXe siècles : « Je ne vois nulle part trace d'une quelconque providence protectrice des bons livres : les mauvais ont presque plus de chances de durer. Cela semble un miracle qu'Eschyle, Sophocle et Pindare aient été constamment recopiés, et c'est manifestement par le plus grand des hasards que nous possédons une littérature antique[33] ». En se livrant à des tâches de journalier, le savant et l'homme cultivé

---

32. CII, § 8, p. 56. C'est la seule référence de Nietzsche à Pascal dans son œuvre publiée avant 1878.
33. Les deux dernières citations proviennent des fragments posthumes 19[22] et 19[202] (été 1872-début 1873), *in* FP2, p. 178 et 232. *Cf.* aussi 19[33] (été 1872-début 1873) : « Comme notre époque *manque* extraordinairement de livres qui respirent un air héroïque ! — Même Plutarque n'est plus lu ! » (*in* FP2, p. 181).

travaillent à contre-courant d'une connaissance, d'une diffusion et d'une sauvegarde des réalisations culturelles de l'être humain. Avec sa première *Considération inactuelle*, Nietzsche a fait de David Strauss l'exemple-type de ce *Bildungsphilister*. Mais pourquoi une attaque dirigée précisément contre Strauss ?

La première *Considération inactuelle* en contexte[34]

> Au fond, j'avais mis en pratique une maxime de Stendhal : il conseille de faire son entrée dans le monde par un *duel*. Et comme j'avais bien su choisir mon adversaire !
>
> Nietzsche, *Ecce homo*, v
> («Les *Inactuelles*»), § 2[35]

L'*Inactuelle* sur Strauss s'inscrit dans une série d'écrits polémiques qui occupent Nietzsche au cours de la première moitié des années 1870. Au printemps 1872, il note à la fin d'une lettre adressée à Rohde : « Je suis en état de fusion. Combat, combat, combat ! J'ai besoin de la guerre[36] ». Dans les fragments de 1872-1873 figure une liste de ce qu'il compte «attaquer[37]» : une trentaine de sujets y apparaissent, qui sont autant d'idées pour la série d'essais «inactuels» qu'il prépare. Cette liste mentionne

---

34. Cette section reprend des idées que nous avons développées plus en détail dans notre article «Nietzsche avant Brandes», paru en 2010 dans les *Nietzsche-Studien*.

35. La maxime est citée dans l'introduction de Prosper Mérimée à la *Correspondance inédite* de Stendhal (1855), qui figurait dans la bibliothèque de Nietzsche : «Il [Stendhal] disait qu'à son entrée dans la vie un homme devait avoir toute prête sa provision de maximes pour les accidents qui se présentent le plus ordinairement. Une fois qu'on les a adoptées, il ne faut plus les discuter [...]. Ne jamais pardonner au mensonge, — Saisir aux cheveux la première occasion de duel à son début dans le monde, — Ne jamais se repentir d'une sottise faite ou dite, voilà quelques-unes de ses maximes» (Mérimée, «Notes et souvenirs», *in* Stendhal, *Correspondance inédite*, vol. 1, p. IX). Sur la lecture de Stendhal faite par Nietzsche, on peut consulter Campioni, *Les lectures françaises de Nietzsche*, p. 149-156.

36. Lettre n° 223 à Rohde du 27 mai 1872, *in* COR, vol. 2, p. 295.

37. Fragment posthume 19[259] (été 1872-début 1873), *in* FP2, p. 250 *sq*.

par exemple les congrès de philologie, l'Université allemande de Strasbourg (inaugurée au printemps 1872), le *Literarisches Centralblatt* (qui avait refusé, fin janvier 1872, la première recension de *La naissance de la tragédie*, écrite par Rohde), le cycle romanesque d'histoire culturelle *Die Ahnen* de Gustav Freytag (paru en six volumes dès 1872) et des opposants à Richard Wagner. Pour sa première *Considération inactuelle*, Nietzsche arrête finalement son choix sur le dernier élément de cette liste : David Friedrich Strauss (1808-1874).

Exégète de formation, théologien et historien de la religion, Strauss devint célèbre par la publication de sa *Vie de Jésus* (1835-1836). Sa position radicale quant à l'aspect mythique de la vie de Jésus entraîna toutefois sa mise à l'écart des postes officiels. Strauss publie en 1872, alors qu'il est âgé, un essai au ton personnel, *Der alte und der neue Glaube*, « véritable "confession" » où il « retrace l'itinéraire qui l'a amené à quitter la "vieille foi" (chrétienne) pour adopter celle du monde moderne, inspirée du darwinisme et de la science ». Après Pâques 1873, en quelques semaines à peine, Nietzsche rédige une plaquette contre l'auteur de *L'ancienne et la nouvelle foi* et entame ainsi ce qu'il entrevoit comme un long projet — c'est d'ailleurs pour cette raison qu'il intitule son écrit *Considérations inactuelles : première partie*. À travers cette offensive, il attaque la nouvelle Allemagne, représentante d'une civilisation qu'il rejette. Comme le remarque Paul Valadier, « l'intelligence de l'*Intempestive* présuppose [...] constamment un jeu de rapports entre Strauss (individu), le type d'intellectuel que Nietzsche appelle le "philistin cultivé" et la civilisation qui, à la fois, se reconnaît en lui et qu'à son tour lui-même dévoile[38] ».

Peu lu aujourd'hui, l'essai sur Strauss peut sembler un écrit isolé, distinct de *La naissance de la tragédie* qui le précède et de l'*Inactuelle* sur l'histoire qui lui succède. Pourtant, *La naissance*

---

[38]. Les citations de ce paragrapghe proviennent de Valadier, *Nietzsche et la critique du christianisme*, p. 26, 26 sq. et 29.

et la première *Inactuelle* participent d'un même combat, et l'essai contre Strauss a d'ailleurs pu être reçu par les critiques de l'époque comme le dernier pavé lancé par Nietzsche dans la querelle entourant *La naissance de la tragédie*[39]. Mais d'où vient cette volonté de s'en prendre précisément à David Strauss ? On peut distinguer quatre motifs à l'origine de ce choix.

L'attaque contre Strauss, d'abord, est un motif wagnérien. En 1868, Strauss avait ouvertement pris parti contre Wagner et pour le chef d'orchestre à la cour du roi Louis II de Bavière, Franz Lachner (1803-1890)[40]. Le choix que fait Nietzsche d'attaquer Strauss dans son premier écrit polémique est donc en harmonie avec le wagnérisme, comme les critiques devaient alors le constater. Du reste, le public de l'époque considère Nietzsche comme un auteur wagnérien[41]. Il est d'ailleurs possible que Wagner ait joué un rôle déterminant dans la décision que prend Nietzsche de s'engager dans une série d'écrits de *Kulturkritik* en accord avec les idées du compositeur. Nietzsche soumettait tous ses projets au Maître. Or son idée d'un livre sur la figure préplatonicienne du philosophe, qui devait être une version remaniée de son cours de 1872-1873[42], ne plut pas à Wagner : au cours des

---

39. Charles Andler soulignait à juste titre que la *Considération inactuelle* sur Strauss relève de la même entreprise que les essais inachevés de 1872-1873, qui progressent dans la voie ouverte par *La naissance de la tragédie* en examinant le problème précis de la valeur de la science et de l'art devant la vie (*cf. Nietzsche*, vol. 1, p. 498).

40. À ce sujet, on peut consulter la monumentale biographie par Martin Gregor-Dellin, *Richard Wagner. Sa vie, son œuvre, son siècle*, p. 657.

41. *Cf.* les recensions de *La naissance de la tragédie* par les contemporains de Nietzsche, par exemple celle anonyme (signée «*l*») et sans titre, parue en 1873 dans le *Philologischer Anzeiger* de Göttingen, ou celle de Bruno Meyer, «Beiträge zur Wagner-Frage. In eigener Sache», parue en 1873 dans le *Deutsche Warte* de Leipzig.

42. Sur ce projet, *cf.* la correspondance de Nietzsche de l'automne-hiver 1872-1873 (*in* COR, vol. 2), et plus précisément les lettres à Rohde n° 276 des 20-21 novembre 1872 («je songe à faire de mon prochain livre une célébration de cette année 1874 et de Bayreuth ; il s'intitulera peut-être "Le Dernier Philosophe". J'élève là-dessus pyramidum altius» ; p. 377) et n° 277 du 7 décembre 1872 («"Le Philosophe", c'est-à-dire mon œuf mental non encore fini de couver,

vacances de Pâques 1873, Nietzsche en présenta le premier jet au musicien qui, loin de cautionner son idée, encouragea plutôt son jeune disciple à terminer rapidement sa diatribe contre Strauss[43]. Les conseils de Wagner semblent avoir été suivis, car Nietzsche abandonne son livre sur les philosophes grecs immédiatement après Pâques[44].

Certains commentateurs affirment que le choix du sujet de ce premier pamphlet provenait directement de Wagner[45]. Cette hypothèse interprétative les entraîne à tenir le compositeur pour responsable du fait que Nietzsche se soit orienté vers les *Inactuelles* plutôt que vers un ouvrage sur la première philosophie grecque[46]. Cette interprétation a l'inconvénient de présenter Nietzsche comme hésitant, fluctuant d'une position à une autre au gré des volontés de son maître, incapable de suivre une

---

occupe seul à présent ma pensée, tout bariolé et désirable comme un bel œuf de Pâques pour enfants sages »; p. 380).

43. « En rapport à votre straussiade [*Straussiana*], je n'ai qu'un tourment : je ne peux absolument pas l'attendre ! Aussi : accouchez-en ! » (lettre de Wagner à Nietzsche du 30 avril 1873, *in : Nietzsche und Wagner. Stationen einer epochalen Begegnung*, vol. 1, p. 224).

44. Après l'entrée du 11 avril 1873, où Cosima Wagner mentionne pour la troisième fois la lecture que leur fit Nietzsche du manuscrit sur *La philosophie à l'époque tragique des Grecs*, la prochaine occurrence de Nietzsche dans son *Journal* date du 28 avril 1873, où elle écrit : « [L]e professeur Nietzsche prépare un Essai contre D. Strauss et propose à Fritzsch [l'éditeur de Wagner et de Nietzsche] un ouvrage théologique du professeur Overbeck qu'aucun éditeur ne veut accepter à cause de sa franchise » (vol. 2, p. 68). Il n'est alors plus question du manuscrit sur les préplatoniciens.

45. *Cf.* Janz : « Wagner, qui avait un vieux compte à régler avec David Friedrich Strauss, [...] donna pour tâche prioritaire à son jeune et dévoué ami la rédaction d'un pamphlet dirigé contre le théologien libéral, pour lequel Nietzsche avait à vrai dire nourri jusque-là une certaine sympathie. Il se soumit pourtant » (*Nietzsche*, vol. 2, p. 9). D'Iorio (« L'image des philosophes préplatoniciens chez le jeune Nietzsche », p. 410) et Gregor-Dellin (*Richard Wagner*, p. 657) tiennent la même position.

46. *Cf.* Janz : « Wagner lança plutôt Nietzsche sur une nouvelle piste, l'arracha à ses considérations helléniques et le projeta au cœur de son époque » (*Nietzsche*, vol. 1, p. 485 *sq.*); et D'Iorio : « À cause de l'opposition de Wagner, Nietzsche renonça à écrire son œuvre philosophique sur les préplatoniciens » (« La naissance de la philosophie enfantée par l'esprit scientifique », p. 40).

conception personnelle et réfléchie de ce que doit être la vie philosophique. Autrement dit, cette interprétation ne permet pas de montrer l'unité de sa conception du philosophe, comme si le jeune Nietzsche n'avait finalement pas eu de réponse au problème qu'il se proposait d'examiner, et qu'il formulait ainsi : « Il faut mettre en lumière ce qu'est la philosophie, et spécialement la tâche de la philosophie au sein d'une civilisation ». Nietzsche répond pourtant de manière constante à cet impératif, lorsqu'il affirme la détermination pratique de la philosophie, la réactualisation du pessimisme et la conception de la philosophie comme « *refrènement* [Bändigung] de l'instinct de connaissance[47]. » En outre, en ramenant les choix du professeur aux suggestions du compositeur, on risque de négliger les autres éléments contextuels. S'il est important de reconnaître le rôle du jugement de Wagner dans ses décisions, il est tout aussi capital de rappeler qu'elles s'inscrivent dans un contexte plus global et plus complexe. À cet égard, trois autres éléments concourent à expliquer le choix du sujet de la première *Inactuelle*.

Mis à part le motif wagnérien, en effet, l'attaque contre le théologien Strauss est aussi le résultat des réflexions de Nietzsche sur les rapports entre l'esprit scientifique et la conscience religieuse, et plus particulièrement dans le cadre de ses relations avec Overbeck. Professeur de théologie à Bâle dès 1867, où il fut le colocataire de Nietzsche, Franz Overbeck (1837-1905) était spécialiste de l'exégèse néotestamentaire[48]. À travers leurs discussions, certainement stimulées par le concile du Vatican (1869-1870), Nietzsche et Overbeck avaient développé une entreprise critique commune, concernant la question des formes de la

---

47. Les deux dernières citations proviennent des fragments posthumes 19[212] et 19[83] (été 1872-début 1873), *in* FP2, p. 236 et 200 (Nietzsche poursuit ainsi : « C'est en cela que réside sa signification pour la civilisation [*Kultur*] »).

48. Overbeck demeura un ami intime de Nietzsche jusqu'à la mort de ce dernier. Il a publié ses *Souvenirs sur Nietzsche* en 1906. Notons par ailleurs que c'est Overbeck qui, bien impliqué qu'il était dans les projets de Nietzsche, trouva le titre du pamphlet de Rohde contre Wilamowitz, *Afterphilologie* (*cf.* la lettre n° 239 de Nietzsche à Rohde du 16 juillet 1872, *in* COR, vol. 2, p. 312).

religion chrétienne dans le cadre du développement des sciences positives. Dans ce contexte, la publication, au début 1873, de *Über das Verhältnis des deutsches Staates zur Theologie, Kirche und Religion*, par Paul de Lagarde (1827-1891), orientaliste et professeur à l'Université de Gottingue, les avait aussi marqués[49]. À Pâques 1873, juste avant que Nietzsche n'entame sa première *Inactuelle*, Overbeck publie son *Über die Christlichkeit unserer heutigen Theologie. Streit- und Friedensschrift*, qui polémique justement avec David Strauss : il y examine la théologie critique et sa relation positive à la chrétienté contemporaine, et se détourne de ce qu'il appelle la supposée « "connaissance" straussienne[50] ». Dans cet essai publié par l'éditeur de Nietzsche et de Wagner, Overbeck se penche sur le problème de la valeur de la religion et sur ses conditions de croissance, alors que parallèlement, Nietzsche s'intéresse dans la première *Inactuelle* à la valeur de la science et aux conditions de croissance de l'esprit scientifique. La *Kultur* étant menacée par ce dernier, le jeune professeur poursuit la critique entamée par Overbeck avec la théologie scientifique de Strauss et publie lui aussi un *Streitschrift* (un écrit polémique), comme l'annonçait le sous-titre du livre d'Overbeck.

Un problème particulier se trouve au cœur de ce débat : celui du dialogue entre l'éthique et la connaissance scientifique, dans le cadre précis, au cours du dernier quart du XIXe siècle, de la diffusion des théories darwiniennes[51]. Le philologue pose trois questions à David Strauss : la première concerne l'esthétique (et l'appréciation straussienne de la musique) et la dernière, le rapport du savant à la culture. La seconde question, quant à elle, renvoie à l'éthique : Nietzsche défend alors une position en

---

49. Sur l'influence de Lagarde chez Nietzsche et Overbeck, *cf.* Andler, *Nietzsche*, vol. 1, p. 481-497 ; *cf.* aussi le *Journal* de Cosima Wagner en date du 8 avril 1873 (vol. 2, p. 59).

50. Franz Overbeck, *Über die Christlichkeit unserer heutigen Theologie*, p. 111 ; sur Strauss, *cf.* p. 109-120.

51. L'essai sur Strauss est la première discussion du darwinisme par Nietzsche. À ce sujet, *cf.* l'article de Dirk Robert Johnson, « Nietzsche's Early Darwinism. The "David Strauss" Essay of 1873 ».

accord avec le criticisme kantien. Il reconnaît en Strauss l'un des nombreux représentants de l'hégélianisme qui suit « le procédé hautement anthropomorphique d'une raison qui ne sait pas se tenir dans les limites permises[52]. » Contre la thèse hégélienne de la rationalité du réel, qu'il discerne dans l'écrit tardif de Strauss, mais aussi contre le pouvoir de la religion (qui instaure un déséquilibre dans la civilisation en faveur de la croyance) et contre le pouvoir de la science (qui instaure un déséquilibre en faveur de la connaissance), Nietzsche invoque Kant et Schopenhauer pour préciser les limites de la raison et affirmer le pouvoir de l'art et de la création. Après avoir examiné le conflit entre Schopenhauer et Strauss (c'est-à-dire entre la philosophie pessimiste et l'« incurable optimisme[53] »), Nietzsche propose une critique de la morale et de l'éthique straussiennes au regard du critère scientifique d'un fossé entre l'être et le devoir-être : « [U]n naturaliste honnête croit à la validité absolue des lois de la nature, mais sans se prononcer le moins du monde sur la valeur éthique ou intellectuelle de ces lois elles-mêmes[54]. » Nietzsche affirme ainsi que Strauss est coupable de deux fautes importantes : non seulement il a négligé les préceptes du criticisme kantien, mais aussi (et peut-être surtout) il s'est réclamé du darwinisme sans toutefois oser une « éthique darwinienne ». Nietzsche constate que Strauss « déclare avec une franchise admirable qu'il n'est plus chrétien » et qu'il « loue en Darwin l'un des plus grands bienfaiteurs de l'humanité ». Malgré ces affirmations difficiles — et qui demandaient une certaine hardiesse —, le courage lui a toutefois fait défaut, et Strauss n'a pas été aussi radical qu'il eût pu l'être : « [I]l aurait dû tourner le dos à ses semblables et déduire audacieusement du *bellum omnium contra omnes* et du droit du plus fort des préceptes moraux pour la vie[55] ».

---

52. CII, § 7, p. 51.
53. CII, § 6, p. 46.
54. CII, § 7, p. 51.
55. Les quatre dernières citations proviennent de CII, § 7, p. 49.

En ce sens, Paul Valadier précise avec justesse que la polémique lancée par Nietzsche ne porte « non pas d'abord sur la liquidation du christianisme par Strauss, mais très précisément *sur la permanence d'une foi* au moment même où l'on croit pouvoir confesser l'abandon d'une foi ancienne[56] ». La critique adressée à Strauss vise donc ce que Nietzsche appelle ce « mélange de hardiesse et de faiblesse[57] », c'est-à-dire cet amalgame entre le darwinisme et une « réaction religieuse[58] » qui entraîne le théologien à cautionner un nouveau dieu : la raison. Ce faisant, Strauss contredit la thèse darwinienne qui avance que l'être humain est « un être de part en part naturel ». L'homme de science en lui a fléchi : une fois venu le temps « d'expliquer et de déduire sérieusement à partir de ses prémisses darwiniennes, les phénomènes de la bonté humaine, de la miséricorde, de l'amour et de l'abnégation », Strauss « a préféré se soustraire au travail d'*explication* de ces phénomènes, par un saut dans l'impératif[59]. » Par-delà les critiques ponctuelles adressées au théologien (quant au fait qu'il est un mauvais scientifique et qu'il est responsable de diverses malhonnêtetés intellectuelles et d'écarts de langage, par exemple), l'essai de Nietzsche sur Strauss démontre qu'une importante question demeure ouverte pour la pensée philosophique — une question que le jeune professeur voudra précisément faire sienne : la moralité est-elle encore possible dans un monde darwinien ? Comment concevoir, comment construire une éthique darwinienne ?

Le combat culturel wagnérien, le dialogue avec la théologie critique et les implications éthiques du darwinisme sous-tendent

---

56. Valadier, *Nietzsche et la critique du christianisme*, p. 27. P. Valadier précise : « Nietzsche pense [...] que Strauss est condamnable, parce que, critique radical du christianisme, il ne devient pas un antichrist, mais reste à mi-chemin dans la confortable position de l'universitaire allemand qui trie dans le christianisme l'acceptable et l'inacceptable » (p. 61).
57. CI1, § 7, p. 53.
58. Cité par Wilamowitz-Möllendorff (*cf. infra*, p. 191) et par Nietzsche (CI1, § 7, p. 51).
59. Les trois dernières citations proviennent de CI1, § 7, p. 50.

la première *Considération inactuelle* et orientent le débat dans lequel Nietzsche s'engage. Mais il faut ajouter que la première *Inactuelle* s'inscrit aussi dans la « querelle » entourant *La naissance de la tragédie*. Cette querelle est lancée en 1872 par Wilamowitz. Étudiant du philologue Otto Jahn, Ulrich von Wilamowitz-Möllendorff (1848-1931) est alors bien jeune et n'a pas encore de poste — aussi est-il plausible qu'il fut encouragé par d'autres à se lancer dans le débat. C'est du moins ce que Nietzsche et Rohde pensaient : « [É]videmment on l'a utilisé, stimulé, excité — tout cela sent l'air de Berlin[60] ». Cette affaire résulterait en somme d'une querelle entre l'école philologique de Leipzig (celle de Ritschl) et l'école philologique de Bonn (celle de Jahn[61]), le jeune Wilamowitz ayant été poussé à critiquer la jeune étoile issue de Leipzig, en attaquant la dimension de *La naissance de la tragédie* qui était la plus faible scientifiquement : son wagnérisme. Wilamowitz parodie donc « l'œuvre d'art de l'avenir » wagnérienne dans le titre même de sa plaquette : *Philologie de l'avenir!* Le pamphlet de Wilamowitz est véritablement assassin. Nietzsche y répond indirectement, par la plume de Richard Wagner et par celle d'Erwin Rohde[62]. Or, au début de 1873,

---

60. Lettre n° 227 à Rohde du 8 juin 1872, *in* COR, vol. 2, p. 298.
61. Philologue classique, archéologue, musicologue (auteur d'une biographie de Mozart) et germaniste (éditeur de la correspondance de Goethe), Otto Jahn (1813-1869) fut étudiant à Pforta, professeur d'archéologie à Leipzig dès 1847 et à Bonn dès 1854, où il enseigna à Wilamowitz. Son hostilité envers Ritschl fit que celui-ci quitta Bonn pour l'Université de Leipzig, où Nietzsche le suivit.
62. Sa première recension (29 janvier 1872) ayant été refusée par le *Literarisches Centralblatt für Deutschland* dirigé par le germaniste Friedrich Zarncke, Rohde en écrit une seconde, plus modérée mais tout aussi élogieuse, qui est publiée le 26 mai 1872 dans le *Norddeutsche allgemeine Zeitung*. Suit rapidement, à la fin mai 1872, le pamphlet assassin de Wilamowitz (*Zukunftsphilologie!*), puis la lettre ouverte en appui à Nietzsche publiée par Wagner le 23 juin 1872, aussi dans le *Norddeutsche allgemeine Zeitung*. Le débat semble ensuite s'essouffler, mais il renaît le temps d'une saison : à la mi-octobre 1872, Rohde répond au pamphlet de Wilamowitz par une lettre ouverte à Wagner, composée de concert avec Nietzsche (leur correspondance en témoigne). Évitant cette fois la presse, il la publie comme plaquette, imitant la voie d'expression choisie par Wilamowitz et parodiant à son tour son titre : *After-*

Wilamowitz publie sa dernière attaque et termine ce pamphlet *en invoquant précisément David Strauss*. Il cite *L'ancienne et la nouvelle foi* pour justifier la violence de sa double réplique à *La naissance de la tragédie* : « [U]n plus éminent que moi parle à ma place : "pareilles insultes ont sur notre intelligence l'effet d'absurdités, mais sur notre sentiment celui de blasphèmes. [...]" — mon "sentiment blessé réagit justement de manière religieuse" ; c'est pourquoi on me pardonnera si, dans ma polémique, j'ai de temps en temps dépassé les limites de l'acceptable[63]. » Personne ne répond à ce second pamphlet, mais il est dans l'ordre des choses qu'un essai de Nietzsche contre Strauss fasse écho aux derniers mots de Wilamowitz dans la querelle autour de *La naissance de la tragédie*.

La désapprobation par Wagner du projet de Nietzsche sur la philosophie ancienne, les livres récents de Strauss et d'Overbeck (mais aussi de Lagarde), les débats autour du darwinisme et la querelle entourant *La naissance de la tragédie* forment le contexte intellectuel dans lequel s'inscrit la première *Considération inactuelle*. Ce sont donc des événements d'actualité qui lui donnent un coup d'envoi et qui orientent, aussi, les prochaines *Inactuelles* que Nietzsche prévoyait d'écrire. Comme l'a résumé Curt Paul Janz, l'inactualité des *Considérations* « consist[e] paradoxalement en ce qu'elles étaient de la plus brûlante actualité[64] ».

---

philologie, « Sous-philologie » — dont l'expression allemande comporte une connotation résolument vulgaire. Au début 1873, enfin, Wilamowitz donne la note finale de cette querelle en publiant un second pamphlet tout aussi incisif que le premier : *Philologie de l'avenir! Deuxième partie*. Quelques recensions de *La naissance de la tragédie* paraissent dans la presse germanophone à la suite de cette querelle. Si elles ne mentionnent pas l'affaire Rohde-Wagner-Wilamowitz, aucune, toutefois, ne manque de souligner la dimension wagnérienne du livre de Nietzsche et du projet qui l'anime. Pour les textes de cette querelle (Rohde, Wagner, Wilamowitz), *cf.* QANT.

63. U. von Wilamowitz-Möllendorff, « Philologie de l'avenir, deuxième partie », *in* QANT, p. 270 (Wilamowitz cite le sixième tirage de l'essai de Strauss, 1873, p. 147).

64. Janz, *Nietzsche*, vol. 1, p. 486. *Cf.* le fragment posthume 19[259] (été 1872-début 1873), *in* FP2, p. 250 *sq*.

Dans *David Strauss, l'apôtre et l'écrivain,* Nietzsche exerce son inactualité en faisant la description et la critique d'un type qu'il juge très répandu dans la culture allemande contemporaine, et auquel il donne un nom qu'il se flatte d'avoir forgé : le *Bildungsphilister.* En tant qu'ils résultent de la même tendance à l'esprit journalier au sens large, le philistin de la culture, le savant cultivé et le journaliste sont symboles d'un mal que Nietzsche décrit par la métaphore médicale de la carence énergétique : la culture est « anémiée[65] » et les hommes cultivés ont une « santé d'affamé[66] » dont ils se vantent pourtant. Cette critique du manque de vigueur des Allemands est récurrente chez le jeune Nietzsche. Il souligne que les Allemands haïssent « avec une instinctive unanimité toute *firmitas,* qui témoigne d'une santé bien supérieure à la leur », et que c'est « dans ce que les Romains nommaient *impotentia,* que se trahit la faiblesse de la personnalité moderne. » Cette anémie et cette faiblesse font que l'Allemand est insensible à tout enthousiasme, qu'il n'a pas la force ni la volonté de se tourner vers le monde grec comme « véritable patrie de la culture[67] », vers les questions essentielles et vers la création d'une civilisation authentique, et qu'il se cantonne plutôt dans l'esprit critique et historien ainsi que dans la recherche du bonheur immédiat. Le problème capital de l'homme moderne est qu'il « interpose sa "culture" en guise d'étalon, comme s'il possédait là le critère de toutes choses. » Nietzsche émet son verdict sans ambages : « La culture historique de nos critiques empêche une œuvre de produire un véritable effet, c'est-à-dire un effet sur la vie et sur l'action. [...] [L]eur plume critique ne cesse jamais de courir, car

---

65. NT, § 20, p. 119.
66. « Le rapport de la philosophie de Schopenhauer à une culture allemande », *in* CP, p. 194. Nietzsche cite Tacite, *De Oratore,* critiquant une santé acquise plutôt par jeûne que par excès de vigueur (*cf.* aussi CII, § 11, p. 76).
67. Les trois dernières citations proviennent de CII, § 11, p. 76, de CI2, § 5, p. 127, et de AÉE, I, p. 101.

ils ont perdu tout pouvoir sur elle, et sont menés par elle plus qu'ils ne la mènent[68]. »

La maladie de la langue

Nietzsche identifie un lien important entre la langue et le rapport de l'être humain au monde, c'est-à-dire entre la formation du langage et le développement de la connaissance. La maladie de la civilisation a donc aussi un symptôme langagier : celui-ci se dégage non pas tant dans les types d'écrits que, plus profondément, dans le rapport de l'être humain aux mots et aux concepts qu'il emploie. Ce symptôme est décrit notamment dans la quatrième *Considération inactuelle*, *Richard Wagner à Bayreuth*. Dans la cinquième section, Nietzsche écrit :

> [Wagner] est le premier à avoir pris conscience d'un péril aussi étendu que la civilisation [*Civilisation*] met aujourd'hui de peuples en contact : partout la *langue* est malade, et le poids de cette monstrueuse maladie pèse sur tout le développement de l'humanité. Dans la mesure où la langue a dû constamment s'élever sur les derniers échelons de ce qui lui était accessible, afin de pouvoir saisir, en s'éloignant le plus possible de la vive émotion qu'à l'origine elle savait exprimer en toute simplicité, ce qui est à l'opposé du sentiment, à savoir le domaine de la pensée, sa force s'est épuisée dans cette extension démesurée durant le bref espace de temps de la civilisation moderne : en sorte qu'elle n'est plus en mesure de satisfaire à l'unique exigence pour laquelle elle est là : que ceux qui souffrent se comprennent entre eux sur les nécessités les plus élémentaires de la vie. L'homme n'arrive plus à se faire connaître, dans sa détresse, au moyen de la langue et ne peut donc pas communiquer véritablement [...]. [A]insi est-on devenu, dans le déclin des langues, l'esclave des mots[69].

Au premier abord, il peut sembler étonnant de lire qu'aux yeux du philologue, le compositeur a le mérite d'avoir souligné un

---

68. Les deux dernières citations proviennent de « Réflexions sur l'avenir de nos établissements d'enseignement », *in* CP, p. 178, et de CI2, § 5, p. 127.
69. CI4, § 5, p. 120.

problème de langue. En fait, Wagner a décrit sa position sur la langue en juin 1872, dans son appui à *La naissance de la tragédie*, alors qu'il cherchait à valider l'inscription de la conception nietzschéenne de la philologie dans son projet culturel :

> [L]'esprit d'une connaissance approfondie de la langue qui doit émaner de la philologie, celle-ci étant au fondement de toutes les études classiques, ne semble pas avoir gagné l'usage de notre langue maternelle allemande puisque le jargon toujours plus florissant qui se répand depuis nos journaux jusque dans nos livres d'histoire de l'art et de la littérature, conduit bientôt chacun à devoir s'interroger avec peine pour savoir si tel mot a pour origine une formation linguistique réellement allemande ou s'il ne provient pas d'un journal boursier du Wisconsin[70].

Épuration de la science philologique, rénovation de l'éducation, critique du journalisme et renaissance de l'art tragique sont donc les voies parallèles de la *Kulturkritik* que Nietzsche engage auprès de Wagner. Pour expliquer le propos sur la langue qui apparaît en 1876 dans la quatrième *Inactuelle*, il est utile de revenir à la conception du langage présentée dans *Vérité et mensonge au sens extra-moral*, ainsi que dans les autres notes de 1872-1873.

Nietzsche aurait élaboré sa conception du développement du langage à partir de la théorie proposée par l'historien Gustav Gerber (1820-1901)[71]. De Gerber, il consulte *Die Sprache als Kunst* (Bromberg, 1871) à la bibliothèque de Bâle au courant de l'automne 1872[72], peut-être en vue de la préparation de son cours sur la rhétorique (hiver 1872-1873), dans lequel il y fait précisément référence[73]. Ce cours démontre que le jeune professeur n'a

---

70. Wagner, « Lettre ouverte à Friedrich Nietzsche », *in* QANT, p. 141.
71. Un aperçu de la conception gerbérienne du langage est présenté par Frank Vonk dans l'article « Gustav Gerber and "Kantian Linguistics". Presuppositions of Thought and Linguistic Use ».
72. À ce sujet, *cf.* Anthonie Meijers, « Gustav Gerber und Friedrich Nietzsche. Zum historischen Hintergrund der sprachphilosophischen Auffassungen des frühen Nietzsche ».
73. *Cf.* RL, p. 113, note de l'auteur.

pas limité ses réflexions sur la nature du langage à ses notes privées — ces réflexions, toutefois, eurent une diffusion limitée, puisque le cours sur la rhétorique ne fut suivi que par deux étudiants : un germaniste et un juriste, aucun philologue, aucun philosophe. Rappelons que la conception nietzschéenne du langage détermine une conception de la connaissance. Pour étudier la dimension épistémologique de l'être humain, il faut se pencher d'abord sur le processus de formation des concepts, ce qui ramène le penseur vers la nature du langage lui-même. Or Nietzsche interprète le langage comme un processus essentiellement rhétorique. Son cours de l'hiver 1872-1873 explique que les mots sont des tropes — des « désignations impropres » : « Autant il n'y a pas de différence entre les mots propres et les tropes, autant il n'y en a pas entre le *discours* normal et ce qu'on appelle les *figures rhétoriques*[74] ». Le langage est essentiellement rhétorique et, en conséquence, la connaissance est essentiellement métaphorique : « Tout le progrès de la connaissance consiste à *identifier le non-identique*, le similaire, c'est-à-dire qu'il est essentiellement illogique. C'est seulement par cette voie que nous obtenons un concept[75] ». La connaissance est aussi essentiellement anthropomorphique, puisque les mots sont des transpositions sonores des excitations nerveuses (ou des stimulis) qui relèvent de nos sensations, c'est-à-dire de notre rapport sensible au monde.

En tant qu'il est partagé, le langage repose sur une série de conventions quant à l'à-propos des métaphores et des « transpositions arbitraires[76] » qui donnent naissance aux concepts. Dans son cours, Nietzsche formule cette thèse ainsi : « La langue est la création individuelle des artistes du langage, mais ce qui la fixe, c'est le choix opéré par le goût de la majorité[77]. » Autrement

---

74. RL, p. 113.
75. Fragment posthume 19[236] (été 1872-début 1873), *in* FP2, p. 244.
76. VME, § 1, p. 210 (*cf.* aussi p. 213).
77. RL, p. 113.

dit, la langue commune est le résultat de conventions plutôt arbitraires. Le professeur précise que le langage ne transmet donc pas une *episteme*, mais bien une *doxa*. Toutefois, il ne va pas jusqu'à affirmer à ses étudiants ce qu'il avance dans *Vérité et mensonge au sens extra-moral*, à savoir que ce que l'on nomme communément la « vérité » n'est qu'un postulat d'adéquation entre une chose perçue et sa représentation (c'est-à-dire un concept métaphorique).

Nietzsche développe sur cette base une compréhension de l'être humain social comme fondamentalement un « menteur ». La vérité et le mensonge se développent de pair, car c'est la formation de la société — décrite comme « un traité de paix » qui fait en sorte « qu'au moins l'aspect le plus brutal du *bellum omnium contra omnes* disparaisse » — qui entraîne la nécessité d'une entente langagière entre les êtres humains sur ce qu'est la « vérité » : « En effet, ce qui désormais doit être la "vérité" est alors fixé, c'est-à-dire qu'il est découvert une désignation uniformément valable et contraignante des choses, et que la *législation du langage* donne aussi les premières lois de la vérité car à cette occasion et pour la première fois apparaît une opposition entre la vérité et le mensonge[78]. » Aussi Nietzsche écrit-il dans ses notes de 1872-1873 que « [t]oute forme de *civilisation* [Kultur] commence par le fait qu'une foule de choses se trouvent *voilées*[79]. » Le titre de l'essai inachevé de 1873 se laisse ainsi déchiffrer : le sens « extra-moral » selon lequel Nietzsche examine la vérité et le mensonge est l'opposé du sens moral, c'est-à-dire du sens socialement construit. Au sens moral, la vérité est une « multitude mouvante de métaphores, de métonymies, d'anthropomorphismes, bref une somme de relations humaines qui ont été rehaussées, transposées, et ornées par la poésie et par la rhétorique, et qui après un long usage paraissent établies, cano-

---

78. Les deux dernières citations proviennent de VME, § 1, p. 209 (nous soulignons dans la seconde).
79. Fragment posthume 19[50] (été 1872-début 1873), *in* FP2, p. 189.

niques et contraignantes aux yeux d'un peuple : les vérités sont des illusions dont on a oublié qu'elles le sont[80] ». Cette « législation du langage » entraîne « un élan moral qui s'oriente vers la vérité », ainsi comprise comme « ciel conceptuel » d'un peuple, « qui le surplombe[81] ». Cet élan vers la « vérité » garantit l'inclusion sociale. Le « menteur », au sens moral, est donc celui qui transgresse les conventions sociales langagières, c'est-à-dire celui qui ne règle plus « la conduite de sa vie et de son action » sur la « pyramide logique » de ce « monde de lois, de préséances, de subordinations et de délimitations[82] ». Cette transgression de la législation langagière fait que le menteur s'exclut de la société bâtie sur le traité de paix qui dissimule les aspects les plus brutaux de l'animal humain.

Au sens extra-moral, maintenant — qui est le sens suivant lequel Nietzsche mène sa réflexion —, cette « vérité », une pure convention masquée, se révèle être un mensonge, soit une création métaphorique et anthropomorphique qui se fait passer pour la description fondamentale et juste des choses. Au sens moral, il y a donc une « vérité » — ou plutôt, une véridicité[83] (dont la postulation est une fonction constitutive de l'intellect humain, et qui plus est, une fonction nécessaire aux fondements de la société) — et il y a des « mensonges » (les mensonges ponctuels des transgresseurs de l'ordre social). Au sens extra-moral, toutefois, il n'y a qu'un mensonge : celui, capital, de la création d'une « vérité » et des concepts qui la formulent. Au sens extra-moral propre à Nietzsche, le mensonge consiste donc non pas dans la transgression de l'ordre langagier préétabli, mais dans le fait

---

80. VME, § 1, p. 212.
81. Les quatre dernières citations proviennent de VME, § 1, p. 209, 212, 213 et encore 213.
82. Les trois dernières citations proviennent de VME, § 1, p. 212 sq.
83. *Cf.* le fragment posthume 19[229] : « Utiliser chaque mot comme l'emploie la masse, c'est donc une commodité politique et morale. Être *véridique*, par conséquent, signifie seulement ne pas s'écarter du sens usuel des choses » (*in* FP2, p. 242).

d'oublier le « monde primitif des métaphores[84] ». Se placer au point de vue extra-moral permet de montrer les origines de la législation langagière et de la juger illusoire, voire erronée. Mais en s'excluant ainsi de la législation langagière, Nietzsche se trouve qualifié de « menteur » d'un point de vue moral. Autrement dit, les deux sens du « mensonge » et les deux points de vue (moral et extra-moral) sont mutuellement exclusifs.

Cette distinction entre « vérité » et « mensonges » nous permet de revenir au passage sur le langage cité précédemment, tiré de la quatrième *Inactuelle*. Nietzsche y affirme que le moderne est devenu « l'esclave des mots[85] » dans la mesure où le mensonge moral (c'est-à-dire la transgression du « ciel conceptuel » propre au peuple allemand) cède le pas à un autre type de mensonge : la *dissimulation*. Celle-ci est un « moyen de conservation de l'individu » déployé par l'intellect humain : la dissimulation est « le fait de parer sa vie d'un éclat d'emprunt et de porter le masque, le voile de la convention, le fait de jouer la comédie devant les autres et devant soi-même ». Ainsi compris en tant que dissimulation, le « mensonge » est largement répandu, puisqu'il « est le moyen de conservation des individus plus faibles et moins robustes, dans la mesure où il leur est impossible d'affronter une lutte pour l'existence munis de cornes ou d'une mâchoire acérée de carnassier. » Le menteur dissimulateur est celui qui « utilise les désignations pertinentes, les mots, pour faire apparaître réel l'irréel ; il dit par exemple : "je suis riche", alors que pour qualifier son état c'est justement "pauvre" qui serait la désignation correcte. Il mésuse des conventions établies en opérant des substitutions arbitraires ou même en inversant les noms[86]. » Dans le

---

84. VME, § 1, p. 214. Karl Löwith (*Nietzsche*, p. 119) croit que le sens « extra-moral » est comparable chez Nietzsche à un sens « cosmique » : c'est le point de vue de la nature, de ce qui est véritablement, par-delà les fables humaines. C'est, en somme, le point de vue du philosophe généalogiste.

85. CI4, § 5, p. 120.

86. Les quatre dernières citations proviennent de VME, § 1, p. 208 *sq*. Ce raisonnement est une constante chez Nietzsche. Il acquiert une importance considérable dans l'argumentation déployée en 1887 dans *La généalogie de la*

monde moderne, le «mensonge» (au sens moral du terme, et non au sens extra-moral) se duplique donc : il n'était que *transgression* (langagière, morale et sociale), mais dorénavant il devient aussi *mésusage* (des mots et des catégories morales et sociales).

Ce faisant, l'origine du langage (à savoir la «transposition esthétique d'une excitation nerveuse en images[87]» conceptuelles) est de plus en plus oubliée. L'usage et le mésusage du langage ont pour effet de masquer l'origine des mots : ainsi le caractère véritablement créatif du langage et de la pensée est-il perdu de vue. Comme le dit le § 5 de la quatrième *Inactuelle*, le langage perd sa capacité à savoir «exprimer en toute simplicité[88]» l'émotion entraînée par nos stimuli et les pensées qui en découlent. Nietzsche voit que dans la civilisation allemande, la tendance généralisée au type de «mensonge» qu'est la dissimulation achève de détacher la langue de ses origines, lesquelles sont des impressions et des intuitions[89] toujours *particulières*, contrairement aux concepts, puisqu'elles sont fondées sur des sensations (qui sont le premier rapport humain au monde). La langue moderne voit sa fonction et son pouvoir lui échapper dans la mesure où elle ne sert plus à «communiquer véritablement» la «détresse» de l'être humain, sa «vive émotion», ses intuitions particulières et fondamentales. Selon Nietzsche, la langue n'est plus utilisée que de manière mensongère : voilà la cause de sa «monstrueuse maladie[90]». Séparée du sol premier dont elle naît,

---

morale. Dans la première Dissertation (« "Bon et méchant", "Bon et mauvais" »), Nietzsche, en philologue, consacre quelques sections à l'étymologie (§ 4-5). Sa conception du langage comme processus rhétorique, métaphorique et anthropomorphique, ainsi que la conception de la vérité qui s'ensuit, se retrouvent elles aussi dans les écrits postérieurs aux années bâloises : sur le caractère arbitraire des mots, *cf.* par ex. HTH, vol. 1, § 11 ; *Le voyageur et son ombre* (*in* HTH, vol. 2), § 11 et 55 («Chaque mot est un préjugé», p. 208) ; *Aurore*, § 47, 115, 133, 257 ; GS, § 110, 111, 121, 228 ; et PBM, § 268.

87. VME, § 1, p. 213.
88. CI4, § 5, p. 120.
89. Nietzsche parle du «monde intuitif des premières impressions» (VME, § 1, p. 213).
90. Les quatre dernières citations proviennent de CI4, § 5, p. 120.

la langue en vient à perdre sa force créatrice : c'est pourquoi cette situation fait l'objet de l'*Inactuelle* sur Wagner, qui porte précisément sur l'art, la création et le rôle du créateur.

La première *Inactuelle*, déjà, montrait que cette maladie a notamment pour cause le fait que les Allemands cultivés et lettrés, les savants comme les écrivains, ne maîtrisent plus la langue : les principes de la rhétorique, les règles de la syntaxe et même de la grammaire leur échappent. Dans les deux derniers paragraphes de *David Strauss, l'apôtre et l'écrivain*, Nietzsche s'attelle à corriger les écarts langagiers du théologien, car si « la confession théologique de Strauss a pu faire scandale ici et là, l'unanimité règne en ce qui concerne l'*écrivain* Strauss ». Il est donc de la plus haute importance, comme de la plus haute *inactualité*, de démontrer que Strauss n'a pas une plume classique. Ce faisant, Nietzsche indique que sa critique du journalisme et des « laquais littéraires[91] » est arrimée à une critique plus fondamentale de l'usage de la langue. Car la langue est « le sol naturel et fécond nécessaire à tous les efforts postérieurs vers la culture [*Bildungsbemühungen*] ». À cet effet, il est catégorique : la culture « commence par une démarche correcte de la langue », et plus précisément de la langue maternelle. C'est pourquoi il faut la cultiver et l'affiner dès le *Gymnasium* : « Il n'y a que ce dressage qui donne au jeune homme le *dégoût physique* de cette "élégance" du style, tant aimée et tant prisée de ceux qui travaillent dans les usines du journalisme et qui écrivaillent des romans [...] : le dégoût empêche simplement de les lire, et voilà la question réglée[92]. » À la « science linguistique », Nietzsche oppose donc un « dressage linguistique ». Essentiel à la formation d'un jugement esthétique, le dressage linguistique est indispensable aux efforts en vue d'établir une culture pour une civilisation durable, tout comme il est nécessaire à la création artistique.

---

91. Les deux dernières citations proviennent de CII, § 8, p. 60.
92. Les trois dernières citations proviennent de AÉE, II, p. 111 *sq.* ; nous soulignons dans la troisième.

Chapitre 7

Diagnostic et pronostic : les écueils de la civilisation alexandrine

Lorsqu'il examine l'Allemagne moderne pour révéler ses carences, ses déséquilibres, ses faiblesses ou ses mensonges, Nietzsche emploie un vocabulaire médical : il distingue ainsi les symptômes d'un mal. L'étude de ces symptômes lui permet aussi de poser un diagnostic. Mais la difficulté, pour le commentateur, réside sans conteste dans le fait de nommer ce mal pour lequel le jeune Nietzsche emploie plusieurs termes : *Dekadenz*, « pessimisme dans l'action », *Geldtendenz*, *Bildungsphilistinismus*, « esprit historique » ou encore « ascétisme ». Un concept adopté par Nietzsche dans les années 1880 permet néanmoins de rendre compte de sa première philosophie : il s'agit du mot « nihilisme », dont on propose ici l'emploi pour nommer la maladie de la civilisation.

Le nihilisme de la civilisation alexandrine

Thématisé dans ses écrits des années 1880, le concept de « nihilisme » ne fait pas partie du vocabulaire de Nietzsche dans les années 1870[1]. Il s'avère utile pour étudier la période qui nous

---

1. *Cf. supra*, ch. 3, p. 114. La première occurrence du terme « nihilisme » dans l'œuvre publiée apparaît en 1886 dans *Par-delà bien et mal* (I, § 10) et la deuxième, la même année, dans l'« Essai d'autocritique » (§ 7) qui sert de préface à la réédition de *La naissance de la tragédie*. Le terme « nihiliste » apparaît

occupe[2] dans la mesure où il permet de nommer de manière générale ce que les expressions singulières de Nietzsche décrivent comme une série de symptômes. Sa signification recouvre les dangers du pessimisme dans l'action, ainsi que les lacunes de l'éducation et de la culture. Mais aussi, le nihilisme renvoie à la conscience historique qui, du fait de ses connaissances, conclut à l'équivalence des positions éthiques, politiques ou esthétiques issues des différentes époques. La conscience historique moderne ne reconnaît à aucune civilisation un rôle fondamental et directeur, sinon à la civilisation moderne qui a précisément mené à cette connaissance « dernière ». Le nihilisme résulte ainsi de la perte d'un étalon axiologique à prétention universelle, ce qui induit le raisonnement selon lequel s'il n'y a rien de vrai, alors tout se vaut[3].

Le nihilisme provient donc d'une *connaissance* : la connaissance de l'absence de « vérité ». Nietzsche voit que ce nihilisme a une cause interne à la civilisation moderne, qu'il désigne à cet égard comme civilisation alexandrine, du nom de la capitale du monde hellénistique : le nombre de bibliothèques, de musées et de savants à Alexandrie en fait l'archétype d'une civilisation animée par le désir de la connaissance pour la connaissance. *La naissance de la tragédie* la décrit en des mots qui résument sa critique de la civilisation moderne, et qui formulent par le fait même une critique à l'endroit de l'esprit historique, et même de

---

toutefois dans les fragments posthumes dès 1880, alors que Nietzsche écrit dans une courte note que « [l]es nihilistes avaient Schopenhauer pour philosophe » (fragment 4[103], été 1880, in Nietzsche, *Œuvres philosophiques complètes : Aurore. Pensées sur les préjugés moraux*, suivi de *Fragments posthumes (1879-1880)*, p. 406).

2. Michel Haar (« "Comment devient-on philologue ?" ») l'avait remarqué lorsqu'il écrivait, en commentant le cours d'*Introduction aux études de philologie classique* de l'été 1871, que « [l]e bon philologue est celui qui, ayant compris le nihilisme caché dans la culture moderne, pourrait s'aider du modèle de la culture "classique" pour achever de nous en libérer » (p. 89).

3. Eduard von Hartmann (« Nietzsche's "neue Moral" », p. 35) tenait cette affirmation, « *Nichts ist wahr, alles ist erlaubt* », pour la proposition fondamentale de la philosophie nietzschéenne.

la philologie. La civilisation moderne, en effet, se caractérise par son orientation « théorique » ou « savante » :

> [C]'est en vain que l'on cherche appui, en les imitant, sur toutes les grandes époques productives et tous les grands génies créateurs, c'est en vain qu'on rassemble autour de l'homme moderne, pour le consoler, toute la « littérature universelle » et qu'on l'installe au milieu des styles et des artistes de tous les temps pour qu'il leur donne un nom [...] : il reste l'éternel affamé, le « critique » sans vigueur et sans joie, — l'Alexandrin au fond bibliothécaire et correcteur d'épreuves qui, dans la poussière des livres, s'use lamentablement les yeux aux fautes d'impression.

Cette civilisation a « pour idéal l'*homme théorique* armé des moyens de connaissance les plus puissants[4] » qui lui permettent de tirer son plaisir de la connaissance, comprise à la fois comme recherche et comme acquis. L'Alexandrin qui élargit sans cesse son désir de connaissance, Nietzsche en fait le représentant type de la civilisation moderne. Voilà qui explique les reproches qu'il adresse à la philologie, menée par une érudition maniaque et sourde aux questions fondamentales et aux présupposés philosophiques de toute soif de savoir.

Malgré la curiosité qui l'anime, le monde moderne est une « civilisation déclinante ». Le cas de l'Allemagne montre que l'orientation théorique de la civilisation alexandrine n'est pas incompatible avec ce qu'elle affiche pourtant comme son contraire, c'est-à-dire la barbarie. Nietzsche estime qu'en période d'innovation scientifique, de développement industriel et de construction nationale, il est urgent de rappeler qu'une course effrénée vers le savoir peut mener à tout le contraire de la civilisation. L'Allemagne, où les nombreuses formes du journalisme éduquent le peuple, où le *Bildungsphilister* règne dans les institutions du savoir — où la connaissance, en somme, n'est plus qu'« un *ersatz* de civilisation[5] » —, montre mieux que les autres

---

4. Les deux dernières citations proviennent de NT, § 18, p. 110 *sq.* et 107.
5. Les deux citations de ce paragraphe proviennent du fragment posthume 19[171] (été 1872-début 1873), *in* FP2, p. 223.

pays d'Europe que la civilisation occidentale moderne est en fait une *Unkultur*, une non-civilisation qu'il s'agit de décrire et de combattre par la voix de la critique culturelle.

La croyance — ou pour le dire autrement : la perspective philosophique fondamentale — qui anime la civilisation moderne est venue au jour, selon le philologue, avec Socrate. Ne craignant pas l'anachronisme, Nietzsche avance que Socrate, le philosophe animé de l'amour de la connaissance, est l'archétype de la civilisation alexandrine en tant qu'il en est l'« ancêtre[6] ». Autrement dit, Nietzsche détermine que la cause principale de la maladie de la civilisation — ou du nihilisme moderne — est l'optimisme de l'homme théorique. Car le désir de connaissance peut mener à des découvertes nuisibles pour la volonté de vie de l'être humain[7]. En dévoilant des connaissances qui peuvent entraîner le pessimisme dans l'action, l'optimisme, à terme, mène à son contraire : il se mue en pessimisme lorsqu'il est poussé au-delà de certaines limites. Le nihilisme dévoile la limite propre à une civilisation alexandrine : la civilisation moderne est malade de ce que cohabitent en elle de manière contradictoire l'optimisme fondateur et les découvertes tragiques que ce dernier finit par entraîner. Deux tendances apparemment contradictoires, optimisme et pessimisme, font en même temps sentir leurs effets, suscitant des mensonges et causant des déséquilibres.

Les symptômes que Nietzsche identifie sont donc des manifestations du problème inhérent à une civilisation de type alexandrin, arrivée aux limites de son développement. Voilà le diagnostic proposé par le philosophe médecin de la civilisation, qui se prononce aussi sur la manière dont ce mal est vécu au plan individuel : « [L]e désastre qui sommeille au sein de la civilisation théorique se met peu à peu à envahir d'angoisse l'homme moderne [qui] cherche avec inquiétude, dans le trésor de ses expériences,

---

6. NT, § 18, p. 107.
7. *Cf. supra*, ch. 3.

mais sans vraiment y croire, les moyens de conjurer ce danger[8] ».
Nihilisme (au plan collectif) et angoisse (au plan individuel) sont les noms de la maladie de la civilisation.

Le point limite de la civilisation alexandrine

En philosophe médecin, Nietzsche se prononce sur l'évolution possible du mal qu'il diagnostique. Pour interpréter son pronostic, il faut revenir sur une caractéristique de la civilisation alexandrine. *La naissance de la tragédie* indique qu'« au sein de la civilisation socratique se dissimule un optimisme qui se fait l'illusion d'être illimité ». On a relevé en ces pages de nombreux indices de cette situation (tirés autant des textes publiés que des inédits), par exemple lorsque Nietzsche souligne que « la civilisation alexandrine a besoin de l'esclavage; mais [que] dans sa vision optimiste de l'existence, elle en dénie la nécessité ». L'optimisme est une perspective philosophique fondamentale pour la modernité, à laquelle Nietzsche oppose le pessimisme antique et moderne, de Plutarque à Schopenhauer. Le jeune philosophe croit que son combat n'est pas vain, car le discours optimiste moderne s'essoufflera, selon lui, à mesure que ses incohérences apparaîtront : « [L]e jour où l'effet de ses belles paroles enjôleuses et lénifiantes sur la "dignité de l'homme" et la "dignité du travail" se sera usé, elle [la civilisation alexandrine] s'acheminera progressivement au-devant d'un horrible anéantissement. »

Or il ne fait aucun doute, pour Nietzsche, que ce déclin a déjà commencé. S'il ne le *sait* pas déjà, le moderne du moins *sent* « qu'une civilisation fondée sur le principe de la science ne peut que sombrer, du moment où elle commence à devenir *illogique*, c'est-à-dire à reculer devant ses propres conséquences[9]. » Nietzsche explique ce fait aux § 15 et 18 de *La naissance de la*

---

8. NT, § 18, p. 109.
9. Les quatre dernières citations proviennent de NT, § 18, p. 108 (trois fois) et 110.

tragédie, en développant l'idée d'un point limite de la civilisation alexandrine fondée sur une entreprise théorique immense :

> [L]a science, éperonnée avec toute la vigueur de sa puissance d'illusion, se précipite sans cesse à ses limites, contre lesquelles vient se briser l'optimisme qui se cache dans l'essence de la logique. C'est que le cercle de la science porte à sa circonférence une infinité de points, et bien qu'il soit encore absolument impossible de prévoir comment, d'un tel cercle, on pourra jamais prendre la mesure entière, l'homme noble et bien doué rencontre immanquablement, avant le milieu de sa vie, tel ou tel point limite de la circonférence où il se fige, interdit, devant l'inexplicable. Et lorsque là, transi d'effroi, il découvre qu'à cette limite la logique s'enroule sur elle-même et finit par se mordre la queue — alors surgit une nouvelle forme de connaissance, la *connaissance tragique*, qui réclame, pour être supportable, le remède et la protection de l'art[10].

Ce passage présente la science, et la logique qui l'appuie, comme un cercle fermé. L'optimisme qui inspire de l'intérieur la recherche de connaissance et qui meut l'Alexandrin, ne peut manquer de se heurter aux limites de la circonférence de la connaissance scientifique. Nietzsche précise ici que c'est « l'homme noble et bien doué » qui atteindra les limites de la science, et non pas tout ou n'importe quel individu. Un Alexandrin moderne peut donc très bien passer sa vie à se mouvoir à l'intérieur du cercle de la rationalité scientifique, sans se douter que sa perspective sur la vie est limitée à un cadre partiel. C'est notamment le cas du philistin de la culture ou du savant farouchement optimiste, porteurs du « préjugé naïf que maintenant tout est *aussi beau que possible*[11]. » Mais le fait que des esprits naturellement philosophes — certains savants, certains artistes — se heurtent bel et bien aux limites de la science, montre que la civilisation fondée sur l'entreprise théorique arrive à la fin de son développement.

---

10. NT, § 15, p. 94. *Cf.* aussi NT, § 18 et les fragments posthumes 19[35.151.182. 196.206] (été 1872-début 1873).
11. IÉPC, § 7, p. 103.

Nietzsche croit que la modernité approche de ce point limite où la connaissance scientifique fait place à autre chose.

Mais quel est cet « autre » de la modernité ? Lorsqu'elle est poussée à ses conséquences dernières, la connaissance scientifique cède naturellement le pas à une connaissance tragique : l'optimisme fait place au pessimisme, et le besoin d'art, ou de consolation métaphysique, se fait alors sentir. Comme l'écrit le germaniste Ernst Behler, « ainsi se trouve inversé le rapport initial, selon lequel la science succède à l'art, car au point culminant de la conceptualisation scientifique, c'est le besoin primordial de l'art qui resurgit avec une force nouvelle[12]. » Moteur de la civilisation alexandrine, l'optimisme est aussi son germe destructeur interne. C'est pourquoi Nietzsche écrit dans *La naissance de la tragédie* que « l'homme moderne commence à soupçonner les limites de ce plaisir socratique de la connaissance et que, au milieu de ce vaste désert qu'est l'océan du savoir, il aspire à retrouver un rivage. » L'image du rivage suggère même que le moderne *souhaite* atteindre les limites de la circonférence de la science, là où la logique fait enfin place à l'art. Le moderne, en somme, a besoin d'art comme d'une consolation : l'autre de la modernité, en somme, se montrera dans une civilisation artistique ou tragique.

Voyant que la civilisation alexandrine tire à sa fin, Nietzsche souligne le travail capital « de grandes et fortes natures, portées à l'universalité, [qui] ont su, avec un aplomb incroyable, utiliser l'appareillage même de la science pour exhiber les limites et la nature conditionnée de toute connaissance en général, et contester de façon décisive les prétentions de la science à une validité et à une finalité universelles. » Ces fortes natures, ce sont Kant et Schopenhauer, qui ont « remporté la plus difficile des victoires, la victoire sur l'optimisme dans l'essence de la logique qui forme

---

12. Ernst Behler, « Friedrich Nietzsche et la philosophie du langage du romantisme d'Iéna », p. 61.

le soubassement de notre civilisation[13]. » Les philosophies kantienne et schopenhauerienne ont affaibli le « socratisme scientifique » en mettant en évidence ses limites, introduisant ainsi « une conception infiniment plus sérieuse et profonde des questions de l'éthique et de l'art », que Nietzsche définit comme « une *sagesse dionysiaque* mise en concepts[14] ». Le philologue, toutefois, se fait aussi critique envers Kant. Affirmant l'utilité d'une certaine foi en la métaphysique, il remarque dans ses notes que « *Kant*, en un certain sens, a exercé une influence néfaste, car la foi en la métaphysique s'est perdue. Personne ne pourra compter sur sa "chose en soi" comme sur un principe contraignant[15] ». Il voit le kantisme comme une étape nécessaire, mais non comme une position philosophique finale. Kant doit être complété par autre chose. Deux tendances se côtoient dans la civilisation moderne — celle à l'optimisme et à son désir effréné de poursuivre les impératifs de la science, et celle à la détresse devant les signes avant-coureurs du déclin de la civilisation alexandrine. Si Kant peut répondre à la première, Nietzsche espère répondre à la seconde en suscitant le développement de la consolation métaphysique nécessaire au moderne pour contrer le nihilisme qui tue l'action et le désir de grandeur. La civilisation socratique a en bonne partie « perdu sa naïve confiance de jadis[16] ». « [N]'ayant pu aboutir qu'à cette délicate et fragile dentelle qu'est la culture contemporaine », la civilisation alexandrine « a désormais rendu l'âme[17] ». Le moment est donc venu de construire les fondements de la nouvelle civilisation, une *Kultur* de type artistique caractérisée par un dosage équilibré des pulsions fondamentales de la nature.

---

13. Les trois dernières citations proviennent de NT, § 18, p. 108 *sq*.
14. Les trois dernières citations proviennent de NT, § 19, p. 117.
15. Fragment posthume 19[28] (été 1872-début 1873), *in* FP2, p. 180.
16. NT, § 18, p. 110.
17. NT, § 20, p. 119.

La lutte pour une nouvelle civilisation tragique

Voilà la teneur du pronostic nietzschéen : malade pour cause d'excès d'optimisme, agonisante même, la civilisation alexandrine découvre ses limites, inaugurant une civilisation que Nietzsche propose de « qualifier de tragique », laquelle n'est plus irriguée par un désir de connaissance et un esprit théorique, mais bien par la *sagesse* qui cherche à « reprendre sur soi la souffrance éternelle[18] ». Il écrit en 1872 : « Parvenus là [aux limites de la circonférence de la connaissance scientifique], nous frappons, le cœur saisi par l'émotion, aux portes du présent et de l'avenir : ce "retournement" mènera-t-il à de nouvelles configurations du génie, à quelque "Socrate musicien", précisément ? » Incertain, en définitive, quant à l'issue réelle des combats en cours, Nietzsche réserve son pronostic. « Ce réseau que l'art tisse autour de l'existence, fût-ce sous le nom de la religion ou de la science, sera-t-il de plus en plus fin et solide, ou bien se verra-t-il déchiré en lambeaux par tout ce tourbillon agité et barbare qu'on appelle le "présent"[19] ? » À ses interrogations, le professeur bâlois répond par deux mots, toujours les mêmes, le premier entraînant le second : « espoir » et « combat[20] ».

Pour résumer, on peut dire que le germe de la maladie de la civilisation alexandrine lui est consubstantiel : il s'agit de sa perspective philosophique fondamentale, c'est-à-dire de son optimisme. S'il n'est pas contrebalancé par une autre pulsion, l'optimisme entraîne un excès de connaissance et le nihilisme qui s'ensuit. Le nihilisme est donc un effet normal — et non exceptionnel — du développement d'une civilisation de type alexandrin, fondée sur l'optimisme animant l'esprit scientifique qui croit en la pénétrabilité de la nature et qui voit dans le savoir

---

18. Les deux dernières citations proviennent de NT, § 18, p. 109.
19. Les deux dernières citations proviennent de NT, § 15, p. 95.
20. Ces mots apparaissent à la fin du § 15, immédiatement après les deux extraits que nous avons cités, ainsi qu'à la toute fin de *La naissance de la tragédie* (§ 24, p. 141), où Nietzsche appelle au combat wagnérien en terminant sur ces mots adressés au lecteur ami : « [V]ous comprendrez mes espérances. »

une panacée. Nietzsche complète ses observations par un pronostic : l'Allemagne — ses universités, ses académies, ses publications savantes nombreuses — montre que la civilisation alexandrine vit les premiers moments de son agonie, dans des éclairs de connaissance tragique qui laissent présager de deux choses l'une : soit une civilisation artistique adviendra naturellement mais à très long terme ; soit les hommes « nobles » et « bien doués » qui assistent à ces métamorphoses accéléreront le cours des choses et formeront les bases de la civilisation artistique à venir, mettant un terme à l'intervalle de barbarie, d'*Unkultur*, dans lequel l'Allemagne patauge.

Face aux luttes entre les deux tendances modernes et aux « bouleversements formidables » dont l'époque est témoin, Nietzsche avoue dans *La naissance de la tragédie* : « Hélas ! C'est l'étrange magie de ces combats qu'on ne puisse y assister sans pouvoir s'empêcher d'y prendre part[21]. » Cette affirmation toute dionysiaque révèle la participation active de Nietzsche aux événements qu'il décrit. La dimension théorique de sa symptomatologie est ainsi complétée par une dimension pratique : il s'agit d'un travail thérapeutique, proposé par le philosophe médecin pour lutter contre la maladie de la civilisation. Cette thérapeutique répond au diagnostic et au pronostic posés par Nietzsche : son objectif vise rien de moins que l'établissement des bases d'une civilisation artistique, comme le fut la civilisation hellénique, qui soit à même de susciter un équilibre durable entre les pulsions naturelles.

L'enjeu véritable est ainsi *le retour de la conception tragique du monde*, qui est le soubassement naturel d'une civilisation artistique. Nietzsche espère une renaissance de la conception dionysiaque du monde sous forme d'art, et non plus seulement sous la forme des cultes secrets ou des mystères auxquels elle fut

---

21. Les deux dernières citations proviennent de NT, § 15, p. 95.

cantonnée après la mort de la tragédie grecque[22]. Il conçoit la tragédie comme un remède dont les vertus prophylactiques permettent de séparer « les plus vigoureuses qualités d'un peuple de ses défauts les plus néfastes. » À cet égard, la question capitale est lancée dans *La naissance de la tragédie* : l'impulsion dialectique au savoir et à l'optimisme scientifique est-elle assez forte pour « interdire à tout jamais dans l'art le retour de la tragédie et de la conception tragique du monde[23] » ? Nietzsche croit qu'aucune résolution terrestre de la dissonance tragique fondamentale de l'existence humaine n'est possible : seul l'art tragique est à même d'offrir une consolation métaphysique. L'homme théorique « croit le savoir capable de corriger le monde et la science de guider la vie », mais arrivé aux limites du « cercle très étroit de problèmes » où l'esprit théorique enferme l'individu, il n'est plus en mesure « de dire en toute sérénité à la vie : "Je veux bien de toi ; tu es digne d'être connue[24]." » Le Socrate musicien sert ainsi de symbole pour une civilisation où la prétention de l'esprit scientifique à une validité universelle serait oubliée, et où l'équilibre des pulsions serait réalisé.

Le philologue assure que le réveil de la tragédie est miraculeux pour la vie d'un peuple, tel un « philtre nécessaire à sa guérison[25]. » En réponse aux problèmes de la civilisation alexandrine, il s'agit de s'assurer qu'une certaine dose d'art puisse agir comme contrepoids à l'excès de connaissance. Il ne fait aucun doute pour Nietzsche que le salut de l'esprit allemand passe par un domptage (*Bändigung*) de l'instinct de connaissance. Or si la philosophie est à même de faire ce travail et de mener à bien cette tâche, c'est justement parce qu'elle est « un instinct

---

22. « Je ne veux pas dire que sous les assauts de l'esprit non dionysiaque, la conception tragique du monde fut partout radicalement détruite : nous savons seulement que, chassée de l'art, elle dut se réfugier dans une sorte de monde souterrain, où elle dégénéra en cultes secrets » (NT, § 17, p. 106 ; *cf.* aussi p. 103).

23. Les deux dernières citations proviennent de NT, § 21, p. 122, et § 17, p. 103.

24. Les trois dernières citations proviennent de NT, § 17, p. 106 *sq.*

25. NT, § 21, p. 121.

de connaissance *sélectif*[26] ». La pratique philosophique nietzschéenne vise donc à maîtriser ou à dominer cet instinct et à redonner à l'art et au mythe leurs fonctions capitales pour la santé de la civilisation et du peuple allemands.

Le jeune Nietzsche parcourt la « ligne » du présent[27] en médecin qui ausculte le corps malade de la civilisation allemande, pour construire une autre *Kultur*. Les symptômes généraux contre lesquels il dirige son action sont autant de déséquilibres qu'il combat sur un front philologique, un front musical et un front pédagogique, parfois avec Erwin Rohde, parfois avec Richard Wagner, mais, chose certaine, jamais seul.

---

26. Fragment posthume 19[21] (été 1872-début 1873), *in* FP2, p. 178 ; nous soulignons.

27. *Cf.* le fragment posthume 29[96] (été-automne 1873), *in* FP2, p. 405.

PARTIE III
Thérapie

Chapitre 8

Front philologique : les Grecs au secours de la *Kultur*

Comme médecin de la civilisation, le philosophe doit être engagé dans son époque pour y mener une action rénovatrice — l'action « la plus noble[1] », précise Nietzsche —, en suscitant des réformes plutôt qu'en encourageant la révolution. Cette idée développée dans la *Considération inactuelle* sur Richard Wagner provient précisément du compositeur. Dans son essai de 1870 sur Beethoven, Wagner décrit les capacités allemandes sur lesquelles il s'appuie dans l'élaboration de son « œuvre d'art de l'avenir » et souligne que l'esprit allemand est fondamentalement rénovateur :

> Ici se montre encore cette particularité de la nature allemande, douée de tant de profondeur intérieure et de richesse, qu'elle sait imprimer sa marque propre à toute forme *en la transformant et en la rénovant de l'intérieur*, et en se préservant ainsi de la nécessité de la renverser extérieurement. Ainsi l'Allemand n'est pas révolutionnaire, mais *réformateur*, et ainsi il conserve finalement aussi pour révéler *son être intime* une richesse de formes dont ne dispose aucune autre nation. Cette source intime et profonde semble précisément tarie chez le Français ; c'est pourquoi, tourmenté par la forme extérieure de sa situation dans l'État comme dans l'art, il

---

1. CI4, § 3, p. 110. Nietzsche soulignait déjà en 1872 le besoin d'une « rénovation et d'une purification profondes et puissantes de l'esprit allemand » (AÉE, II, p. 117).

croit devoir aussitôt se mettre à l'œuvre pour les détruire entièrement, comme s'il supposait qu'une forme nouvelle et plus aisée devra alors se laisser constituer tout à fait spontanément[2].

La lecture du *Beethoven* de Wagner avait enthousiasmé Nietzsche, qui écrivait à Rohde : « Un livre de Wagner sur *Beethoven*, qui vient de paraître te fera voir une grande part de ce que j'exige maintenant de l'avenir. Lis-le, c'est une révélation de l'esprit dans lequel *nous* — nous ! — vivrons dans l'avenir[3] ». Cela rappelle que l'Allemagne nouvellement unifiée suscitait certes des critiques chez les wagnériens, mais elle nourrissait aussi des espoirs. Ce chapitre s'attachera à les décrire.

Il faut pour cela retracer la pratique philosophique de Nietzsche dans la première moitié des années 1870. Dans une étude parue en Allemagne en 1893 et partiellement traduite en France la même année dans *La revue bleue*, le philosophe Ludwig Stein remarquait que Nietzsche avait développé ses vues critiques jusqu'à une limite bien précise : quand « il lui fallut enfin aborder la partie positive de son programme, et énoncer des remèdes aux vices divers qu'il avait signalés, il préféra couper court[4] ». Cela vaut effectivement pour certains projets, comme la série de conférences sur l'éducation que Nietzsche présenta en 1872, mais qu'il ne termina pas. Les livres écrits à Bâle, cependant, proposent bel et bien des remèdes pour contrer le mal de la civilisation. Bien que ses propositions soient souvent éparses dans différents textes, un travail de lecture et d'analyse montre que la philosophie nietzschéenne de l'époque a effectivement une dimension pratique. À cet égard, ce que Nietzsche écrit en 1874 dans *Schopenhauer éducateur* est révélateur : il explique que « l'unique critique possible d'une philosophie, et la seule aussi qui prouve quelque chose, [est] celle qui consiste à essayer

---

2. Wagner, *Beethoven*, p. 127 ; nous soulignons.
3. Lettre n° 113 à Rohde du 15 décembre 1870, *in* COR, vol. 2, p. 154. *Cf.* aussi la lettre n° 108 à Wagner du 10 novembre 1870.
4. L. Stein, « Frédéric Nietzsche. L'homme et l'écrivain », p. 749.

si l'on peut vivre selon elle ». Autrement dit, le philosophe doit pouvoir donner un exemple « par la vie visible et non pas seulement par les livres[5] ».

Les ouvrages publiés ainsi que les notes posthumes montrent que deux positions demeurent centrales chez le jeune Nietzsche : la conception médicale de la tâche du philosophe envers son temps, mais aussi la compréhension fondamentalement pratique de la philosophie. La pratique du professeur se déploie comme la thérapie du philosophe médecin à l'endroit de la maladie de la civilisation. Dans ses notes, il cherche à définir la tâche de la philosophie et la spécificité de son action par rapport à la science et à l'art, parallèlement à sa critique des philosophes universitaires, auxquels il oppose généralement la figure de Schopenhauer ou encore celle de Kant. Comme on l'a montré dans les chapitres précédents, la question du rapport que doit entretenir le philosophe à sa civilisation l'occupe alors tout entier. Mais à l'époque de la fondation du théâtre de Bayreuth, entreprise en 1872, ce problème devient aussi celui, plus précis, du rôle de la philosophie dans l'établissement d'une nouvelle *Kultur* dont Bayreuth se veut le siège et le symbole.

Il importe d'emblée de remarquer que le combat nietzschéen ne se déroule pas sur un front politique. Si Nietzsche identifie bien des symptômes politiques de la maladie de la civilisation, il ne définit pas pour autant une pratique politique. Il entretient en effet des doutes quant à la puissance réelle du politique, qu'il exprime sur un ton sarcastique, comme dans cet extrait de la troisième *Inactuelle* :

> Toute philosophie qui croit qu'un événement politique puisse écarter, ou qui plus est résoudre, le problème de l'existence est une plaisanterie de philosophie, une pseudo-philosophie. Depuis que le monde existe, on a vu souvent se fonder des États ; c'est une vieille histoire. Comment une innovation politique suffirait-elle à faire des hommes, une fois pour toutes, les heureux habitants de

---

5. Les deux dernières citations proviennent de CI3, § 8, p. 87, et § 2, p. 29.

la terre ? Mais si quelqu'un croit vraiment de tout son cœur que la chose soit possible, qu'il se montre ; car en vérité il mérite de devenir professeur de philosophie dans une université allemande[6].

Comme Schopenhauer, il évalue négativement l'effet de la politique sur le philosophe. Jugeant qu'on ne peut « sortir de l'étude de la politique en demeurant un homme d'action », il écrit : « Je souhaite ardemment qu'on guérisse de la politique[7] ». Il conserve jusque dans ses écrits tardifs cette compréhension de la politique comme une tare, soulignant en 1886 dans *Par-delà bien et mal* qu'il est souhaitable pour le philosophe de « se tenir à l'écart du bruit et des tracas de la domination *grossière* » et de « la souillure *nécessaire* que comporte toute politique pratique[8] ». Certes, le jeune Nietzsche attribue à la philosophie la grande tâche de « préparer[9] » la civilisation à venir, mais pour ce faire, elle doit œuvrer à un niveau plus fondamental que l'action politique.

---

6. CI3, § 3, p. 41 *sq*.

7. Ces deux citations proviennent du fragment posthume 32[63] (début 1874-printemps 1874), *in* FP3, p. 194 *sq*.

8. PBM, III, § 61, p. 75. L'allemand se lit : « [S]*ich Ruhen vor dem Lärm und der Mühsal des* gröberen *Regierens und Reinheit vor dem* nothwendigen *Schmutz alles Politik-Machens zu schaffen* » (KSA, vol. 5, p. 80). Les deux adjectifs soulignés par Nietzsche sont révélateurs. Le § 61 de l'ouvrage de 1886 explique qu'il y a deux types de domination et tente de les comprendre en fonction de leur rapport à la religion : une domination grossière (la politique) qui peut se servir de la religion comme moyen pour se maintenir elle-même ; et une domination raffinée (« la vie retirée et contemplative, entourée de disciples ») qui peut se servir de la religion pour se maintenir à l'écart de l'autre type de domination et ainsi réussir son œuvre de sélection et d'éducation, les individus de ce type (« forts, indépendants, prédestinés au commandement ») se sentant « responsable[s] de l'évolution totale de l'humanité ». Selon ce paragraphe, la vie politique est nécessairement « bruit », « tracas », « souillure » — elle n'est nullement une domination raffinée. Comme exemple de domination raffinée ayant utilisé le moyen de la religion, Nietzsche cite les brahmanes. Le philosophe, ou l'esprit contemplatif, est ainsi investi de tâches plus hautes que la politique pratique, et même « plus que royales » : il doit se servir des religions, de la politique et de l'économie comme d'instruments lui servant à accomplir son « œuvre éducative ». Le philosophe doit « façonner l'homme en artiste » (§ 62, p. 78) et ainsi donner sens et direction à l'avenir de l'être humain. Sur ce point, la philosophie de maturité précise donc les idées de jeunesse.

9. Fragment posthume 28[2] (printemps-automne 1873), *in* FP2, p. 351.

En fonction de l'efficace propre à la philosophie et des symptômes qu'il distingue, Nietzsche mène son combat sur trois fronts. Sur un front philologique, il prépare une régénération de la civilisation allemande par l'Antiquité grecque. Sur un front musical, il participe au wagnérisme en appuyant un renouveau de l'art tragique en Allemagne. Et sur un front pédagogique, il encourage une réforme publique de l'éducation dispensée dans les établissements d'enseignement, tout en entrevoyant une forme d'éducation « privée » — quelque chose comme une « *Bildungs-Sekte*[10] » qui serait réunie grâce au recrutement d'« un petit nombre de personnes pour partager [ses] idées[11] ». Les luttes menées sur ces trois fronts doivent entraîner la guérison de la civilisation, c'est-à-dire la renaissance de l'esprit allemand dans une *Kultur* où serait réalisé l'équilibre des forces entre connaissance et création, ce qui signifierait le commencement du « jour de l'homme noble[12] » dans une civilisation artistique.

L'*Unzeitgemäßigkeit* de la philosophie

Étonné que son ancien professeur tarde à répondre après qu'il eut reçu de la part de l'éditeur un exemplaire de *La naissance de la tragédie*, Nietzsche écrit à Friedrich Ritschl en janvier 1872 : « [M]on livre appartient à la catégorie des manifestes et ce qui lui convient le moins est le silence[13] ». Si son premier livre est un manifeste, son second, qui paraît un an et demi après, a plutôt la forme d'un pamphlet. De *La naissance de la tragédie* à la première *Considération inactuelle*, le ton a changé, mais la pratique philosophique adopte la forme du combat, qui sera maintenue dans les autres *Considérations*. Un fragment de 1872-1873

---

10. Fragment posthume 32[62] (début 1874-printemps 1874), *in* KSA, vol. 7, p. 776 ; l'expression est traduite improprement en français par « secte de la culture » (*in* FP3, p. 194).
11. Lettre n° 113 de Nietzsche à Rohde du 15 décembre 1870, *in* COR, vol. 2, p. 290.
12. Lettre de Rohde à Nietzsche du 12 janvier 1873, *in* QANT, p. 239.
13. Lettre n° 194 à Ritschl du 30 janvier 1872, *in* COR, vol. 2, p. 256.

montre les thèmes de cette lutte: « Pour caractériser la superficialité de notre civilisation: David Strauss, nos théâtres, nos poètes, notre critique, nos écoles[14]. » Ces cibles sont visées par la série inachevée des *Inactuelles*, où Nietzsche s'attache à caractériser la *neuere Zivilisation* en faisant la critique de ses éléments symptomatiques, constitutifs d'une modernité contre laquelle il s'érige en « combattant de la civilisation[15] ». La barbarie allemande compte parmi ses effets dangereux la possibilité que le philosophe s'enfuie ou s'isole, « que le penseur, oreilles bouchées et yeux bandés, fui[e] vers le désert le plus retiré[16] ». Or c'est tout le contraire qui est requis: « La tâche du philosophe est de combattre consciemment tous les facteurs temporels — et, ainsi, de soutenir la tâche inconsciente de l'art[17]. » Dans ses notes de 1872-1873 qu'il prévoyait de réunir en un ouvrage consacré à la figure du philosophe[18], Nietzsche décrit longuement la fondamentale inactualité du travail philosophique. Guérir la civilisation affaiblie dès sa naissance demande de vaincre « l'esprit du temps[19] » — autrement dit: de vaincre ce qui est *zeitgemäß*. Les *Inactuelles* prennent tout leur sens dans cette perspective.

L'adjectif allemand « *zeitgemäß* » qualifie à la fois ce qui est moderne et ce qui est au goût du jour, et Nietzsche joue certainement sur ce double sens. Il considère l'inactualité comme le propre du philosophe et de l'artiste, qui travaillent de pair. Au début des années 1870, en effet, il est encore wagnérien lorsqu'il écrit que « [l]e philosophe doit *découvrir ce dont besoin est*,

---

14. Fragment posthume 19[32] (été 1872-début 1873), *in* FP2, p. 181.
15. CII, § 8, p. 59.
16. « Le rapport de la philosophie de Schopenhauer à une culture allemande », *in* CP, p. 194.
17. Il poursuit: « En eux deux, un peuple réalise l'unité de toutes ses qualités et atteint sa suprême beauté » (fragment posthume 19[12], été 1872-début 1873, *in* FP2, p. 175). *Cf.* aussi le 19[17]: « Au-dessus du fracas de l'histoire se tient la sphère du philosophe et de l'artiste, à l'écart du besoin. Le philosophe comme *sabot d'arrêt dans la roue du temps* » (p. 176).
18. *Cf. supra*, ch. 6, p. 184 *sq.*, et *infra*, ch. 8, p. 228 *sq.*
19. Fragment posthume 19[7] (été 1872-début 1873), *in* FP2, p. 174.

l'artiste doit le *créer*[20] ». Les combattants de la civilisation, ce sont à la fois le grand penseur et le grand artiste, mais le peuple conserve aussi une certaine importance dans cette compréhension de la tâche du philosophe — et même selon les notes posthumes. Le fragment 19[12] suggère que le résultat du travail inactuel conjoint du philosophe et de l'artiste sera l'unification esthétique du peuple. Mais le plus révélateur est peut-être le fragment 19[17] : « C'est aux époques de grand danger qu'apparaissent les philosophes — lorsque la roue tourne de plus en plus vite — la philosophie et l'art se substituent au mythe déclinant. Mais il surgissent longtemps à l'avance, car l'attention des contemporains ne se tourne que lentement vers eux. Un peuple qui prend conscience de ses dangers produit le génie[21]. » Suivant cette perspective, le peuple engendre le grand esprit comme puissance salvatrice. Si le philosophe médecin de la civilisation est une œuvre du peuple, sa mission est naturellement de permettre à ce peuple de réaliser son unité esthétique, au moyen du travail de critique inactuelle, d'assainissement de la *Kultur* et de formation pédagogique propres au philosophe et à l'artiste réunis.

Le philosophe, en somme, sera le pont entre les époques ainsi qu'entre les trois moments du temps. Il doit être ancré dans le présent tout en posant sur lui un regard détaché et critique, afin d'interpréter le passé en vue de l'avenir. « Le présent est mauvais, il ne représente qu'une ligne » — mais cette ligne est celle où se tient le philosophe, en un fragile équilibre entre le passé (toujours présent, bien qu'enfoui ou oublié) et l'avenir (toujours en formation), Nietzsche précisant à la fois que « seul celui qui construit l'avenir a le droit de juger le passé[22] », mais que « [*c*]*'est seulement à partir de la plus haute force du présent que vous avez le droit d'interpréter le passé*[23]. » La critique inactuelle porte

---

20. Fragment posthume 19[23] (été 1872-début 1873), *in* FP2, p. 178.
21. Fragment posthume 19[17] (été 1872-début 1873), *in* FP2, p. 177.
22. Les deux dernières citations proviennent du fragment posthume 29[96] (été-automne 1873), *in* FP2, p. 405.
23. CI2, § 6, p. 134.

sur le présent, mais elle doit être tournée vers l'avenir, en fonction du diagnostic et du pronostic posés par le philosophe médecin.

Le réveil de l'Antiquité hellénique

Dans une lettre datée du 14 juillet 1871 et adressée au président de la Société philologique de Leipzig, Nietzsche écrit : « Nous pouvons encore espérer un réveil de l'Antiquité grecque dont nos pères n'ont pu aucunement rêver[24]. » Dans son combat pour la régénération de la civilisation allemande, le philologue considère que deux dimensions de l'Antiquité sont riches d'enseignement pour l'Allemagne : l'art et la philosophie. Ce combat « philologique » est véritablement celui d'un philosophe, le professeur Nietzsche s'intéressant primordialement au contenu de la philosophie grecque ancienne, et non plus tellement, comme le faisait le jeune étudiant en philologie, à l'étude des sources.

La compréhension de l'esthétique grecque ainsi que des modèles philosophiques préplatoniciens doit aider à la formation et à l'affirmation de l'esprit national allemand. Nietzsche croit en effet que la connaissance des Grecs renvoie à un niveau de généralité permettant de penser l'être humain dans une perspective fondamentale, universelle et éternelle, comme il l'affirmait dans ses cours[25]. Le « combat » qui oppose, d'un côté, la culture humaniste venue « de Grèce et de Rome » par l'intermédiaire « de nos grands poètes, c'est-à-dire de ces rares Allemands vraiment cultivés [*gebildeten*] » (Goethe, Schiller), et de l'autre, « l'érudition et la culture savante [*gelehrten Bildung*][26] » qui dominent dorénavant dans les établissements d'enseignement, ne pourra être gagné par le camp de la *Bildung* classique qu'au

---

24. Lettre n° 145 de Nietzsche à R. Meister du 14 juillet 1871, *in* COR, vol. 2, p. 193. Président de la Société philologique de Leipzig, le philologue Richard Meister (1848-1912) était spécialiste du grec ancien.
25. *Cf. supra*, ch. 3.
26. Les extraits dans cette phrase proviennent de AÉE, II, p. 115 *sq*.

moyen d'une réactualisation des fondements et des acquis de cette dernière. C'est ce à quoi Nietzsche travaille, en philologue qui retrace les voies défrichées par les intuitions esthétiques des Grecs, et en philosophe qui étudie les figures de Thalès à Socrate, « pour faire enfin résonner à nouveau la polyphonie du tempérament grec[27]. »

Pour dégager le front philologique de son combat contre la modernité, on peut examiner sa compréhension de l'art grec, ainsi que son interprétation du premier moment de la philosophie grecque. Cela nous ramène au tout début des années 1870, vers le livre de 1872 sur la tragédie et le cours d'*Introduction aux études de philologie classique* de l'été 1871, ainsi que vers la correspondance, les notes et les inachevés de 1872-1873 — plus précisément, le manuscrit du livre abandonné en 1873 sur *La philosophie à l'époque tragique des Grecs* et les notes accompagnant le cours sur *Les philosophes préplatoniciens*, donné aux semestres d'été 1872 et 1873.

L'art grec

Selon Nietzsche, les Grecs anciens se caractérisent essentiellement par leurs intuitions esthétiques qui canalisent les pulsions naturelles. L'auteur de *La naissance de la tragédie* commence son ouvrage par la description des pulsions artistiques de la nature que sont l'apollinien et le dionysiaque, « des forces artistiques qui jaillissent de la nature elle-même *sans la médiation de l'artiste* et par lesquelles la nature trouve à satisfaire primitivement et directement ses pulsions artistiques. » La nature a des « dispositions artistiques immédiates » face auxquelles l'artiste n'est qu'un « imitateur[28] ». Or, Nietzsche croit que les Grecs ont développé un art correspondant précisément aux pulsions apollinienne et

---

27. PÉTG, seconde préface, p. 10.
28. Les trois dernières citations proviennent de NT, § 2, p. 32. Nietzsche cite la *Poétique* d'Aristote (1447 a 16), qui énumère les différents modes d'imitation artistique.

dionysiaque de la nature, dans leur force respective et leur équilibre mutuel. « Chez les Grecs seuls la nature accède à sa jubilation artistique », parce que c'est seulement chez eux que le phénomène naturel fondamental qu'est la destruction dionysiaque du principe d'individuation (représentée par l'ivresse et incarnée dans l'art non plastique) et sa recomposition apollinienne dans la mesure et la « belle apparence[29] » (représentée par le rêve et incarnée dans l'art plastique), est compris comme phénomène esthétique et représenté en art. Chez les Grecs, « enfin, par un geste métaphysique miraculeux de la "volonté" hellénique », la pulsion dionysiaque et la pulsion apollinienne marchent de pair et sont « accouplées », engendrant « l'œuvre d'art à la fois dionysiaque et apollinienne, la tragédie attique[30]. » La supériorité des anciens Grecs aux yeux de Nietzsche repose en outre sur ce fait qu'ils n'ont pas représenté leurs intuitions esthétiques fondamentales dans des concepts, mais qu'ils les ont plutôt incarnées « dans les figures incisives et nettes de leur panthéon », dont la mise en scène (littéraire, théâtrale, religieuse) donne lieu à une expression symbolique des forces et des pulsions de la nature. « C'est l'essence de la nature qui doit ici s'exprimer symboliquement. Un nouveau monde symbolique est donc nécessaire, un symbolisme du corps tout entier[31] », par lequel l'être humain, en tant qu'artiste imitateur de la nature, devient lui-même œuvre.

La forme d'art supérieure qu'est la tragédie renvoie à la perspective philosophique fondamentale que Nietzsche identifie dans le tempérament grec : le pessimisme ancien. Son interprétation du monde grec lie étroitement art et philosophie. Résultat de l'union des deux pulsions artistiques de la nature, la tragédie attique est la seule forme d'art apportant la consolation métaphysique nécessaire pour surmonter la sagesse de Silène. Cette

---

29. Les deux dernières citations proviennent de NT, § 2, p. 34, et § 1, p. 28.
30. Les citations de cette phrase proviennent de NT, § 1, p. 27 *sq.*
31. Les deux dernières citations proviennent de NT, § 1, p. 27, et § 2, p. 35.

consolation, c'est «la pensée que la vie, au fond des choses et malgré le caractère changeant des phénomènes, est toute de plaisir dans sa puissance indestructible». La consolation métaphysique est l'effet de la tragédie, elle est le message véhiculé par le chœur tragique: «Ce chœur, c'est lui qui console l'Hellène profond, plus apte que tout autre à la souffrance la plus subtile et la plus grave, cet homme qui a percé d'un regard infaillible l'effrayante impulsion destructrice de ce qu'on appelle l'histoire universelle aussi bien que la cruauté de la nature[32].» La tragédie est la «révélation la plus profonde du génie hellénique[33]», et le fait que les anciens Grecs ont développé cette forme d'art témoigne de leurs aptitudes artistiques tout autant que philosophiques.

Les Grecs savaient que la souffrance est inévitable, qu'elle forme le terreau de l'existence humaine. Mais tout en maintenant cette position, ils parvinrent à développer un art dont la fonction est précisément de rendre la vie possible malgré la souffrance fondamentale. Plutôt que de l'esquiver, comme le fait précisément le moderne, le Grec représente symboliquement la souffrance et la vit dans l'art dionysiaque. Aussi Nietzsche fait-il de «l'aptitude à la souffrance et à la sagesse de la souffrance», le corrélatif «au don artistique[34]». Son apologie de la civilisation grecque ancienne ne repose donc pas uniquement sur un jugement artistique, mais aussi sur une position philosophique, Nietzsche pensant les deux conjointement. L'art suprême des Grecs met en scène «le premier problème philosophique[35]», à savoir la contradiction originaire entre deux ordres irréconciliables et le «*mal*» qui en résulte: d'une part, la volonté humaine de durée, voire d'éternité, et, d'autre part, le passage inéluctable du temps qui fait que l'être humain se dirige vers sa mort prochaine comme vers sa seule certitude. C'est la contradiction entre le «divin» et l'«humain» que la tragédie met ainsi en scène:

---

32. Les deux dernières citations proviennent de NT, § 7, p. 55.
33. NT, § 16, p. 97.
34. NT, § 3, p. 38.
35. NT, § 9, p. 67.

> [L]e soubassement éthique de la tragédie pessimiste est trouvé: c'est la *justification* du mal humain, de la faute comme de la souffrance qui en résulte. Ce qu'il y a de mal irrémédiable dans l'essence des choses, la contradiction qui est au cœur du monde, [...] se révèle à ses yeux comme l'étroite imbrication de deux mondes, par exemple l'humain et le divin, dont chacun, pris isolément, est dans son droit, mais qui, confronté à l'autre, est condamné à souffrir de son individuation[36].

C'est pourquoi Nietzsche justifie aussi la supériorité des Grecs par leurs aptitudes proprement humaines: leur art, qui représente les pulsions de la nature et qui révèle leur perspective philosophique fondamentale, montre qu'ils ont atteint le sol premier de l'existence humaine. Les Grecs (contrairement au darwiniste David Strauss) ont compris que «l'homme est tout entier nature[37]»: leur art et leur philosophie se déploient à un niveau d'universalité qui leur permet de parler pour l'humain en tant que tel. Voilà pourquoi Nietzsche affirme dans son cours de l'été 1871 que «[l]'art grec est le seul qui ait surmonté les conditions nationales: ici nous accédons en premier lieu à *ce qui est humain*, c'est-à-dire non pas à l'humanité moyenne, mais à l'humanité la plus haute[38].» Cette justification est importante, car elle permet de souligner que le professeur bâlois ne prône pas un retour aux Grecs en vertu de ce qui serait une affinité particulière entre l'esprit grec et l'esprit allemand, mais plutôt en vertu du fait que la civilisation grecque a atteint le sommet du développement possible de l'esthétique humaine comme telle, c'est-à-dire de l'expérience humaine de la vie. C'est pourquoi le philologue qualifie la tragédie d'«art originel de l'humanité[39]».

L'universalité, et par suite la simplicité, caractérisent les Grecs: ils «sont, comme le génie, *simples*: c'est pourquoi ils sont des maîtres immortels. Leurs institutions, leurs créations por-

---

36. NT, § 9, p. 67.
37. «La joute chez Homère», *in* CP, p. 196.
38. IÉPC, § 7, p. 102.
39. NT, § 19, p. 115.

tent l'empreinte de la simplicité de sorte qu'on s'est souvent émerveillé qu'ils soient en cela si *uniques*. Et ils sont en même temps, à notre étonnement, aussi *profonds* que simples[40]. » Cette position est aussi celle que défend Rohde dans ses textes d'appui à *La naissance de la tragédie*. Rohde affirme qu'il faut « pouvoir reconnaître dans la nature merveilleuse et dans les réalisations du peuple grec quelque chose qui, sous les transformations et les remarquables travestissements de l'histoire, était purement humain ». On pourra donc puiser dans l'Antiquité grecque « de quoi atteindre une humanité plus libre et plus noble », car les Grecs « seront pour tous les temps des lois durables et de puissantes exhortations » — mais, précise-t-il en accord avec l'*Unzeitgemäßigkeit* nietzschéenne, à condition de ne pas se tourner vers eux « en se délectant de [notre] fidélité aveugle à [nos] opinions d'honnête homme d'"aujourd'hui"[41]. »

Nietzsche avance donc une explication artistique, philosophique et anthropologique de la supériorité des Grecs anciens. À cela s'ajoute un autre argument, qu'on pourrait appeler la justification par l'« histoire universelle », développée vers la fin de *La naissance de la tragédie*. L'auteur écrit qu'entre l'Inde (qui représente la valorisation inconditionnée des pulsions dionysiaques, le bouddhisme hindou résultant en un épuisement des forces dans l'extase dionysiaque) et Rome (qui représente « la valorisation inconditionnée des pulsions politiques », menant à un épuisement des forces de l'empire dans la poursuite de l'hégémonie mondiale), les anciens Grecs inventèrent une troisième voie : la civilisation artistique, qui est « d'une pureté classique » puisqu'elle accomplit l'union équilibrée des pulsions naturelles. Les Grecs réussirent un « dosage admirable » des pulsions, grâce au remède qu'est la tragédie, « capable de stimuler, de purifier et

---

40. IÉPC, conclusion, p. 129.
41. Ces trois citations de Rohde proviennent de « Sous-philologie », *in* QANT, p. 217 ; « Recension parue dans la *Norddeutsche allgemeine Zeitung* du 26 mai 1872 », *in* QANT, p. 78 ; et « Sous-philologie », *in* QANT, p. 184.

de décharger la vie de tout un peuple ». S'ils ne jouirent pas longtemps de cette civilisation artistique, sa forme, selon Nietzsche, est toutefois « immortelle[42] ».

Autrement dit, *les Grecs ont déjà trouvé le remède à la maladie de la civilisation*. Son caractère fondamental garantit que ce remède peut servir à nouveau, et cette fois à l'intention des Allemands. Par sa quadruple justification de la supériorité de la civilisation grecque, Nietzsche avance que celle-ci peut servir de référence pour la civilisation allemande naissante. Le modèle grec indique comment contrôler l'instinct de connaissance et redonner à l'art et au mythe leurs fonctions capitales pour la santé d'une civilisation et d'un peuple. Comme le conclut Rohde, qui appuie entièrement la position de son ami au début des années 1870, « l'étude de l'humanité grecque encourage un tel effort culturel[43]. »

La première philosophie grecque

Mis à part leurs réalisations dans le domaine artistique, les Grecs anciens, selon Nietzsche, ont atteint le classicisme aussi « en tant que *philosophes* » : à ses étudiants de l'été 1871, il affirme que « jamais plus il n'y a eu, de manière même approchante, une telle série de penseurs chez lesquels toutes les possibilités philosophiques pouvaient pour ainsi dire s'exercer à fond[44]. » L'examen des modèles philosophiques complète donc celui de l'art grec dans l'étude de la civilisation hellénique. Aux semestres d'été 1872 et 1873, Nietzsche donne un cours intitulé *Die vorplatonischen Philosophen*[45]. Les notes de cette époque montrent qu'il travaillait à le transformer en un livre, dont la seule ébauche est le texte inachevé intitulé *La philosophie à l'époque tragique des Grecs*

---

42. Les citations des quatre dernières phrases proviennent de NT, § 21, p. 122.
43. Rohde, « Sous-philologie », *in* QANT, p. 218.
44. IÉPC, § 18, p. 125.
45. *Cf.* Janz, « Friedrich Nietzsches Lehrtätigkeit in Basel 1869-1879 », p. 27 ; et Nietzsche, *Les philosophes préplatoniciens*.

que Nietzsche, accompagné par Rohde, avait apporté à Bayreuth au cours des vacances de Pâques 1873[46]. Ce livre, Nietzsche l'abandonna dès son retour à Bâle, pour écrire plutôt l'*Inactuelle* sur Strauss. Il revint à ce manuscrit en 1875[47], mais il ne le termina jamais. Nietzsche précise la nature de son travail dans la préface : « Ma tâche consiste à mettre en lumière ce que nous serons obligés d'*aimer et de vénérer toujours*, et qu'aucune connaissance ultérieure ne pourra nous ravir : le grand homme[48]. » Il se tourne en effet vers la personnalité des philosophes grecs et cherche à examiner leurs idées en fonction de leur individualité et de leur vie. Ceux auxquels il s'intéresse primordialement sont les préplatoniciens, qu'il désigne ainsi puisqu'il étudie les penseurs que l'on dit « présocratiques » en y incluant Socrate. Trois caractéristiques du premier moment de la philosophie ressortent de son interprétation : Nietzsche présente les philosophes grecs anciens comme des « types purs[49] » ; il considère qu'ils étaient intégrés à leur civilisation ; et il voit réalisée en eux la possibilité pour la philosophie de faire un pont entre l'art et la science. On examinera ici chacun de ces aspects.

(1) Dans l'histoire de la philosophie, Nietzsche trace une frontière entre Socrate et Platon selon l'observation que les philosophes préplatoniciens « s'intègrent à la *vie générale de l'hellénité : après Socrate* se constituent des *sectes*[50]. » Le mot « secte » ici est important : Nietzsche comprend les philosophes préplatoniciens comme des « types purs », et non comme

---

46. *Cf.* le *Journal* de Cosima Wagner en dates des 7, 9 et 11 avril 1873 ; et *supra*, ch. 6, p. 184 *sq.*

47. Notamment pour préparer son cours de l'hiver 1875-1876, *Der Gottesdienst der Griechen*. D'Iorio (« L'image des philosophes préplatoniciens chez le jeune Nietzsche ») a mené une analyse des manuscrits afin de présenter les différences entre le cours de 1872 et l'essai inachevé de 1873, ainsi que les étapes suivant lesquelles Nietzsche a retravaillé puis abandonné son projet de livre de 1872 à 1875.

48. PÉTG, première préface, p. 10.

49. PÉTG, § 2, p. 17.

50. Fragment posthume 19[28] (été 1872-début 1873), *in* FP2, p. 180.

appartenant à des écoles de pensée. En effet, « Platon représente le début de quelque chose de tout à fait nouveau[51] » : le *Misch-philosoph* — le philosophe « hybride », autant quant au fond que quant à la forme[52]. Platon « fait figure de premier grand hybride [*Mischcharakter*], et cela est inscrit aussi bien dans sa personnalité que dans sa philosophie. Sa doctrine des Idées rassemble des éléments socratiques, pythagoriciens et héraclitéens ; c'est pourquoi il ne représente pas un type pur [*kein typisch-reines Phänomen*][53] ». Le dernier type pur, en somme, est l'optimisme socratique[54].

La particularité de cette interprétation tient à ce qu'elle avance que les anciens Grecs, jusqu'à Socrate, *ont parcouru le circuit complet des possibles philosophiques* : « Ils ont en effet inventé les *grands types de l'esprit philosophique*[55]. » C'est pourquoi il est nécessaire de les étudier pour comprendre les problèmes philosophiques d'hier et d'aujourd'hui, en établissant des parallèles révélateurs entre l'Antiquité et la modernité, comme Nietzsche en propose dans son cours sur les philosophes préplatoniciens et dans ses notes. Dans *La philosophie à l'époque tragique des Grecs*, par exemple, il cite Kant pour évoquer une réponse possible à Parménide, ou bien pour expliciter la pensée d'Anaxagore. La discussion propre aux philosophes anciens peut aussi se poursuivre avec les contemporains : pour répondre à Parménide, Nietzsche soulève une objection d'Afrikan Spir contre une notion kantienne[56]. Dans son commentaire du cours

---

51. PÉTG, § 2, p. 17.
52. Nietzsche affirme que « le dialogue platonicien [...], né du mélange de toutes les formes et de tous les styles existants, tient le milieu et reste suspendu entre le récit, le lyrisme et le drame, entre la prose et la poésie, et, de cette manière, enfreint la rigueur de la vieille loi prescrivant l'unité de forme et de langage » (NT, § 14, p. 87 *sq.*).
53. PÉTG, § 2, p. 17 ; pour l'allemand, *cf.* KSA, vol. 1, p. 810.
54. *Cf.* le fragment posthume 23[35] (hiver 1872-1873), *in* FP2, p. 299.
55. PÉTG, § 1, p. 15.
56. Pour la discussion d'Anaxagore et de Kant, *cf.* PÉTG, § 17, p. 68 ; pour la discussion de Parménide, de Kant et de Spir, *cf.* § 15, p. 60. Philosophe allemand néokantien originaire d'Ukraine, Afrikan Spir (1837-1890) était l'auteur de

sur les préplatoniciens, Paolo D'Iorio va d'ailleurs jusqu'à suggérer que « chaque figure antique incarne une position philosophique moderne[57] » : la discussion, par Nietzsche, des antinomies éléates renverrait au criticisme kantien, et Schopenhauer se cacherait derrière les « masques » d'Anaximandre, d'Héraclite et d'Empédocle. Ces parallèles sont certainement fondés : si Nietzsche discute des ontologies et des matérialismes anciens pour montrer que les préplatoniciens ont développé toutes les formes « pures » de la pensée philosophique, cette typologie doit lui permettre de dégager un schéma qui s'applique aux temps modernes. Les anciens Grecs, de Thalès à Socrate, ont parcouru le circuit complet des postures philosophiques, et les philosophes allemands répètent donc des possibles déjà explorés par les Grecs et s'insèrent à leur tour dans cette typologie préplatonicienne.

(2) Il est révélateur que les Grecs auxquels s'intéresse le jeune Nietzsche sont les préplatoniciens — pour lesquels la réflexion philosophique est soit ontologie (un questionnement sur le « quoi ? »), soit science ou mécanisme (un questionnement sur le « comment ? »). Ce penchant de Nietzsche pour les « premiers maîtres de la philosophie » — les « fils de Thalès[58] », selon l'expression de Wagner — est lié à son manque d'intérêt pour le politique. En se réclamant des préplatoniciens, le professeur bâlois se tourne vers une philosophie « prépolitique », mais qui est intégrée à sa civilisation. Il considère qu'à partir de Platon, les philosophes grecs ne sont plus en harmonie avec

---

Denken und Wirklichkeit. Versuch einer Erneuerung der kritischen Philosophie (Leipzig, 1873). L'influence de cet ouvrage sur Nietzsche a été soulignée par certains commentateurs (*cf.* Michael S. Green, *Nietzsche and the Transcendental Tradition*).

57. D'Iorio, « L'image des philosophes préplatoniciens chez le jeune Nietzsche », p. 392 *sqq*. Nous reviendrons sur cette idée des « masques » du philosophe (*cf. infra*, ch. 12).

58. Ces deux citations proviennent respectivement de PÉTG, § 2, p. 18, et de Cosima Wagner, *Journal*, 9 avril 1873, vol. 2, p. 60 : « Le soir nous devions nous occuper, comme le dit R. par plaisanterie, des "fils de Thalès", c'est-à-dire Anaximandre, Héraclite et Parménide à travers le travail du professeur Nietzsche ».

leur civilisation, mais plutôt en désaccord, en opposition, voire en conflit avec elle : « [L]es sectes qu'ils ont créées [ont] été dans leur ensemble des foyers d'opposition à la civilisation grecque et à l'unité de style qu'elle avait conservée jusque-là. Ils cherchent à leur manière une rédemption mais seulement pour quelques individualités ou tout au plus pour quelques groupes proches d'amis et de disciples. » À l'opposé, le philosophe préplatonicien est lié à sa civilisation : « L'activité des philosophes plus anciens, même s'ils n'en étaient pas conscients, débouche sur un salut commun et une purification générale [...] : le philosophe protège et défend sa patrie. Or, désormais, depuis Platon, le philosophe est en exil et conspire contre sa patrie[59]. » Autrement dit, depuis l'apparition du type du *Mischphilosoph*, la philosophie serait nécessairement subversive lorsqu'elle n'est pas d'un type pur. La philosophie « hybride » tire sa dimension essentiellement subversive du fait qu'elle ne se cantonne pas à l'un des modèles de l'ontologie ou du mécanisme philosophiques, et qu'elle se tourne notamment vers l'éthique et le politique.

À cet égard, il faut remarquer que dans son étude de la philosophie préplatonicienne, Nietzsche ne s'est pas intéressé aux sophistes. La diversité des thèmes abordés, par exemple, par un Protagoras — théologie, anthropologie, éristique — pourrait pourtant en faire un représentant préplatonicien du *Mischphilosoph*. Le sophiste serait-il un type philosophique lié à sa civilisation, son action travaillant à former et à définir sa patrie, ou bien un philosophe subversif avant l'heure, un foyer d'opposition à l'unité de style de la civilisation grecque ? Le fait que les sophistes ne figurent pas dans son schéma suggère une autre réponse que celles de cette alternative : Nietzsche ne semble pas considérer la sophistique comme une philosophie.

---

59. Les deux dernières citations proviennent de PÉTG, § 2, p. 18. Nietzsche écrit dans un fragment de la même époque : « Après Socrate, le bien commun est irrémédiablement perdu ; d'où l'éthique individualisante, qui veut sauver les *individus* » (fragment posthume 19[20], été 1872-début 1873, *in* FP2, p. 177).

(3) Nietzsche trouve donc chez les préplatoniciens un exemple d'activité philosophique qui a en vue la sauvegarde de la civilisation, plutôt que sa subversion : voilà qui s'accorde avec la tâche du philosophe qui, loin de révolutionner la civilisation par l'action politique, vise plutôt à la rénover par une action équilibrée entre la création et la connaissance. Les préplatoniciens sont ainsi un objet d'étude révélateur quant aux rapports entre ces deux piliers de toute civilisation. Nietzsche présente deux justifications de ce fait.

La première est que le philosophe grec ancien se tient entre la science et l'art[60], et qu'il est ainsi autant en rapport avec la première qu'avec le second. Nietzsche, toutefois, évoque surtout le rapport du philosophe préplatonicien à la science : ses objets propres sont les spéculations sur l'ontologie et les théories sur le mécanisme. Après Socrate, « [l]a philosophie laisse progressivement échapper les rênes de la science[61] » : se perd ainsi l'un des deux pôles dont elle doit opérer la réconciliation. Or, Nietzsche remarque que ce détachement par rapport à la science domine toujours à son époque : au lieu de faire des questions fondamentales de la réflexion scientifique son problème propre, « [t]oute pratique moderne de la philosophie est cantonnée dans un faux-semblant érudit ». De ce manuscrit inachevé se dégage ainsi une conception de la philosophie résolument orientée vers la science. Mais Nietzsche entend montrer qu'à sa naissance, elle était aussi tournée vers l'art : « [C]hez les Grecs, la présence du philosophe n'est pas un hasard : s'il apparaît aux VIe et au Ve siècles parmi les dangers inouïs et les prodigieuses séductions d'une vie matérielle de plus en plus évoluée, [...] nous pouvons à cela deviner que sa venue est celle d'un noble héraut dont la mise en garde poursuit le même but que celui pour lequel la tragédie est née à la même époque[62]. » Les préplatoniciens philosophent à la grande

---

60. Sur la position mitoyenne du philosophe, *cf. supra*, ch. 1, p. 54-65.
61. Fragment posthume 19[28] (été 1872-début 1873), *in* FP2, p. 180.
62. Les deux dernières citations proviennent de PÉTG, § 2, p. 19, et § 1, p. 16.

époque de la tragédie : Héraclite, Parménide et Anaxagore sont les contemporains d'Eschyle. « Dans ce merveilleux monde artistique — comme ils philosophaient[63] !» À l'encontre des philosophes hybrides, fondateurs de sectes qui deviennent des foyers d'opposition à la civilisation, les préplatoniciens, « même s'ils n'en étaient pas conscients », mènent une activité qui « débouche sur un salut commun et une *purification générale* ; le cours puissant de la civilisation grecque ne doit pas être interrompu et de terribles dangers doivent être écartés de sa route : le philosophe protège et défend sa patrie[64]. » C'est dire que la philosophie ancienne vise le même effet que l'art tragique.

La seconde justification découle alors de la première : dans la civilisation grecque ancienne, « le philosophe *n'est pas* un promeneur survenu par hasard et qui surgit indifféremment, tantôt ici, tantôt là. Il y a une loi d'airain qui enchaîne le philosophe à une civilisation authentique [...]. Les Grecs légitiment donc l'existence du philosophe puisqu'ils sont les seuls aux yeux de qui le philosophe n'est pas une comète[65] », mais bien une nécessité pour l'équilibre d'une civilisation solide et durable. Nietzsche constate que cette conception disparaît avec l'apparition platonicienne du philosophe sectaire. Le rapport des philosophes à l'art et à la science se dissout alors dans la philosophie politique. Socrate, s'il a suivi l'enseignement d'Anaxagore, a aussi discuté avec Protagoras ; s'il est contemporain de Sophocle, il est déjà l'ami d'Euripide, dont la tragédie n'est plus dionysiaque, mais une « épopée dramatisée[66] », optimiste, apollinienne, détachée du fond dionysiaque de l'expérience humaine. Le rapport de la philosophie à l'art se dégrade alors, tout comme le lien de la

---

63. Fragment posthume 19[5] (été 1872-début 1873), *in* FP2, p. 174.
64. Les deux dernières citations proviennent de PÉTG, § 2, p. 17 *sq.* ; nous soulignons.
65. PÉTG, § 1, p. 17.
66. NT, § 12, p. 79. *Cf.* NT, § 14, p. 88 : c'est ce que Nietzsche appelle l'« autodestruction » de la tragédie grecque, « jusqu'au saut mortel dans le drame bourgeois. »

science à la philosophie s'est étiolé. Pour Nietzsche, le résultat est simple: « La philosophie a perdu sa justification[67] ».

Dans son combat pour la civilisation, le philologue Nietzsche invoque donc une quadruple justification de la supériorité des Grecs: philosophique (ou esthétique); artistique; anthropologique; et *weltgeschichtlich* (ou civilisationnelle). Elle décrit aussi trois caractéristiques fondamentales de la philosophie préplatonicienne: une typologie «pure» de la philosophie; une pensée prépolitique intégrée à la civilisation; et un questionnement de nature scientifique à l'époque de l'art tragique. Nietzsche avance que ces caractéristiques sont en fait *les traits fondamentaux de la philosophie comme telle*. Armé de ce modèle, le philosophe médecin cherche à réactiver le « remède » grec : il lutte pour la formation d'une civilisation artistique où serait réalisé l'équilibre des pulsions de la nature. Deux moyens en vue de cette fin se dégagent des écrits du jeune Nietzsche: il y a d'une part la voie du philosophe qui, à partir de la perspective fondamentale du pessimisme, fait le pont entre le désir de connaissance et le besoin d'art; et d'autre part, la voie de l'artiste qui crée l'œuvre d'art tragique pour purifier et stimuler la vie du peuple allemand[68].

Ainsi Nietzsche se trouve-t-il face à une question : à qui le premier rôle? Y en a-t-il même un? Tourné vers l'art et la science, mais toujours en équilibre entre les deux, tout comme il se tient en équilibre sur la « ligne » du présent, regardant vers le passé pour le bien de l'avenir, le philosophe médecin doit-il dicter ses voies à l'artiste, comme Nietzsche le suggère dans une note de 1872-1873? Ou bien le grand penseur et le grand artiste sont-ils des « compagnons d'armes[69] » luttant côte à côte et à puissance égale, comme Nietzsche le propose aussi en 1872-1873? Et il y a

---

67. PÉTG, § 2, p. 19.
68. *Cf.* NT, § 21, p. 122.
69. Dans la lettre n° 212 à Rohde du 30 avril 1872, cette expression qualifie Nietzsche et Rohde: « [C]omme deux chevaliers brandissant leur écu, nous nous tenons droits au milieu de la confrérie universitaire tels de loyaux compagnons d'armes » (*in* COR, vol. 2, p. 283).

encore une autre possibilité : les combattants de la civilisation que sont Nietzsche et Rohde doivent-ils être guidés par un maître ? Il semble impossible de répondre univoquement à ces questions en invoquant les écrits de Nietzsche, puisque ceux-ci proposent tour à tour l'une ou l'autre de ces possibilités. La correspondance, par exemple, affirme fréquemment que le maître Wagner préside aux actions de ses « élèves », alors que les notes pour l'ouvrage sur le philosophe oscillent entre l'affirmation de l'égalité de l'art et de la philosophie et celle de la supériorité de la philosophie[70]. Le manuscrit inachevé sur les philosophes grecs, quant à lui, défend clairement cette dernière position.

Tout pousse à conclure qu'en 1872-1873, Nietzsche hésite entre un modèle de la philosophie comme science (selon lequel il reviendrait à l'artiste d'être responsable du monde de la création) et un modèle de la philosophie comme pont entre l'art et la science. Certains inachevés, comme *Vérité et mensonge au sens extra-moral* et *La philosophie à l'époque tragique des Grecs*, peuvent même appuyer chacun de ces deux modèles. De toute évidence, Nietzsche est alors occupé par le statut de la philosophie. Il tente de mettre ce problème au clair, mais il se tourne finalement vers une action plus concrète de la pensée sur le terrain de la lutte pour la civilisation allemande. Il s'engage dans ce *Kulturkampf* par une série d'écrits polémiques de critique culturelle et d'exhortation : les *Considérations inactuelles*, qui sont plus liées au wagnérisme que ne pourrait l'être un ouvrage sur la

---

70. Sur la supériorité de la philosophie, *cf.* le fragment posthume 19[23] (été 1872-début 1873) : « Le philosophe doit *découvrir ce dont besoin est*, l'artiste doit le *créer* » (*in* FP2, p. 178 *sq.*). Sur l'égalité de la philosophie et de l'art, *cf.* le fragment posthume 19[17] (été 1872-début 1873) : « [L]e philosophe et l'artiste révèlent les secrets d'atelier de la nature. Au-dessus du fracas de l'histoire se tient la sphère du philosophe et de l'artiste, à l'écart du besoin » (*in* FP2, p. 176 *sq.*). Quant à la thèse de la suprématie de l'art, D'Iorio considère que l'inachevé *Vérité et mensonge au sens extra-moral* est une « tentative de corroborer très subtilement, sur un plan épistémologique, la théorie de la nécessité de l'illusion et de la suprématie de l'art » (« La naissance de la philosophie enfantée par l'esprit scientifique », p. 36).

philosophie grecque. Les années entourant *La naissance de la tragédie* ont donc vu Nietzsche abandonner d'abord la dimension proprement philologique de sa lutte (il a refusé de s'engager dans un débat philologique avec Wilamowitz-Möllendorff, laissant la parole à Rohde, jusqu'à ce que celui-ci se retire à son tour de la querelle, après le second pamphlet de Wilamowitz[71]) et ensuite, l'étude de l'Antiquité grecque comme terrain propice au combat pour la civilisation. Au printemps 1873, la lutte pour la *Kultur* s'exprime par un autre canal que l'étude des Grecs anciens: jusqu'en 1875 environ, Nietzsche s'engage pleinement dans une participation au projet culturel wagnérien.

---

71. *Cf.* la lettre de Rohde à Nietzsche du 27 février 1873: «Je ne répondrai [...] qu'en toute dernière extrémité [...]. En tous cas je ne me laisserai plus entraîner dans une bagarre de chiffonniers à rallonge» (*in* QANT, p. 274). *Cf. supra*, ch. 6, p. 190 *sq.*

Chapitre 9

Front musical : détruire l'opéra

> Aucun pacte n'est possible avec la société moderne.
> Richard Wagner, *Opéra et drame*,
> partie III, ch. 7, Table

Nietzsche écrit dans les *Cinq préfaces* de 1871-1872 que les philistins amènent souvent le penseur à fuir « vers l'endroit où il lui est donné de voir ce que ceux-l[à] ne verront jamais, où il lui faut écouter la musique qui monte vers lui des grandes profondeurs de la nature et descend des étoiles. C'est là qu'il s'entretient des grands problèmes qui viennent planer autour de lui, et dont les accents sont assurément tant inconfortables et fertiles qu'anhistoriques et éternels[1]. » Il évoque ainsi une image de Tribschen, près de Lucerne, en Suisse, où Richard Wagner et Cosima von Bülow s'étaient installés après avoir dû quitter Munich en 1866. Nietzsche y séjourna fréquemment entre 1869 et 1872. S'y rendant pour la dernière fois au printemps 1872, il fit ses adieux à cette période heureuse, pour laquelle il conserva longtemps une nostalgie[2]. Les six années pendant lesquelles les Wagner vécurent à l'écart de l'Allemagne et de la société urbaine, dans l'intimité de

---

1. « Le rapport de la philosophie de Schopenhauer à une culture allemande », *in* CP, p. 194 *sq*.
2. « En ce jour c'en est fini de Tribschen. Comme sous de véritables ruines j'y ai encore vécu quelques journées ; de mélancoliques journées » (lettre n° 212 à Rohde du 30 avril 1872, *in* COR, vol. 2, p. 283).

leur villa de Tribschen, marquent une période très active pour le compositeur : il termine sa *Tétralogie* (abandonnée depuis la fin des années 1850) et *Les maîtres chanteurs* (1867), et il rédige son *Beethoven* (1870) ainsi que des essais sur l'Allemagne (*Art allemand et politique allemande*, en 1868, et *Qu'est-ce qui est allemand ?*, écrit de 1865 à 1878). Enfin, il épouse Cosima en 1870 et il met en chantier l'idée de fonder un théâtre à Bayreuth[3]. En 1872, cette période s'apprête à faire place à quelque chose de plus grandiose — et de plus public aussi : à compter du début mai, Richard et Cosima Wagner s'installent à Bayreuth et supervisent la construction du théâtre. Nietzsche séjourne à Bayreuth du 18 au 23 mai 1872 et il assiste à la pose de la première pierre du théâtre le 22. Cet événement qui se veut historique est placé sous les auspices de la *Neuvième Symphonie* de Beethoven, que Wagner dirige pour l'occasion[4]. Une grande entreprise est alors en chantier : c'est le projet qui couronnera la vie de cet homme de soixante ans.

À cette époque, l'existence publique de Nietzsche, quant à elle, commence à peine. Pour lui qui n'a pas encore trente ans, l'année 1872 est celle des attentes entraînées par *La naissance de la tragédie*, une œuvre dont Erwin Rohde disait qu'elle « agira sur le peuple allemand, et que son influence grandira en même temps que se fera sentir l'effet de l'enthousiasme artistique le plus noble — qui, ces jours-ci, pose à *Bayreuth* le fondement solide d'un temple en l'honneur de la nation allemande[5]. » Comme le montrent ces espoirs, le travail du jeune philologue est intimement lié au projet du maestro qui l'encourage, qui confirme ses choix et qui va jusqu'à lui écrire, à l'automne 1873 : « Je vous

---

3. Le projet de fonder un théâtre à Bayreuth pour y représenter la *Tétralogie* apparaît pour la première fois dans le journal de Cosima Wagner au printemps 1870 (*cf.* notamment l'entrée du 2 avril 1870, vol. 1, p. 248 *sq.*).
4. L'événement a lieu le jour même de l'anniversaire de Wagner. *Cf.* Colli et Montinari, « Chronik zu Nietzsches Leben », p. 40, et la lettre n° 201 à Rohde de la mi-février 1872, qui en détaille le projet.
5. Rohde, « Recension parue dans la *Norddeutsche allgemeine Zeitung* du 26 mai 1872 », *in* QANT, p. 87.

tiens pour le seul qui sache ce que je veux[6]!» Ses écrits du début des années 1870 révèlent à de nombreuses reprises l'importance capitale qu'ont pour Nietzsche la figure de Wagner et son entreprise culturelle avant et pendant la construction de Bayreuth. Les critiques contemporains de Nietzsche le considèrent comme un wagnérien dès la parution de *La naissance de la tragédie* en 1872. Ce livre, il ne faut pas l'oublier, s'ouvre sur une dédicace à Wagner, qui souligne « le sérieux du problème allemand auquel nous avons affaire[7] » et qui met ainsi l'essai au diapason avec le wagnérisme. En réaction, un article du critique d'art Bruno Meyer (1840-1917), paru dans le *Deutsche Warte* de Leipzig en novembre 1873, va jusqu'à qualifier le livre de Nietzsche de « nouvel évangile des wagnériens[8] ». La critique germanophone ne s'intéresse aux publications subséquentes de Nietzsche qu'en raison de sa connexion avec le wagnérisme — laquelle lui est confirmée dès 1873 par l'essai sur Strauss[9]. Par ailleurs, cette même année Nietzsche écrit dans une revue culturelle allemande pour défendre publiquement Wagner contre certaines calomnies[10].

Wagner et l'œuvre d'art de l'avenir

À l'automne 1873, Wagner demande à Nietzsche de composer un court texte pour stimuler le financement de l'imposant projet du compositeur, dont la réalisation, alors menacée par des difficultés pécuniaires, reposait sur des souscriptions, des dons et des prêts du roi Louis II de Bavière, mécène et protecteur de Wagner[11].

---

6. « *Ich* [...] *schwöre Ihnen zu Gott zu, dass ich Sie für den Einzigen halte, der weiss, was ich will!* » (lettre de Wagner à Nietzsche du 21 septembre 1873, in : *Nietzsche und Wagner*, vol. 1, p. 230).
7. NT, dédicace à Richard Wagner, p. 25 *sq.*
8. Bruno Meyer, « Beiträge zur Wagner-Frage. In eigener Sache », p. 653. Meyer était directeur du *Deutsche Warte* et professeur à Berlin.
9. *Cf. supra*, ch. 6 ; et M. Béland, « Nietzsche avant Brandes ».
10. *Cf.* « Un mot de Nouvel An au rédacteur de l'hebdomadaire *Im neuen Reich* ».
11. Sur la construction et les plans de Bayreuth, on peut se référer à un article de Wagner : « Das Bühnenfestspielhaus zu Bayreuth » (1873).

L'« Appel aux Allemands » de Nietzsche appuie le grand projet wagnérien, en assurant « qu'avec le mot "Bayreuth" ce n'est pas seulement un certain nombre d'hommes, une sorte de parti aux goûts musicaux particuliers, qui est en jeu, mais bien la nation. » Loin d'être simplement « un nouveau théâtre », Bayreuth doit être « le lieu d'où s'exprimera l'esprit national ». Le professeur y harangue les Allemands :

> Ici, vous pourriez être à l'unisson, partager un enseignement, un savoir, vous pourriez ici, du plus profond de votre âme, vous réjouir avec nous si vous vous décidiez à nous aider. Vous dotez généreusement toutes vos disciplines scientifiques de coûteux laboratoires de recherche et de lieux de travail et vous voulez rester à l'écart, inactifs, lorsqu'il s'agit de construire un semblable laboratoire à l'esprit d'audace et de recherche de l'art allemand ? Pourriez-vous citer une quelconque époque de l'histoire de notre art qui ait résolu de plus considérables problèmes et qui ait offert de plus belles occasions d'expériences fécondes que la nôtre où cette idée, que Richard Wagner qualifie du nom d'« œuvre de l'avenir », doit vivre et se concrétiser[12] ?

Nietzsche se mêle aux aspects les plus matériels de l'entreprise wagnérienne, mais il profite aussi de cette occasion pour formuler à nouveau le diagnostic posé dans sa première *Inactuelle*, en le rattachant cette fois directement au wagnérisme : « Nous croyons avoir remarqué que partout où l'on se scandalise et où l'on prend l'habitude d'être choqué à propos de Richard Wagner, se dissimulait un important et fructueux problème de notre culture. [...] [L]e soupçon honteux nous assaille parfois que le fameux "peuple de penseurs" pourrait bien avoir déjà cessé de penser et peut-être avoir substitué la suffisance à la réflexion[13]. »

---

12. Les quatre dernières citations proviennent de Nietzsche, « Appel aux Allemands », p. 294 *sq.*

13. « Appel aux Allemands », p. 295. Le texte de Nietzsche fut finalement rejeté car il ne reçut pas l'aval de la Société wagnérienne. Celle-ci demanda plutôt à Adolf Stern (1835-1907), historien de la littérature et professeur à Dresde, un autre « appel » qui n'eut finalement à peu près aucun effet sur les

Les notes de 1872-1873 montrent que Nietzsche eut l'idée d'une *Considération inactuelle* sur Bayreuth. Un titre apparaît plusieurs fois dans ses feuillets posthumes : « Horizon de Bayreuth. / L'horizon de Bayreuth. / *Considérations à l'horizon de Bayreuth*[14]. » Un autre fragment propose un titre qui relie les préoccupations de Nietzsche au projet wagnérien : « *Sur la formation d'un style artistique allemand*[15]. » Quatre ans plus tard, au cours de l'année du premier festival de Bayreuth, Nietzsche écrit dans son *Inactuelle* sur Wagner que « Bayreuth signifie pour nous la veillée d'armes à l'aube du combat. » Il résume ainsi, en 1876, la perspective qui était sienne depuis le début des années 1870. Par la voix de l'art — et précisément de l'art tragique —, Wagner prépare une réforme en profondeur de la société allemande : c'est à ce projet que Nietzsche s'associe, lui qui croit qu'il « n'est absolument pas possible de restaurer l'effet le plus pur et le plus élevé de l'art théâtral sans innover partout, dans les mœurs et dans l'État, dans l'éducation et dans le commerce des hommes[16]. » Le philologue reprend directement les idées du compositeur.

Richard Wagner formule son appel au combat culturel dès 1849, dans un opuscule intitulé *L'œuvre d'art de l'avenir*. Il écrit à la fin de cet essai : « [D]ès qu'il se sent et qu'il nourrit en soi un désir qui le jette hors des lâches jouissances de l'engrenage de nos situations sociales et officielles », l'individu, peu importe le milieu d'où il provient, « *doit* résister, se révolter et attaquer[17] ». Il répète quelques années plus tard l'importance de ne pas

---

souscriptions au projet de Bayreuth. *Cf.* Schaberg, *The Nietzsche Canon*, p. 35 *sq.*

14. Fragment 19[303] (été 1872-début 1873), in FP2, p. 261. L'allemand se lit : « Bayreuther Horizont-Betrachtungen » (*in* KSA, vol. 7, p. 512). *Cf.* aussi le titre proposé dans le fragment 19[296] : « Sur la culture [*Bildung*] allemande. / Hommage dédié aux frères d'art bayreuthois [*Bayreuther Kunstgenossen*] » (*in* FP2, été 1872-début 1873, p. 260).

15. Fragment 19[298] (été 1872-début 1873), *in* FP2, p. 260.

16. Les deux dernières citations proviennent de CI4, § 4, p. 116 et 114.

17. Wagner, *L'œuvre d'art de l'avenir*, V, p. 249 *sq.*

« conclure de contrats avec ce monde[18] » : il faut combattre les tendances modernes, « répandre la culture » et opposer un art *nouveau* aux diktats utilitaires et mercantiles imposés au monde artistique par le philistin, « nouveau maître du goût public ». L'œuvre d'art de l'avenir est « une œuvre collective, et ne peut naître que d'un désir collectif[19] ». L'art véritable sort de l'esprit du peuple et il est enraciné dans une nation[20]. Or, l'art collectif suprême, pour Wagner, est le *drame* : celui-ci est « l'unique but artistique collectif ». L'artiste de l'avenir doit ainsi réaliser la « mission[21] » de l'art, qui est de répandre la culture par la voix d'un drame enraciné dans l'esprit populaire et, donc, dans le sol de la nation. Ce drame sera une exaltation « *de l'homme en général*[22] » — puisque c'est là selon Wagner le propre de tout art —, mais il sera en même temps l'exaltation d'un type particulier d'expérience humaine : celle de l'Allemand. L'artiste de l'avenir doit alors renouer avec l'esprit populaire et son expression première, c'est-à-dire « naturelle[23] », et les transposer dans le drame, qui est l'œuvre d'art suprême dans laquelle, selon le langage schopenhauerien de Wagner, « la véritable vie est représentée directement de la manière la plus véridique et la plus compréhensible. » Aussi, pour conclure son *Œuvre d'art de l'avenir* en donnant l'illustration de ce qu'il a expliqué, Wagner reprend une « belle légende, qu'autrefois, le peuple des anciens Germains,

---

18. Wagner, *Opéra et drame* (1850-1851), partie III, ch. 7, p. 282.
19. Les trois dernières citations proviennent de *L'œuvre d'art de l'avenir*, IV, p. 215 ; *Opéra et drame*, partie III, ch. 7, p. 280 ; et *L'œuvre d'art de l'avenir*, V, p. 232.
20. *Cf. L'œuvre d'art de l'avenir*, II, p. 152, et *Opéra et drame*, partie I, ch. 3 : « De tout temps l'élément *populaire* a été la source féconde de tout art » (p. 116).
21. Les deux dernières citations proviennent de *L'œuvre d'art de l'avenir*, IV, p. 215 *sqq.* (*cf.* aussi V, p. 232, et II, p. 152).
22. *L'œuvre d'art de l'avenir*, IV, p. 216. Wagner croit que « le but suprême de l'homme est le but artistique » et que le but artistique est l'exaltation de l'homme (p. 217).
23. « [L]'art, pour avoir une influence quelconque sur la vie, doit être lui-même la floraison d'une culture *naturelle* » (*L'œuvre d'art de l'avenir*, IV, p. 215 *sqq.*).

inculte et grossier, a créée sans autre raison qu'une nécessité intérieure[24]. » La légende du forgeron Wieland — ou encore la mythologie nordique des Nibelungen, qui forme le sujet de la *Tétralogie* — est une expression du peuple et de la manière dont la nature humaine s'est exprimée en lui. Si elles sont mises en scène dans un drame, les légendes et les mythologies populaires deviendront « universellement intelligible[s] ». Il ne manquera, à cette œuvre d'art de l'avenir, que le « théâtre de l'avenir[25] », et Wagner, au début des années 1850, s'intéresse déjà à son architecture, sans que le nom de Bayreuth vienne encore couronner l'idée d'un projet de construction.

La tâche qui attend l'artiste du présent, ce « *générateur de l'œuvre d'art de l'avenir*[26] », est donc immense, mais elle est aussi exaltante, car elle lui commande de répondre à la « *nécessité commune* » qui taraude le peuple et l'artiste : celle de se détourner des « joies triviales de notre civilisation inhumaine » et de l'égoïsme comme de l'« utilitarisme qui ne profite qu'à l'homme sans besoin[27] ». Seul l'artiste, selon Wagner, peut donner voix à la force du peuple. Tous participent de l'aspiration commune à cheminer de l'avant et à renverser la modernité utilitariste et mercantile, mais Wagner croit que seul l'artiste est capable de donner une forme et une voix à cette aspiration — seul l'artiste peut donc la faire vivre[28].

À la toute fin de son long essai *Opéra et drame*, en 1851, Wagner lance cet appel : « Il y a parmi nous des *vieux* et des

---

24. Les deux dernières citations proviennent de *L'œuvre d'art de l'avenir*, IV, p. 222, et V, p. 250.
25. Les deux dernières citations proviennent de *L'œuvre d'art de l'avenir*, IV, p. 222 et 218 ; les pages 217 à 224 portent sur le théâtre et son architecture.
26. *Opéra et drame*, partie III, ch. 7, p. 285.
27. Les trois dernières citations proviennent de *L'œuvre d'art de l'avenir*, V, p. 249 *sq*.
28. Wagner oppose notamment l'artiste au politique (l'homme d'État), à l'idéaliste (le socialiste) et au penseur (le philosophe) (*Opéra et drame*, partie III, ch. 7, p. 283), mais il maintient que l'écrivain est nécessairement politique (partie II, p. 272).

jeunes : que le plus vieux ne pense pas à soi, mais qu'il aime le plus jeune, par amour de l'héritage qu'il fait descendre en son cœur afin d'y trouver un nouvel aliment[29] ». Peut-être l'écho de cet appel résonnait-il encore lorsque le compositeur rencontra le jeune philologue qui allait devenir, quelques années durant, le porte-voix universitaire de ses idées sur la régénération de la civilisation allemande par la renaissance de l'art tragique. De Bâle, en avril 1872, Nietzsche annonce d'ailleurs à Rohde le projet qu'il caresse pour l'année suivante (mais qu'il n'accomplira pas) : « [J]e vais regagner l'hiver prochain la patrie allemande, ce qui signifie qu'invité par les Sociétés Wagner des grandes villes je ferai des conférences sur les représentations solennelles des Nibelungen — il faut que chacun précisément accomplisse ce qui est son devoir et, en cas de conflit, ce qui est *davantage* son devoir[30] ». Nietzsche devint le jeune disciple du maître dont il admirait déjà la musique et les écrits. Il reprit et développa certaines de ses idées, participant activement au projet wagnérien, de la *Kulturkritik* jusqu'à l'établissement des fondations du théâtre de Bayreuth. Cette participation de Nietzsche au *Kulturkampf* wagnérien a deux orientations : sur un plan théorique, Nietzsche justifie la mission de l'art tragique à partir d'une philosophie de la musique ; celle-ci, sur un plan pratique, soutient une critique culturelle de l'opéra moderne ainsi que les autres activités wagnériennes dans lesquelles Nietzsche s'engage.

Philosophie de la musique

Dans *Le gai savoir*, en 1882, Nietzsche souligne la fonction adoucissante de la musique, selon le sens de la racine grecque du mot : la *melos*, écrit-il, permet une « cure de l'âme[31] ». Cette vertu thérapeutique est manifeste à travers ce que les Anciens — dont Platon dans la *République* (III, 398 d) — distinguaient comme les

---

29. *Opéra et drame*, partie III, ch. 7, p. 283.
30. Lettre n° 207 à Rohde du 11 avril 1872, *in* COR, vol. 2, p. 276.
31. GS, § 84, p. 112.

trois parties de la musique : l'harmonie, le rythme et les paroles. Dans *La naissance de la tragédie*, toutefois, Nietzsche est très critique envers la conception platonicienne de la musique, qui fut reprise au cours de la Renaissance italienne par les fondateurs du style récitatif. En fonction de sa réactualisation du pessimisme ancien, Nietzsche développe une esthétique qui accorde une place capitale à l'art musical. Il développe aussi une musicologie dans ses essais et cours des années 1870-1872, c'est-à-dire les grandes lignes d'une théorie de l'histoire de la musique. Son esthétique et la musicologie qu'elle informe dégagent la voie d'une action qui s'inscrit dans la lutte wagnérienne pour la civilisation. La philosophie de la musique a ainsi une fonction précise pour Nietzsche : celle de combattre la civilisation moderne au moyen d'une *critique de la modernité musicale*.

Nietzsche était musicien. Pianiste, il aurait été doué surtout pour l'interprétation et moins pour la composition, comme en témoignent « les imperfections formelles dont souffre [sa] musique[32] », que des commentateurs et des musiciens ont relevées. Si « son imagination excédait ses capacités de composition », il semble clair, aux dires de ses proches, que Nietzsche était « un grand improvisateur ». La musique était partie intégrante de sa vie : comme le remarque Georges Liébert, « il n'est pas un ouvrage de Nietzsche où la musique ne soit plus ou moins présente[33]. » Mais c'est surtout en tant que penseur que Nietzsche a embrassé la musique. Le philologue qu'il était s'est curieusement peu prononcé sur les philosophies anciennes de la musique, dont

---

32. Florence Fabre, *Nietzsche musicien. La musique et son ombre*, p. 253. Dans son étude bien connue sur *Nietzsche et la musique*, Georges Liébert écrit : « Au piano, le jeune Nietzsche s'habituait surtout à interpréter : une notion qui occupera une place centrale dans la pensée du philosophe » (p. 17 ; *cf.* aussi p. 16-19 et 24-27).

33. Les trois dernières citations proviennent de G. Liébert, *Nietzsche et la musique*, p. 26, 24 et 1. Liébert se réfère au témoignage de Carl von Gersdorff dans une lettre à Peter Gast du 14 septembre 1900, où Gersdorff relate les débuts de son amitié avec Nietzsche en soulignant la place qu'y tenaient la musique et l'improvisation pianistique (*cf.* Janz, *Nietzsche*, vol. 1, p. 83).

celles de Platon et d'Aristote. Il a plutôt entamé un dialogue sur la musique avec Schopenhauer, ainsi qu'avec le compositeur schopenhauerien qu'était Richard Wagner. En écrivant que la musique « est un exercice de métaphysique inconscient, dans lequel l'esprit ne sait pas qu'il fait de la philosophie[34] », Schopenhauer établit un rapport intime entre la musique et la philosophie, que Nietzsche répéta à maintes reprises. Inspiré par sa lecture du philosophe de Francfort ainsi que par sa fréquentation de Wagner, nourri par ses recherches philologiques et guidé par ses intuitions, Nietzsche décrivit sa philosophie de la musique dans son premier livre.

Le professeur bâlois a suivi de près l'esthétique musicale de son maître éducateur, et l'a abondamment évoquée dans *La naissance de la tragédie* — comme en témoigne par exemple le long extrait du livre III, § 52, du *Monde comme volonté et comme représentation*, que Nietzsche cite au § 16 de son essai. La dernière section du livre III de l'œuvre de Schopenhauer porte sur l'art musical: le philosophe y décrit la musique comme « la reproduction immédiate de la volonté elle-même ». En tant qu'« expression du monde », la musique est « un langage universel » qui se manifeste avec « la généralité de la forme pure », car « elle n'exprime jamais le phénomène, mais l'essence intime, le dedans du phénomène, la volonté même[35]. » La musique donne à l'être humain un accès à la chose en soi: elle « nous donne ce qui précède toute forme, le noyau intime, le cœur des choses. » Tout comme la représentation intuitive, la musique est une expression « de l'être toujours identique du monde[36]. » Reprenant les thèses de son maître en philosophie, Nietzsche affirme que la musique est expression du monde: elle montre le cœur des choses, car elle « exprime la toute-puissance de la volonté en quelque sorte derrière le *principium individuationis*, l'éternité de la vie par-delà

---

34. Schopenhauer, *Le monde comme volonté et comme représentation*, livre III, § 52, p. 338.
35. Les cinq dernières citations proviennent d'*ibid.*, p. 334 *sq.*
36. Les deux dernières citations proviennent d'*ibid.*, p. 336 *sq.*

tous les phénomènes et en dépit de tous les anéantissements[37]. » En outre, le philologue, comme Schopenhauer, fait usage du langage scolastique pour définir la musique comme un « écho des *universalia ante rem* » : c'est ainsi que la musique permet d'« appliqu[er] l'oreille aux pulsations de la volonté universelle[38] ». L'art musical exprime clairement et précisément la généralité de la forme pure, de « l'être toujours identique du monde », comme l'écrit Schopenhauer, mais il le fait au moyen d'une analogie (par laquelle le compositeur transpose « dans la langue universelle de la musique les mouvements de volonté qui constituent la substance d'un événement ») et non au moyen de l'imitation des phénomènes (comme le font les arts plastiques, « par l'intermédiaire de concepts abstraits[39] »). Fort de cette thèse qu'il fait sienne, Nietzsche avance que le compositeur traduit analogiquement « la douleur originaire » pour en produire une « copie[40] ». Il est donc bien schopenhauerien lorsqu'il affirme que la musique figure dans une classe à part par rapport aux arts plastiques et aux arts de représentation.

Dans *La naissance de la tragédie*, Nietzsche identifie deux pulsions de la nature, qui sont artistiques. Deux divinités grecques les incarnent : Apollon représente la pulsion des arts plastiques, rationnels et formels, et Dionysos incarne les arts musicaux, instinctifs et extatiques. Un survol terminologique de *La naissance*

---

37. NT, § 16, p. 100. « Selon Schopenhauer, nous comprenons donc la musique immédiatement comme langage de la volonté, et ce monde spirituel qui nous parle, si vivant bien qu'il nous reste invisible, incite notre imagination à lui donner forme et à l'incarner dans un exemple analogue » (p. 99).

38. NT, § 21, p. 124. Dans ce passage, Nietzsche se réfère au troisième acte du *Tristan und Isolde* de Wagner. La référence à la scolastique se trouve dans *Le monde comme volonté et comme représentation*, III, § 52 : « On pourrait fort bien caractériser ce rapport [des concepts et de la musique au "cœur des choses"] en faisant appel au langage des scolastiques ; on dirait que les concepts abstraits sont les *universalia post rem*, que la musique révèle les *universalia ante rem*, et que la réalité fournit les *universalia in re* » (p. 336).

39. Les trois dernières citations proviennent du *Monde comme volonté et comme représentation*, III, § 52, p. 337.

40. NT, § 5, p. 44.

permet de circonscrire les qualificatifs associés à l'un et l'autre : le calme, le sublime, la sagesse, le superbe, la beauté, la grâce et la précision distinguent l'apollinien, alors que la désorientation, l'ivresse[41], l'horreur, l'ensorcellement, la volupté, l'extase, la mystique et la douleur caractérisent le dionysiaque. Apollon et Dionysos sont ainsi « les vivants représentants, à l'évidence, de *deux* mondes distincts de l'art ». Les deux pulsions artistiques ont toutefois ceci en commun qu'elles procurent un sentiment de plaisir à l'être humain. Mais alors que l'apollinien suscite un plaisir dans la contemplation des belles formes, le dionysiaque provoque le plaisir d'une communion extatique avec « le fond le plus intime de l'homme, ou même de la nature[42] ». Nietzsche distingue donc deux types d'art : l'art représentatif (apollinien) et l'art participatif (dionysiaque).

La musique relève du second. Elle exprime le sentiment de joie dionysiaque qui peut faire suite à l'anéantissement de l'individualité, dans la réconciliation avec l'Un originaire : « [Q]ue de la joie puisse naître à l'anéantissement de l'individu, cela n'est compréhensible qu'à partir de l'esprit de la musique[43]. » Dans

---

41. Plus tardivement, Nietzsche évoqua l'idée d'une « ivresse apollinienne », modifiant son esthétique en fonction d'une place désormais centrale reconnue à l'ivresse (*cf. Crépuscule des idoles*, IX, § 10, p. 64). Ce faisant, ainsi que le remarque Mathieu Kessler dans une minutieuse étude de l'esthétique nietzschéenne (*L'esthétique de Nietzsche*, p. 125 *sqq.*), Nietzsche a rétrospectivement déformé son esthétique de jeunesse, en affirmant, en 1888, qu'il avait introduit en esthétique *dès 1872* une « notion bipolaire » — l'apollinien et le dionysiaque — « exprimant deux modes d'ivresse » (*Crépuscule des idoles*, p. 64).

42. Les deux dernières citations proviennent de NT, § 16, p. 96, et § 1, p. 30. La récolte terminologique provient de la première section de l'essai (*cf.* surtout les p. 29 *sqq.*).

43. NT, § 16, p. 100. Rappelons que Nietzsche décrit l'Un primordial ou l'Un originaire, ou encore l'être commun des choses, comme « notre être le plus intime, ce fond souterrain qui nous est commun à tous » : c'est une communion avec l'être, qui fait suite à l'abolition de l'individualité. Or, cette communion entraîne la joie et le plaisir, car « non seulement chacun se sent uni, réconcilié, confondu avec son prochain, mais il fait un avec tous » et avec tout (NT, § 1, p. 29 *sqq.*). *Cf.* NT, § 3, p. 36.

son *Beethoven*, Wagner décrit aussi en des termes dionysiaques le transport propre à l'écoute musicale :

> C'est certainement dans un état d'enchantement que nous nous trouvons plongés lorsqu'en écoutant une véritable œuvre musicale beethovenienne où, de sang-froid, nous ne pouvons reconnaître qu'une manière de technique appropriée, destinée à la construction de la forme, nous percevons maintenant dans toutes les parties du morceau de musique une vie immatérielle, une agitation tantôt délicate, tantôt effrayante, de vibrantes pulsations de joie, de désir, d'angoisse, de détresse et de ravissement, tout cela semblant à son tour jaillir uniquement du tréfonds de notre être intime[44].

Pour Nietzsche comme pour Wagner, qui s'abreuvent à la source schopenhauerienne, la musique est l'art dionysiaque en ceci qu'elle est la voix de la « volonté universelle » : elle est telle une langue universelle qui présente « l'idée immédiate » de la « vie éternelle[45] ». La musique est donc le pendant de la terrifiante connaissance tragique qui forme la sagesse populaire grecque. Autrement dit, Nietzsche conçoit la musique comme le canal de la consolation métaphysique.

La dimension fondamentalement dionysiaque de la musique explique qu'elle est un art non pas contemplatif, mais bien participatif, comme les Anciens l'avaient déjà reconnu. Dans ses *Politiques*, Aristote divisait la musique selon au moins trois fonctions : la *melos* « éthique », « active » et « enthousiasmante » (VIII, 7, 1341 b 34). Nietzsche subsume en fait ces trois fonctions dans la qualification de « participative » qu'il accorde à la musique, dans la mesure où il en reconnaît trois effets sur l'auditeur et l'artiste : la musique entraîne la formation d'états éthiques constants, elle pousse à l'action et elle peut provoquer un état de transe extatique. *La naissance de la tragédie* parle de la musique comme de l'art dionysiaque en tant que tel, mais Nietzsche a

---

44. Wagner, *Beethoven*, p. 129 *sqq*.
45. NT, § 16, p. 100.

comme objectif de démontrer que l'art suprême consiste, lui, en l'union des deux pulsions artistiques dans l'œuvre d'art « totale » que fut la tragédie attique. Cette œuvre apollinienne et dionysiaque représente le sommet de la création artistique : elle permet une expérience esthétique complète. La fonction de la tragédie grecque selon Nietzsche, comme l'exprime avec justesse Mathieu Kessler, est de générer « une problématique vitale qui engage la participation totale du spectateur[46]. » On peut dire que si seul l'art dionysiaque est intrinsèquement participatif, tout art, pour le jeune Nietzsche, doit avoir à terme un effet participatif. C'est donc par leur jumelage à la pulsion dionysiaque que les arts plastiques et représentatifs apolliniens peuvent exprimer leur pleine fonction esthétique en entraînant le spectateur à participer à l'œuvre d'art, d'où l'idée d'un « *auditeur artiste*[47] ». En ce sens, même la contemplation doit être active : le spectateur ne peut simplement regarder l'œuvre — il doit y entrer, il doit *devenir* œuvre.

Par sa dimension intrinsèquement participative, par son langage universel et sa capacité à véhiculer une consolation métaphysique, l'art musical tel que Nietzsche le comprend est en mesure de jouer un rôle capital. Aussi écrit-il, dans l'exhortation qui figure vers la fin de *La naissance de la tragédie* : « Que nul ne cherche à diminuer notre foi dans la renaissance prochaine de l'Antiquité hellénique : car c'est en elle, et en elle seule, que réside tout l'espoir que nous avons d'un renouveau et d'une purification de l'esprit allemand *par le jeu magique de la musique*[48]. » Parce qu'elle permet la réapparition de l'art tragique, la musique exprime la possibilité d'une renaissance de certaines caractéristiques esthétiques, éthiques et philosophiques de l'Antiquité grecque, fondamentales pour la guérison de la civilisation.

---

46. Kessler, *L'esthétique de Nietzsche*, p. 72.
47. NT, § 22, p. 131.
48. NT, § 20, p. 120.

Les fonctions de la musique

Nietzsche fait de la musique l'art le plus général, en tant qu'il est lié à la volonté et à l'intuition. Cette philosophie de la musique a deux sources. La première informe la conception qu'a Nietzsche de la *musique* elle-même : il s'agit de Schopenhauer, qui a vu que la musique n'est pas une « reproduction du phénomène » (comme le sont les autres arts), mais plutôt une « reproduction immédiate de la volonté[49] ». Or, Nietzsche souligne que cette « vérité » a été « sanctionnée[50] » par Wagner qui affirme, dans son essai sur Beethoven, que la musique relève de principes différents de ceux qui régissent les arts plastiques. En mettant directement en rapport le philosophe Schopenhauer et l'artiste Wagner, Nietzsche montre la seconde source de sa philosophie de la musique, à savoir la conception wagnérienne, qui informe, cette fois, sa définition du *musicien*.

Dans son *Beethoven*, en 1870, Wagner tente de comprendre le phénomène du compositeur privé de l'ouïe à partir de l'analogie du voyant aveugle. Selon les légendes de Thèbes, Tirésias fut frappé de cécité par la déesse Héra en guise de punition : pour avoir trop vu, Tirésias, désormais, ne verrait plus[51]. Pour le dédommager, Zeus donne toutefois à Tirésias le don de prophétie : aveugle, il continuera à voir — mais autrement. Fasciné par le génie de Beethoven et intrigué par ce paradoxe d'un musicien sourd, Wagner a recours à la figure de Tirésias pour comprendre la nature créative du musicien en tant que tel. Il écrit :

> Tirésias, à qui le monde de l'apparence s'est fermé, et qui maintenant, en revanche, perçoit avec son œil intérieur ce qu'il y a réellement au fond de toute apparence, — c'est à lui que ressemble

---

49. NT, § 16, p. 96. Nietzsche poursuit : « [E]lle présente *à tout ce qu'il y a de physique dans le monde, le métaphysique* — à l'ensemble des phénomènes, la chose en soi ». Il renvoie une fois de plus au *Monde comme volonté et comme représentation* pour appuyer ses affirmations.

50. *Cf.* NT, § 16, p. 97 ; Wagner résume sa conception de la musique dans la première partie de son *Beethoven*.

51. *Cf.* Ovide, *Les métamorphoses*, III, 316-338.

> maintenant le musicien devenu sourd : maintenant que le bruit de la vie ne le trouble plus, il n'écoute plus rien que les harmonies de son monde intérieur, c'est uniquement du fond de son abîme qu'il parle encore à ce monde qui... n'a plus rien à lui dire. Voici donc le génie libéré de tout non-moi, rentré et concentré en lui-même. [...] Alors tout ce qu'il voit, tout ce à quoi il donne forme est pénétré [d'une] miraculeuse sérénité[52].

On peut circonscrire la définition nietzschéenne du musicien à partir de ce texte de Wagner. Aveugle au monde extérieur, élevé, comme l'écrit Nietzsche, « à une sorte d'omniscience, comme si son acuité visuelle avait eu soudain le pouvoir de traverser la surface des choses et de pénétrer jusqu'au plus profond de leur intimité », le musicien est celui qui voit l'invisible « en une multitude de lignes mouvantes[53] » et qui le traduit en une succession mélodique de sons et de rythmes. Le musicien *est tourné vers son monde intérieur*. Or, voilà ce qu'est l'extase : la vision intérieure atteinte — et exprimée — par l'art. L'extase est la participation entière et réelle à l'œuvre. Mais l'extase ne demeure pas pour autant confinée au monde intérieur. Le musicien est tourné vers son monde intérieur en tant que celui-ci est le moyen d'une communication avec le *monde extérieur*. Parlant la langue universelle de la musique, voyant ce qu'il y a par-delà les formes et les phénomènes de la vie quotidienne, le musicien peut communiquer son extase à l'auditeur — et potentiellement à tout auditeur, lequel trouve ainsi l'occasion d'une expérience esthétique.

Écrivant cette fois à partir de la position de l'auditeur, Nietzsche affirme que la musique réussit effectivement à communiquer la vision intérieure du compositeur. Grâce à elle, le regard de l'auditeur « porte plus loin et plus profondément que jamais, et pourtant tout ce qu'il souhaite, c'est d'être aveuglé[54] » à son tour. Prenant, comme Wagner, l'exemple de Beethoven, Nietzsche remarque qu'à l'écoute de la *Neuvième Symphonie*,

---

52. Wagner, *Beethoven*, p. 143 *sqq*.
53. Les deux dernières citations proviennent de NT, § 22, p. 128.
54. NT, § 22, p. 129.

l'auditeur ne saisit « presque *plus rien du poème de Schiller*[55] » qui forme l'*Hymne à la joie* — et cela, parce que l'auditeur qui participe pleinement à l'œuvre n'y entend que musique pure : sons, rythmes, harmonies. Il demeure aveugle face aux images et indifférent face aux mots : « [L]e contenu du mot sombre, sans être entendu, dans la mer universelle des sons[56] ». L'auditeur artiste rejoint ainsi le musicien dans sa vision extatique et dans son expérience esthétique : il s'oublie lui-même[57].

Les sources schopenhauerienne et wagnérienne de sa conception de l'art musical entraînent Nietzsche vers certaines conclusions théoriques, notamment le rejet de l'étalon du beau : cette catégorie qui s'applique aux arts plastiques ne participe pas de son esthétique musicale — laquelle s'éloigne ainsi du modèle platonicien que l'on trouve dans *La République*, où Socrate affirme à Glaucon que « la musique doit aboutir à l'amour du beau » (III, 403 c). C'est que Nietzsche (tout comme Wagner) refuse l'équivalence platonicienne entre le beau et le rationnel, en laquelle il reconnaît l'un des piliers du « socratisme esthétique » dont Euripide fut le père : « Son principe esthétique fondamental : "tout, pour être beau, doit être rationnel", doit se comprendre [...] en parallèle au principe socratique selon lequel "tout, pour être bon, doit être conscient"[58] ». Wagner fait d'ailleurs l'éloge de Beethoven en écrivant que « [c]ertes, il n'y a jamais eu d'artiste qui réfléchisse à son art moins que [lui][59]. » De leur rejet de la catégorie du beau en musique, Nietzsche et Wagner tirent une conclusion importante : on ne peut pas « exiger de la musique un effet analogue à celui des beaux-arts : à savoir la provocation du *plaisir que l'on prend aux belles formes*[60]. » La musique étant fondamentalement un art dionysiaque, le plaisir qu'elle procure

---

55. Fragment posthume 12[1] (début 1871), § 7, *in* NT, p. 255.
56. Fragment posthume 12[1] (début 1871), § 7, *in* NT, p. 257.
57. *Cf.* le fragment 7[127] (fin 1870-avril 1871).
58. NT, § 12, p. 82.
59. Wagner, *Beethoven*, p. 125.
60. NT, § 16, p. 97.

n'est pas contemplatif, mais bien *participatif*. Cet art ne repose pas sur la beauté, l'harmonie ou l'équilibre des formes[61], mais plutôt sur la terrifiante sagesse de Silène, en même temps que sur l'éternité de la vie par-delà les changements qui affectent le monde des phénomènes.

En tant qu'art participatif, la musique peut avoir certains effets sur le peuple. Nietzsche estime que la musique a une fonction collective : en ce sens, il est près des Anciens qui, comme Aristote, soulignent la fonction éthique ou politique de la musique. Mais il est près aussi de Wagner, pour qui l'art — et l'art musical en particulier — a une fonction politique que l'artiste ne peut ignorer. Selon Wagner, si c'est « l'élément *populaire* » qui a de tout temps « été la source féconde de tout art[62] », l'art a en retour un effet bénéfique sur le peuple. Pour Wagner comme pour Nietzsche, la participation des auditeurs à l'œuvre doit entraîner à terme leur communion (dionysiaque) à quelque chose qui les dépasse. La participation à l'art est créatrice de communauté. Suivant ce raisonnement, Nietzsche affirme que la musique a un effet bénéfique sur le peuple de deux manières connexes : en suscitant un retour à la nature, c'est-à-dire à l'Un originaire ou à l'être commun de tous, et en stimulant les capacités linguistiques. Dès ses premiers essais, Nietzsche souligne, en termes schopenhaueriens, que la musique est « la véritable langue universelle, partout comprise[63]. » Elle contraint chaque auditeur, ainsi que le poète lui-même, à un « discours imagé », quoique non ordonné. Le langage « ne peut en aucun cas épuiser le symbolisme universel de la musique » : en renvoyant à une sphère antérieure à la représentation et « supérieure à toute

---

61. Liébert souligne d'ailleurs que Nietzsche paraît « souvent réduire la musique au seul dionysiaque implicitement caractérisé par l'absence de forme et de convention » (*Nietzsche et la musique*, p. 26).
62. Les deux dernières citations proviennent de Wagner, *Opéra et drame*, première partie, ch. III, p. 116.
63. Nietzsche, « Le drame musical grec » (1870), p. 272.

manifestation[64] », la musique est d'une généralité qui excède toute imitation que l'on pourrait en faire en mots ou en formes. Parce qu'il se réfère symboliquement à la douleur et à la contradiction originaires, l'art musical est « le *sentiment juste*, l'ennemi de toute convention, de toute distance et de toute incompréhension artificielle entre les hommes » : il est un « retour à la nature[65] ». Le processus par lequel la musique traduit les accents de la volonté universelle a ainsi un effet bienfaisant pour l'individu : il permet la communion avec l'Un originaire, mais aussi la consolation métaphysique nécessaire à la vie individuée.

Dans *La naissance de la tragédie*, Nietzsche se plaît à imaginer que ce processus puisse être transposé à plus grande échelle afin qu'il agisse sur un ensemble d'auditeurs, « au sein d'un peuple neuf et jeune » : les « capacités linguistiques » du peuple seraient alors susceptibles d'« être stimulées[66] ». Pour ce faire, toutefois, il est nécessaire que le texte soit soumis à la musique, et non le contraire : le langage ne doit pas inspirer et guider la musique. La musique lyrique — *si elle est guidée par le rythme et l'harmonie et non par la poésie* — peut remédier à l'état de dépravation de la langue allemande, qu'il décrit dans ses *Considérations inactuelles* sur David Strauss et sur Richard Wagner[67]. Par sa généralité et son appel à l'intuition plutôt qu'au raisonnement, la musique peut avoir un effet créateur sur le langage, et donc sur la pensée. C'est pourquoi le professeur, dans son premier livre, s'intéresse à l'évolution de la musique chantée, de la poésie lyrique à la chanson populaire : il s'agit d'évaluer et de comprendre son effet sur le peuple, afin de déterminer comment l'art lyrique peut guérir une civilisation malade. Pour cela, la musique doit être associée au drame, et plus précisément au mythe tragique.

---

64. Les trois dernières citations proviennent de NT, § 6, p. 51.
65. Les deux dernières citations proviennent de CI4, § 5, p. 121.
66. Les citations de cette phrase proviennent de NT, § 6, p. 49 *sq.*
67. *Cf. supra*, ch. 6.

La critique de l'opéra

Sa philosophie de la musique informe chez Nietzsche ce que l'on peut appeler une musicologie, c'est-à-dire le canevas d'une histoire de cet art en fonction d'une théorie. Par-delà les grandes étapes de l'histoire de la musique occidentale, la théorie nietzschéenne de l'art musical entraîne une critique de la musique lyrique moderne. Le philologue critique l'opéra au nom de son esthétique tragique et pessimiste. Loin de le considérer comme une forme d'art supérieure, Nietzsche développe une thèse selon laquelle l'opéra est bâti sur les mêmes principes que la civilisation alexandrine. L'opéra, « rejeton de l'homme théorique, du profane critique, non de l'artiste », est le genre musical spécifiquement moderne — et c'est pourquoi Nietzsche emploie l'expression « civilisation de l'opéra[68] » comme synonyme de « civilisation alexandrine » ou de « civilisation socratique ».

L'opéra auquel Nietzsche s'attaque est le fils du *stilo rappresentativo* qui se développa à Florence vers la fin du XVIe siècle. Les compositeurs de la Renaissance, en quête d'un « renouveau de l'idéal antique », cherchaient, par le style imitatif, à retrouver une expression « du naturel au détriment du contrepoint savant[69] ». En unissant plus étroitement la poésie du texte chanté à la musique elle-même, ils souhaitaient faire revivre la puissance artistique atteinte par la tragédie grecque. Dans son cours d'introduction à Sophocle, à l'été 1870, Nietzsche affirme que « la renaissance de l'Antiquité a découvert la musique comme moyen d'expression du sentiment humain. L'intention avait été de rendre à l'art musical l'influence éthique et esthétique qu'il avait eue sur l'éducation, de lui rendre sa signification culturelle pour le *peuple tout entier*, par opposition à une musique

---

68. Les deux dernières citations proviennent de NT, § 19, p. 111 *sqq.*

69. Les deux dernières citations proviennent de Christian Accaoui, *Éléments d'esthétique musicale*, p. 204 et 272 *sq.*

de connaisseurs. Le *peuple* était de nouveau appelé à juger[70]. » Toutefois, ce n'est pas cette intention « populaire » de la musique de la Renaissance que Nietzsche rejette, car l'esthétique wagnérienne exalte précisément la mission communautaire de l'art musical tragique. Il critique plutôt le fait que cette musique nouvelle, qui souhaitait réaliser « une meilleure intelligibilité du texte littéraire[71] », ait développé le style récitatif en se réclamant de l'idée platonicienne selon laquelle la musique s'adresse d'abord à l'âme humaine comme parole (ou discours) et ensuite seulement comme son (par l'harmonie et le rythme). Cette esthétique de la musique imitative et oratoire faisait du texte « le pont entre la musique et le monde à imiter » : la musique devait être la « servante du texte », car le texte forme le lien entre la musique et la signification qu'elle doit exprimer[72].

Au livre III de *La République*, Platon suggère que la *melos* est composée de trois éléments : les paroles (la poétique ou la métrique), l'harmonie (les sons, c'est-à-dire les intervalles ou les intonations) et le rythme (la durée). Lorsqu'il discute de l'éducation musicale des gardiens de la cité idéale, Platon annonce que « l'harmonie et le rythme doivent s'accorder aux paroles » (398 d), « et non les paroles à la mesure et à la mélodie » (400 a)[73]. Cette primauté de la parole dans la musique, qui était généralisée

---

70. *Introduction aux leçons sur l'Œdipe-Roi de Sophocle*, § 7, p. 65. La portée éthique de la musique en éducation fait précisément l'objet du troisième livre de la *République* de Platon, ainsi que de la dernière section des *Politiques* d'Aristote où celui-ci renvoie au troisième livre de la *République* (*cf. infra*, note 73). Le § 7 (« La tragédie antique et l'opéra ») du cours de Nietzsche en introduction à l'*Œdipe-Roi* de Sophocle propose une histoire de la musique lyrique.
71. Accaoui, *Éléments d'esthétique musicale*, p. 204.
72. Accaoui, *Éléments d'esthétique musicale*, p. 231.
73. *Cf.* aussi 400 d. Les harmonies se divisent en sept types (*cf. Rép.*, notes, p. 409 et Landormy, p. 11). Discutant de leur utilité ou inutilité dans la cité idéale, Platon n'en retient que deux : l'harmonie phrygienne et l'harmonie dorienne, « la violente et la volontaire » (399 c), qui, grâce à leur caractère éthique, serviront seules à l'éducation des gardiens de la cité. À la toute fin des *Politiques*, au chapitre qui traite des « harmonies convenables à l'éducation » (livre VIII, ch. 7), Aristote ne conserve quant à lui que l'harmonie dorienne (« l'échelle fixe des sons dans la musique grecque » ; Landormy, p. 10), et il critique

dans la Grèce antique⁷⁴, fut réaffirmée à la Renaissance. Actif à la cour des Médicis et considéré comme l'un des trois fondateurs du style récitatif, le compositeur Giulio Caccini reprenait la position de Platon dans ses *Nouvelles musiques* de 1601. La référence à *La République* est explicite dans le § 5 :

> [C]es très savants gentilshommes m'ont toujours encouragé, et convaincu par des raisons très claires, de ne pas priser cette sorte de musique qui, en ne laissant pas bien comprendre les paroles, gâte l'idée et le vers, en allongeant ici et en raccourcissant là les syllabes pour s'adapter au contrepoint, lacération de la Poésie, mais de m'en tenir à la manière si louée par Platon et d'autres philosophes, qui affirment que la musique n'est pas autre chose que le texte, le rythme et enfin le son, et non le contraire, et de vouloir qu'elle puisse pénétrer dans l'esprit d'autrui et produire ces merveilleux effets qu'admirèrent les écrivains, et que ne pouvaient faire nos musiques modernes en raison [du] contrepoint [...] car on ne comprenait pas les paroles à cause de la multitude des passages aussi bien sur les syllabes brèves que sur les longues⁷⁵.

Cette musique représentative, qui alterne entre exclamations lyriques et discours récitatifs et qui accorde une importance capitale au texte, procède selon Nietzsche d'un instinct non esthétique. Ce faisant, Nietzsche s'inscrit dans un courant allemand de critique de l'esthétique imitative — laquelle a gouverné les beaux-arts de 1550 à 1750⁷⁶ —, courant représenté en philosophie par Kant dans sa *Critique de la faculté de juger* (§ 47), par le *Sturm und Drang*, par Schopenhauer et par Wagner.

Suivant la tendance de la musique oratoire, l'opéra, selon Nietzsche, est né de l'exigence pour l'artiste de s'adresser à des non-musiciens d'une manière qui ne soit pas entièrement musi-

---

ce qu'il considère être une contradiction de Socrate dans la *République* quant à l'harmonie phrygienne (*Politiques*, 1342 a 30).

74. « Dans l'art grec c'est l'influence de la *parole* sur le *chant* qui est prédominante ; le chant ressemble à un récitatif dans lequel les mètres poétiques seraient surtout mis en valeur » (Landormy, *Histoire de la musique*, p. 8).

75. Caccini, *Le nuove musiche*, § 5, p. 49.

76. *Cf.* Accaoui, *Éléments d'esthétique musicale*, p. 228.

cale : « Car on estimait les paroles comme beaucoup plus nobles que le système harmonique qui les accompagnait, de même que l'âme est beaucoup plus noble que le corps. Ces vues témoignent d'une grossière inculture musicale[77] ». Nietzsche s'appuie sur Schiller pour montrer que l'opéra se fonde sur une « *tendance idyllique*[78] » (au contraire d'une tendance élégiaque) suivant laquelle la nature n'est pas perdue et l'idéal est accessible. Le philologue, en somme, amalgame la redécouverte de l'art grec dans l'Italie de la Renaissance et l'image rousseauiste de la bonté originelle de l'homme artiste, pour établir sa charge contre l'opéra sur les bases d'une critique de la modernité :

> L'opéra repose [...] sur le sentiment qu'il y a eu un temps primitif où l'homme habitait au cœur de la nature, un état de nature où s'était accompli l'idéal édénique d'une humanité bonne et artiste : nous descendrions, tous autant que nous sommes, de cet homme originel parfait, nous en serions même la fidèle image, à condition toutefois — et c'est là une condition indispensable — de nous débarrasser au moins d'une chose, c'est-à-dire de renoncer volontairement à notre savoir superflu, à notre excès de culture. En fait, l'homme de la Renaissance attendait de cette imitation de la tragédie grecque qu'est l'opéra qu'elle le ramenât à cet accord de la nature et de l'idéal, à la réalité idyllique. [...] Ce que nous offre l'opéra, ce n'est donc en aucun cas cette douleur élégiaque d'un deuil éternel, mais bien au contraire la sérénité d'éternelles retrouvailles, le plaisir facile que l'on prend à une réalité idyllique.

Autrement dit, Nietzsche critique l'opéra en tant qu'il est la représentation artistique de la perspective philosophique fondamentale propre à la modernité — à savoir l'optimisme « de l'homme théorique » qui, dans le domaine précis de l'art, clame que « tout homme sensible est un artiste. » Du coup, combattre

---

77. NT, § 19, p. 113. *Cf.* aussi le cours de l'été 1870 : « L'opéra ordinaire, qui n'a pas été épuré au moyen de ces modèles antiques, représente un genre artistique confus, parce que l'élément dramatique et l'élément musical prennent alternativement le dessus » (*Introduction aux leçons sur l'Œdipe-Roi de Sophocle*, § 7, p. 65).

78. NT, § 19, p. 114 *sq.*

l'opéra et sa tendance idyllique, c'est combattre la «sérénité alexandrine» comme position fondamentale de la civilisation moderne, Nietzsche allant jusqu'à écrire qu'il faut «détruire l'opéra[79]».

Nietzsche fait un usage bien précis de sa philosophie de la musique. Sa critique de l'opéra l'amène à récuser les formes plus récentes de l'optimisme, et même ses formes non artistiques. C'est ainsi qu'il écrit que «le principe de l'opéra [...] s'est progressivement transformé en une redoutable et menaçante *revendication*, à laquelle, devant les mouvements socialistes de notre temps, il n'est plus guère possible de faire la sourde oreille[80].» En effet, chez Nietzsche la critique de l'opéra et la critique du socialisme se développent sur la même base : le rejet de la modernité des Lumières, qui repose d'une part sur l'optimisme entraîné par la croyance en l'égalité des hommes au nom de l'universalité et de la primauté de la raison, et d'autre part sur l'image de l'homme artiste. Les cibles de Nietzsche sont donc d'une part Descartes et d'autre part Rousseau, aux deux extrêmes de la modernité philosophique qu'il qualifie d'optimiste. Détruire l'opéra, c'est participer concrètement au combat contre la civilisation moderne.

Pour liquider l'opéra, il faut opposer une véritable renaissance de l'art tragique grec à ce qu'est devenue, depuis la Renaissance, l'œuvre d'art musicale. Par le renouvellement du tragique et le développement de la musique allemande, Nietzsche espère réformer le lien politique. Il croit que la musique wagnérienne forme la base d'une nouvelle *Kultur*: «[E]lle cherche [...] à se frayer un chemin vers le mouvement, l'action, les institutions et les mœurs!» Wagner en appelle à «fonder l'État sur la musique, ce que les anciens Hellènes [...] avaient compris[81]». Mais le fondement de

---

79. Les cinq dernières citations proviennent de NT, § 19, p. 114 *sq*.

80. NT, § 19, p. 113. Une fois de plus, Nietzsche critique l'image rousseauiste de l'être humain. Il termine ce passage ainsi : « Le "bon sauvage" [*"gute Urmensch"*] réclame ses droits : quel paradis en perspective ! »

81. Les deux dernières citations proviennent de CI4, § 5, p. 122 *sq*.

l'État doit être double, à la fois musical et mythique. La *Kultur* nouvelle qui s'annonce à Bayreuth demande donc un mythe collectif: la fin de *La naissance de la tragédie* précise que l'État «ne connaît pas de loi non écrite plus puissante que le fondement mythique qui garantit son lien organique à la religion et sanctionne la représentation mythique qu'il se donne de ses origines[82]». Rappelons que pour Nietzsche, la violence est à l'origine de l'État: «[N]é dans l'ignominie», l'ordre politique est «l'objectivation de l'instinct[83]» du plus fort. Pour convaincre de sa légitimité, l'État doit donc draper son histoire dans des origines religieuses ou mythiques — d'où son «rapport mystérieux» à l'art et à la création artistique, et d'où, aussi, sa relation essentielle au génie[84].

Le mythe et l'État

Nietzsche défend sa thèse sur l'existence d'un lien essentiel entre la musique et le mythe dans *La naissance de la tragédie*. Comme on a vu, la perspective schopenhauerienne qu'il adopte suggère que la musique est en relation directe avec l'Un originaire: à travers elle, la nature parle sans médiation. La musique n'est donc pas un art apollinien qui poserait un masque de beauté sur la douleur originaire: elle est un art dionysiaque qui chante la souffrance au cœur de l'être.

Le mythe est aussi une manifestation du dionysiaque, mais alors que la musique l'exprime directement, le mythe le traduit en analogies et en symboles: la force apollinienne transpose le

---

82. NT, § 23, p. 133.
83. «L'État chez les Grecs», *in* CP, p. 185 *sq*. C'est pourquoi Nietzsche écrit «qu'un être qui a perçu le secret de la genèse de l'État n'aurait plus dès lors qu'à chercher, rempli d'horreur, son salut dans l'exil» (*ibidem*; *cf. supra*, ch. 4).
84. «L'État chez les Grecs», *in* CP, p. 185 *sq*. Nietzsche conclut sa préface de 1871 en écrivant que la *République* présente «le hiéroglyphe extraordinaire d'une *doctrine ésotérique sur la relation entre l'État et le génie*, doctrine profonde et qui restera toujours à déchiffrer» («L'État chez les Grecs», *in* CP, p. 191).

message dionysiaque en symboles présentés au spectateur par la voix et les actions du héros tragique. Nietzsche écrit que le mythe tragique est un substitut analogique « de ces réalités les plus universelles dont seule la musique est capable de nous parler directement[85] » : il est une représentation de la sagesse dionysiaque que la musique, elle, exprime sans intermédiaire. Le mythe tragique, en tant qu'expression apollinienne du dionysiaque, remplace donc symboliquement la vérité : comme tel, il est l'expression adéquate de l'expérience esthétique humaine. Il a deux fonctions propres, l'une sociale et l'autre épistémologique. Il limite l'émoi dionysiaque qui peut s'emparer du spectateur sous l'influence de la musique : il « prend sur ses épaules tout le poids du monde dionysiaque et nous en décharge[86] ». Mais aussi, il véhicule une connaissance symbolique[87] qui s'exprime par analogies. Ce type de savoir s'oppose au système de la connaissance théorique ou socratique qui s'exprime par le concept (ou, selon les mots de Schopenhauer, par « la généralité creuse de l'abstraction[88] »).

Le mythe tragique joue ainsi un rôle essentiel dans la civilisation. Parce que Nietzsche, dans l'esprit et dans l'art allemands de son temps, discerne des signes d'un renouveau du mythe tragique et d'une musique vraie (c'est-à-dire une musique qui ne se soumet plus au texte), il conclut que le peuple allemand a une « aptitude au dionysiaque[89] ». Il place alors ses espoirs dans une renaissance de la tragédie. Mais par rapport à cet événement, le philosophe peut-il travailler avec l'artiste autrement qu'en donnant publiquement son appui au projet wagnérien ? Rappelons

---

85. NT, § 21, p. 124.
86. NT, § 21, p. 122.
87. Nietzsche écrit que « la vérité dionysiaque reprend à son compte le domaine entier du mythe comme système symbolique de son savoir » (NT, § 10, p. 71).
88. Schopenhauer, *Le monde comme volonté et comme représentation*, III, § 52, p. 335.
89. « Musique et mythe tragique expriment d'égale manière l'aptitude d'un peuple au dionysiaque et sont inséparables » (NT, § 25, p. 141).

que la dédicace de *La naissance de la tragédie* à Wagner se termine sur ces paroles: « [J]'affirme, moi, que je tiens l'art pour la tâche suprême et l'activité métaphysique de cette vie ». Voilà un credo wagnérien, le compositeur ayant écrit que « le but suprême de l'homme est le but artistique[90] ». Les notes de 1872-1873 évoquent l'idée d'un philosophe artiste qui serait un créateur de mythes[91]. Le mythe collectif nécessaire pour la *Kultur* demande que la philosophie et l'art concourent à limiter le désir de connaissance (*Erkenntniβtrieb*) qui anime l'homme de la civilisation alexandrine, par la production d'un nouveau monde de l'art. Mais le philosophe n'est pas un artiste. La description, dans laquelle Nietzsche s'engage, des fondements (philosophiques, philologiques, musicaux) de ce projet ne participe pas à la tâche précise de formuler un mythe national allemand (ce dont Wagner se charge parfaitement avec sa *Tétralogie*). La tâche de Nietzsche est plus générale que celle de l'artiste : il cherche à susciter l'avènement d'une civilisation tragique, par tous les canaux que permettent la *Kulturkritik* et le travail inactuel de la philosophie.

Malgré que se dessine une mission commune à l'art et à la philosophie, Nietzsche laisse finalement à l'artiste la tâche de créer le nouveau mythe collectif. La tâche de l'artiste et celle du philosophe se complètent, mais elles ne se recoupent pas complètement. Nietzsche affirme à ses étudiants en philologie, à l'été 1870, que « [l]e monde est une énigme ». Et Rohde écrit dans la presse en 1872 que les « profonds problèmes posés par l'art [...] ont avec les énigmes ultimes du monde une parenté plus étroite

---

90. Les deux dernières citations proviennent de NT, dédicace, p. 26, et de Wagner, *L'œuvre d'art de l'avenir*, IV, p. 217.
91. Dans « La naissance de la philosophie enfantée par l'esprit scientifique » (p. 11 *sq.*), D'Iorio discerne dans l'idée d'un philosophe créateur de mythes l'influence sur Nietzsche de la conception de la philosophie comme « poésie conceptuelle », développée par le néokantien Friedrich Albert Lange (1828-1875). Sur cette question, *cf.* l'étude de G. J. Stack, *Lange and Nietzsche*, ou encore l'article de J. T. Wilcox, « The Birth of Nietzsche out of the Spirit of Lange ».

qu'on ne croit généralement[92] ». L'énigme du monde ne se laisse pas percer, mais l'étonnement qu'elle suscite, dans l'horreur ou dans la joie, peut être exprimé — que ce soit par l'art ou par la philosophie. Vers la fin de *La naissance de la tragédie*, Nietzsche définit la mission de l'art en référence à l'effet de cette énigme sur l'être humain. L'art doit « délivrer nos yeux du regard qu'ils ont plongé dans les terreurs de la nuit et sauver le sujet des convulsions de la volonté par le baume salutaire de l'apparence » : il équilibre les pulsions naturelles dionysiaque et apollinienne. Or, Nietzsche croit que dans l'histoire des civilisations, cette mission ne fut pleinement remplie que par la tragédie grecque. C'est donc à travers les figures d'Apollon et de Dionysos qu'il est encore possible, dit-il, de « purifier[93] » l'esthétique allemande.

Si l'énoncé de la mission de l'art fait état d'un effet sur l'individu, la mission *de l'artiste* renvoie plutôt au peuple. Nietzsche affirme dans sa dernière *Inactuelle* que le véritable créateur est caractérisé par une « aspiration au bonheur de la communauté[94] ». Richard Wagner en donne l'exemple, lui qui a reconnu « l'unique artiste qui ait jamais existé : le *peuple poétiquement créateur* ». Ce faisant, Wagner, selon Nietzsche, a « *révolutionné la société* » : le compositeur est « devenu révolutionnaire par compassion envers le peuple[95] ». La responsabilité de l'artiste à l'égard du peuple, qu'il doit aimer, est d'éviter que la mission de l'art « ne dégénère en une creuse et frivole tendance au divertissement[96] ».

---

92. Les deux dernières citations proviennent de *Introduction aux leçons sur l'Œdipe-Roi de Sophocle*, § 5, p. 58, et de Rohde, « Recension parue dans la *Norddeutsche allgemeine Zeitung* du 26 mai 1872 », *in* QANT, p. 86.
93. Les deux dernières citations proviennent de NT, § 19, p. 115, et § 23, p. 134.
94. CI4, § 7, p. 133 ; *cf.* aussi § 10, p. 162 *sq.*
95. Les trois dernières citations proviennent de CI4, § 8, p. 137 *sq.* Ces idées sur l'aspect révolutionnaire de l'art wagnérien vont à l'encontre de ce que Nietzsche, à la suite de Wagner lui-même, soulignait comme étant typiquement allemand, c'est-à-dire l'action *rénovatrice* plus près de la réforme que de la révolution sociale. Pour la position de Wagner, *cf. Beethoven*, p. 127 ; pour celle de Nietzsche, comparer CI4, § 3, p. 110, à § 8, p. 138.
96. NT, § 19, p. 115 *sq.*

Nietzsche présente aussi cette idée dans la conclusion de son «Appel aux Allemands», en soulignant «le besoin qu'a le peuple, aujourd'hui plus que jamais, d'être purifié et consacré par la magie sublime et redoutable de l'art authentiquement allemand[97]». Cela se rattache aux intuitions qu'il avait laissées inachevées dans ses notes de 1872-1873, où il suggérait que c'est le peuple qui, en prenant «conscience de ses dangers[98]», engendre l'artiste et le philosophe comme puissances salvatrices : leur travail conjoint entraînerait l'unification esthétique du peuple dans une civilisation assainie.

Nietzsche propose ainsi que le philosophe et l'artiste doivent travailler ensemble dans le combat pour la civilisation. Cette idée ressort aussi de ses propos sur le *Wettkampf*, dans son essai «La joute chez Homère» : «Tel est le cœur de l'idée grecque de la joute : elle exècre la suprématie d'un seul et redoute ses dangers ; comme *moyen de protection* contre le génie, elle exige… un second génie[99].» La joute garantit que les grands esprits rivaliseront mutuellement, qu'ils seront ainsi entraînés à l'action par un processus d'émulation, mais aussi de limitation des excès. Nietzsche envoya cet essai à Cosima Wagner : on peut y voir une tentative pour justifier que le philosophe mélomane et le compositeur philosophe œuvrent en commun à l'établissement d'une civilisation artistique. Le philosophe ne doit pas demeurer simple disciple de l'artiste[100].

---

97. «Appel aux Allemands», p. 296.

98. «C'est aux époques de grand danger qu'apparaissent les philosophes — lorsque la roue tourne de plus en plus vite — la philosophie et l'art se substituent au mythe déclinant. Mais ils surgissent longtemps à l'avance, car l'attention des contemporains ne se tourne que lentement vers eux. Un peuple qui prend conscience de ses dangers produit le génie» (fragment posthume 19[17], été 1872-début 1873, *in* FP2, p. 176 *sq.*).

99. «La joute chez Homère», *in* CP, p. 201.

100. Certains commentateurs considèrent «La joute chez Homère» comme une critique de Nietzsche à l'endroit de la domination de Wagner : «Peu de temps après la parution de *La naissance de la tragédie*, Nietzsche a fait prévaloir son obstination à ne pas s'absorber complètement dans le culte de Wagner, à l'aide d'une théorie de la joute chez les Anciens» (Sloterdijk, *Le penseur sur*

La renaissance allemande de l'art tragique

La «*renaissance de la tragédie*» que croit voir Nietzsche à son époque révèle selon lui le retour de l'esprit allemand à ses sources[101]. *La renaissance de la tragédie indique la naissance de l'esprit allemand,* après un «long passé» où l'Allemagne était «sous la domination d'énormes puissances surgies de l'extérieur», soumise à une esthétique étrangère: c'était ce que Nietzsche appelle «la tutelle de la civilisation romane[102]». Le retour de l'art tragique est donc intimement lié au projet national. Dans l'«Appel aux Allemands», il précise qu'«avec le mot "Bayreuth" ce n'est pas seulement un certain nombre d'hommes, une sorte de parti aux goûts musicaux particuliers, qui est en jeu, mais bien la *nation*[103].» Dans le cadre de la construction du nouveau Reich, l'affirmation du peuple allemand récemment unifié demande un art national, lequel sera de type tragique. Mais Nietzsche, en réalité, voit plus loin que la nation, lui qui souligne que les desseins wagnériens, comme ceux «de tout grand et bon Allemand, vont *au-delà de ce qui est allemand*»: «[L]a langue de son art ne s'adresse pas à des peuples, elle s'adresse à des hommes[104].» Il rattache ainsi la tâche artistique wagnérienne à l'universalité des Grecs, qu'il soulignait dans ses cours[105]. Étant donné le caractère fondamental de leurs intuitions esthétiques, les Grecs ont développé un art universel, qui était néanmoins *grec* dans son origine. De la même manière, la réactualisation de l'art grec en Allemagne, depuis le classicisme weimarien jusqu'au wagnérisme, pourra donner un art qui soit *universel et allemand*.

---

scène, p. 26; *cf.* aussi D'Iorio, «L'image des philosophes préplatoniciens chez le jeune Nietzsche», p. 387).
    101. NT, § 19, p. 118. L'allemand se lit: «*Heimkehr zum Urquell seines Wesens*» (*Die Geburt der Tragödie*, § 19, *in* KSA, vol. 1, p. 128).
    102. Les deux dernières citations proviennent de NT, § 19, p. 118.
    103. «Appel aux Allemands», p. 295.
    104. CI4, § 10, p. 163.
    105. *Cf. supra*, ch. 3.

Erwin Rohde dans sa première recension de *La naissance de la tragédie* justifie cet espoir de Nietzsche. Selon lui, il est possible de trouver dans la musique allemande « une force intérieure qui nous permette de constituer harmonieusement une civilisation qui nous soit tout à fait propre [...]. Cette culture approfondie pourrait alors faire éclore la fleur la plus merveilleuse de l'œuvre d'art la plus élevée, ce serait la tragédie née de la musique allemande. » Or, « la musique allemande [...], dans l'affairement de notre temps sauvage et agité, ne se laisse d'aucune manière expliquer par la culture actuelle[106] » : c'est donc qu'elle provient *d'ailleurs* et qu'elle n'a aucun lien avec le philistinisme qui, selon les wagnériens, tient alors lieu de culture. La « force intérieure » que Rohde invoque provient des hommes qui ont travaillé au développement d'une esthétique non idyllique. Selon Nietzsche, ces grands hommes sont, dans le domaine de la composition musicale, Gluck, Mozart et Wagner, et dans le domaine de l'esthétique, Goethe, Schiller, Winckelmann et Schopenhauer[107].

L'un de ces grands Allemands est tout particulièrement invoqué par Nietzsche au début des années 1870 : il s'agit de Schiller, qui a « reproduit en un sens extrême l'Antiquité, de manière beaucoup plus profonde que cela ne fut reconnu alors par les érudits ». La tragédie avec chœurs intitulée *Die Braut von*

---

106. Les deux dernières citations proviennent de Rohde, « Recension refusée », *in* QANT, p. 43 *sq*. Rohde répète ce constat dans la *Norddeutsche allgemeine Zeitung* : « [L]'art puissant, celui de la musique allemande [...] s'oppose, *avec une gravité incompréhensible*, à l'esthétique que nous avons eue jusqu'à présent » (« Recension de *La naissance de la tragédie* », *in* QANT, p. 86 ; nous soulignons).

107. *Cf.* l'*Introduction aux leçons sur l'Œdipe-Roi de Sophocle*, § 7, p. 64 *sq.* : Gluck « tend à nouveau à la vérité de l'expression naturelle » ; après Mozart, « la poésie est la fille obéissante de la musique » ; Wagner est à la fois poète et musicien, pointant ainsi à la possibilité que se développe à nouveau un art faisant l'équilibre entre les pulsions apollinienne et dionysiaque. Nietzsche souligne aussi que Rousseau s'oppose à Gluck, signe d'un « saut dans l'autre extrême » et d'un « effort contraire » à ce qui est aujourd'hui nécessaire. Sur l'importance de Goethe, Schiller, Winckelmann et Schopenhauer, *cf.* notamment NT, § 20. Dans sa lettre n° 60 à Deussen de février 1870, Nietzsche écrit que Wagner est à Schopenhauer ce que Schiller fut à Kant (COR, vol. 2, p. 95).

Messina (1803), qui selon Nietzsche « a fait sortir le théâtre allemand de ses gonds[108] », s'inscrit directement dans la recherche d'une expression allemande du classicisme grec, Schiller, en y travaillant, s'étant tourné vers Sophocle et Eschyle. Le germaniste Peter Szondi rappelle que « [d]ans une lettre qu'il envoie à Weimar le 2 octobre 1797, Schiller écrit qu'il s'est "beaucoup occupé ces derniers jours de trouver un sujet de tragédie qui serait du genre d'*Œdipe-Roi*", mais qu'il n'était pas sans craindre "qu'Œdipe ne constitue, à lui tout seul, un genre et qu'il ne soit donc impossible d'en donner un second exemplaire"[109] ». Nietzsche remarque qu'après la représentation de *La fiancée de Messine*, Goethe « estima que l'espace théâtral, du fait de cette création, serait consacré à quelque tâche plus élevée. Schiller lui-même pensait avoir, pour la *première* fois, obtenu l'effet tragique » : sa vision du monde était « instinctivement [...] la même que celle de Sophocle[110] », influencé qu'il avait été par l'*Œdipe-Roi*. Nietzsche souligne à nouveau « l'extraordinaire intuition de Schiller[111] » à la fin de son « Appel aux Allemands ». La filiation entre le classicisme allemand et la tâche wagnérienne est alors sans équivoque.

Avec le classicisme en littérature et en musique, l'esprit allemand a fait d'importants efforts pour se mettre à l'école des Grecs et développer les bases d'un art national et universel. La « consolation pour l'avenir », que doit préparer l'art, et les « *hom-*

---

108. Les deux dernières citations proviennent de l'*Introduction aux leçons sur l'Œdipe-Roi de Sophocle*, § 5, p. 55 et 57.
109. Peter Szondi, *Poésie et poétique de l'idéalisme allemand*, p. 56 (*cf.* aussi Schiller, *La fiancée de Messine*, introduction par H. Loiseau, p. 23 *sqq.*). Comme le souligne P. Szondi, « Goethe n'était pas seul à croire à son époque qu'une poésie "classique" dans le style de l'"antique", qui "se fondait sur le mode poétique grec et en procédait", était possible en principe » (p. 56). Pour une appréciation plus nuancée, voire même critique, de Schiller par Nietzsche, *cf. Opinions et sentences mêlées*, § 170, et *Le voyageur et son ombre*, § 123 (*in* HTH, vol. 2).
110. Les deux dernières citations proviennent de l'*Introduction aux leçons sur l'Œdipe-Roi de Sophocle*, § 5, p. 57 *sq.*
111. « Appel aux Allemands », p. 296.

mes de l'avenir », auxquels s'adresse précisément l'art wagnérien, seront les fruits d'une renaissance de l'art grec[112]. Mais les artistes des XVIIIe et XIXe siècles ne sont pas venus à bout de la tâche. Il faut donc poursuivre dans la voie ouverte par Goethe et Schiller, pour affiner le « style artistique allemand » sans lequel il ne peut y avoir de « *culture allemande*[113] ». L'« Appel aux Allemands » de 1873 démarque cette tâche nationale par rapport aux célébrations criardes de la victoire prussienne de 1871 : « [L]'Allemand n'apparaîtra honorable et salvateur aux yeux des autres nations que lorsqu'il aura montré qu'il est redoutable et cependant *aura voulu faire oublier qu'il l'était, par la maîtrise de ses forces artistiques et culturelles les plus élevées et les plus nobles.* » La renaissance de l'art tragique serait selon Nietzsche « le stimulant le plus efficace d'une existence empreinte d'un caractère allemand original[114]. »

Mais comment lier ce projet artistique pour le peuple allemand au fait que dans ses cours et dans ses conférences sur l'éducation, Nietzsche assure que la culture, loin d'être pour tous, est nécessairement restreinte ? Le philosophe qu'il met en scène dans ses cinq conférences *Sur l'avenir de nos établissements d'enseignement* affirme précisément que « ce n'est pas la culture [*Bildung*] de masse qui peut être notre but, mais la culture [*Bildung*] d'individus choisis ». Il critique dans la même veine l'État « mystagogue de la culture » qui n'admet celle-ci « que dans la mesure où elle lui est directement utile » et qui soumet selon un principe utilitariste tous les efforts culturels à ses objectifs propres. Le *Kulturstaat*, selon le professeur bâlois, est une nouveauté *zeitgemäß* qui ne va absolument pas de soi. Le

---

112. Les citations de cette phrase proviennent de NT, § 20, p. 120, et de C14, § 10, p. 163.

113. Fragment posthume 19[274] (été 1872-début 1873), *in* FP2, p. 255.

114. Les deux dernières citations proviennent d'« Appel aux Allemands », p. 296. *Cf.* aussi la conclusion du § 19 de *La naissance de la tragédie* : « [A]ujourd'hui, enfin, ayant fait retour aux sources de son être, [l'esprit allemand] peut oser paraître à la face de tous les peuples, hardi et libre, et débarrassé de la tutelle de la civilisation romane » (p. 118).

confronter à l'État antique permet de constater que l'État moderne outrepasse sa fonction lorsqu'il se fait «étoile pour guider la culture[115]». L'État, selon Nietzsche, ne doit pas se mêler de culture ni lui dicter des règles ou des limites, mais il doit ouvrir des espaces de création où s'exprimeront, *pour le peuple*, les grands créateurs. Ce qui rend la confusion possible tient à la relation de l'art et de la culture au peuple: la perspective de Nietzsche demande de distinguer les deux. Pour qu'une civilisation soit grande, son fondement doit s'exprimer dans une forme d'art qui puisse servir de consolation pour le peuple, témoignant ainsi de la force de ce dernier. Or si le peuple a besoin d'art, *il n'a pas besoin de culture*, comprise comme *Bildung*: il y a là une distinction capitale[116].

La *Kulturkritik* dans les arts

Les exhortations de *La naissance de la tragédie* (§ 19 et 20) sur le renouveau de l'art tragique en Allemagne, ainsi que l'invitation formulée par l'«Appel aux Allemands» à contribuer au financement de Bayreuth, participent directement au grandiose projet de Wagner. La collaboration directe de Nietzsche à cette entreprise ne s'arrête pas là: dès 1871, il pense aussi mettre sur pied un organe culturel et littéraire pour Bayreuth sous la direction du compositeur, ce dont témoigne le journal de Cosima Wagner: «Le professeur Nietzsche explique qu'il pense fonder une revue dans deux ans, sous les auspices de Wagner, et qu'il va tout préparer d'ici-là[117].» Nietzsche réfléchit donc en même temps à l'idée d'une revue wagnérienne et au projet d'un livre sur la philosophie, comme le montre sa correspondance avec Rohde:

---

115. Les quatre dernières citations proviennent de AÉE, III, p. 123, 131, 131 et 133.
116. On y reviendra au prochain chapitre.
117. C. Wagner, *Journal* (22 mai 1871), vol. 1, p. 452.

> On pourrait sans doute obtenir un traitement de rédacteur en chef d'environ 2 000 thalers si nous réussissons, Wagner et moi, comme nous le projetons depuis longtemps, à fonder une revue qui, par l'exemple, prouverait pratiquement la possibilité d'un périodique culturel de haut niveau et de grande distinction, véritablement instructif. Mais certainement pas avant 1874. Au reste je songe à faire de mon prochain livre une célébration de cette année 1874 et de Bayreuth; il s'intitulera peut-être «Le Dernier Philosophe». J'élève là-dessus pyramidum altius. — Je me suis dit que c'est à *nous* qu'il incombait d'annoncer, d'une manière ou d'une autre, comment il faut honorer cette année-là et cette festivité-là[118].

Le journal que Nietzsche envisageait alors verra bel et bien le jour, mais sans qu'il y participe : ce seront les *Bayreuther Blätter*, qui parurent à compter de 1878. Dans la seconde moitié des années 1870, Nietzsche s'est retiré de ce projet de publication, comme de toute l'entreprise wagnérienne[119]. Mais pour l'heure, il poursuit le travail que Wagner attend de lui, prêt à donner «des éclaircissements et des indications[120]» sur l'avenir de la *Kultur*.

Deux de ses cibles sont le critique d'art et l'individualisme de l'artiste. Nietzsche place le critique dans la même catégorie que le journaliste : il fait de la culture et des valeurs du jour l'étalon de mesure des productions artistiques et culturelles. En raison de son détachement envers l'œuvre qu'il examine, le critique est opposé, dans *La naissance de la tragédie*, à l'auditeur artiste qui participe à l'œuvre par laquelle il est interpellé. Le critique est ainsi un «hybride de prétentions morales et érudites», un être «vide et inapte au plaisir[121]». Le critique possède un esprit journalistique : il est *zeitgemäß*, au double sens de «moderne» et d'«au goût du jour»[122]. Comme le journaliste, le critique consomme le divorce entre la société allemande et l'art véritable.

---

118. Lettre n° 276 à Rohde des 20-21 novembre 1872, *in* COR, vol. 2, p. 377.
119. *Cf. infra*, ch. 11.
120. Wagner, «Lettre ouverte à Friedrich Nietzsche», *in* QANT, p. 145.
121. Les trois dernières citations proviennent de NT, § 22, p. 131 *sq*.
122. *Cf. supra*, ch. 8.

Sous le règne conjoint du critique (sur le théâtre et la musique) et du journaliste (sur l'éducation et l'opinion publique), l'art, selon Nietzsche, a dégénéré en divertissement. La critique esthétique n'a alors « plus d'autre utilité que de servir d'instrument destiné à assurer la cohésion d'une sociabilité vaine, dissipée, égoïste ». Il conclut : « Au fond, il n'y a jamais eu d'époque où l'on ait tant bavardé sur l'art ni fait si peu de cas de lui[123]. » En réponse au pamphlet de Wilamowitz contre *La naissance de la tragédie*, Rohde reprend cette charge nietzschéenne contre le critique, pour l'utiliser comme attaque condescendante à l'endroit de son adversaire :

> En fait, nous avons affaire ici à un spécimen de cette étrange espèce de « critiques » qui se retrouvent avec, dans les mains, un livre qui n'a absolument pas été conçu pour leur type d'entendement, et qui alors, parce qu'ils n'ont rien compris de son contenu et n'en comprendront jamais rien vu la médiocrité de leurs dispositions d'esprit, trouvent dans leur incompréhension l'unique motif pour s'ériger en « critiques » de ce livre. Que sans doute l'auteur n'ait pas daigné s'abaisser à leur niveau, c'est quelque chose qui ne leur viendra jamais à l'esprit, eux qui dans leurs critiques n'épargnent qu'eux-mêmes[124].

Comme le journalisme, encore, la critique est une expression de l'« égoïsme » ou de l'« individualisme » dans la civilisation moderne : elle représente, dans l'art, l'époque du « je ». Pour la véritable création artistique, l'artiste doit se défaire de son individualité. L'art est un écho de la souffrance originaire qu'il ressent. La création demande un dessaisissement dionysiaque de soi, car c'est « la puissance artiste de la nature tout entière » qui

---

123. Les deux dernières citations proviennent de NT, § 22, p. 131 *sq.*
124. Rohde, « Sous-philologie », *in* QANT, p. 176 (sur le critique, *cf.* aussi p. 210). Gersdorff décrivait le pamphlet de Wilamowitz à Nietzsche (qui ne l'avait pas encore lu) en le caractérisant de « critique typique » : « Dialectique à la Lessing, amoncellement de matériaux érudits, vivacité du langage, apparente indignation morale contre ta prétendue ignorance et ta prétendue insouciance du vrai, — c'est le ton habituel des recenseurs et des critiques » (lettre de Gersdorff à Nietzsche du 31 mai 1872, *in* QANT, p. 127).

s'exprime. Le « je » de la nature n'est pas le « je » « de l'homme éveillé, de l'homme empirique-réel ; c'est, absolument parlant, le seul "je" véritablement existant et éternel, le seul qui repose sur le fondement des choses[125] ». La conclusion de Nietzsche est catégorique et programmatique : « [N]ous [...] tenons l'artiste subjectif pour un mauvais artiste et [nous] exigeons dans l'art, en tout genre et à tous les niveaux, que d'abord et surtout l'on triomphe du subjectif, qu'on se délivre du "je" et qu'on impose silence à toutes les formes individuelles de la volonté et du désir, — oui, nous [...] tenons que sans objectivité, sans contemplation pure et désintéressée, il ne nous sera jamais possible de croire à la moindre création artistique véritable[126]. » Le fait qu'il tienne la volonté subjective pour une force inesthétique entraîne Nietzsche à critiquer Schopenhauer :

> [T]oute cette opposition du subjectif et de l'objectif — qui sert encore de critère à la classification schopenhauerienne des arts — est sans pertinence aucune en esthétique, du moment où il s'avère impossible de penser le sujet, l'individu voulant et poursuivant ses fins égoïstes, autrement que comme l'adversaire — et non l'origine — de l'art. Au contraire, pour autant qu'il est artiste, le sujet s'est déjà délivré de sa volonté individuelle pour devenir en quelque sorte ce médium par l'entremise duquel le seul sujet qui existe véritablement fête sa délivrance dans l'apparence.

Cette délivrance de l'individuation (qui correspond au moment dionysiaque) et cette apparence de la volonté universelle (qui correspond au moment apollinien) forment la pleine expression de l'expérience esthétique, laquelle est l'*expérience humaine fondamentale* selon Nietzsche : « [P]our le véritable créateur de ce monde, nous sommes déjà des images et des projections artistiques et [...] notre plus haute dignité est dans notre signification d'œuvres d'art — car ce n'est qu'en tant que *phénomène esthétique* que l'existence et le monde, éternellement, *se justifient*[127]. »

---

125. Les deux dernières citations proviennent de NT, § 1, p. 31, et § 5, p. 45.
126. NT, § 5, p. 43.
127. Les deux dernières citations proviennent de NT, § 5, p. 47.

Dans cette perspective, l'artiste n'est pas le créateur du monde de l'art et l'art n'a pas lieu pour le plaisir d'un public. L'être humain est toujours déjà une projection artistique des pulsions de la nature.

Nietzsche et Rohde croient que ceux qui ont suivi la « formation » dispensée par les établissements d'enseignement — dans l'esprit du journalisme et de la critique — se trouveront désemparés devant l'éveil de l'esprit dionysiaque et ne sauront interpréter correctement la renaissance de la tragédie. L'éducation et les journaux préparent les individus à appréhender l'art uniquement comme critiques, et non plus comme participants d'une œuvre qui cherche pourtant à s'adresser à leurs intuitions et à la part de volonté universelle en eux. La critique est « cet art qui compte sur la hâte des lecteurs[128] » : elle est ainsi tout le contraire de l'art inactuel de lente lecture et de rumination, que Nietzsche recherche chez ses interlocuteurs comme chez ses lecteurs. Aussi la *Kulturkritik* nietzschéenne appelle-t-elle une réforme de l'éducation.

---

128. Rohde, « Sous-philologie », *in* QANT, p. 212.

Chapitre 10

Front pédagogique : l'éducation populaire et la formation philosophique

> Que l'on se familiarise seulement avec la littérature pédagogique de ce temps [...]. Notre philosophie doit ici commencer non pas par l'étonnement, mais par l'effroi.
>
> Nietzsche, *Sur l'avenir de nos établissements d'enseignement*, II

Après avoir abordé, dans *La naissance de la tragédie*, les domaines de la musique et de la philosophie, et avant d'attaquer celui de la langue et de l'écrit dans la première *Considération inactuelle*, Nietzsche poursuit sa critique culturelle en se tournant vers l'éducation. À la fin de sa lettre ouverte publiée en appui à *La naissance de la tragédie* dans la *Norddeutsche allgemeine Zeitung* du 23 juin 1872, Richard Wagner demandait : « Qu'en est-il de nos établissements d'enseignement[1] ? » Cette question rappelle que le livre sur la tragédie publié en janvier 1872 et les cinq conférences *Sur l'avenir de nos établissements d'enseignement* (données à l'Université de Bâle de janvier à mars 1872) participent d'un même projet. Comme c'est le cas pour toutes les dimensions de la critique culturelle chez Nietzsche, l'idée de combat est omniprésente dans ses réflexions sur l'éducation.

---

1. Wagner, « Lettre ouverte à Friedrich Nietzsche », *in* QANT, p. 145.

Dans sa correspondance et ses conférences, Nietzsche se présente comme un réformateur de la pédagogie, qui doit méditer le modèle « allemand » d'établissement d'enseignement (qui a aussi cours en Suisse) et lutter contre ses importants défauts.

Il commence sa première conférence en faisant l'éloge de Bâle : « J'ai pleine conscience du lieu où je recommande cet entretien aux réflexions et aux méditations de chacun, je veux dire cette ville qui, avec un esprit d'une élévation incomparable, cherche à faire progresser la formation de l'éducation de ses citoyens, sur une échelle qui ne peut qu'avoir quelque chose d'humiliant pour les États plus importants ». Mais il précise dans la préface préparée pour le manuscrit de ces conférences que « [p]ar l'expression nos établissements d'enseignement je n'entends donc ni ceux qui sont particuliers à Bâle, ni les formes innombrables qu'offre l'actualité la plus large qui embrasse tous les peuples, mais les *institutions allemandes* de ce type, dont ici aussi nous pouvons goûter les bienfaits. C'est l'avenir de ces institutions allemandes qui doit nous retenir[2] ». Ses critiques sont adressées à l'Allemagne dans la mesure où elle est la source de ce modèle, mais elles s'appliquent ainsi au Pedagogium de Bâle, où il enseignait de nombreuses heures par semaine, en plus d'assurer ses cours universitaires[3]. Nietzsche s'intéresse non seulement à l'enseignement supérieur, mais aussi à tous les niveaux de l'éducation : il réfléchit à « l'avenir de l'école primaire allemande, de l'école technique allemande, du gymnase allemand, de l'université allemande[4] ». Le professeur s'élève précisément contre le type d'éducation dispensé dans ces établissements et contre la prépondérance des savants, représentants universitaires des dérives de la civilisation alexandrine. Il propose de remédier à ces déséquilibres par les armes de la philologie et de la philosophie, afin de revenir à un modèle classique d'éducation

---

2. Les deux dernières citations proviennent de AÉE, I, p. 86, et préface, p. 78.
3. *Cf.* Janz, « Friedrich Nietzsches Lehrtätigkeit in Basel 1869-1879 », et *supra*, ch. 2.
4. AÉE, préface, p. 78.

centrée sur le développement et l'expression de l'être humain, dans une perspective pratique.

Éducation publique : critiques

Dans *La naissance de la tragédie*, Nietzsche se désole de ce que « le pouvoir formateur de notre enseignement supérieur n'a jamais été ni si bas ni si faible ». Il annonce peu après à son ancien professeur Friedrich Ritschl que ses conférences sur l'éducation présentent un aperçu des « conséquences pratiques[5] » qu'entraînent les constats émis dans son livre sur la tragédie. La position de Nietzsche à l'égard de l'Antiquité est donc liée à une appréciation critique de la modernité, qui prend la forme d'un projet culturel, mais aussi pédagogique. La *Kulturkritik* est inséparable de la philologie telle que Nietzsche la conçoit et de la mission pédagogique qui la caractérise nécessairement. En plein cœur de la querelle entourant *La naissance de la tragédie*, Nietzsche décrit Wilamowitz (qui était allé au même *Gymnasium* que lui) comme un représentant « de l'éducation donnée actuellement à la jeunesse[6] » — c'est-à-dire un produit typique de la civilisation alexandrine et de son idéal de l'homme théorique. « Toutes nos méthodes d'éducation ont dès le départ cet idéal en vue, et tout autre modèle d'existence a dû conquérir de haute lutte le droit, non pas d'accéder au rang de projet, mais

---

5. Les deux dernières citations proviennent de NT, § 20, p. 119, et de la lettre n° 194 à Ritschl du 30 janvier 1872, *in* COR, vol. 2, p. 256.

6. « Je suis grandement peiné pour ce garçon [Wilamowitz] auquel on a monté la tête et j'éprouve comme toi un vrai chagrin en songeant à sa réputation. Tant pis ! Il est indispensable qu'il soit publiquement châtié ; mais, entre nous, nous ne voulons pas oublier que c'est là le fruit de l'éducation donnée actuellement à la jeunesse, de l'actuelle philologie ; et si Wilamowitz en porte jusqu'à sa fin la marque d'infamie, elle doit lui rappeler à jamais de quelle façon ignominieuse il a été fourvoyé, détourné, excité, et quelle mauvaise instruction il a reçue » (lettre n° 228 à Gersdorff du 10 juin 1872, *in* COR, vol. 2, p. 299 *sq.*). Wilamowitz donnera rétrospectivement raison à Nietzsche. Pour clore le chapitre de leur querelle, il a écrit dans ses *Souvenirs* en 1914 : « Mon texte [de 1872] n'aurait pas dû être imprimé » (repris *in* QANT, p. 283).

d'être simplement toléré à côté de lui[7]. » Wilamowitz, comme David Strauss, donne l'exemple d'un esprit formé selon les normes modernes, incapable de prendre une distance vis-à-vis des positions fondamentales du modèle alexandrin d'une vie guidée par l'optimisme du savant. Nietzsche critique la « plébéienne République des savants[8] » à laquelle appartiennent Wilamowitz et Strauss, où la connaissance est devenue un ersatz de la *Kultur*[9], bien loin de la république des génies imaginée par Schopenhauer.

Les critiques de Nietzsche en ce domaine visent donc deux cibles : non seulement la position du savant par rapport à l'éducation qui l'a formé (c'est-à-dire l'idéal borné du *bios theoretikos*), mais aussi l'objectif utilitaire sous-jacent à la diffusion de l'enseignement (que Nietzsche appelle « l'élargissement maximal de la culture ») et à la réduction de l'éducation (c'est-à-dire la surspécialisation). La critique déployée dans les conférences sur l'éducation désigne l'extension de la culture comme un « dogme d'économie politique[10] » : le but inavoué des institutions d'enseignement est d'amener chacun à tirer profit de ses connaissances. Nietzsche croit que l'« utilitarisme » est le ressort profond de l'éducation et de la culture dans la civilisation alexandrine. L'idéal théorique entraîne l'accumulation des connaissances, et la perspective fondamentalement optimiste de la modernité nourrit la quête du bonheur pour tous : ces deux tendances développent l'utilitarisme culturel et pédagogique. Le journalisme en son sens large se situe au confluent de ces deux tendances :

> La véritable tâche de la culture [selon l'utilitarisme] serait de créer des hommes aussi « courants » que possible [« *courante* » *Menschen zu bilden*], un peu comme on parle de « monnaie courante ». Plus il y aurait d'hommes courants, plus un peuple serait heureux ; et le dessein des institutions d'enseignement contemporaines ne

---

7. NT, § 18, p. 107.
8. Fragment posthume 19[94] (été 1872-début 1873), *in* FP2, p. 203 ; pour la référence à Schopenhauer, *cf.* C12, § 9.
9. *Cf.* le fragment posthume 19[171] (été 1872-début 1873), *in* FP2, p. 223.
10. Les deux dernières citations proviennent de AÉE, I, p. 98.

pourrait être justement que de faire progresser chacun jusqu'au point où sa nature l'appelle à devenir « courant », de former chacun de telle sorte que de sa mesure [*Maß*] de connaissance et de savoir il tire la plus grande mesure possible de bonheur et de profit[11].

À ce principe d'utilité, Nietzsche entend opposer un principe d'éducation qui se détourne des deux tendances dominant la culture. Il écrit à Rohde à l'hiver 1871 : « [J]e m'attache derechef à un nouveau principe d'éducation, qui implique le total rejet de nos gymnases et universités[12]. » S'il condamne d'emblée l'éducation nationale, il précise toutefois qu'il ne se pose pas en législateur de l'éducation : « Je ne promets ni Tables ni programmes pour les lycées et autres écoles ». Et pourtant, en plein cœur de ses conférences bâloises sur l'éducation, il écrit à Rohde : « Ici tout mon travail intellectuel est consacré à l'avenir de nos établissements d'instruction ; jour après jour tout s'"organise" et se "régénère", d'abord sans doute dans ma tête, mais avec la "tendance" pratique la plus déterminée[13]. » Dans une autre lettre à Rohde quelques mois plus tard, il annonce son intention de poursuivre son cycle de conférences sur l'éducation au cours de l'hiver suivant. Il décrit ces interventions comme une « étude préliminaire, qui a tous les caractères d'une vulgarisation. » Dans une lettre à Wagner datée du même jour, il répète que *Sur l'avenir de nos établissements d'enseignement* est composé de considérations et de méditations *préliminaires* et il réitère son souhait de terminer ses conférences à l'hiver 1873 : « Je veux du moins en finir, même sur le modeste plan auquel je me suis limité jusqu'ici pour traiter ce thème [de l'éducation]. Le traiter à un niveau *supérieur* exige justement que j'acquière plus de "maturité" et que je m'enseigne moi-même — ah ! quel beau

---

11. AÉE, I, p. 98 ; pour l'allemand, *cf.* KSA, vol. 1, p. 667 *sq*.
12. Lettre n° 130 à Rohde du 29 mars 1871, *in* COR, vol. 2, p. 176.
13. Les deux dernières citations proviennent de « Réflexions sur l'avenir de nos établissements d'enseignement », *in* CP, p. 177, et de la lettre n° 201 à Rohde de la mi-février 1872, *in* COR, vol. 2, p. 267.

projet[14]!» Si le moment d'une véritable refonte de l'éducation n'est pas encore venu, Nietzsche est néanmoins plein d'espoirs : « Je vois certes venir un temps où des hommes graves, au service d'une culture entièrement rénovée et épurée, auront aussi, au cours d'un travail commun, à devenir à leur tour les législateurs de l'éducation quotidienne[15] ». Avant que cette époque n'advienne, il faut toutefois franchir l'étape préalable qui demande de *méditer* sur l'avenir de l'éducation.

Cette étape préalable elle-même ne sera pas terminée par Nietzsche — ou du moins, pas sous la forme qu'elle avait au départ, c'est-à-dire celle d'une série de communications dans le cadre de l'Université de Bâle. Les conférences sur l'éducation entrent dans la même catégorie que de nombreux écrits du professeur : celle des projets auxquels il a fini par renoncer. Dans la première moitié des années 1870, Nietzsche abandonne : l'ouvrage sur « La joute chez Homère » (« J'achève l'esquisse de mon prochain livre, intitulé "Combat homérique" », écrit-il à Rohde le 25 juillet 1872) ; son livre sur les établissements d'enseignement (« Ce sera mon deuxième ouvrage et tu l'auras en mains, j'espère, au plus tard avant le milieu de l'année », annonce-t-il pourtant à Rohde le 15 mars 1872) ; son livre sur *La philosophie à l'époque tragique des Grecs*, remanié à partir du cours sur les préplatoniciens (Rohde écrit à Nietzsche le 27 février 1873 : « Je me réjouis beaucoup de tes prochains écrits, dont ceux sur les philosophes grecs doivent bientôt être imprimés si je te comprends bien[16] »). Sur ce dernier essai, Nietzsche écrit à Gersdorff en avril 1873 : « [L]'ensemble [du manuscrit] est encore très loin de la forme qu'exige un livre, je deviens toujours plus sévère pour

---

14. Les deux dernières citations proviennent de la lettre n° 244 à Rohde du 25 juillet 1872, *in* COR, vol. 2, p. 323, et de la lettre n° 246 à Wagner du 25 juillet 1872, *in* COR, vol. 2, p. 327.

15. « Réflexions sur l'avenir de nos établissements d'enseignement », *in* CP, p. 177.

16. Les trois dernières citations proviennent de COR, vol. 2, p. 323 ; COR, vol. 2, p. 268 (*cf.* aussi la lettre n° 206 à Ritschl du 6 avril 1872) ; et QANT, p. 273.

moi-même et il me faudra encore bien du temps pour que je me hasarde à une autre présentation (la *quatrième* sur ce thème)[17] ». De même, l'essai *Vérité et mensonge au sens extra-moral* est resté en plan, et les *Considérations inactuelles*, dont il prévoyait d'en écrire une dizaine, se sont arrêtées après la quatrième, l'ébauche d'une *Inactuelle* intitulée *Nous autres philologues* (1875) étant elle aussi demeurée inachevée[18]. Après *La naissance de la tragédie*, les projets de publication qu'avait Nietzsche sont demeurés à des étapes diverses — mais non pas finales — de leur développement. La réflexion critique sur l'éducation ne fait pas figure d'exception à ce titre.

Propositions pour un nouveau principe d'éducation

L'étape préliminaire à la régénération des établissements d'enseignement, telle que Nietzsche la comprend, demande de penser *l'origine* et *l'avenir* de l'éducation allemande, et non de légiférer en vue de sa réforme concrète. Les écrits de Nietzsche avancent néanmoins quatre propositions appuyant un « nouveau principe d'éducation[19] ». Certaines ne sont que mentionnées, sans que Nietzsche ne les développe, lorsqu'il évoque notamment les anciennes corporations en guise d'exemple de réforme concrète : il souligne leur bien-fondé et reconnaît dans leur organisation le « premier essai d'une véritable institution pour la culture » dans un « esprit allemand virilement sérieux[20] », mais il ne développe pas cette idée. D'autres propositions, cependant, sont de véritables prescriptions en vue du rétablissement d'une éducation saine dans une civilisation équilibrée : le rétrécissement de la culture ; la valorisation du savoir pratique ;

---

17. Lettre n° 301 à Gersdorff du 5 avril 1873, *in* COR, vol. 2, p. 417.
18. Sur la série prévue des *Inactuelles*, *cf.* les fragments posthumes 19[330], 29[163], 30[38] et 36[2] ; sur l'ébauche de *Nous autres philologues*, *cf.* les fragments posthumes de mars 1875 : « Notes pour "Nous autres philologues" », *in* FP3, p. 252-279.
19. Lettre n° 130 à Rohde du 29 mars 1871, *in* COR, vol. 2, p. 176.
20. AÉE, V, p. 164.

l'éducation humaniste ; et la revalorisation de certains aspects de la pédagogie populaire grecque, que l'éducation humaniste entraîne.

(1) Nietzsche rattache le problème de l'éducation au double mal de la civilisation allemande : ses conférences de 1872 s'ouvrent précisément sur cette discussion. Comme il y a deux maux, il y a aussi deux remèdes :

> À regarder ces deux fatales tendances à l'élargissement et à la réduction [de la culture], on désespérerait totalement, s'il n'était pas à un moment ou à un autre possible d'aider à vaincre deux tendances opposées, réellement allemandes et d'une manière générale riches d'avenir, je veux dire la tendance au *rétrécissement* et à la *concentration* de la culture, comme réplique à l'élargissement, et la tendance au *renforcement* et à la *souveraineté* de la culture, comme réplique à la réduction.

Nietzsche croit que «la concentration de la culture sur un petit nombre est une loi nécessaire de la nature[21]». Du fait que le rétrécissement de la culture signifie la réduction du nombre de personnes auxquelles la *Bildung* s'adresse, il implique, en retour, la réduction du nombre de personnes ayant leur place dans les *Bildungsanstalten*. Nietzsche assure que la diminution du nombre d'individus au sein des établissements d'enseignement est nécessaire.

(2) L'aveu de Nietzsche à Wagner dans son courrier du 25 juillet 1872[22] repose sur un constat qui est au cœur des écrits du professeur des années 1870 et du philosophe des années 1880 : l'importance de se connaître soi-même. À cet impératif se rattache la valeur de *l'éducation pratique* vis-à-vis de l'éducation théorique. La manière dont Nietzsche termine sa lettre est révélatrice : «[À] un moment où à un autre il faudra que je m'échappe [de Bâle] pour vous retrouver à Bayreuth, vous qui

---

21. Les deux dernières citations proviennent de AÉE, préface, p. 80 *sq*.
22. Citée *supra*, p. 73.

êtes le véritable "établissement d'enseignement"[23]. » La valorisation de l'éducation pratique et de l'expérience personnelle dans l'apprentissage s'oppose à la prépondérance du *bios theoretikos* dans la civilisation alexandrine. L'exemple de la connaissance historique, décrit dans la deuxième *Inactuelle*, montre que l'excès de science entraîne un déséquilibre dans la civilisation[24]. Deux ans plus tôt dans ses conférences sur l'éducation, Nietzsche examine déjà la question de la connaissance historique en faisant précisément le lien avec un savoir pratique : « [L]a tâche du maître de culture [*Bildungslehrers*] commence justement par le refoulement d'un "intérêt historique" qui de partout cherche à percer, *là où il faut avant toutes choses agir convenablement et non pas connaître*[25]. » La revalorisation du savoir pratique — au sens d'un « savoir agir », non pas d'une connaissance technique — participe de la solution au problème de l'éducation moderne.

(3) Dans sa deuxième conférence de l'hiver 1872, Nietzsche remarque : « Nous atteignons maintenant le point où dans toutes les questions générales de nature sérieuse et surtout dans les problèmes philosophiques les plus élevés l'homme de science en tant que tel n'a plus du tout la parole[26] ». Comme la civilisation alexandrine atteint le point limite de son développement, il y a dorénavant espoir que les voix réunies de l'artiste et du philosophe — des types humains valorisant un savoir pratique plutôt que théorique — puissent faire entendre leurs réflexions sur la réforme de l'éducation. La philosophie tient un rôle important dans cette tâche. Comme son inactualité intrinsèque l'entraîne à limiter l'instinct de connaissance, la philosophie peut réorienter l'éducation vers un autre idéal de l'être humain que celui, optimiste et utilitariste, cultivé dans la civilisation alexandrine. Cet autre idéal ramène l'Allemand vers l'héritage

---

23. Lettre n° 246 à Wagner du 25 juillet 1872, *in* COR, vol. 2, p. 327.
24. *Cf. supra*, ch. 4, « La carence en mythe ».
25. AÉE, II, p. 106 ; nous soulignons.
26. AÉE, I, p. 101.

de la culture grecque : « [C]hez les Grecs était possible un tout autre développement de la subjectivité que chez nous, avec notre mode d'éducation uniformisant et absolument non originel[27] ».

Les notes abandonnées pour une *Inactuelle* sur la philologie avancent que la faillite de l'éducation est imputable aux philologues allemands, auxquels fait défaut l'une des trois connaissances essentielles que sont celle de l'Antiquité, celle du présent et celle de soi[28]. Affirmant se consacrer entièrement à l'éducation dans une « "tendance" pratique », Nietzsche souligne l'« efficacité pédagogique générale » de la philologie. Comme « [l]a culture classique est toujours en danger de dégénérer en érudition honteuse[29] », la philologie doit, avec la philosophie, aider la civilisation allemande à renouer avec l'idéal de la *Bildung* classique. Revenir aux Grecs, pour Nietzsche, c'est revenir à l'*humain* comme tel : ce retour aux origines, dans une perspective globale, dessine un idéal de l'être humain *sub specie æterni*. Nietzsche espère le retour d'une civilisation dans laquelle, comme le disait Rohde, « les plus nobles vaudraient plus que les plus doctes[30] » : « Il nous faut toujours admettre comme principe que l'homme idéal, c'est-à-dire possédant un ensemble de talents élevés et un équilibre des instincts : profond, doux, artiste, politique, beau, noble de formes, qu'un tel homme est quelque chose de très rare[31]. » S'il n'est pas fréquent, il est tout de même *possible* : il faut le cultiver là où on repère ses germes.

Nietzsche développe une conception classique de l'éducation, guidée par ce qu'on pourrait appeler une « philologie humaniste » dont les caractéristiques se déclinent ainsi : « *Destruction* d'une conception scientiste et historiciste de la philologie, *rétablisse-*

---

27. IÉPC, § 7, p. 103.
28. *Cf.* NAP, p. 58 ; et *supra*, ch. 3, « La méthode philologique ».
29. Les trois dernières citations proviennent de la lettre n° 201 à Rohde de la mi-février 1872, *in* COR, vol. 2, p. 267 ; de NAP, p. 48 ; et du fragment posthume 5[28] (septembre 1870-janvier 1871), *in* NT, p. 149.
30. Lettre de Rohde à Nietzsche du 26 février 1872, *in* QANT, p. 54.
31. IÉPC, § 7, p. 103.

ment d'une philologie qu'on serait tenté de nommer "humaniste" au sens où elle se constitue dans une indissoluble interaction avec l'art et renoue tout à la fois avec les humanités (*humaniores litteræ*) et avec l'ambition d'éducation et d'édification (*Bildung*) que nourrissaient les philologues classiques[32]. » Rohde a d'ailleurs recours à cette idée d'une philologie humaniste dans son pamphlet contre Wilamowitz :

> Ainsi [la philologie] poursuit-elle son œuvre, qui est de conserver pour une humanité vieillissante la mémoire claire et vive du temps le plus riche de sa joyeuse jeunesse, au beau milieu du tumulte d'un monde assoiffé de bonheur qui, partout, confond les moyens requis pour avoir une « existence humainement digne » avec les fins dernières. En cela, elle fait un noble travail ; car à quoi bon de tels efforts méticuleusement déployés envers les vestiges, petits ou grands, d'un temps depuis longtemps évanoui, *s'ils ne reposent sur la croyance à l'humanité une et immortelle*[33] ?

Pour le philologue Karl Reinhardt, un ancien étudiant de Wilamowitz, Nietzsche est un représentant de l'humanisme classique allemand : « Il conversait avec les Anciens avec confiance, familiarité, à l'égal de Goethe, de Montaigne, de Winckelmann. Ils sont pour lui un monde proche, dont on peut à tout instant tirer quelque chose, un monde de modèles, d'exemples, d'espoirs, de possibilités, mais aussi de malentendus géniaux[34] ». Il avait étudié à Schulpforta de 1858 à 1864, l'une des meilleures écoles de Prusse. Cette institution, « petite république scolaire[35] », avait été fréquentée par de grandes figures de la culture allemande, dont Novalis, Schlegel et Fichte ne sont pas les moindres. Nietzsche fut marqué par l'éducation de tradition humaniste qu'il reçut à Pforta — cette école où les étudiants organisaient de grandes

---

32. Michèle Cohen-Halimi, « Une philologie excentrique », p. 15.
33. Rohde, « Sous-philologie », *in* QANT, p. 216 ; nous soulignons.
34. Reinhardt, « La philologie classique et le classique », p. 77 ; *cf.* p. 70.
35. Andler, *Nietzsche*, vol. 1, p. 284 : « Pforta est une petite république scolaire unique de son espèce en Allemagne. [...] Les maîtres élisent leur recteur et gouvernent en corps l'institution. Les élèves eux aussi se gouvernent ; on choisit parmi eux les moniteurs surveillants. »

célébrations pour le tricentenaire de Shakespeare (1864) ou pour le centenaire de Schiller (1859)[36]. Cette éducation classique contribua certainement à ce que Nietzsche développe ce qu'il appelait sa « belle confiance dans l'"humanité"[37] ».

(4) On constate une fois de plus que la philosophie et la philologie reçoivent chez Nietzsche une tâche commune : celle de produire une éducation par les humanités, grâce à un rapport vivant au legs de la civilisation grecque ancienne. La philologie peut dépoussiérer l'héritage grec, mais aussi le préserver de l'usage qu'en fait la pure érudition savante. Nietzsche revalorise ainsi une dimension de la pédagogie grecque qu'il oppose à l'éducation savante moderne : l'*agôn*. « Tout don doit nécessairement s'épanouir dans la lutte [*Wettkampf*], ainsi le veut la pédagogie populaire grecque ; les éducateurs modernes, au contraire, ne craignent rien tant que le déchaînement de ce qu'ils appellent l'ambition. » Paradoxalement, contre l'individualisme de la société moderne, Nietzsche revalorise l'égoïsme. Mais alors que le moderne ignore la possibilité d'un égoïsme non individualiste, tourné vers un bien supérieur à l'individu, « pour les Anciens, le but de l'éducation dans la joute était le bien-être de tous, de la cité en général[38]. » La culture, qui fait la matière ou l'objet de l'éducation nationale, doit donc subir un double rétrécissement : rétrécissement, comme on l'a vu, du *nombre* de ceux à qui s'adresse l'enseignement de la culture, suivant « une loi nécessaire de la nature[39] » ; mais aussi, rétrécissement de l'*espace* dans lequel se déploient les efforts vers la culture, les compétitions et les grandes actions suscitées par l'éducation classique :

---

36. « Un peu de son culte des héros est sorti de l'esprit qui organisa ces fêtes » (Andler, *Nietzsche*, vol. 1, p. 285). Les souvenirs de Nietzsche sur Pforta sont consignés dans ses écrits autobiographiques de jeunesse : *cf.* les sections intitulées « Pforta » (août 1859) et « La fête de Schiller à Pforta » (8 décembre 1859), *in* Nietzsche, *Écrits autobiographiques 1856-1869*, p. 46 *sq.* et 82 *sqq.*
37. Lettre n° 246 à Wagner du 25 juillet 1872, *in* COR, vol. 2, p. 326.
38. Les deux dernières citations proviennent de « La joute chez Homère », *in* CP, p. 201.
39. AÉE, préface, p. 81.

Dès l'enfance, chaque Grec formait le vœu ardent d'être, dans la joute entre cités, l'instrument de la réussite de sa ville: son égoïsme trouvait là à s'enflammer; et par là, il était refréné et restreint. C'est pourquoi, dans l'Antiquité, les individus étaient plus libres: leurs buts étaient plus proches et plus tangibles. L'homme moderne, au contraire, est sans cesse cloué sur place par l'infini, comme Achille aux pieds agiles dans le paradoxe de l'Éléate Zénon: l'infini le paralyse, jamais il ne rattrape la tortue[40].

L'*agôn* participe donc du nouveau principe d'éducation formulé par Nietzsche. Toutefois, l'objectif du philologue n'est pas de cerner ce qu'il appelle la « pédagogie populaire grecque » dans une perspective philologique ou historique (qui eût pu prendre, par exemple, la forme d'une recherche sur la *paideia*[41]). Il s'agit plutôt de proposer que la philosophie, avec les outils de la philologie (ou, ce qui revient au même pour Nietzsche, la philologie, à l'aide d'une perspective philosophique englobante), doit revaloriser la culture classique étroite, le savoir pratique et l'humanisme (au sens d'une conception générale de l'être humain, dénuée de notions d'utilitarisme individualisant), et les reconnaître comme matière et but des établissements d'enseignement. Finalement, l'action concrète de Nietzsche se déploie moins sur le terrain d'une réforme institutionnelle de la pédagogie allemande, que sur celui d'une rénovation interne de la philologie. L'à-propos d'une telle entreprise fut d'ailleurs souligné dans l'entourage de Nietzsche. Au printemps 1872, le philologue Otto Ribbeck, professeur à Kiel[42], donnait en ces termes son appréciation de *La naissance de la tragédie* dans une lettre au philosophe Wilhelm Dilthey: « Un dithyrambe de philosophie esthétique dans l'esprit de Schopenhauer-Wagner [...] mais pour l'essentiel (qui certes, au fond, n'est pas précisément très neuf), c'est pénétrant et inté-

---

40. « La joute chez Homère », *in* CP, p. 201.
41. Un tel essai fut entrepris par un autre professeur de philologie de l'Université de Bâle: Werner Jaeger, *Paideia. Die Formung des griechischen Menschen* (Berlin, 1934).
42. C'est grâce à lui que Rohde put trouver un poste dans cette université.

ressant de bout en bout. Nous pouvons très bien nous servir de cette espèce d'*ingenium* pour réveiller notre philologie encroûtée, d'autant que les études les plus solides en forment la base[43] ». Et pourtant, les projets — philologiques, philosophiques, culturels — du professeur Nietzsche furent globalement ignorés par ses confrères philologues[44]. Comme le remarque le philologue Joachim Latacz, la querelle autour de *La naissance de la tragédie* eut comme « conséquences fatales que les thèses nietzschéennes demeurèrent par la suite sans effet en *études grecques*, et de plus, qu'en peu d'années, Wilamowitz se hissa au premier plan des spécialistes de la Grèce dans les pays germanophones et demeura jusqu'à sa mort, en 1931, le guide spirituel du monde des études grecques, qu'il domina incontestablement[45]. »

L'éducation, au singulier ou au pluriel ?

Les orientations pédagogiques de Nietzsche soulèvent certaines remarques et questions, et d'abord quant à l'effet de l'éducation sur le lien du peuple à l'État. En rapport à sa symptomatologie

---

43. Lettre de Ribbeck à Dilthey du 29 avril 1872, citée *in* QANT, p. 75. Philologue classique, ancien élève de Friedrich Ritschl (sur lequel il écrivit un livre : *F. W. Ritschl. Ein Beitrag zur Geschichte der Philologie*, Leipzig, 1879), Otto Ribbeck (1827-1898) enseigna à Kiel (1865-1872), à Heidelberg (1873-1876), puis à Leipzig (de 1877 jusqu'à sa mort). L'ayant vraisemblablement connu par l'entremise de Ritschl, Nietzsche lui fit parvenir un exemplaire de sa conférence « Socrate et la tragédie » (1870), ainsi que de la *Généalogie de la morale* (1887). Son correspondant, le philosophe Wihelm Dilthey (1833-1911), fut titulaire de la chaire de philosophie à Bâle (qu'il quitta en 1868, la laissant à son successeur, Gustav Teichmüller : *cf. infra*, p. 326, note 42), puis professeur à Berlin à compter de 1882. Otto Ribbeck lui recommanda la lecture de *La naissance de la tragédie* en 1872 (*cf.* la lettre de Ribbeck à Dilthey, citée *in* Krummel, *Nietzsche und der deutsche Geist*, vol. 1, p. 14, note). Son frère, Carl Dilthey (1839-1907) était philologue et archéologue : Nietzsche lui adressa en 1866 des questions touchant Théognis de Mégare, sur lequel il travaillait alors (*cf.* la lettre n° 499 à Dilthey du 2 avril 1866, *in* COR, vol. 1, p. 420 *sqq.*).

44. Dans un éclairant article, « Nietzsche in the Magisterial Tradition of German Classical Philology », James Whitman explique les causes du silence avec lequel la profession philologique a reçu le premier livre de Nietzsche (*cf.* p. 455 et 466).

45. J. Latacz, « Fruchtbares Ärgernis », p. 42.

politique de la civilisation allemande, on peut d'abord noter qu'il ne fait pas de doute, pour Nietzsche, que les établissements d'enseignement doivent inciter au développement d'un sens politique : alors qu'elle était un fondement solide de la civilisation grecque, la *Staatstendenz*, en Allemagne, s'est dégradée en « instinct financier[46] ». Pourtant, la science, la moralité, la politique et l'économie doivent être guidées et délimitées « par une maxime supérieure d'éducation[47] ». Dans la préface au manuscrit de ses conférences sur l'éducation, Nietzsche souligne que les institutions d'enseignement allemandes « nous unissent au passé du peuple et dans leurs traits essentiels sont un patrimoine si sacré et si vénérable que je ne saurais parler de l'avenir de nos établissements d'enseignement que dans l'espoir d'approcher aussi près que possible l'esprit idéal dont ils sont nés. » On peut comprendre cet « esprit idéal » en fonction des tendances « réellement allemandes[48] » que sont pour Nietzsche le rétrécissement et la souveraineté de la culture. Mais trois des quatre propositions pour un nouveau principe d'éducation (promotion du savoir pratique, de l'humanisme classique et de l'*agôn*), plutôt que d'être issues de la tradition allemande comme telle, ramènent à la Grèce antique. Le sens politique qui fait défaut à l'Allemagne naîtra, encore une fois, d'une rencontre avec l'esprit grec.

Il faut noter que sa compréhension de la *Staatstendenz* est plus esthétique que politique : la *Staatstendenz* vise une sauvegarde de la civilisation au moyen d'un équilibre entre la création et le savoir. La tragédie, la musique et le mythe jouent un rôle capital pour l'identification et le dévouement de l'individu à sa civilisation. Par ailleurs, au vu de sa discussion de l'*agôn*, il est clair que l'éducation, pour Nietzsche, doit nourrir le sens politique des Allemands. Les établissements d'enseignement veilleront à développer une *Staatstendenz* en valorisant la bonne *eris*,

---

46. « L'État chez les Grecs », *in* CP, p. 188.
47. CI3, § 2, p. 23.
48. Les trois dernières citations proviennent de AÉE, préface, p. 78 et 80.

en rétrécissant les frontières géographiques et mentales de l'action et en révélant les liens entre le présent et le passé de la nation, par l'entremise d'une «*renaissance du mythe allemand*». Lorsque Nietzsche écrit dans *La naissance de la tragédie* que «notre confiance est telle dans la pureté et la vigueur profonde de la germanité, que nous osons justement attendre d'elle ce rejet des éléments étrangers entrés de force, et croire à la possibilité, pour l'esprit allemand, de se ressaisir», il ne fait aucun doute qu'il considère que l'éducation a un rôle-clef à jouer dans cette «"restitution" de toutes choses allemandes[49]».

Eu égard à la perspective philosophique de Nietzsche à cette époque, on peut aussi demander si le nouveau principe d'éducation diffuserait une connaissance tragique. Pour le dire autrement: Nietzsche souhaite-t-il que les établissements allemands enseignent le pessimisme? *La naissance de la tragédie* affirme que «[t]out ce que nous appelons *Cultur, Bildung, Civilisation*, comparaîtra un jour devant le juge infaillible — Dionysos[50].» Comme on sait que Nietzsche récuse l'optimisme de la modernité, peut-on conclure que l'éducation allemande rénovée véhiculerait la perspective philosophique fondamentale du pessimisme antique et moderne? La réponse à cette question est assurément négative. Notamment dans la deuxième *Considération inactuelle*, Nietzsche affirme que la vérité ne doit pas être enseignée à tous:

> [Si] les doctrines qui enseignent la souveraineté du devenir, l'instabilité de tous les concepts, de tous les types et de toutes les espèces, l'absence de toute différence fondamentale entre l'homme et l'animal — *doctrines que je tiens pour vraies, mais pour mortelles* —, si ces idées sont, dans la fureur d'instruction qui sévit actuellement, assenées au peuple pendant encore une génération, il ne faudra pas s'étonner si celui-ci, écrasé par tant de misérable mesquinerie, meurt d'ossification et d'égoïsme; on le verra alors se décomposer et cesser d'être un peuple, pour peut-être céder la place, sur la

---

49. Les trois dernières citations proviennent de NT, § 23, p. 134 et 136.
50. NT, § 19, p. 117.

scène du futur, à des systèmes d'égoïsmes individuels, à des associations visant le pillage et l'exploitation des non-associés, et autres créations de la vulgarité utilitariste[51].

Le fait que des vérités doivent être cachées au peuple commande une prudence de la part du philosophe : il existe des idées qui doivent être cachées à certains esprits — et même, à la plus grande majorité des individus. Nietzsche en donne l'exemple dans une lettre à son ami Paul Deussen en février 1870, lorsqu'il précise qu'il a déconseillé certaine lecture à une connaissance commune à eux : « On me dit qu'il lit Kant, et il est même allé jusqu'à me demander s'il devait lire Schopenhauer. Je l'en ai dissuadé pour le moment. Je suis prudent[52] ». Nietzsche tend par ailleurs à classer ses écrits suivant qu'ils sont exotériques ou ésotériques. Ainsi, en le comparant avec *La naissance de la tragédie*, il qualifie l'ouvrage qu'il prévoyait de constituer avec ses conférences sur l'éducation de « "populaire" ou "exotérique"[53]. » Le livre qu'il projetait sur le philosophe (et dont témoignent les notes [19] de 1872-1873) aurait quant à lui été ésotérique, et Rohde lui recommande d'ailleurs la prudence dans sa préparation : « Je l'ai relu plusieurs fois, avec voracité et recueillement, et je n'ai pas besoin de te dire que je suis tout à fait d'accord avec son contenu. *Mais le faire connaître serait aussi dangereux que sans effet.* »

Rohde rappelle les risques liés à la diffusion du pessimisme philosophique : « S'ils [les optimistes] prenaient connaissance de

---

51. CI2, § 9, p. 157 ; nous soulignons.
52. Lettre n° 61 à Deussen d'un mercredi de février 1870, *in* COR, vol. 2, p. 97. Paul Deussen (1845-1919) était indianiste et historien de la philosophie. Ancien étudiant de Schulpforta et ami de Nietzsche dès 1859, il séjourna avec lui à Bonn de 1864 à 1865, après quoi il alla à Berlin avant de devenir professeur au *Gymnasium* de Marbourg, puis professeur de philosophie à Kiel à compter de 1889. Fondateur de la Schopenhauer-Gesellschaft, il fut l'auteur de *Die Elemente der Metaphysik* (1877), le « premier manuel de philosophie schopenhauerienne qui fût sorti officiellement d'une université allemande » (Andler, *Nietzsche*, vol. 2, p. 320). Nietzsche et Deussen ne se virent qu'une seule fois après 1872 (en 1887 à Sils-Maria). Il publia ses *Souvenirs sur Friedrich Nietzsche* après la mort du philosophe (1901).
53. Lettre n° 202 à Rohde du 15 mars 1872, *in* COR, vol. 2, p. 268.

ce qu'il y a d'essentiellement terrible, et qui ne se laisse même pas mesurer à l'échelle humaine, dans cette totalité qui est d'une cruauté aveugle contre tout ce qui est individuel, je crains qu'ils ne pensent être délivrés à leur seul profit de toutes les incitations morales qui sont au service de la totalité.» Ce faisant, Rohde souligne la nécessité de certaines illusions — c'est-à-dire de certains types de mensonges — qui peuvent servir d'«incitation morale au bien[54]» et profiter ainsi au bien-être et à la cohésion de la collectivité. Dans son cours sur la rhétorique de l'hiver 1872-1873, Nietzsche trouve d'ailleurs remarquable que dans *La République*, Platon distingue deux sortes de discours dans l'éducation: «[C]eux qui renferment la vérité, et ceux qui mentent; les mythes relèvent de ces derniers. Platon les estime justifiés». En effet, «le mensonge peut, dans certaines circonstances, être utile aux hommes»: en prenant la forme d'un mythe, par exemple, un mensonge peut «ancrer une certaine idée dans l'âme [des] citoyens[55].» L'enseignement de certains mensonges a donc une utilité éthique — morale et politique. La fin de la lettre de Rohde représente tout à fait cette position qu'il partage avec Nietzsche: «La bonne volonté est certainement ce qu'il y a de plus estimable et de moins soupçonnable en l'homme, et il semble que peu de personnes seulement puissent l'allier à la vision courageuse des conditions effroyables de l'existence et du monde. [...] [L]e κόσμος ne repose certainement que sur une effroyable violence. Mais on ne peut pas expliquer cela à la multitude sans risque de graves malentendus[56].»

La vérité est donc utile à un cercle restreint, mais elle est nuisible et dangereuse pour la multitude: pour cette raison, Rohde dissuade son ami de publier certaines de leurs idées. Toutefois, cela n'implique pas l'existence de quelque chose

---

54. Les trois dernières citations proviennent de la lettre de Rohde à Nietzsche du 8 décembre 1872, *in* QANT, p. 236; nous soulignons.

55. Les trois dernières citations proviennent de RL, p. 106; Nietzsche se réfère à *Rép.* 376 e – 378 e.

56. Lettre de Rohde à Nietzsche du 8 décembre 1872, *in* QANT, p. 236.

comme une doctrine « cachée » chez Nietzsche : cela implique plutôt qu'il croit que certains de ses ouvrages s'adressent à bien peu de lecteurs. Ses livres ne sont donc pas tous pour le même public. Nietzsche publie ses écrits, en même temps qu'il dissuade certaines personnes de les lire[57]. Il décrit sa conception du monde dans *La naissance de la tragédie* et la deuxième *Inactuelle*[58], ce qui montre qu'il tâchait de respecter la loi que Schopenhauer s'était donnée, à savoir l'honnêteté envers tous, à commencer par soi-même[59]. *De l'utilité et des inconvénients de l'histoire pour la vie* déconseille la diffusion généralisée de la doctrine du devenir (qui enseigne à la fois le caractère artificiel des concepts et l'aspect purement biologique de l'être humain) et de ce qu'on peut appeler le relativisme historique. En somme, Nietzsche croit qu'il ne faut pas enseigner ce que son essai inachevé de 1873, *Vérité et mensonge au sens extra-moral*, présente en condensé dans son premier paragraphe : « Au détour de quelque coin de l'univers inondé des feux d'innombrables systèmes solaires, il y eut un jour une planète sur laquelle des animaux intelligents inventèrent la connaissance. Ce fut la minute la plus orgueilleuse et la plus mensongère de l'"histoire universelle", mais ce ne fut cependant qu'une minute. Après quelques soupirs de la nature, la planète se congela et les animaux intelligents n'eurent plus qu'à mourir[60] ». La deuxième *Inactuelle* décrit aussi le danger de l'historicisme en éducation : « Le jeune homme [d'aujourd'hui] est ainsi devenu un déraciné

---

57. Daniel Halévy relate les conversations que le poète Paul Lanzky (1852-1935) eut avec Nietzsche, sur le fait que ce dernier considérait que ses livres ne devaient pas être lus par tous (D. Halévy, *Nietzsche*, p. 334 *sq.*). Halévy recueillit le témoignage de Lanzky en 1909, en vue de la préparation de son essai biographique sur Nietzsche.

58. Curieusement, il renonce toutefois à publier le pendant « exotérique » de *La naissance de la tragédie* (*cf. supra*, p. 169).

59. « Schopenhauer ne veut jamais paraître, car il écrit pour lui-même et personne ne se plaît à être trompé, surtout pas par un philosophe qui s'est même érigé cette loi: "Ne trompe personne, pas même toi. [...]" » (CI3, § 2, p. 25).

60. VME, § 1, p. 207 ; ce passage figure aussi à la fin de « La passion de la vérité », *in* CP, p. 175.

qui doute de toutes les coutumes et de toutes les idées. Il le sait à présent : peu importe ce que tu es, puisque jamais deux époques n'ont vu les choses de la même manière. » Nietzsche décrit ainsi la culture qui découle de l'enseignement de l'histoire tel qu'il se pratique dans les établissements allemands : « Le jeune homme est mené tambour battant à travers tous les millénaires : des adolescents qui ignorent tout de ce qu'est une guerre, une manœuvre diplomatique, une politique commerciale, sont jugés dignes d'être initiés à l'histoire politique. Et de la même façon que le jeune homme traverse l'histoire, de même nous traversons, nous autres Modernes, les salles de musées et de concerts ». Cet enseignement a comme résultat d'entraîner l'« insensibilité » et l'« indifférence » du moderne : Nietzsche croit que la culture historique mène à terme « à ne plus s'étonner de rien, à tout supporter[61]. » Autrement dit, l'excès d'histoire empêche l'individu « de ressentir les choses et d'agir de façon *non historique* », *sub specie æterni*. Or Nietzsche précise qu'ainsi, l'être humain « parviendra vraisemblablement à l'intelligence : jamais à la sagesse[62]. »

L'éducation nationale n'a donc pas à véhiculer la vision pessimiste de l'existence, qui comprend la vérité du relativisme historique. Voilà qui soulève la question de savoir si le nouveau principe souhaité par Nietzsche distinguerait plus d'un type d'enseignement : d'une part, une éducation « générale » et, d'autre part, une éducation « philosophique ». La première serait l'éducation nationale rénovée selon les propositions de Nietzsche et dépouillée de certains enseignements nocifs, alors que la seconde ne cacherait pas les vérités dangereuses. Le premier type d'éducation s'adresserait à la jeunesse cultivée tournée vers les professions civiles et les institutions politiques et culturelles, alors que le second serait réservé aux individus naturellement philosophes, aux âmes fortes capables de supporter et d'assimiler la

---

61. Les dernières citations proviennent de CI2, § 7, p. 139.
62. CI2, § 9, p. 160.

vérité. Mais ces deux types d'éducation seraient-ils parallèles et étanches (auquel cas il faudrait supposer qu'une identification et une distinction des âmes médiocres et des âmes fortes puisse avoir lieu avant même l'entrée d'une jeune personne dans un établissement d'enseignement) ? Ou alors y aurait-il plutôt un seul type d'établissement (auquel cas tous fréquenteraient les mêmes institutions, où seuls les individus bien disposés par la nature seraient à même d'atteindre la vérité) ? Et dans ce dernier cas, les âmes fortes seraient-elles capables de reconnaître d'elles-mêmes le vrai par-delà les enseignements dispensés à tous ? Dans sa deuxième *Inactuelle*, Nietzsche précise qu'« [u]ne centaine d'individus éduqués de façon non moderne, c'est-à-dire mûris et habitués à respirer un air héroïque, suffiraient à réduire au silence toute la bruyante pseudo-culture [*Afterbildung*] de notre temps[63]. » Il est difficile d'imaginer que ces individus recevraient leur formation dans les grands établissements d'enseignement nationaux.

La question sur la place des esprits philosophes dans l'éducation demande un examen plus approfondi[64]. Cependant, les critiques de Nietzsche et les remèdes qu'il propose entraînent déjà un constat qui, poussé à son terme, répond aux questions sur la pluralité de l'éducation : dans la mesure où l'éducation nationale générale doit exclure un certain nombre de faits qui participent de la connaissance philosophique, le champ pédagogique propre au *Gymnasium* allemand, au Pedagogium suisse et à l'université en général ne semble pas suffisant pour former l'esprit philosophique. La lettre de Rohde du 8 décembre 1872 confirme la tripartition de l'éducation, qui ressort des écrits de Nietzsche portant sur la pédagogie : ce schéma montre la nécessité d'une éducation populaire générale, d'une éducation nationale et classique plus étroite, et d'une éducation philosophique privée.

---

63. CI2, § 6, p. 135.
64. *Cf. infra*, ch. 10, p. 300-306.

(1) De prime abord, l'éducation populaire qui s'adresse à tous doit comprendre une « incitation morale au bien[65] » et être rassembleuse. La multitude a besoin d'un idéal moral, ainsi que d'une illusion qui masque l'horreur fondamentale de la vie. L'éducation populaire peut se faire au mieux par le véhicule de l'art et du mythe. C'est le propre de l'art wagnérien, selon Nietzsche, d'avoir ressuscité les mythes nationaux pour le bien-être du peuple. « Car s'il est un trait par lequel son art se démarque de tout l'art des temps modernes, c'est qu'il ne parle plus le langage propre à la culture d'une caste, qu'il ignore superbement l'opposition entre gens cultivés et gens incultes » : en effet, comme l'artiste doit remplir une fonction salutaire pour le peuple, l'art doit s'adresser à tous. Or, il est révélateur de voir Nietzsche préciser que Wagner destine son art au peuple, *mais non pas ses écrits* : « [T]ous ceux, amis ou ennemis, auxquels Wagner s'adresse en tant qu'écrivain ont un trait commun qui les distingue foncièrement de ce peuple auquel l'artiste destine ce qu'il crée. De par le raffinement, la stérilité de leur culture, ils sont absolument *non populaires*[66] ».

(2) L'éducation nationale vise, quant à elle, à former dans un esprit classique les hommes d'État, les professeurs et tous ceux qui se dirigent vers les professions civiles : il s'agit en somme de l'enseignement donné dans les *Bildungsanstalten*. Cette éducation classique doit toutefois être réformée par la *Kulturkritik*. L'éducation nationale, en effet, doit enseigner « une vérité nécessaire », mais « simple », « grossière et déplaisante » : à savoir que l'Allemagne, loin de posséder une civilisation véritable, n'a qu'une civilisation malade devenue barbarie cultivée, une *Unkultur*. Ce n'est que grâce à la compréhension de cette vérité que les Allemands voudront se doter enfin d'une civilisation rénovée et guérie, fondée sur « la "Vie" pleine et verdoyante[67] ». Cependant,

---

65. Lettre de Rohde à Nietzsche du 8 décembre 1872, *in* QANT, p. 236.
66. Les deux dernières citations proviennent de CI4, § 10, p. 161 *sq*.
67. Les quatre dernières citations proviennent de CI2, § 10, p. 164 *sq*.

les individus qui passent par les établissements d'enseignement ont tout autant besoin de «l'ancre par laquelle est profondément implantée en de nombreuses personnes l'incitation morale au bien, c'est-à-dire à tout ce qui sert la collectivité.» Cette éducation doit donc comprendre une certaine part de *mensonge moral*, pour limiter la diffusion du pessimisme philosophique. Afin que l'espoir de la jeunesse ne soit pas tué par l'«effroyable violence[68]» du cosmos, il faut travestir ou camoufler la vérité.

(3) L'éducation nationale est fondée sur une bonne part de mensonge: c'est pourquoi l'éducation du philosophe doit se faire ailleurs que dans le monde universitaire. À la fin de sa troisième *Inactuelle*, Nietzsche dresse une barrière entre la philosophie et l'université — et donc entre la philosophie et les institutions nationales: «Laissez donc croître les philosophes à l'état sauvage, refusez-leur toute perspective d'emploi et d'embrigadement dans les professions civiles, ne les chatouillez plus avec des traitements, mieux encore: persécutez-les, regardez-les avec défaveur — vous verrez des miracles!» Dans la lignée de l'essai de Schopenhauer *Contre la philosophie universitaire*, Nietzsche croit que la philosophie ne peut absolument pas se développer ni se pratiquer à l'intérieur de l'université. Mus par un principe d'utilité, *et non pas par l'amour de la vérité*, l'État et ses institutions «se soucie[nt] en général de tout ce qui [leur] est utile, que ce soit vérité, demi-vérité ou erreur»: la philosophie universitaire doit donc «promettre d'être utile sans condition à l'État, c'est-à-dire de placer l'intérêt de l'État au-dessus de la vérité[69].» Sévère envers la philosophie universitaire, Schopenhauer écrivait la même chose en 1851: «Un professeur de philosophie n'a pas l'idée d'examiner un nouveau système au point de vue de la vérité, mais il recherche simplement aussitôt si l'on peut le faire accorder avec les doctrines de la religion du pays, les opinions

---

68. Les deux dernières citations proviennent de la lettre de Rohde à Nietzsche du 8 décembre 1872, *in* QANT, p. 236.
69. Les trois dernières citations proviennent de CI3, § 8, p. 91 *sq*.

gouvernementales et les vues régnantes du temps[70].» Or, la vérité est étrangère à toute considération utilitaire: il est en son principe de ne pas se mettre au service de quelque chose. Le philosophe ne peut donc pas recevoir sa formation dans une institution nationale comme le sont les universités. Il lui faut une éducation privée. Plutôt que dans les *Bildungsanstalten*, le philosophe sera formé dans une secte éducative, une *Bildungs-Sekte*[71]: voilà le troisième niveau de la pédagogie nietzschéenne.

Éducation privée: la *Bildungs-Sekte*

Nietzsche développe l'idée d'un programme d'«éducation du philosophe[72]» dans ses notes et sa correspondance de la première moitié des années 1870. Quelques prescriptions en ressortent: se dépayser et voyager, cultiver une distance vis-à-vis des affaires de l'État[73], conserver une position de retrait envers les universités, «lire peu», apprendre plutôt par la proximité des expériences réelles que par la fréquentation des livres. Il précise en plus que le philosophe «doit chercher la vérité pour luimême, pas pour écrire des livres[74]» ajoutant au corpus de l'histoire de la philosophie.

Par rapport aux niveaux d'éducation que Nietzsche distingue, le philosophe adopte trois postures différentes. (1) L'éducation populaire générale, par la voix du mythe tragique et de la musique,

---

70. Schopenhauer, *Contre la philosophie universitaire*, p. 61.
71. *Cf.* le fragment posthume 32[62] (début 1874-printemps 1874), *in* KSA, vol. 7, p. 776.
72. C'est le titre du fragment posthume 32[73] (début 1874-printemps 1874), *in* FP3, p. 198.
73. Nietzsche note qu'il faut «[p]rendre avec simplicité l'État et ses devoirs. Ou s'expatrier» (fragment posthume 32[73], début 1874-printemps 1874, *in* FP3, p. 198) et qu'il est normal de sentir «le besoin de vivre pour [sa] formation [*Ausbildung*] affranchi de la politique, du national, des journaux» (fragment posthume 32[62], début 1874-printemps 1874, *in* FP3, p. 194).
74. Les deux dernières citations proviennent du fragment posthume 32[73] (début 1874-printemps 1874), *in* FP3, p. 198.

doit donner au peuple une consolation métaphysique[75], un sens de l'État et une incitation morale au bien. La tâche du philosophe est ici d'encourager et de seconder l'artiste dont la tâche est de *créer* la matière de cette éducation populaire : c'est là la position de Nietzsche auprès de Wagner. (2) L'éducation nationale pour les professions civiles, dans les établissements d'enseignement, doit enseigner d'abord la dure vérité que l'Allemagne contemporaine n'a pas de civilisation véritable, et doit ensuite opérer un retour aux sources grecques d'un humanisme classique. La tâche du philosophe est ici de mener la critique culturelle qui doit dessiller les yeux des Allemands et éveiller en eux la volonté de se doter d'une civilisation saine et créative, ancrée dans son passé, maître de sa langue et fière des grands esprits de la nation, qui ne se tournera plus vers des étalons étrangers : c'est là la position de l'auteur des *Considérations inactuelles*, mais aussi du professeur de philologie à l'Université et au Pedagogium de Bâle. (3) L'éducation philosophique, enfin, demande la fondation d'un cercle ou d'une secte éducative où les philosophes se forment eux-mêmes par la discussion, le partage des idées et une certaine discipline de vie : c'est là la position de Nietzsche envers ses proches amis, principalement Rohde, mais aussi Gersdorff et Deussen[76], ainsi qu'envers lui-même.

On l'aura compris, l'éducation philosophique, selon Nietzsche, n'a pas pour but de faire en sorte que tous deviennent philosophes. Elle n'est pas universelle et elle ne cherche pas à le devenir. Elle ne touche pas le même public que l'éducation nationale, car elle n'a pas le même contenu. À cet égard, la lettre à Deussen de l'hiver 1870 est claire : « Nous ne voulons pas non plus convertir

---

75. La consolation métaphysique s'adresse à tous : le philosophe et l'artiste y trouvent eux aussi un réconfort.

76. La lettre n° 60 à Deussen de février 1870 donne un bon exemple de l'attitude pédagogique, voire paternaliste, de Nietzsche envers son ami quant au développement de l'esprit philosophique : « Tu es du moins le dernier de mes amis à trouver le chemin de la sagesse. Enfin pour toi je nourris maintenant les meilleures espérances ; bien des nuées se dissiperont devant tes yeux » (*in* COR, vol. 2, p. 94).

les gens, *car le fossé qui nous sépare nous semble institué par la nature*[77].» L'éducation du philosophe n'est donc pas quelque chose comme un pis-aller en attendant la rénovation de l'éducation nationale allemande: elle doit se développer en parallèle à celle-ci. À la bipartition entre vérité exotérique et vérité ésotérique s'ajoute donc la bipartition entre institution publique et institution philosophique.

Parallèlement à sa critique des établissements d'enseignement allemands, Nietzsche a le projet, qu'il élabore avec Rohde, de former une petite communauté philosophique privée: c'est le rêve d'une «*Bildungs-Sekte*[78]». Il emploie l'expression en 1874, mais il a l'idée d'une telle communauté philosophique au moins depuis 1870, comme le montre sa correspondance: «[N]ous fonderons alors une nouvelle Académie *grecque*[79]». En marge de l'éducation d'État que le philosophe, comme l'a montré Schopenhauer, doit «mépriser[80]», l'éducation philosophique, encore une fois, suivra le modèle grec. À la fin 1870, une lettre de Nietzsche à Rohde détaille plus précisément ce projet:

> Même si nous ne recrutons qu'un petit nombre de personnes pour partager nos idées, je crois que nous réussirons suffisamment — non certes sans quelques sacrifices — à nous arracher à ce courant et à prendre pied sur un îlot où nous n'aurons plus besoin de cire pour nous boucher les oreilles. Là nous nous instruirons mutuellement, nos livres ne seront plus que des hameçons pour gagner des compagnons à notre communauté claustralo-artistique. Nous vivrons, œuvrerons, jouirons les uns pour les autres — c'est là peut-être la seule façon d'œuvrer pour *tout le monde*. Afin de te faire voir à quel point je prends tout cela au sérieux, j'ai déjà commencé à limiter mes besoins, pour conserver un petit reste de ressources. Nous tenterons aussi notre «chance» dans les *loteries*

---

77. Lettre n° 60 à Deussen de février 1870, *in* COR, vol. 2, p. 94; nous soulignons.
78. Fragment posthume 32[62] (début 1874-printemps 1874), *in* KSA, vol. 7, p. 776.
79. Lettre n° 113 à Rohde du 15 décembre 1870, *in* COR, vol. 2, p. 154.
80. Fragment posthume 32[63] (début 1874-printemps 1874), *in* FP3, p. 194.

> et, quand nous écrirons des livres, j'exigerai dorénavant les honoraires les plus élevés. Bref nous recourrons à tous les moyens non illicites pour nous mettre en mesure de fonder notre monastère. Ainsi se trouve définie pour quelques années la *tâche que nous devons remplir*. Puisse ce projet t'apparaître surtout comme quelque chose qui mérite réflexion ! La lettre si émouvante que je viens de recevoir de toi me prouve que le moment est venu de te le soumettre. Ne serions-nous pas capables de faire naître une forme nouvelle d'Académie [...] ? [...] Notre école de philosophie n'est certes pas pourtant une réminiscence historique ou une arbitraire lubie — n'est-ce pas une *nécessité* qui nous pousse dans cette direction[81] ?

Voilà qui répète, en la précisant, la remarque que Nietzsche consignait dans sa lettre à Rohde de l'été 1870 : « Nous aurons à nouveau besoin de monastères. Et nous serons les premiers fratres », écrivait-il en réaction à la déclaration de guerre à la France. Avec les années, le rêve d'un « cloître pour philosophes » se précise. En 1872, déplorant l'absence d'« un forum suprême devant lequel nous pourrions exposer, au niveau supérieur des idées, le résultat de nos études sur l'Antiquité[82] », Nietzsche croit qu'il faut pour les esprits philosophiques quelque chose comme les écoles philosophiques d'Athènes, ou alors des cercles ressemblant aux ordres monastiques.

À l'hiver 1872, Rohde résume ce souhait : « Si bien sûr nous avions quelque organe pour discuter de ces choses et ne pas avoir toujours à nous battre contre des représentations de catéchisme et des malentendus complètement absurdes, et si nous pouvions discuter sérieusement dans un cercle de personnes ayant des dispositions d'esprit identiques, alors nous pourrions aussi parler plus brièvement des choses les plus importantes. » Il termine en écrivant : « [P]uissions-nous former une communauté de

---

81. Lettre n° 113 à Rohde du 15 décembre 1870, *in* COR, vol. 2, p. 154 *sq*. Cette lettre est signée : « Avec les meilleurs espoirs, ton féal frater Fridiricus ».
82. Les dernières citations proviennent de la lettre n° 86 à Rohde du 16 juillet 1870, *in* COR, vol. 2, p. 123, et de la lettre n° 230 à Rohde du 18 juin 1872, *in* COR, vol. 2, p. 303.

personnes proches[83] ». Dans cette lettre, Rohde se plaint de ne pouvoir écrire complètement ce qu'il pense lorsqu'il s'agit de publier des articles ou des comptes rendus dans la presse. Il évoque ici sa première recension de *La naissance de la tragédie*, refusée par la *Literarisches Centralblatt*. Encore en 1873, il écrit à Nietzsche : « Mais pourquoi faut-il vivre dans le désert alors qu'on pourrait avoir la vie la plus riche dans la communauté des rares personnes qui intérieurement nous ressemblent[84] ! » Ce souhait, certes, exprime la difficulté que ressentent les deux amis, et qui apparaît fréquemment dans leur correspondance, d'élaborer ensemble des projets qu'ils ne peuvent mener que par un échange épistolaire et par l'envoi de leurs essais et textes imprimés, séparés qu'ils sont par l'étendue du territoire allemand. Ils répètent souvent l'importance pour l'esprit philosophique de ne pas rester solitaire, isolé ou ermite : le philosophe doit se regrouper avec ses semblables, car c'est ainsi qu'il peut le mieux se développer. L'*eros* philosophique se vit en communauté de semblables, et pour que les projets philologiques, culturels et pédagogiques des individus naturellement philosophes aboutissent, il est nécessaire que leurs énergies soient réunies. Lorsque Rohde écrit que « la volonté singulière ne peut pas faire grand-chose dans le mouvement formidable de la roue du monde, tant qu'elle ne représente pas une multiplicité de volontés[85] », le philologue de Bâle souligne en retour ce besoin de « combattre ensemble » et de vivre « ensemble nos expériences[86] ».

---

83. Les deux dernières citations proviennent de la lettre de Rohde à Nietzsche du 29 janvier 1872, *in* QANT, p. 31 *sq*.
84. Lettre de Rohde à Nietzsche du 26 janvier 1873, *in* QANT, p. 243.
85. Lettre de Rohde à Nietzsche du 26 février 1872, *in* QANT, p. 54.
86. Ces deux citations proviennent de la lettre n° 202 à Rohde du 15 mars 1872 : « Comme je suis triste de ne pouvoir te présenter toutes ces choses qu'une fois imprimées, alors qu'au fond il faudrait que de tout cela, mot après mot, nous nous entretenions oralement, que sur tout cela nous échangions nos pensées et vivions ensemble nos expériences ! » (*in* COR, vol. 2, p. 269).

Nietzsche est alors loin de l'image des philosophes comme des «solitaires de l'esprit[87]», qu'il emploie dans *Par-delà bien et mal* pour décrire les Héraclite, Platon et Empédocle. Dans les années 1870, il croit que les philosophes doivent trouver leurs semblables, se réunir pour élaborer de front des projets culturels et travailler ensemble à cultiver l'esprit philosophique. Il accorde une grande valeur à la vie pratique, à la lutte contre le temps présent, à la vie contemplative, à l'étalon de la nature et aux distinctions que celle-ci instaure entre les individus, à la «noblesse» d'âme et à la connaissance de soi[88]. Une lettre de Rohde de l'hiver 1872 est éloquente à cet égard : « Peut-on, à l'encontre de l'affairement vulgaire en quoi consiste chez nous le "sérieux de la vie", donner une plus grande valeur que nous — je me compte avec toi — à une vie contemplative? Mais est-ce qu'en même temps nous n'avons pas le droit [...] d'aspirer à une civilisation dans laquelle la πρᾶξις serait davantage qu'un mouvement de moulin qui tourne à vide, et où la contemplation serait plus que la description de l'éternellement Un qui fait peau neuve à chaque instant comme un serpent[89] ? » Cet extrait présente la philosophie comme *praxis* vécue : la contemplation doit déboucher sur une action, et non pas sur la simple consignation par écrit des principes d'une ontologie. L'apprentissage dans l'être, pour Rohde et Nietzsche, est plus important que l'accumulation de savoirs théoriques — aussi la philosophie est-elle fondamentalement pratique. Un idéal classique de la philosophie comme vie philosophique se dégage des écrits de Nietzsche sur l'éducation, ainsi que de la correspondance et des projets qu'il partage avec Rohde.

---

87. PBM, VI, § 204, p. 119 ; *cf.* aussi PBM, II, § 25, où, en rupture avec ses espérances de jeunesse, il lance aux philosophes : « Écartez-vous plutôt, fuyez dans des retraites ! » (p. 44).
88. Nietzsche conclut sa deuxième *Inactuelle* en rappelant l'importance capitale du commandement delphique : « "Connais-toi toi-même." C'est un précepte difficile » (CI2, § 10, p. 168).
89. Lettre de Rohde à Nietzsche du 26 février 1872, *in* QANT, p. 54.

Une renaissance allemande

Dans un colloque tenu au début des années 1940 à Naumbourg, le philologue Karl Reinhardt disait de l'auteur de *La naissance de la tragédie* qu'il se tenait « comme un médecin au chevet de ce "paralytique" qu'est son temps[90]. » Le philosophe médecin qu'était Nietzsche a ausculté sa civilisation, décrit les symptômes de son mal et proposé une thérapie. Celle-ci répond au diagnostic et au pronostic posés par Nietzsche : elle encourage le retour de la conception tragique du monde, qui doit former le soubassement d'une civilisation artistique. Toutefois, elle ne vise pas la diffusion générale du pessimisme philosophique qui est le corrélat de cette conception tragique du monde, parce que les vérités auxquelles le pessimisme fait référence sont « mortelles[91] ». La thérapeutique philosophique proposée par le jeune Nietzsche travaille à l'établissement d'une civilisation artistique sur la base du mythe tragique et de la musique : tous deux répondent aux besoins humains fondamentaux de création, de vérité (qui sera transfigurée analogiquement par le mythe), de consolation métaphysique et d'unité sociale, morale et politique. Cette base assurera un équilibre durable entre les pulsions naturelles ainsi qu'entre les pulsions humaines — celles de la science (le désir de connaissance et la recherche de la vérité qu'il entraîne) et de l'art (le besoin de création, qui représente la nécessité de l'illusion). Cet équilibre sera le commencement du « jour de l'homme noble[92] » et signifiera la guérison de la civilisation allemande — soit le retour d'une *Kultur* après la période barbare d'*Unkultur*.

Médecin, le philosophe nietzschéen l'est toujours en tant que philologue : la régénération du présent demande la revalorisation du passé. Nietzsche croit que les premiers « philosophes grecs ont *vaincu l'esprit du temps* », c'est-à-dire la *Zeitgemäßigkeit* :

---

90. Reinhardt, « La philologie classique et le classique », p. 76.
91. CI2, § 9, p. 157.
92. Lettre de Rohde à Nietzsche du 12 janvier 1873, *in* QANT, p. 239.

« [I]ls expriment le besoin de trouver une solution aux questions éternelles[93] », car la pensée grecque a atteint le point de vue de l'universalité humaine. Ce n'est qu'à partir de ce point de vue général, fondamental et donc aussi « éternel », que l'on peut comprendre la signification profonde des événements contemporains. Nietzsche écrit par exemple, en 1872, que la « mystérieuse unité de la musique allemande et de la philosophie allemande », qu'illustre la parenté de points de vue entre Wagner et Schopenhauer, suggère « une nouvelle forme de l'existence dont nous ne pouvons pressentir le contenu qu'à partir d'analogies tirées du monde grec[94] ». La *Kulturkritik* ne sera donc efficace que si elle sait être philologique.

Or parallèlement, Nietzsche montre dans ses essais que, si elle forme le terrain premier de tout effort de guérison de la civilisation, la philologie n'est pas suffisante comme seul champ de bataille où mener la lutte contre le présent et pour l'avenir. Dans le cours d'introduction à la philologie classique de l'été 1871, il le rappelle :

> [Le philologue,] tant qu'il n'est qu'un érudit, n'est donc rien de plus qu'un historien spécialisé. Pour être un pédagogue au sens élevé de ce terme il lui faut concevoir ce qui est *classique*. *Mais comme il ne peut pas convaincre la jeunesse de l'importance du classicisme, il lui faut chercher un autre champ d'exercice pour sa vocation d'enseignant.* Il lui faut être l'enseignant idéal pour les tranches d'âges les plus capables : enseignant et diffuseur des matériaux de la culture, l'intermédiaire entre les grands génies et les génies nouveaux en devenir, entre le grand passé et l'avenir[95].

Pour convaincre la jeunesse qu'il est important d'opérer un tournant vers la Grèce antique pour le bien de la civilisation allemande,

---

93. Ces deux citations proviennent du fragment posthume 19[9] (été 1872-début 1873), *in* FP2, p. 174. Le fragment 19[6] exprime cette idée autrement : « Les Anciens étaient beaucoup plus vertueux que nous, car ils connaissaient moins la mode » (été 1872-début 1873, *in* FP2, p. 174).
94. Ces deux citations proviennent de NT, § 19, p. 117.
95. IÉPC, § 6, p. 98 ; nous soulignons tout sauf le mot « classique », souligné par Nietzsche.

le philologue doit œuvrer dans un autre champ que celui de la science philologique. Pour se faire pédagogue, il exercera sa vocation sur le terrain culturel. Il doit se faire *Kulturkritiker* et porte-parole des transformations de la culture — autrement dit, il doit agir auprès de la jeunesse en tant qu'intermédiaire entre les grands esprits du passé (allemands comme grecs) et les nouveaux génies. Le philologue philosophe, en somme, doit être l'intermédiaire entre Goethe et Anaximandre d'un côté, et Wagner de l'autre.

Comme ces pages l'ont montré, la perspective philosophique de Nietzsche s'arrime à de nombreuses causes wagnériennes : après Wagner, Nietzsche affirme que la tâche de l'art est d'exalter l'être humain en général, que l'art doit s'adresser au peuple à l'égard duquel il a une mission salvatrice, qu'il faut combattre l'utilitarisme au nom d'un « bien commun » et contre « l'éthique individualisante[96] », et qu'il faut lutter contre les influences extérieures qui imposent à l'Allemagne des valeurs et une forme de civilisation qui ne lui conviennent pas. Wagner critiquait cet état de fait dès les années 1840, dans *De la musique allemande* : « [L]'Allemand, dénué de l'ingéniosité qui crée ou modifie la mode, accueille toutefois spontanément et sans réserve celles qu'on importe dans sa patrie, et, dans cette occurrence, il sacrifie aveuglément à l'influence étrangère son instinct et son discernement personnel[97]. » Conformément à ce diagnostic, jusqu'en 1876, Nietzsche lutte contre les éléments latins empruntés par la civilisation allemande. Bien qu'il se soit par la suite tourné vers la Renaissance et les auteurs français du XIXe siècle, il a toujours souligné l'importance, pour un peuple, de trouver sa voie propre[98].

---

96. Les deux citations proviennent du fragment posthume 19[20] (été 1872-début 1873), *in* FP2, p. 177.

97. Wagner, « De la musique allemande » (1840-1842) p. 1 *sq.*

98. En témoigne, par exemple, une citation de Dostoïevski tirée de l'édition française des *Possédés*, que Nietzsche transcrit dans ses notes de novembre 1887 à mars 1888 : « Si un grand peuple ne croit pas qu'en lui seul se trouve la vérité, s'il

Notant qu'un grand peuple ne se satisfait pas d'un rôle secondaire, il croit que l'Allemagne doit retrouver foi en son immortalité — c'est-à-dire en l'éternité de son échelle des valeurs et de sa civilisation, et en un passé toujours présent. *La naissance de la tragédie* affirme que les anciens Grecs avaient cette foi, mais qu'ils la perdirent avec la mort de la tragédie : alors s'établit le règne « des esclaves — moralement tout au moins[99] ». Si Nietzsche cultive des espoirs pour l'avenir, c'est qu'il remarque une renaissance de l'art tragique, mais aussi qu'il voit que l'Allemagne, contrairement à la France, n'est pas inextricablement liée à la civilisation présente. Il perçoit une distance entre l'Allemand et la forme de sa civilisation, qui permet encore d'espérer que le peuple allemand, dénué d'une « identification du peuple et de la civilisation », puisse se doter d'une *Kultur* rénovée. Il y aurait selon Nietzsche un « fonds de noblesse qui est constitutif du caractère [du] peuple[100] » allemand, et qui n'a rien à voir avec la civilisation moderne. C'est exactement ce qu'exprime Rohde, lorsqu'il écrit que la musique allemande nouvelle (à savoir celle de Wagner) « ne se laisse d'aucune manière expliquer par la culture actuelle[101] » et qu'elle s'oppose à l'esthétique dominante : quelque chose de nouveau par rapport à la civilisation contemporaine, mais *néanmoins* quelque chose de profondément *allemand*, fait jour. Ces « forces » nouvelles, nourries par la « *renaissance du mythe allemand* », garantissent, selon Nietzsche, une « *renaissance de la tragédie*[102] ». Il exprime son point de vue sans ambiguïté : « Du fond dionysiaque de l'esprit allemand une puissance a surgi qui n'a rien de commun avec les conditions premières de

---

ne se croit pas seul appelé à ressusciter et à sauver l'univers par sa vérité, il cesse immédiatement d'être un grand peuple pour devenir une matière ethnographique » (*in* KSA, vol. 13, p. 152). Sur le tournant « latin » de Nietzsche, on consultera avec profit Campioni, *Les lectures françaises de Nietzsche*, ch. III et IV.

99. NT, § 11, p. 74.
100. Les deux dernières citations proviennent de NT, § 23, p. 134.
101. Rohde, « Recension refusée », *in* QANT, p. 43.
102. Les trois dernières citations proviennent de NT, § 16, p. 96, § 23, p. 134, et § 16, p. 96.

la civilisation socratique.» Cette puissance, comme on l'a vu, c'est la musique allemande qui, «dans sa marche souveraine et solaire», va de Bach à Wagner, en passant par Beethoven. Pour Nietzsche, la musique allemande «est, dans notre civilisation, ce feu limpide et pur et purificateur d'où et vers où, selon ce qu'enseigne le grand Héraclite d'Éphèse, toutes choses se meuvent en une double révolution[103].» Pour favoriser le développement d'une civilisation allemande artistique, il faut donc employer ces forces et lutter auprès de la musique allemande contre la civilisation socratique et ses formes culturelles que sont l'opéra, le journalisme et l'éducation générale. C'est pour travailler à cette grande tâche que Nietzsche et Rohde appellent «tous ceux qui vivent dans la diaspora, en gardant la mémoire endeuillée des temps anciens, à espérer de nouveau[104].» Car quatre siècles après la Renaissance italienne, qui fut apollinienne, s'annonce une Renaissance allemande, qui cette fois sera dionysiaque.

De 1869 à 1876, Nietzsche croit en une guérison de la civilisation allemande: ses espoirs le démontrent. C'est en vue de cette guérison qu'il lutte, qu'il écrit, qu'il enseigne. Et pourtant, à compter de 1876, après la quatrième et dernière *Considération inactuelle*, après la pose de la première pierre du théâtre de Bayreuth annonçant l'accomplissement du grand œuvre wagnérien, Nietzsche se détourne de la *Kulturkritik* propre au philosophe médecin de la civilisation. Cet abandon scelle les retraits divers qui jalonnent le parcours philosophique de Nietzsche dans la première moitié des années 1870.

---

103. Les trois dernières citations proviennent de NT, § 19, p. 116 *sq*.
104. Rohde, «Recension de *La naissance de la tragédie*», *in* QANT, p. 85.

PARTIE IV
Comment vivre en philosophe

Chapitre 11

Retraits

> Ne te laisse, surtout, en aucun temps
> Entraîner à contredire !
> Les sages tombent dans l'ignorance
> Dès qu'ils disputent avec des ignorants.
>
> Goethe, *Divan occidental-oriental*, n° 28 :
> « *Hikmet Nameh*. Le livre des maximes »

Dans une lettre à Carl von Gersdorff en juin 1872, Nietzsche reprend à son compte la maxime du *Divan occidental-oriental* de Goethe : « Jamais je ne me laisserai entraîner dans une polémique[1]. » Erwin Rohde évoque à son tour cette sagesse goethéenne, à l'automne de la même année. Dans une lettre adoptant le ton froid et détaché d'un découragement qui se veut réaliste, Rohde rompt avec les accents enflammés de ses missives précédentes, toutes combatives et exaltées face au sentiment de sa mission. Il décrit ainsi la résolution commune qu'il propose à Nietzsche : « [N]e jamais plus se laisser détourner de notre propre voie par des polémiques contre ceux qui voient les choses autrement que nous[2]. » Cette résolution fait écho aux déceptions suscitées par la publication de *La naissance de la tragédie*. En gardant le silence dans cette affaire, Nietzsche suit donc les conseils que lui prodiguaient alors ses amis. Même Cosima Wagner l'avait encouragé

---
1. Lettre n° 226 à Gersdorff du 3 juin 1872, *in* COR, vol. 2, p. 296 *sq.*
2. Lettre de Rohde à Nietzsche du 1er novembre 1872, *in* QANT, p. 225.

à demeurer loin des polémiques: «Gardez néanmoins votre silence d'or et, fort de cette protection, travaillez en vous ce à quoi vous êtes destiné[3]». Mais Nietzsche pressentait depuis longtemps ce que serait sa réaction face à une dispute philologique: «Louange ou blâme, voire les plus éclatants succès dans ce domaine [la philologie], voilà qui me fait horreur[4].» La philologie, cette «science tranquille[5]», se tient naturellement loin des polémiques et des scandales, tout autant que des célébrations bruyantes. Nietzsche s'est donc maintenu en retrait des débats entourant son essai sur la tragédie, bien qu'il soit toujours demeuré à l'affût de leurs développements. En 1873, il garde aussi une distance par rapport à une polémique non philologique. Sa première *Inactuelle*, *David Strauss, l'apôtre et l'écrivain*, construite comme un pamphlet, a déclenché de nombreuses attaques. Or, tout comme pendant la querelle de 1872, Nietzsche n'a pas répondu aux dénonciations parues dans la presse germanophone dès 1873[6], alors que le ton de son écrit ne pouvait pourtant qu'entraîner des répliques de la part de ses lecteurs. En somme, le philosophe a suscité des débats auxquels il a refusé de participer. En 1874, il dit toujours à Rohde: «[J]e ne me soucie aucunement d'être loué ou blâmé». En effet, Nietzsche croit que «si l'on veut méditer tranquillement sur des questions sérieuses, on ne doit pas être dérangé par des spectacles odieux[7]». La philosophie et la dispute ne font pas bon ménage.

Lançant les attaques avant de se retirer du champ de bataille, Nietzsche a été un porte-étendard[8] plutôt qu'un chef de guerre.

---

3. Lettre de Cosima Wagner à Nietzsche du 14 juin 1872, *in* QANT, p. 132.
4. Lettre n° 130 à Rohde du 29 mars 1871, *in* COR, vol. 2, p. 175.
5. Rohde, «Sous-philologie», *in* QANT, p. 217.
6. *Cf. supra*, ch. 6.
7. Les deux dernières citations proviennent de la lettre n° 353 à Rohde du 19 mars 1874, *in* COR, vol. 2, p. 482, et du fragment posthume 19[95] (été 1872-début 1873), *in* FP2, p. 204.
8. Il termine sa lettre à Rohde de la mi-février 1872 par cette phrase: «[P]ense à moi comme à quelqu'un qui, muni d'un énorme porte-voix, te crie: Bayreuth!!» (lettre n° 201, *in* COR, vol. 2, p. 268).

Souhaitant les voir participer à la mise sur pied du cercle philosophique ou de la «nouvelle Académie[9]» qu'il projetait, il a laissé ses frères d'armes — Rohde, Overbeck, Deussen, Gersdorff — prendre la parole. «[J]e ne tiens pas à ce qu'on parle de moi», écrit-il en 1872, et ce, parce que «[l]a "notoriété" souhaitable» pouvait selon lui être obtenue «tout aussi bien par le scandale des condamnations et des diffamations[10]» de l'ouvrage comme tel. Ces retraits des débats intellectuels ont été suivis par d'autres : le retrait par rapport au projet wagnérien, après la quatrième *Inactuelle* en 1876, puis le premier retrait de l'Université de Bâle, cette même année, pour cause de maladie.

Ces abandons qui interviennent vers le milieu des années 1870 sont indicatifs d'un tournant, chez Nietzsche, ainsi que de conflits. Tournant, d'une part, qui le fait passer de la philologie classique et du terrain professionnel, à la philosophie et à la vie de «docteur itinérant[11]», comme le dit Rohde. Conflits, d'autre part, entre le métier et la vocation, mais aussi entre différents types de philosophie. Avant de préciser la nature de ces conflits, on doit examiner les retraits qui clôturent le parcours philosophique du jeune Nietzsche. Ces retraits montrent que le philologue a mis en pratique sa conception de la philosophie.

De la philologie classique

Au début de son essai inachevé pour une *Inactuelle* sur la philologie, en 1875, Nietzsche écrit que l'on «*choisit* sa profession à un moment où [l'on] n'est pas encore capable de choisir, faute de connaître les diverses professions, *faute de se connaître*[12]». Il applique cette remarque générale à son propre cas : trop jeune lorsqu'il choisit de devenir philologue, il n'a pas été capable de suivre son fort penchant pour la philosophie. Il a toutefois

---

9. Lettre n° 113 à Rohde du 15 décembre 1870, *in* COR, vol. 2, p. 154.
10. Lettre n° 201 à Rohde de la mi-février 1872, *in* COR, vol. 2, p. 267.
11. Lettre de Rohde à Nietzsche du 6 mai 1872, *in* QANT, p. 75.
12. NAP, p. 43 *sq.*; nous soulignons.

actualisé cette disposition tout au long de sa carrière : l'apport de la philosophie à la philologie est une constante dans l'enseignement de Nietzsche, comme l'ont remarqué les rares commentateurs de ses cours. Alors que Jean-Luc Nancy et Philippe Lacoue-Labarthe soulignent « l'accentuation systématique de tous les motifs philosophiques » dans les leçons de l'hiver 1872-1873, Michel Haar, dans son introduction au cours de l'été 1870, évoque la tendance nettement philosophique avec laquelle Nietzsche commentait l'*Œdipe-Roi* de Sophocle : « On y devine un style d'enseignement éloigné de toute thèse métaphysique, mais à tendance philosophique, dans la mesure où il exige des étudiants une réflexion d'ensemble sur l'essence de la tragédie, — fondée cependant sur des données historiques concrètes — plutôt qu'une spécialisation érudite en littérature grecque[13]. » Dans son cours de l'été 1871, Nietzsche rappelle explicitement l'importance primordiale de la philosophie comme fondement pour la philologie, dans une section intitulée « La préparation philosophique à la philologie[14] ».

Au fil des années, chez Nietzsche, la philosophie a supplanté la philologie pour devenir l'activité principale du penseur. M. Haar offre une explication du retrait de Nietzsche par rapport à la philologie en fonction de la définition exigeante, et qui se voulait fondamentale, que le jeune professeur avait de sa discipline :

> Étant certain désormais qu'il n'y a pas encore de « bons philologues », en ce sens Nietzsche ne pourra plus *enseigner* la philologie. Désormais, tout pour lui sera philosophie, avec pourtant cette grande fidélité à son amour de jeunesse, qu'est l'idéal de « probité philologique », comme tâche herméneutique, comme lecture qui distingue sans cesse le texte et l'interprétation, le signe et le symptôme[15].

---

13. Les deux dernières citations proviennent de Lacoue-Labarthe et Nancy, « Présentation », *in* Nietzsche, RL, p. 100 ; et de Haar, « La décadence de la tragédie à l'époque moderne », p. 23 *sq*.
14. IÉPC, § 7, p. 101 ; cité *supra*, ch. 2, p. 78 *sq*.
15. Haar, « "Comment devient-on philologue ?" », p. 89.

Selon M. Haar, le passage à la philosophie serait l'aboutissement logique de la pratique de la philologie telle que Nietzsche la comprend. Le commentateur souligne avec raison que dans sa pratique philosophique, Nietzsche conserve le critère de probité philologique. Cet usage fondamental de la philologie est notamment décrit dans l'avant-propos à la réédition d'*Aurore* :

> On n'a pas été philologue en vain, on l'est peut-être encore, ce qui veut dire professeur de lente lecture : — finalement, on écrit aussi lentement. [...] La philologie, effectivement, est cet art vénérable qui exige avant tout de son admirateur une chose : se tenir à l'écart, prendre son temps, devenir silencieux, devenir lent, — comme un art, une connaissance d'orfèvre appliquée au *mot*, un art qui n'a à exécuter que du travail subtil et précautionneux et n'arrive à rien s'il n'y arrive *lento*[16].

Nietzsche répète ainsi en 1886 ce qu'il énonçait dans son cours de l'hiver 1872-1873 sur la rhétorique : la lecture est une activité lente et précise, elle est un « repos[17] » par rapport à l'action qui, à l'opposé, est requise de l'auditeur. La philosophie qui se développe à partir de cette méthodologie philologique conserve donc une vive compréhension des différents rapports de l'être humain au langage et au texte, ainsi que des divers types d'écriture (formes de discours, erreurs, procédés linguistiques, etc.) qui sont à la portée de l'écrivain, et que Nietzsche discutait dans ses leçons.

Les cours donnés à Bâle révèlent l'importance qu'acquiert très tôt le langage dans la pensée de Nietzsche. Le fait de s'intéresser à la langue et à la rhétorique est encore un moyen de revenir aux Anciens. Le cours sur la rhétorique précise que « [l]'extraordinaire développement de la rhétorique fait l'une des différences spécifiques entre les Anciens et les Modernes : dans les temps modernes cet art est l'objet d'un mépris général ». Nietzsche va jusqu'à affirmer à ses étudiants que le langage est

---

16. *Aurore. Pensées sur les préjugés moraux*, avant-propos, § 5, p. 18.
17. RL, p. 131.

essentiellement rhétorique : « [*L*]*e langage, c'est la rhétorique*, car il veut seulement transmettre une δόξα, et non une ἐπιστήμη[18]. » Ce que véhicule le langage, et ce par quoi celui-ci peut persuader l'auditeur ou le lecteur, n'est jamais que le rapport du locuteur aux choses (sa perception et son expérience de ces choses) — non pas les choses elles-mêmes. « La pleine essence des choses n'est jamais saisie[19]. » On remarque ainsi que dans son cours de l'hiver 1872-1873, Nietzsche présente à ses étudiants une thèse qu'il décrit l'été suivant dans *Vérité et mensonge au sens extramoral*. Mais alors que cet essai intègre la thèse sur le langage à une perspective philosophique globale, le cours la défend plutôt au moyen d'une analyse des artifices rhétoriques grecs, afin de présenter une étude de l'écriture oratoire, fondée autant sur des textes grecs (notamment ceux d'Aristote et des stoïciens) que sur des analyses récentes (celles de Gustav Gerber et de Richard Volkmann).

Comme le soulignent J.-L. Nancy et P. Lacoue-Labarthe[20], l'intelligence des cours et des fragments posthumes demande de lire parallèlement le travail personnel et le travail professionnel de Nietzsche : ces textes de natures différentes s'inscrivent dans

---

18. Les deux dernières citations proviennent de RL, p. 104 et 112. Nietzsche cite Locke (*An Essay Concerning Human Understanding*, livre III, ch. 10, qui porte sur «l'abus des mots») comme exemple de la «répugnance» moderne envers la rhétorique. Locke cite le langage figuratif et la rhétorique au nombre des sept principaux abus de langage, nourrissant ainsi sa «méfiance» envers le langage — une méfiance que Locke «partage [...] avec la plupart des philosophes et savants de son temps» (Yves Michaud, *Locke*, p. 184). Contre ce modèle moderne, Nietzsche poursuit dans son cours : « La formation de l'homme antique culmine habituellement dans la rhétorique : c'est la plus haute activité intellectuelle de l'homme politique achevé — une pensée qui nous est bien étrangère ! » (RL, p. 104).

19. RL, p. 112 : « Ce ne sont pas les choses qui pénètrent dans la conscience, mais la manière dont nous avons rapport à elles, le πιθανόν. »

20. *Cf.* Lacoue-Labarthe et Nancy, «Présentation», *in* Nietzsche, RL, p. 100. Nancy et Lacoue-Labarthe précisent que le cours de Nietzsche fait un «amalgame» et un «collage» judicieux de Gerber, *Die Sprache als Kunst* (1871) et de Volkmann, *Die Rhetorik der Griechen und Römer in systematischer Übersicht dargestellt* (1872).

un projet philosophique d'ensemble que le penseur menait sur divers fronts. S'il n'enseignait pas l'anthropologie, l'épistémologie et l'éthique qu'il décrivait dans ses notes, en revanche, il livrait à ses étudiants la conception du langage sur laquelle repose la perspective philosophique qu'il souhaitait maintenir privée dans sa forme écrite. Le degré de publicité de ces idées fut finalement bien limité : le cours sur la rhétorique de l'hiver 1872-1873 n'a été suivi que par deux étudiants, dont l'un était germaniste et l'autre, juriste. Par ailleurs, le cours sur la question homérique (« *Über Homer und die sog. homerische Frage* ») annoncé pour la même session, ainsi que le séminaire d'exercices critiques et exégétiques, furent finalement annulés pour la simple raison qu'aucun étudiant ne s'y était inscrit[21].

Cette analyse du langage dessine peu à peu chez Nietzsche un nouveau travail philosophique, par rapport auquel la philologie, comme l'a avancé Patrick Wotling, acquiert le statut de « métaphore fondamentale[22] ». La philologie traverse et informe toute l'œuvre philosophique de Nietzsche. Mais son itinéraire intellectuel montre qu'il s'est décidé en faveur de la philosophie au courant des années 1870, ce qui reléguait la philologie, en tant qu'activité de la pensée, au second rang. La philologie est rapidement devenue un *moyen* pour la philosophie. En réaction à la prétention de ses collègues, le professeur note d'ailleurs en 1875 que « le philologue lui-même *n'est pas* l'objectif de la philologie[23] ». Nietzsche propose dès son arrivée à Bâle une conception de la philologie dans laquelle la philosophie doit occuper une place déterminante. Sa leçon inaugurale sur Homère décrit sa vision de sa discipline et son programme : « *"Philosophia facta est quæ philologia fuit."* Nous voulons dire par là que toute activité philologique doit être encadrée, canalisée par une conception philosophique du monde qui évacue tout isolat pour ne prendre

---

21. *Cf.* Janz, « Friedrich Nietzsches Lehrtätigkeit in Basel 1869-1879 », p. 27.
22. Wotling, *Nietzsche et le problème de la civilisation*, p. 40. Selon P. Wotling, la métaphore devient, chez Nietzsche, l'« outil philosophique fondamental ».
23. NAP, p. 49.

en compte que ce qui représente une unité globale[24].» Le philologue Heinz Wismann note que ce renversement d'une formule de Sénèque «marque le retour de la philosophie[25]». Les commentateurs de Nietzsche affirment à l'unisson que ce programme «valut à Nietzsche un ostracisme définitif[26]», dont la querelle entourant *La naissance de la tragédie*, les réserves de son ancien professeur Friedrich Ritschl[27], la diminution du nombre de ses auditeurs à l'Université de Bâle et son nom cité

---

24. PH, p. 40 *sq. Cf. supra*, ch. 3, «La méthode philologique».
25. Wismann, «Nietzsche et la philologie», p. 325; la phrase de Sénèque provient de la lettre 108 à Lucilius. H. Wismann qualifie de «dialogue tragique» l'opposition, «dans l'existence de Nietzsche», de la philosophie et de la philologie (p. 329). Selon lui, la crise entre les «deux approches rivales» (p. 331) est permanente, au point que l'on ne peut parler de retournement univoque ou de préférence pour la philosophie: «Le texte de Nietzsche se place sous le signe de la tragédie du centaure. À chaque pas son écriture est traversée par la lecture, l'élan philosophique brisé et détourné du but par le soupçon philologique, l'art menacé par la science» (p. 335). L'image du centaure, très évocatrice et donc abondamment reprise par les commentateurs du jeune Nietzsche (*cf.* par exemple P. D'Iorio, «La naissance de la philosophie enfantée par l'esprit scientifique», p. 41, dans le livre de T. Borsche *et al.*, «*Centauren-Geburten*». *Wissenschaft, Kunst und Philosophie beim jungen Nietzsche*), provient de Nietzsche lui-même: «À présent science, art et philosophie croissent en moi simultanément, au point que, de toute manière, j'engendrerai quelque jour un Centaure» (lettre n° 58 à Rohde du 15 février 1870, *in* COR, vol. 2, p. 93).
26. M. Cohen-Halimi, «Une philologie excentrique», p. 14. Seul James Whitman présente une analyse nuancée de cette situation. Il montre qu'au moment de publier *La naissance de la tragédie*, en 1872, Nietzsche s'identifie à une certaine tradition de magistère en philologie classique, florissante en Allemagne depuis 1830 au moins. Whitman démontre de façon convaincante que «la compréhension qu'avait Nietzsche de la vocation artistique n'aurait pas été isolée au sein de sa profession» («Nietzsche in the Magisterial Tradition of German Classical Philology», p. 461). Il souligne que certains *topoï* de la philologie universitaire se retrouvent chez Nietzsche, notamment quant à l'importance de l'expérience vécue et à l'affirmation de la personnalité du chercheur: «La tradition philologique dans laquelle Nietzsche a été formé [auprès de Friedrich Ritschl et de Georg Curtius] demandait, et même célébrait, qu'un professeur fasse la démonstration de sa forte personnalité» (p. 462).
27. Ayant reçu par la poste un exemplaire de *La naissance de la tragédie*, Ritschl répond à Nietzsche en lui présentant ses objections sous la forme d'inquiétudes, plutôt qu'en entamant une discussion herméneutique ou philologique (*cf.* la lettre de Ritschl à Nietzsche du 14 février 1872, *in* QANT, p. 34 *sqq.*).

auprès de celui de philosophes plutôt que d'éminents philologues[28], sont les diverses manifestations. Tout à fait représentatif du diagnostic posé par les interprètes de Nietzsche à ce sujet, Peter Sloterdijk commente en ce sens le retrait de la philologie classique : « Le premier sacrifice que Nietzsche a fait pour son entrée sur la scène de la vérité, fut celui de sa renommée de savant. [...] Ce que Nietzsche a fait, en passant de la philologie à la philosophie, ce ne fut pas seulement un changement de facultés. Ce ne fut pas moins qu'un suicide scientifique[29]. » Nietzsche, quant à lui, parle alors moins de suicide que d'exécution : « [I]l semble bien que la *corporation* ait prononcé à mon égard une condamnation à mort ». Il raconte ainsi à Rohde l'effet de son essai sur la tragédie dans les milieux philologiques : « À Leipzig, concernant mon livre, on n'entend qu'un *unique* son de cloche ; et ce qu'il annonce, le brave Usener, que j'estime fort, l'a révélé, à Bonn, devant ses étudiants qui l'interrogeaient : "Pure absurdité, dont il n'y a rigoureusement rien à retenir ; en écrivant quelque chose de ce genre, scientifiquement on se condamne à mort." Tout se passe comme si j'avais commis un crime[30] ».

Sloterdijk remarque qu'avec son passage à la philosophie, dès *La naissance de la tragédie*, « Nietzsche ne parlera plus de l'Antiquité comme un archéologue. » En effet, il la considérera non pas comme un passé mort et figé, mais plutôt comme quelque chose de toujours vivant, dont il s'agit de retrouver les traces dans le présent : « Dionysos, Apollon, Ariane, Sphinx, Minotaure, Silène — ce ne sont plus que des noms mythologiques pour des forces actuelles et des allégories pour des douleurs immédiates. » Sa propre époque devient ainsi, pour Nietzsche, « le point de

---

28. *Cf. infra*, p. 327, note 44.
29. Sloterdijk, *Le penseur sur scène*, p. 42.
30. Les deux dernières citations proviennent de la lettre n° 265 à Rohde du 25 octobre 1872, *in* COR, vol. 2, p. 355, et de la lettre n° 236 à Rohde du 7 juillet 1872, *in* COR, vol. 2, p. 309. Philologue classique, professeur à Bonn à partir de 1866 (où il enseigna à Nietzsche), Hermann Usener (1834-1905) soutint la candidature de Nietzsche à la chaire de philologie à Bâle. Auteur de travaux sur Épicure, il eut aussi comme étudiant le philologue Hermann Diels (1848-1922).

départ presque accidentel pour redécouvrir les vérités fondamentales grecques[31]. » Mais Nietzsche ne délaisse pas pour autant la philologie. Seulement, l'ordre des disciplines, si l'on peut dire, s'est modifié. Dans son cours d'*Introduction aux études de philologie classique*, il explique à ses étudiants que « la méthode critico-herméneutique est quelque chose d'incontournable, c'est une garantie que le futur professeur se donne à lui-même et donne à ses élèves une discipline scientifique rigoureuse et qu'il ne fait pas seulement le *dilettante*, mais *se transforme*. S'occuper des auteurs et des monuments anciens est pour lui un moyen terme : la compréhension des *classiques* est son but[32] ». Ce cours montre qu'au tout début des années 1870, Nietzsche considère déjà la philologie comme un moyen dont la fin est double : une transformation de soi et une compréhension des Anciens. La philologie est ainsi le moyen de la philosophie, entendue comme connaissance de soi par la connaissance des origines.

Dans une lettre à Rohde en mars 1871, Nietzsche précise qu'il se sent « de plus en plus étranger » à l'égard de la philologie : « Je m'habitue progressivement *à vivre en philosophe* et j'ai déjà repris confiance en moi[33] ». Il présente la philosophie comme étant fondamentalement un *philosopher* : c'est une activité que le verbe représente mieux que le nom. Car ce qu'exprime le verbe est toujours actif, présent, en cours — tandis que le nom représente l'accumulation des actions passées que la tradition a définies comme résultant de ce que dit le verbe. « Philosophie », c'est une histoire : de grandes figures, leurs livres, leurs systèmes, l'étude et l'enseignement de ceux-ci ; tandis que « philosopher », c'est *être* : c'est faire au moment présent un travail de pensée que d'autres ont fait déjà, mais c'est le faire *pour soi*, pour se connaître et pour découvrir les moyens de notre rapport au monde.

---

31. Les trois dernières citations proviennent de Sloterdijk, *Le penseur sur scène*, p. 42.
32. IÉPC, § 13, p. 114 ; nous soulignons les mots « se transforme ».
33. Les deux dernières citations proviennent de la lettre n° 130 à Rohde du 29 mars 1871, *in* COR, vol. 2, p. 175 ; nous soulignons.

Nietzsche croit qu'un philosophe doit pouvoir donner un exemple par sa vie et non pas seulement par ses livres. C'est pourquoi il explique que « la seule chose qui peut encore nous intéresser dans des systèmes qui ont été réfutés, c'est précisément la personnalité » — à savoir *l'effort de philosopher*, et non pas tant la philosophie, consignée par écrit, qui en est résulté. « [L]'unique critique possible d'une philosophie, et la seule aussi qui prouve quelque chose, [est] celle qui consiste à essayer si l'on peut vivre selon elle[34] » : la conception nietzschéenne de la philosophie est résumée dans cette phrase.

Fort de cette idée et de sa volonté de vivre en philosophe, Nietzsche décide d'entreprendre rien de moins qu'une carrière en philosophie. Ce changement de faculté eût pu lui permettre de poursuivre la lutte schopenhauerienne contre la philosophie universitaire *de l'intérieur même* de cette discipline. En janvier 1871, le jeune professeur présente au recteur de l'Université de Bâle, Wilhelm Vischer-Bilfinger[35], sa candidature à la chaire de philosophie. Il justifie ce projet en affirmant que ses activités de professeur de philologie le font dévier de sa « voie » :

> Je vis ici dans un singulier conflit, et c'est lui qui m'a si fort épuisé et, même physiquement, me ronge. Alors que mon tempérament me pousse avec la plus grande vigueur à unifier philosophiquement mes réflexions, à les poursuivre en longues suites de pensées, à me fixer sur un problème sans être dérangé, je me sens toujours tiré à hue et à dia par les multiples exigences quotidiennes de mon métier [*Beruf*], et, de la sorte, détourné de ma voie [*Bahn*].

La suite est révélatrice : « [J]e le sens bien, ma vraie tâche [*Aufgabe*], celle à laquelle, en cas de nécessité, *je devrais sacrifier n'importe quel métier*, ma tâche de *philosophe* souffre de cet état de choses

---

34. Les trois dernières citations proviennent de PÉTG, seconde préface, p. 11, et de CI3, § 8, p. 87 ; *cf.* CI3, § 2.

35. Philologue classique, Vischer-Bilfinger (1808-1874) devint recteur de l'Université de Bâle en décembre 1870. Il était aussi professeur au Pedagogium et conseiller à l'instruction publique de la ville de Bâle. C'est en cette dernière qualité qu'il fit accepter la nomination de Nietzsche à l'Université de Bâle en 1869.

ou, pour mieux dire, se trouve rabaissée au rang d'activité accessoire. » Nietzsche invoque aussi des raisons physiques pour proposer ce changement de faculté : selon ses propres mots, ses tâches de philologie, à l'université comme au Pedagogium, l'épuisent et l'accablent de souffrances. Son mauvais état de santé au début 1871 entraîne d'ailleurs un congé du 15 février jusqu'à la fin du semestre d'hiver[36]. Il propose de lui-même la solution à son supérieur : « C'est pourquoi je me permets de présenter devant vous ma candidature à la *chaire de philosophie* devenue vacante par le départ de Teichmüller[37]. »

Nietzsche précise qu'il se sent « plus adapté à cette fonction qu'à un travail de pur philologue. » Il cite pour preuves sa « force [et son] savoir nécessaires », son « goût dominant pour la philosophie », et ce, « même au cours de [ses] études de philologie », précisant avoir un penchant pour « les problèmes éthiques et esthétiques ». Il souligne sa « solide formation de philologue », capable d'« éveiller chez ses étudiants la coopération à une attentive interprétation d'Aristote et de Platon ». Il justifie sa prétention à une chaire de philosophie en rappelant qu'il a déjà annoncé deux cours « de caractère philosophique » dans son cursus d'enseignement en philologie : l'un sur les philosophes préplatoniciens (qu'il donnera à l'été 1872) et l'autre sur Platon (qu'il donnera à l'hiver 1871-1872)[38]. Il affirme finalement :

---

36. *Cf.* Colli et Montinari, « Chronik zu Nietzsches Leben », *in* KSA, vol. 15, p. 27 *sq.*

37. Les trois dernières citations proviennent de la lettre n° 118 à Vischer-Bilfinger de janvier 1871, *in* COR, vol. 2, p. 162 *sq.* Les éditeurs de la correspondance de Nietzsche précisent qu'« [a]ucun acte officiel ni aucune réponse privée de Wilhelm Vischer ne permettent de préciser pour quelle raison la candidature de Nietzsche à la chaire de philosophie n'eut aucune suite » (*in* COR, vol. 2, p. 605, présentation de la lettre n° 118). Janz avoue qu'« [i]l ne semble pas que Vischer ait répondu à cette lettre confidentielle qui, entre des mains moins bienveillantes, aurait purement et simplement coûté à Nietzsche sa place de professeur de philologie » (*Nietzsche*, vol. 1, p. 363). Sur Teichmüller, *cf. infra*, p. 326, note 42.

38. Cela laissait deviner la perspective qu'il défendrait l'été suivant, dans son cours d'*Introduction aux études de philologie classique*, sur la dimension utilitaire de la philologie pour la philosophie (*cf.* IÉPC, § 13, p. 114).

« Depuis que j'étudie la philologie, jamais je ne me suis lassé de garder un étroit contact avec la philosophie ; ou, pour mieux dire, le principal de ma sympathie s'est toujours orienté vers les questions philosophiques ». À part les philosophes anciens et leurs sources (rappelons que son article sur les sources de Diogène Laërce était paru en deux parties dans le *Rheinisches Museum* de Ritschl en 1869-1870), Nietzsche mentionne avoir étudié Kant et Schopenhauer. Pas un mot sur la scolastique, sur le rationalisme moderne ou sur l'idéalisme hégélien. Nietzsche avoue donc candidement à son supérieur qu'il se passionne plus pour la philosophie que pour la philologie, mais que ses connaissances précises en philosophie accusent une lacune de plus de 2 000 ans, pour passer des présocratiques au philosophe allemand alors le moins reconnu par la discipline[39]. Enfin, le jeune professeur termine son long courrier en proposant un successeur à sa chaire de philologie classique : Erwin Rohde[40].

---

39. Janz confirme les carences par rapport au cursus classique de philosophie, en se référant aux livres que Nietzsche possédait ou qu'il avait empruntés à la bibliothèque de Bâle, qu'il avait lus, annotés et commentés : « En tant que philosophe, Nietzsche était parfaitement autodidacte. [...] D'Aristote, par exemple, il n'avait lu que la *Rhétorique*, rien de ses écrits fondamentaux sur l'éthique ou la métaphysique. » Mais Nietzsche connaissait certainement aussi l'*Éthique à Nicomaque* (il reprend sa conception de l'homme magnanime), la *Poétique* (il renvoie à sa définition de la métaphore) et les *Politiques* (il commente la reprise, par Aristote, de la conception platonicienne de la musique). Janz poursuit : « Ignorant ensuite toute la littérature patristique, la scolastique et le rationalisme, il s'était intéressé aux auteurs les plus modernes : Schopenhauer, [...] Lange, [...] Hartmann, [...] Feuerbach ; de la philosophie kantienne, il ne connaissait de première main que la *Critique du jugement*, c'est-à-dire l'esthétique [...]. D'une manière générale, si un philosophe était abordable sous l'angle de l'esthétique, c'était toujours par là que Nietzsche l'approchait » (*Nietzsche*, vol. 1, p. 367). Pour une étude des lectures philosophiques faites par Nietzsche, on peut se référer à Thomas Brobjer, *Nietzsche's Philosophical Context*.

40. Nietzsche annonce ce projet à Rohde en février : « Nous avons *peut-être* une perspective de passer ensemble le prochain semestre. *Toi comme mon successeur* — et moi comme *professeur de philosophie à l'université*!! » (lettre n° 125 à Rohde du 8 février 1871, *in* COR, vol. 2, p. 170). La mauvaise nouvelle viendra deux mois plus tard : « [O]n a mis la main sur un jeune aristotélicien riche de talent [...] ; me voici de nouveau assis sur une chaire de modeste *philologus* [...]. Et dans cette circonstance il n'est rien de réjouissant qui nous puisse

Il va même jusqu'à avouer : « Je ne saurais dire à quel point mon séjour à Bâle se trouverait facilité par la présence près de moi de mon meilleur ami[41]. »

Ce grand projet, qui eût pu être lourd de conséquences pour la carrière de Nietzsche, n'a eu aucune suite. Le premier titulaire de la chaire de philosophie à Bâle, Karl C. F. Steffensen, pourrait avoir été responsable de cet échec. C'est du moins ce que soupçonnait Nietzsche : « [L]e "philosophe" Steffensen voit le projet d'un mauvais œil. Songe à quel point l'on a barre sur moi dès qu'on se peut référer à mon schopenhauérisme, duquel je n'ai jamais fait mystère[42] ! » S'il reconnaît ainsi que son adhésion à la philosophie de Schopenhauer pouvait jouer contre lui, il précise que pour mener son projet à bien, il lui faut « fournir [ses] preuves et [se] légitimer comme philosophe ». Il ajoute : « [À] cette fin j'ai achevé un petit écrit "Origine et fin de la tragédie" auquel il ne manque plus que quelques touches. » Voilà qui situe *La naissance de la tragédie* (que Nietzsche écrit précisément en cette année 1871) dans son projet d'une pratique de la philosophie menée avec des moyens philologiques. Après la parution de son livre, Nietzsche aura enfin le sentiment d'être « en quelque manière intronisé parmi les "professeurs de philosophie"[43] ». En effet, un encart portant sur les philosophes bâlois, paru dans une revue berlinoise en 1872, mentionne Nietzsche — ironie du sort

---

consoler ! Ce qui règne chez moi, c'est la nausée philologique ! » (lettre n° 132 à Rohde du 10 avril 1871, *in* COR, vol. 2, p. 178).

41. Toutes les citations de ce paragraphe proviennent de la lettre n° 118 à Vischer-Bilfinger de janvier 1871, *in* COR, vol. 2, p. 163 *sqq*.

42. Lettre n° 130 à Rohde du 29 mars 1871, *in* COR, vol. 2, p. 175. Selon Janz, Steffensen (1816-1888) était hostile à la nomination de Nietzsche à l'ancienne chaire de Gustav Teichmüller (1832-1888), spécialiste de philosophie aristotélicienne et platonicienne, qui était lui-même le successeur de Wilhelm Dilthey, en 1868. La chaire de philosophie à Bâle fut finalement occupée de 1871 à 1874 par Rudolf Eucken (1846-1926). Celui-ci fut ensuite professeur de philosophie à Iéna.

43. Les trois dernières citations proviennent de la lettre n° 130 à Rohde du 29 mars 1871, *in* COR, vol. 2, p. 175 ; d'*ibidem* ; et de la lettre n° 212 à Rohde du 30 avril 1872, *in* COR, vol. 2, p. 285.

— aux côtés de deux anciens titulaires de la chaire de philosophie à l'Université de Bâle[44].

Nietzsche n'est donc pas parvenu à « devenir philosophe » par la voie officielle. Il a néanmoins pris la décision de vivre en philosophe en quittant l'université. Ce geste est en lui-même une critique de la philosophie universitaire. Nietzsche a ainsi affirmé un parti-pris pour la philosophie antique qui se pratiquait dans des lieux dévoués à l'exercice philosophique, des lieux propices à l'établissement de quelque chose comme des *Bildungs-Sekte* — l'Académie ou le jardin, par exemple —, faisant ainsi de sa vie l'exemple de ce que la philosophie devait être. La correspondance de 1871 montre à quel point il tenait l'activité philosophique en haute estime. Comme en écho au projet universitaire avorté, il écrit en 1875 : « [Q]uand [l'homme] est à l'apogée de son intelligence, il est généralement trop tard pour commencer quelque chose de nouveau[45]. » Il n'était pas trop tard, toutefois, pour se détacher de plus en plus des activités scientifiques et pédagogiques qui accaparaient son énergie : c'est ce que Nietzsche fait dès 1876, par un long congé, avant de se retirer définitivement de la chaire de philologie à l'Université de Bâle et de toutes ses fonctions d'enseignement, à l'été 1879.

De la polémique

Face à tout cela je ne suis rien qu'avenir.

Lettre à Wagner, 24 juin 1872

Face au « scandale[46] » provoqué par *La naissance de la tragédie* et révélé au public par le pamphlet de Wilamowitz au début de

---

44. *Cf.* « Die Vertreter der Philosophie an der Universität Basel » (1872), p. 94 *sq.* : les deux professeurs en question sont Steffensen et Eucken.
45. NAP, p. 44.
46. Lettre n° 227 à Rohde du 8 juin 1872, *in* COR, vol. 2, p. 298. Outre cette lettre, Nietzsche emploie à une autre occasion le mot « scandale » pour qualifier l'effet de l'un de ses écrits, dans une lettre à Georg Brandes au sujet de la première *Inactuelle* : « [L]'écrit contre Strauss, le vilain rire d'un "très libre esprit"

l'été 1872, Nietzsche a une réaction simple : il ne répond pas à l'insulte. « Jamais je ne me laisserai entraîner dans une polémique », écrit-il après avoir pris connaissance du brûlot : Rohde lui intime immédiatement de ne rien entreprendre, annonçant que lui-même s'occupera d'intervenir dans cette affaire : « [J]e pense que le temps est venu de me mettre à ta place pour débouter le garnement[47]. » Dès le début de la querelle, Rohde défend l'essai de Nietzsche à sa place. Si ce dernier se retire du débat, il trouve néanmoins important que Rohde le représente. Il lui donne une multitude de conseils en vue de la préparation de sa contre-attaque (la « Sous-philologie ») et conclut :

> Pardonne-moi, mon cher ami, cette sotte lettre et fais exactement ce que tu voudras. Mais sois convaincu que j'attache très grand prix à ce que tu le fasses. Isolé comme je suis à présent, considéré comme chimérique ou imbécile, il se peut qu'on ne fasse pas attention à moi ; mais si nous nous tenons tous les deux côte à côte, avec notre commune affection pour W., il est impossible alors que nous ne provoquions une attention follement scandalisée parmi nos lourdauds et nos fripons de philologues[48].

Il y a ainsi un double motif au fait que Nietzsche se retire de ces débats — un double motif contradictoire qui le montre partagé entre le désir de ne pas intervenir dans une querelle et la volonté de défendre son livre. Le premier motif, dont on a discuté déjà, tient à son dégoût de la polémique en philologie, en raison de la façon dont il définit l'activité philologique[49]. Le second motif renvoie au fait que Nietzsche croit que ses thèses seront mieux défendues si un autre philologue l'appuie ouvertement tout en soulignant les erreurs du jeune Wilamowitz, comme il

---

au sujet d'un esprit qui se tenait pour tel, donna lieu à un énorme scandale » (lettre n° 997 à Brandes du 19 février 1888, *in* KSB, vol. 8, p. 259).

47. Les deux dernières citations proviennent de la lettre n° 226 à Gersdorff du 3 juin 1872, *in* COR, vol. 2, p. 296 *sq.*, et de la lettre de Rohde à Nietzsche du 5 juin 1872, *in* QANT, p. 128.

48. Les deux dernières citations proviennent de la lettre n° 230 à Rohde du 18 juin 1872, *in* COR, vol. 2, p. 303 *sq.*

49. *Cf.* la lettre n° 130 à Rohde du 29 mars 1871.

l'écrit dans une lettre à Ritschl : « [C]'est moi qui, en tant que philologue, défends ma peau [à travers le texte de Rohde] ; on me dénie, à *moi*, la qualité de *philologue* ; et c'est pourquoi Rohde me représente, moi, le philologue[50]. » Comme on sait, Rohde et Nietzsche partagent des perspectives philosophiques et un projet commun : juste avant que paraisse le pamphlet de Wilamowitz — soit à un moment où l'auteur de *La naissance de la tragédie* forme encore les plus grands espoirs quant à l'effet de son livre — Nietzsche fait imprimer à ses frais une cinquantaine d'exemplaires de la recension par Rohde de *La naissance*, pour laquelle il exige de son éditeur de Leipzig[51] les mêmes format, papier et caractères que pour le livre. La recension, en quelque sorte, devait être un véritable complément explicatif de son livre, qui en ferait aussi la publicité[52]. Satisfait de la défense apportée par Rohde dans la « Sous-philologie », Nietzsche écrit à son ami en octobre 1872 : « [L]a postérité "critique" affirmera que c'est toi l'auteur de *La naissance de la tragédie* et que tu m'as pris simplement comme πρόφασις pour pouvoir écrire ensuite de tels comptes rendus et de pareilles apologies[53] ! » Aux yeux du public, les acteurs principaux de la querelle sont Rohde et Wilamowitz,

---

50. Lettre n° 250 à Ritschl du 12 août 1872, *in* COR, vol. 2, p. 333.

51. Éditeur de Wagner, de Nietzsche et d'Overbeck, Ernst Wilhelm Fritzsch se livra volontiers au jeu de la polémique, répondant aux demandes de Nietzsche en même temps qu'il publiait sur ses premiers essais des articles élogieux (l'organe wagnérien *Deutsche Festspiele in Baireuth*, distribué en ajout à la *Musikalisches Wochenblatt* du 26 juillet 1872, fait mention de *La naissance* comme d'une œuvre recommandée par Wagner pour être « extrêmement importante et pleine d'esprit » [p. 15]) et des comptes rendus très critiques dans les pages de sa revue *Musikalisches Wochenblatt* (*cf.* « Vom "Bildungsphilister" », août 1873). Pour un exemple d'article favorable, *cf.* Richard Falckenberg, « Nietzsche und Schletterer » (*Musikalisches Wochenblatt*, 1873).

52. *Cf.* la lettre n° 224 à Fritzsch du 27 mai 1872, *in* COR, vol. 2, p. 295 *sq.* ; *cf.* aussi la lettre n° 201 à Rohde de la mi-février 1872, après que le premier compte rendu de Rohde sur *La naissance* eut été refusé par la *Literariches Centralblatt* : « [É]tant donné qu'avant d'être pris au sérieux, un livre doit s'assurer d'abord, comme dit Burckhardt, une certaine "notoriété", la tactique à adopter pour un compte rendu est quelque chose qui mérite réflexion » (*in* COR, vol. 2, p. 267).

53. Lettre n° 267 à Rohde du 27 octobre 1872, *in* COR, vol. 2, p. 359 *sq.*

l'un de connivence avec un compositeur controversé, l'autre appuyé par une corporation de savants[54].

Que Nietzsche souhaite que Rohde le représente dans cette querelle paraît en contradiction avec son dégoût de la polémique en philologie. En réalité, cela démontre son ambivalence envers la polémique : s'en *retirer* (en raison du dégoût des foules, de la publicité et du journalisme)[55] ou l'*attiser* (comme stratégie de publicité). Après le refus du premier compte rendu de Rohde sur *La naissance*, Nietzsche lui écrit : « Je te remercie de ta noble tentative et je ferai circuler ton texte parmi mes amis — mais ne croyons pas que pour l'instant nous obtenions quoi que ce soit avec de tels comptes rendus. La "notoriété" souhaitable, on l'obtiendra peut-être tout aussi bien par le scandale des condamnations et des diffamations ». Il poursuit alors : « [J]e te recommande de *ne rien* écrire en ma faveur, et c'est aussi ce que j'ai décidé d'obtenir tant de Wagner que de Burckhardt[56] ». Cette lettre montre que Nietzsche se retire précisément pour mieux faire place au scandale, comptant sur l'effet positif de celui-ci pour la publicité de son livre et la discussion de ses idées. Il commente d'ailleurs son désir de polémique en mars 1874, après la publication de la deuxième *Inactuelle* :

> Que dans mes épanchements il y ait trace de dilettantisme et manque de maturité, je ne l'ignore pas mais ce qui m'importe est

---

54. « [É]videmment on l'a utilisé, stimulé, excité — tout cela sent l'air de Berlin » (lettre n° 227 à Rohde du 8 juin 1872, *in* COR, vol. 2, p. 298).

55. *Cf.* par exemple la lettre n° 249 à Rohde du 2 août 1872 : « Aller et venir seul parmi la racaille, au milieu d'un enthousiasme en beurre fondu qui dégouline — très peu pour moi ». Nietzsche expose ainsi la raison pour laquelle il n'est pas allé à Munich assister à la représentation de trois opéras de Wagner (*in* COR, vol. 2, p. 331). *Cf.* aussi la lettre de Rohde à Nietzsche du 28 août 1872 : « Il n'y a pas de plaisir dans de telles querelles » (*in* QANT, p. 170) ; celle du 27 septembre 1872 : « [D]e telles polémiques semblables à des bagarres de chiffonniers me dégoûtent » (*in* QANT, p. 172, répété dans sa lettre du 1er novembre 1872) ; et la lettre n° 201 à Rohde de la mi-février 1872, à la suite de la recension refusée : « [B]ref je ne tiens pas à ce qu'on parle de moi » (*in* COR, vol. 2, p. 267).

56. Les deux dernières citations proviennent de la lettre n° 201 à Rohde de la mi-février 1872, *in* COR, vol. 2, p. 267.

de me délivrer d'abord de tout [ce] que j'ai en moi de négateur et de polémique. Je veux d'abord qu'inlassablement mon chant monte et descende la gamme entière de mes inimitiés, sur un ton assez terrible pour que «résonne la voûte». Plus tard, dans cinq ans, je laisserai tomber toute polémique et songerai à faire du «bel ouvrage». Pour l'instant j'ai le cœur trop chargé de répugnance et de dégoût; de façon séante ou malséante il faut qu'une bonne fois j'expectore tout cela[57].

Cet extrait véhicule l'image d'une opposition entre la tragédie wagnérienne et le *bel canto* de la musique italienne. Mais lorsqu'on le met en parallèle avec son désir de former une *Bildungs-Sekte* et de se tenir loin de toute querelle, on constate que la position de Nietzsche envers la polémique est révélatrice d'une véritable tension. D'une part, il est attiré par un travail intellectuel mené incognito ou en privé, dans l'optique d'une compréhension ancienne de la philosophie. Avant que ne paraisse le pamphlet de Wilamowitz, il écrit à Rohde au sujet de leur attitude commune (ainsi que de celle de Wagner et de Burckhardt) envers *La naissance de la tragédie*: «[T]ous tant que nous sommes, nous attendrons, ne nous réjouissant ni ne nous irritant qu'en privé[58]». Mais d'autre part, il est animé par le désir de

---

57. Lettre n° 353 à Rohde du 19 mars 1874, *in* COR, vol. 2, p. 482. *De l'utilité et des inconvénients de l'histoire pour la vie* n'eut pas d'impact et ne reçut pas de publicité dans le monde germanophone entre la date de sa parution et la fin de la carrière littéraire de Nietzsche: cet essai ne suscita que trois comptes rendus. La première recension de la deuxième *Inactuelle* parut de manière anonyme dans le *Literaturfreund* de l'été 1874. On y lit ainsi l'opinion de l'auteur: «Sur plus d'une centaine de pages composées en alphabet latin, l'on ne trouve rien d'autre que des propos fort obscurs, devant être tenus pour philosophiques, sonnant de manière prétentieuse, se donnant de grands airs et mécontents quant à l'état actuel du monde, qui ne nous offrent pas même une seule pensée ou, à travers les nombreux exemples invoqués, une seule citation qui seraient à même de jeter un nouvel éclairage — voire tout simplement une lumière — sur le temps présent» (p. 154).

58. Lettre n° 201 à Rohde de la mi-février 1872, *in* COR, vol. 2, p. 267. Dans une lettre du printemps 1872, Rohde écrit à son tour qu'il préfère «de loin [s]e taire» que de discuter «avec des natures si différentes» des leurs sur des sujets aussi importants que leur projet commun (lettre du 6 mai 1872, *in* QANT, p. 75).

faire connaître ses idées et son œuvre publiée, pour contribuer à sa tâche philosophique envers la civilisation.

Ses notes et ses lettres montrent qu'au cours des années 1872-1873, au gros de la controverse, Nietzsche devient plus dur envers lui-même. La mésestime de ses contemporains et leur rejet de ses idées minent sa confiance : « Mes contemporains, en négligeant totalement mes travaux et en célébrant simultanément le mauvais et le médiocre, ont fait tout leur possible pour me faire douter de moi-même[59] », écrit-il un an après la publication de *La naissance de la tragédie*. Peu avant la rédaction de sa première *Inactuelle*, alors qu'il termine la première ébauche de *La philosophie à l'époque tragique des Grecs*, il note : « [J]e deviens toujours plus sévère pour moi-même ». Au printemps 1873, Nietzsche conclut au sujet de la querelle entourant *La naissance de la tragédie* : « Je ne suis aucunement concerné[60]. » Il n'a toutefois pas dit son dernier mot dans ce débat[61] : en s'attaquant à David Strauss dans son second essai, il reprend le combat là où l'avait précisément laissé Wilamowitz[62]. Si le public germanophone voit alors des rapports directs entre le livre sur la tragédie et l'essai contre Strauss[63], les critiques et les attaques, tout autant que les éloges,

---

59. Fragment posthume 24[5] (hiver 1872-1873), *in* FP2, p. 304 ; *cf.* aussi la lettre n° 274 à Wagner de la mi-novembre 1872 : « [I]l arrive qu'on se mette à se méfier de soi lorsque la confrérie des spécialistes est tellement unanime dans sa méchante contradiction » (*in* COR, vol. 2, p. 373).
60. Les deux dernières citations proviennent de la lettre n° 301 à Gersdorff du 5 avril 1873, *in* COR, vol. 2, p. 417, et de la lettre n° 307 à Rohde du 5 mai 1873, *in* COR, vol. 2, p. 427.
61. Contrairement à ce que croit Monique Dixsaut (*in* QANT, p. 279, note 1).
62. *Cf. supra*, ch. 6, « La première *Considération inactuelle* en contexte ».
63. À titre d'exemple, le philologue classique Theodor Plüß (1845-1919), professeur d'histoire à Pforta, donne une conférence portant sur *La naissance de la tragédie* et la première *Inactuelle* devant la Litteraria de Naumbourg au cours de l'hiver 1874. Pour la référence à sa conférence inédite, intitulée « Über Fr. Nietzsches "Geburt der Tragödie" und "Unzeitgemäße Betrachtungen" », *cf.* Krummel, *Nietzsche und der deutsche Geist*, vol. 1, B (éd. 1974), p. 22. Nietzsche ne connaissait pas Plüß (*cf.* la lettre n° 347 à sa sœur du 18 février 1874, la lettre n° 353 à Rohde du 19 mars 1874 et la lettre n° 356 à Gersdorff du 1er avril 1874) et ne souhaitait pas prendre connaissance de sa conférence (*cf.* la lettre n° 358 à sa sœur et à sa mère du 12 avril 1874).

laissent néanmoins Nietzsche de glace. Dans sa correspondance, les commentaires sur ses critiques sont toujours formulés avec sarcasme — donc avec de la distance. De 1869 à 1876, l'image que l'on conserve pour décrire la position de Nietzsche est celle de l'attaque et de l'esquive : il pointe et se retire, hésitant toujours entre une position d'assaillant de première ligne, un rôle de porte-étendard ou une retraite hors de l'arène. Ces hésitations aboutissent au retrait de la polémique, en 1876, après la publication de la dernière *Considération inactuelle* sur Wagner.

Du wagnérisme

La critique contemporaine de Nietzsche considère *La naissance de la tragédie* comme un ouvrage wagnérien. Pour son auteur, qui dédie le livre au compositeur, cet essai participe au wagnérisme compris comme combat pour la *Kultur* au moyen d'un art tragique allemand porté par une musique nouvelle. Au début des années 1870, Nietzsche travaille en harmonie avec Richard Wagner : autant l'essai de 1872 que les *Inactuelles* de 1873-1876 (sans oublier les deux courts textes de 1873 que sont l'« Appel aux Allemands » et le « Mot de Nouvel An »), participent au projet placé sous le patronage du maître. Mais au milieu des années 1870, Nietzsche se détourne finalement du wagnérisme. Ayant assisté à la pose de la première pierre du théâtre de Bayreuth, en mai 1872, il ne va pas aux répétitions du premier *Festspiel* trois ans plus tard, malgré ce qui était prévu[64]. Ayant élaboré l'idée d'un journal wagnérien, il ne participe pas aux *Bayreuther Blätter*[65]. Ayant publié quatre essais, entre 1873 et

---

64. Nietzsche devait aller à Bayreuth à l'été 1875 pour assister aux répétitions de la *Tétralogie*. Malade, il se rendit plutôt dans la Forêt Noire, à Steinabad. *Cf.* Colli et Montinari, « Chronologer der Absendeorte », p. 35, et les souvenirs de Nietzsche *in* EH, VI (« *Humain, trop humain*, suivi de deux appendices »), § 2, p. 152.

65. Les *Bayreuther Blätter* parurent dès janvier 1878 (sur l'idée initiale de Nietzsche, *cf. supra*, ch. 9, « La *Kulturkritik* dans les arts »). Wagner s'y montra critique envers *Humain, trop humain* dans l'article « *Publikum und Popularität* »

1876, sur des thèmes wagnériens, il abandonne finalement la forme des *Considérations inactuelles* donnée à sa *Kulturkritik*. Avec *Richard Wagner à Bayreuth*, Nietzsche se détache résolument du volet wagnérien de ses activités.

Le rapport de Nietzsche à Wagner est certainement parmi les thèmes ayant fait couler le plus d'encre chez les commentateurs d'hier et d'aujourd'hui. Car comme le démontre la comparaison entre *Richard Wagner à Bayreuth* (1876) et *Le cas Wagner* (1888), la position de Nietzsche envers Wagner et le wagnérisme s'est transformée de manière importante au cours des deux décennies de 1870 à 1889. Celui qui écrit en 1872 : « [L]e satisfaire [Wagner] est pour moi un meilleur, un plus haut stimulant que n'importe quelle autre puissance. [...] [I]l est pour moi comme une bonne conscience morale, qui châtie et qui récompense », affirme seize ans plus tard : « [C]e que, dans mes jeunes années, j'avais entendu dans la musique de Wagner, n'a strictement rien à voir avec Wagner : [...] lorsque je décrivais la musique dionysienne, je décrivais ce que j'étai[s] *seul* à avoir entendu[66] ». Entre ces deux affirmations se tiennent certainement une « crise » et une « transformation[67] ».

Nietzsche a commenté cette crise en 1888 dans *Ecce homo*, en se remémorant l'état d'esprit dans lequel, en 1876-1877, il avait écrit son premier essai aphoristique, *Humain, trop humain*, paru en avril 1878[68] :

(*cf.* par exemple p. 144 *sqq.* dans l'édition française), paru en août 1878 dans l'un des premiers numéros.

66. Les deux dernières citations proviennent de la lettre n° 265 à Rohde du 25 octobre 1872, *in* COR, vol. 2, p. 356 *sq.*, et de EH, IV (« *Naissance de la tragédie* »), § 4, p. 143.

67. EH, VI (« *Humain, trop humain* »), § 1, p. 150, et lettre n° 997 à Brandes du 19 février 1888, *in* KSB, vol. 8, p. 260.

68. L'année de sa parution, *Humain, trop humain* n'a donné lieu qu'à une seule recension. Cette courte dénonciation anonyme, parue en octobre 1878 dans la *Literarisches Centralblatt für Deutschland* (la même revue qui avait refusé, en janvier 1872, la première recension de *La naissance de la tragédie* par Rohde), commence par noter que l'auteur de ce nouveau livre, connu pour ses *Considérations inactuelles*, était naguère un disciple de Schopenhauer et de

Ce qui a contribué à lui donner naissance, c'est un sentiment de profond éloignement pour tout ce qui m'entourait. [...] un beau jour je me réveillai à Bayreuth. Je crus rêver... Où étais-je donc ? Je ne reconnaissais rien, c'est à peine si je reconnaissais Wagner lui-même. [...] Les jours incomparables de la pose de la première pierre, le petit groupe qui l'avait fêtée, qui était bien *à sa place*, et qui ne laissait rien à désirer quant au doigté pour les choses délicates : pas l'ombre d'une ressemblance ! *Que s'était-il passé ?* — On avait traduit Wagner en allemand ! Le « Wagnérien » l'avait emporté sur Wagner ! — L'art *allemand* ! Le maître *allemand* ! La bière *allemande* !... Nous autres, qui ne savons que trop bien quels artistes raffinés, quel cosmopolitisme de l'esprit il faut pour entendre l'art de Wagner, nous étions hors de nous de retrouver Wagner affublé de « vertus » allemandes. [...] Tout compte fait, pour l'édification de la postérité, il faudrait empailler un « Bayreuthien » [...], avec l'inscription : « Voici à quoi ressemblait l'"esprit" qui présida à la fondation du "Reich"[69]... »

Rétrospectivement, Nietzsche explique son éloignement vis-à-vis de la cause wagnérienne par une transformation de Wagner lui-même. Il justifie son retrait en fonction du fait que le compositeur en serait venu à se poser en représentant de ce qui faisait alors précisément l'objet de sa *Kulturkritik* : la célébration criarde

---

Wagner, mais qu'il a vécu, au cours des dernières années, un important changement (p. 1370). Selon l'auteur de la recension, la pensée de Nietzsche ne pourrait avoir un effet qu'à condition qu'elle se donne une forme plus cohérente et systématique (p. 1371).

69. EH, VI (« *Humain, trop humain* »), § 2, p. 151 *sq*. Wagner employait précisément la métaphore de la bière et de la brasserie pour critiquer l'état dépravé de la culture allemande, par exemple dans « Public et popularité » : « Où serait le grand Schopenhauer, cet homme allemand libre, vraiment unique en son temps, s'il n'y avait pas eu un rédacteur de revue anglaise pour nous le faire découvrir ? Aujourd'hui encore, le peuple allemand ne sait autre chose de lui que ce que n'importe quel commis-voyageur en apprend d'un autre, si l'occasion s'en présente, à savoir, que la doctrine de Schopenhauer enseigne qu'il faut se tuer à coups de revolver. Voilà des traits d'une éducation telle qu'on peut en acquérir, par les beaux soirs d'été, sous la paisible *tonnelle* » (I, p. 116). La référence à la tonnelle est une allusion critique au populaire journal familial illustré *Die Gartenlaube*, le *Zeitschrift* qui connut le plus grand tirage entre 1853 et 1880, avec plus de 380 000 abonnés en 1875 (*cf.* Sibylle Obenaus, *Literarische und politische Zeitschriften 1848-1880*, p. 22).

de la germanité, la même posture que Nietzsche déplorait au premier paragraphe de son *Inactuelle* sur Strauss quant à la prétendue supériorité culturelle de l'Allemagne. Il est par ailleurs révélateur que cet extrait d'*Ecce homo* souligne que le théâtre de Bayreuth avait été mis en chantier par un «petit groupe». Avec le temps, et grâce à de nombreuses souscriptions, ce projet était devenu l'objet des réjouissances et des festivités d'une grande foule, symbole d'une nation se croyant déjà victorieuse, alors que Nietzsche y cherchait plutôt la voix d'une reconstruction culturelle menée conjointement par l'artiste et le philosophe. Mais plutôt que d'agir comme le stimulant que l'œuvre d'art de l'avenir se devait d'être, l'art wagnérien était devenu un «narcotique». La distance envers Wagner aurait donc moins été le fait d'une véritable «rupture», que le résultat d'une prise de conscience, par Nietzsche lui-même, de la direction où le menait sa «tâche[70]» et de la voie divergente qu'empruntaient Wagner et le wagnérisme nourri par le projet de Bayreuth. La «crise» fut nietzschéenne, mais la «transformation» fut wagnérienne. Entre le maître et le disciple, le chemin naguère unique se scindait en deux voies qui ne convergeraient plus.

En marge de ce compte rendu offert par Nietzsche, les commentateurs ont proposé des explications pour rendre compte de son retrait du wagnérisme. Selon Paolo D'Iorio, qui a édité le manuscrit du cours sur les anciens philosophes grecs, Nietzsche a été déçu par la désapprobation du maître envers son projet de livre sur le modèle préplatonicien du philosophe et du travail philosophique. «Le Maître comprit [...] que ces réflexions sur les préplatoniciens entraînaient son élève dans une direction qui n'était pas compatible avec la culture de Bayreuth. Pire encore,

---

70. Les trois dernières citations proviennent de EH, VI («*Humain, trop humain*»), § 3, p. 152 *sq.* Un signe montrant que Nietzsche minimisait l'idée d'une rupture est le fait qu'il fît parvenir à Wagner un exemplaire d'*Humain, trop humain* en 1878, comme il l'avait fait pour tous ses ouvrages précédents (*cf.* Krummel, *Nietzsche und der deutsche Geist*, vol. 1, B [éd. 1974], p. 37). Cet envoi ne suscita pas de réponse de la part de Wagner.

elles entraînaient la future communauté de Bayreuth dans une direction qui n'était plus, quoi que pût en penser Nietzsche, celle pour laquelle Richard Wagner avait combattu toute sa vie. » La déception et la désillusion auraient donc point dès le printemps 1873, avec le rejet, par le maître, du projet sur *La philosophie à l'époque tragique des Grecs*. Elles se sont solidifiées en 1875, quand Nietzsche a repris son manuscrit pour le compléter à l'aide d'une transcription du cours de Jacob Burckhardt sur la civilisation grecque. Ce travail l'a amené à développer un thème écartant complètement sa philosophie du projet de Bayreuth : « [L]'expérimentation de nouvelles possibilités d'existence, et la recherche des conditions favorables à la formation d'individus autonomes[71]. » Nietzsche a ainsi repris à Burckhardt l'idée que la civilisation grecque antique a favorisé le développement de grandes individualités, et il l'a appliqué aux philosophes préplatoniciens. Dans une section de l'*Histoire de la civilisation grecque* portant sur l'individualisme, l'historien note que « ce qui est déterminant pour la naissance de la philosophie grecque, c'est que des individus isolés purent s'affirmer en pleine liberté avec telle ou telle doctrine ou révélation [...]. [C]e qui maintint la philosophie en bonne santé, c'est qu'elle s'appuya constamment sur le talent et fut obligée de s'exprimer de façon vivante ; l'originalité pouvait et devait se montrer ». Burckhardt ajoute que « la multiplicité des philosophes concurrents et de leurs doctrines » et les « joutes continuelles qui les opposaient » — des faits que Nietzsche souligne dans ses écrits sur les philosophes pré-platoniciens — expliquent que « fort heureusement pour l'émancipation de l'individu, aucun philosophe ne pouvait imposer son opinion aux autres, mais que tous vivaient côte à côte[72] ». Ces idées se joignent naturellement à la thèse directrice que Nietzsche notait en 1873 : « [L]a seule chose qui peut encore nous intéresser

---

71. Les deux dernières citations proviennent de D'Iorio, « La naissance de la philosophie enfantée par l'esprit scientifique », p. 39 et 45.

72. Les deux dernières citations proviennent de Burckhardt, *Histoire de la civilisation grecque*, vol. 3, p. 457 *sqq*.

dans des systèmes qui ont été réfutés, c'est précisément la personnalité[73]. » Les préplatoniciens témoignent d'un foisonnement de types philosophiques qui épuisent les possibles : après Socrate, ils s'amenuisent. Reprenant ses notes de 1875, Nietzsche écrit dans *Humain, trop humain* qu'« il n'est guère de perte plus lourde que celle d'un type, d'une *possibilité de vie philosophique* nouvelle et supérieure, ignorée jusqu'alors. Des types anciens, la plupart même sont mal connus de la tradition ; tous les philosophes de Thalès à Démocrite me semblent extraordinairement difficiles à caractériser ; mais réussir à recréer ces figures, c'est passer en revue les formes du type le plus pur et le plus puissant. » Il développe ainsi un programme philosophique l'éloignant définitivement de Wagner, afin « que ces magnifiques philosophes » des VIe et Ve siècles n'aient pas « vécu en vain[74] ».

Giuliano Campioni, spécialiste des sources de Nietzsche, explique quant à lui le retrait du wagnérisme en fonction d'une orientation de Nietzsche vers la culture française : « Des lectures d'auteurs français déterminent, sans l'ombre d'un doute, l'opposition du Nietzsche philoroman à Wagner le Germanique ». Il souligne aussi l'importance des leçons de Burckhardt dans l'orientation de Nietzsche — toutefois, il met l'accent non pas sur l'*Histoire de la civilisation grecque*, mais sur *La civilisation de la Renaissance en Italie* (1860) :

> L'estime croissante de Nietzsche pour la culture française signifie aussi la consommation de sa rupture avec Wagner, avec le germanisme et l'« idéalisme » de Bayreuth [...]. On mesurera aussi combien aura pesé, dans cette entreprise, le rapprochement avec la « latinité ». Le concept de « latinité » inclut la valeur de la Renaissance italienne et celle de l'âge classique français contre le mythe wagnérien de la « renaissance germanique ». Les sources à partir desquelles Nietzsche élabore ce parcours sont avant tout

---

73. PÉTG, seconde préface, p. 11.
74. Les trois dernières citations proviennent de HTH, vol. 1, V, § 261 (« Les tyrans de l'esprit »), p. 201. Cet aphorisme est construit à partir des notes du printemps et de l'été 1875 : *cf.* notamment 6[7.23.27.28.43.47], *in* FP3.

Burckhardt, ainsi qu'un nombre considérable de sources françaises, dont Stendhal, Gebhart et Taine.

Les références à des auteurs français et à des symboles de la Renaissance abondent dans l'œuvre de Nietzsche à compter d'*Humain, trop humain*, amenant le philosophe dans une direction diamétralement opposée à la critique de l'opéra renaissant, qu'il avait élaborée dans *La naissance de la tragédie* en appui à la musique wagnérienne. «Opposé aux Allemands, Nietzsche reprendra César Borgia [cette «figure symbolique» de la Renaissance qui était un «mythe-force répandu dans la culture française»] *contra* Parsifal[75].» De nouvelles lectures françaises, ainsi qu'une étude attentive des leçons de son collègue Burckhardt, auront donc réorienté Nietzsche dans une direction autonome par rapport au wagnérisme. Mais aussi, ses propres travaux sur la philosophie et son regard plus critique posé sur le projet wagnérien devenu trop grandiose et de moins en moins intime, l'ont amené à se détourner de celui qui avait été le pôle magnétique de ses activités dans la première moitié des années 1870.

Dans ses derniers écrits, Nietzsche a cherché à purger son premier essai de toute trace de wagnérisme. La section d'*Ecce homo* qui porte sur *La naissance de la tragédie* commence par préciser qu'elle «a *agi*, et même fasciné, par ce qu'elle avait de fallacieux, — par son application à la *wagnéromanie*». Nietzsche ajoute ensuite que son essai de 1872 était «politiquement neutre [*politisch indifferent*], — "non allemand" [*"undeutsch"*]». Il signifie par là que son livre n'était pas entaché de l'air du temps, car il écrit en 1888 sur la genèse de *La naissance de la tragédie*:

---

75. Les quatre dernières citations proviennent de Campioni, *Les lectures françaises de Nietzsche*, p. 153, 109, 154 et 153. Sur l'opposition symbolique entre César Borgia et Parsifal, *cf.* EH, III («Pourquoi j'écris de si bons livres»), § 1, p. 132: «Ceux à qui je soufflais à l'oreille qu'ils feraient encore mieux de chercher un César Borgia qu'un Parsifal, ils n'en croyaient pas leurs oreilles!» Le Gebhart, auquel Campioni fait allusion, était Émile Gebhart, auteur d'*Études méridionales. La renaissance italienne et la philosophie de l'histoire* (Paris, 1887), dont Nietzsche possédait un exemplaire dans sa bibliothèque.

« [J]amais on n'imaginerait qu'elle fut *entreprise* au milieu du fracas de la bataille de Woerth. J'ai médité tous ces problèmes sous les murs de Metz, dans les froides nuits de septembre, tout en assurant mon service d'infirmier : or, on croirait aisément que cette œuvre date de cinquante ans plus tôt[76]. » Nietzsche relie ainsi *Unzeitgemäßigkeit* et neutralité politique. Mais son jugement tardif sur l'essai de 1872 ne peut que paraître fallacieux au regard de ce qu'il appelait « la réforme wagnérienne ». Dans la dernière *Inactuelle*, il soulignait qu'il « n'est absolument pas possible de restaurer l'effet le plus pur et le plus élevé de l'art théâtral sans innover partout, dans les mœurs et dans l'État, dans l'éducation et dans le commerce des hommes[77]. » Cette phrase qui s'applique à l'art théâtral wagnérien présente aussi les conséquences (que le jeune Nietzsche jugeait bénéfiques) d'une restauration de « l'effet le plus pur » de l'art musical, décrit en 1872. La réforme de la musique, la « destruction » de l'opéra et la renaissance de l'art tragique devaient avoir des effets profonds sur la civilisation allemande — sur l'État, sur l'éducation, sur l'écrit. Si elle était effectivement *unzeitgemäß*, *La naissance de la tragédie* était bien loin d'être *politisch indifferent*. Or dire, dans *Ecce homo*, que cet essai était politiquement neutre, c'est précisément, pour Nietzsche, une manière de se détacher du wagnérisme — car Wagner affirmait au début des années 1850 ce qui allait demeurer l'une des caractéristiques fondamentales de sa compréhension du travail de l'artiste : « [P]ersonne ne peut faire de poésie sans faire de politique. » Le travail et l'œuvre du *Dichter*, selon Wagner, sont nécessairement politiques : « [C]elui qui, aujourd'hui, se soustrait encore à la politique, ne fait que mentir à son propre être[78] », écrivait-il pour conclure son essai sur l'opéra et le drame. La mésentente ultérieure entre Nietzsche

---

76. Les trois dernières citations proviennent de EH, IV («*Naissance de la tragédie*»), § 1, p. 139 *sq.* (pour l'allemand : KSA, vol. 6, p. 310).

77. Les deux dernières citations proviennent de CI4, § 4, p. 114.

78. Les deux dernières citations proviennent de Wagner, *Opéra et drame*, seconde partie, II, § 5, p. 272.

et Wagner eût pu se développer sous la forme d'un commentaire de cette affirmation wagnérienne.

De la pose de la première pierre du théâtre de Bayreuth, en 1872, à l'adieu métaphorique à Wagner, formulé dans la dernière *Inactuelle* en 1876, il ne restait à Nietzsche qu'un pas à franchir pour véritablement vivre en philosophe et réaliser une «*possibilité de vie philosophique* nouvelle et supérieure[79] » : la libération vis-à-vis des obligations professionnelles.

De l'université

> Comment peut-on exister en tant que « professeur » !
>
> Nietzsche, fragment 7[74] (fin 1870-avril 1871)

En 1872, Wilamowitz résume ainsi la position présentée dans *La naissance de la tragédie* : « C'est donc parce que R. Wagner a sanctionné en la frappant de son sceau la vérité de la découverte de Schopenhauer selon laquelle la musique occupe par rapport aux autres arts une position exceptionnelle, qu'il faut retrouver dans la tragédie antique une conception similaire. » La recherche philologique mise au service d'un projet culturel et guidée par la philosophie schopenhauerienne : un tel discours ne convient pas au titulaire d'une chaire en philologie classique. Wilamowitz écrit que « le métaphysicien et apôtre Nietzsche » s'appuie « sur des dogmes métaphysiques » pour présenter « ses révélations » au public[80]. Parlant des « hallucinations » de l'auteur, il assure que « Monsieur Nietzsche ne connaît même pas la tragédie[81]. » C'est pourquoi après avoir remis en question les capacités d'enseignement de Nietzsche[82], il termine son pamphlet en affirmant

---

79. HTH, vol. 1, V, § 261 (« Les tyrans de l'esprit »), p. 201.
80. Les dernières citations proviennent de Wilamowitz-Möllendorff, « Philologie de l'avenir », *in* QANT, p. 96.
81. Les deux dernières citations proviennent de Wilamowitz-Möllendorff, « Philologie de l'avenir », *in* QANT, p. 115.
82. « Monsieur Nietzsche a annoncé comme cours pour cet été l'explication des *Choéphores* : les a-t-il seulement jamais lues ? Car qui dans *Les Choéphores*

que l'auteur de *La naissance* doit abandonner son poste universitaire : « Je ne demande qu'une seule chose : que Monsieur Nietzsche tienne parole, qu'il prenne le thyrse, qu'il se rende d'Inde jusqu'en Grèce, mais qu'il descende de la chaire du haut de laquelle il est censé dispenser un enseignement scientifique ; qu'il rassemble à ses genoux tigres et panthères, mais non les jeunes philologues allemands[83] ».

Cette position est typique de la réception du premier livre de Nietzsche par ses contemporains. Or, cette réception négative ainsi que la polémique de 1872-1873 ont eu des effets directs sur l'enseignement de Nietzsche, en entraînant notamment une diminution du nombre de ses auditeurs et, conséquemment, du nombre d'étudiants en philologie à l'Université de Bâle. En le constatant, Nietzsche écrit à Wagner en novembre 1872 :

> [N]otre semestre d'hiver est commencé, et je n'ai pas un seul étudiant ! Nos philologues ont disparu ! C'est proprement un pudendum et qu'il faut anxieusement cacher à tout le monde. [...] La chose au reste s'explique facilement. Parmi mes collègues je me suis trouvé tout à coup tellement diffamé que notre petite université en souffre. [...] [P]our l'instant mes collègues philologues chôment, y compris le conseiller Vischer qui, dans toute sa carrière universitaire, n'a jamais vécu pareille expérience.

À la fin 1872, Nietzsche prévoit que cette situation ne se renversera pas, et il conclut que le mieux serait pour lui de partir. Autrement dit, il songe à suivre la recommandation faite par Wilamowitz : « [L]e dommage que subit par ma faute une petite université, une université qui s'est montrée à mon égard telle-

---

[...] pourrait bien être l'avatar tragique de Dionysos Zagreus ? » (« Philologie de l'avenir », p. 115 *sq.* ; répété en p. 124). Le cours sur les *Choéphores* d'Eschyle fut donné, tel qu'annoncé, au semestre d'été 1872, en même temps que le cours sur les philosophes préplatoniciens (*cf.* Janz, « Friedrich Nietzsches Lehrtätigkeit in Basel 1869-1879 », p. 27). On peut se tourner vers l'article du philologue James Porter, « "Don't Quote Me on That !" Wilamowitz Contra Nietzsche in 1872 and 1873 », pour une étude précise des nombreuses erreurs de citation de *La naissance de la tragédie* faites par Wilamowitz dans ses pamphlets contre Nietzsche.

83. Wilamowitz-Möllendorff, « Philologie de l'avenir », *in* QANT, p. 126.

ment confiante, voilà qui me chagrine fort et pourrait, à la longue, me contraindre à des décisions auxquelles, pour d'autres motifs, j'ai déjà plus d'une fois songé[84]. »

Face à cette affirmation de Nietzsche, il faut éviter deux réactions. D'abord, celle de n'y reconnaître qu'une plainte toute rhétorique; ensuite, celle de croire que l'effet négatif de *La naissance de la tragédie* sur le public germanophone soit seul responsable de ce que Nietzsche ait souhaité quitter l'enseignement. Comme on l'a vu, il avait caressé le projet de quitter la chaire de philologie pour occuper plutôt un poste en philosophie, en raison de ce qu'il concevait comme sa « tâche » et sa « voie[85] ». Mais aussi, dès les premiers mois de son professorat à Bâle, Nietzsche rêve de fonder une nouvelle Académie, en marge de l'éducation publique, et il songe déjà à rompre avec la vie universitaire en tant que telle, comme l'enseignait Schopenhauer[86] :

> [J]e vois bien, moi aussi, ce que signifie la théorie schopenhauérienne sur la sagesse universitaire. Ici il n'est aucune place *possible* pour un être de *vérité* tout à fait radical. [...] Nous ne pouvons donc devenir d'authentiques *maîtres* que si nous usons de tous les leviers pour nous arracher nous-mêmes à cet air du temps et si nous sommes des humains non seulement sages mais surtout *meilleurs*. À cet égard aussi je sens avant tout le besoin d'être nécessairement *vrai*. Et c'est pourquoi je ne supporterai plus bien longtemps l'atmosphère des universités[87].

---

84. Les deux dernières citations proviennent de la lettre n° 274 à Wagner de la mi-novembre 1872, *in* COR, vol. 2, p. 371 *sq.*
85. Lettre n° 118 à Vischer-Bilfinger de janvier 1871, *in* COR, vol. 2, p. 162 *sq.*
86. *Cf. supra*, ch. 10, « Éducation privée : la *Bildungs-Sekte* ».
87. Lettre n° 113 à Rohde du 15 décembre 1870, *in* COR, vol. 2, p. 154. Sur le philosophe comme « être de vérité tout à fait radical », *cf.* HTH, vol. 1, V, § 261 (« Les tyrans de l'esprit ») : Nietzsche écrit que les philosophes préplatoniciens « avaient solidement foi en eux-mêmes comme en leur "vérité" » (p. 200). C'est en ce sens qu'ils étaient des « tyrans de l'esprit » : « Il se peut que ce bonheur donné par la croyance en la possession de la vérité n'ait jamais été plus grand dans le monde, mais jamais non plus la dureté, l'arrogance, le côté tyrannique et mauvais de pareille croyance » (p. 200). Sur cette base, il fait un parallèle entre la violence et la précipitation de l'histoire politique des Grecs et leur histoire philosophique (*cf.* p. 201 *sq.*).

Son dégoût de la vie universitaire est allé grandissant : on en trouve des traces de manière régulière dans toute sa correspondance de la première moitié des années 1870, soit sous la forme de projets pour former une « nouvelle Académie *grecque*[88] », de plaintes quant au manque de temps pour mener ses propres activités[89], du désir de se tourner professionnellement vers la philosophie ou encore d'ébauches d'itinéraires de voyages formateurs (vers Paris) ou réparateurs (« vers le Sud[90] »). En 1872, s'affirme de plus en plus régulièrement son souhait de parcourir les routes de l'Europe. Il prévoit un long séjour méridional (« aller deux ans dans le Midi »), et détaillant son projet à Rohde, il écrit : « Afin de réaliser cette entreprise, je me démettrai de mon poste de telle façon que tu sois mon successeur à *tous* égards[91] ».

Rohde, toutefois, n'appuie pas ce projet. Lui qui seconde, voire précède même Nietzsche dans tout ce qui a trait à la défense de *La naissance de la tragédie* et des projets wagnériens, ne le suit absolument pas dans ses plans pour quitter l'université. Il lui intime qu'il « ne faut à aucun prix renoncer au poste » ni tourner le dos à « la réputation de Bâle » qui offre à Nietzsche les moyens (financiers, intellectuels, sociaux) de « construire sans peur [s]a vie dans un grand style[92] ». S'il croit que dans un monde idéal, il faudrait que l'esprit philosophique puisse « se couper de

---

88. Lettre n° 113 à Rohde du 15 décembre 1870, *in* COR, vol. 2, p. 154.
89. *Cf.* par exemple la lettre n° 119 à sa mère et à sa sœur du 21 janvier 1871, alors qu'il n'est professeur que depuis un an et demi : « [J]'en ai par-dessus la tête de toute activité professorale. On ne vient pas à bout de sa tâche propre, et dans le meilleur temps de sa vie on s'épuise à pousser d'énormes glapissements de maître d'école ! » (*in* COR, vol. 2, p. 165).
90. Lettre n° 212 à Rohde du 30 avril 1872 : « [I]l est *probable* que pour le prochain semestre je resterai à l'université, réservant la *fuite* bénie vers le Sud pour le temps où ma situation ici deviendra intolérable et répugnante » (*in* COR, vol. 2, p. 284).
91. Les deux dernières citations proviennent de la lettre n° 207 à Rohde du 11 avril 1872, *in* COR, vol. 2, p. 276.
92. Ces trois citations proviennent de la lettre de Rohde à Nietzsche de la mi-avril 1872, *in* QANT, p. 69 *sqq.*

la vie », il souligne toutefois que la situation universitaire « est en toutes circonstances la situation la plus sûre pour pouvoir tout oser librement ; et de toutes les contraintes, c'est sans aucun doute la plus noble. » Nietzsche ne partage pas cette opinion, mais c'est au moyen de cet argument que Rohde exhorte inlassablement son ami à conserver son poste, soulignant que dans la lutte qu'ils mènent, « abandonner des opportunités matérielles serait la plus grande des folies[93] ». Rohde ne souhaite « en aucun cas » devenir un « vagabond littéraire[94] », et il espère que Nietzsche oubliera ses « plans de docteur itinérant[95] ».

Nietzsche et Rohde montrent deux visions opposées non pas tellement du travail à accomplir, mais plutôt du *lieu* où (et donc de la *manière* dont) cette tâche pouvait le mieux être remplie. Rohde veut poursuivre la lutte dans l'arène universitaire, aidé et protégé par les titres, les moyens financiers et les réseaux que garantit la carrière universitaire, pendant que Nietzsche parle de « fuite », de fondation de « sectes », de « vérité radicale », de « vie philosophique », de voyages et d'« abandon » de ses fonctions. S'il ne l'a pas immédiatement mise en pratique, Nietzsche a du moins mis en scène sa conception de la vie philosophique. Dans les cinq conférences *Sur l'avenir de nos établissements d'enseignement*, données à l'hiver 1872, l'un des deux personnages principaux est un philosophe qui a abandonné l'enseignement universitaire et choisi la retraite solitaire par suite d'un dégoût profond et d'un découragement face à la dégénérescence de la culture. Comme sa correspondance atteste qu'il songeait déjà à une telle retraite, on peut conclure que Nietzsche évoque ainsi dans ses conférences une vie philosophique à laquelle il aspire.

---

93. Les trois dernières citations proviennent de trois lettres de Rohde à Nietzsche : mi-avril 1872, *in* QANT, p. 69 ; 6 mai 1872, *in* QANT, p. 75 ; et 14 novembre 1872, *in* QANT, p. 228. *Cf.* aussi sa lettre du 8 décembre 1872 : « Je ressens chaque jour davantage combien il est important d'avoir des postes universitaires » (*in* QANT, p. 235).
94. Lettre de Rohde à Nietzsche du 14 novembre 1872, *in* QANT, p. 228.
95. Lettre de Rohde à Nietzsche du 6 mai 1872, *in* QANT, p. 75.

Toutefois, ses amis ne le suivront pas. Nietzsche ne sait pas encore que la vie du « vagabond littéraire » sera une vie solitaire.

Nietzsche devient le « docteur itinérant » que Rohde redoutait, d'abord pendant une année : de l'été 1876 à l'automne 1877, son état de santé l'amène à prendre un an de congé. Revenu enseigner en septembre 1877, il demande et obtient sa retraite définitive de l'Université de Bâle en mai 1879. Alors commence sa véritable période d'errance, qui ne s'arrêtera qu'en janvier 1889. La liste de ses déplacements et séjours, à compter de 1879, est longue[96]. Les commentateurs s'entendent pour affirmer que Nietzsche a été « libéré » par la maladie — libéré de ses attaches universitaires et d'une vie savante et sociale qui lui déplaisait, qui épuisait ses forces et qui le détournait de sa « voie » philosophique. Certains n'hésitent pas à dire que « Nietzsche fut poussé par la maladie sur le chemin de la libération[97] », ce que Nietzsche lui-même confirme : « [L]a maladie *me détacha lentement* de tout[98] », écrit-il en 1888 au sujet des années 1876-1878. Il est certain que son mauvais état de santé dans la seconde moitié des années 1870 a été décisif pour la « décision qui changea sa vie et l'affranchit[99] », celle de se retirer de l'université. Mais de manière plus importante encore, une conception de la vie philosophique, ainsi qu'un conflit longuement médité entre le métier et la vocation, sous-tendent cette décision. La « crise » dont Nietzsche a parlé pour caractériser le milieu des années 1870 n'était pas que physique : elle était *philosophique*, dans la mesure où deux types de vie irréconciliables prenaient tour à tour le dessus pour orienter ses activités et ses projets.

---

96. *Cf.* Colli et Montinari, « Chronologie der Absendeorte ».
97. D'Iorio, « La naissance de la philosophie enfantée par l'esprit scientifique », p. 41.
98. EH, VI (« *Humain, trop humain* »), § 4, p. 153.
99. Andler, *Nietzsche*, vol. 2, p. 350.

En quittant Bâle et le monde universitaire, Nietzsche s'est dirigé moins vers la vie d'ermite[100] que vers une vie d'«itinérance»: il est redevenu cet «astre errant» que la nomination de Bâle avait transformé en «étoile fixe», ainsi qu'il l'écrivait à son ancien professeur Ritschl au tout début de sa carrière[101]. Comme le philosophe «doit chercher la vérité pour lui-même, pas pour écrire des livres[102]», Nietzsche a suivi l'un des premiers enseignements de la philosophie grecque, le «difficile précepte» delphique: «Connais-toi toi-même[103]». À cet égard, l'on ne peut que souligner la remarquable continuité qui caractérise sa conception de la philosophie dans la première moitié des années 1870.

---

100. *Cf.* la lettre n° 16 à Sophie Ritschl (épouse de Friedrich Ritschl) du 26 juillet 1869: «Trop de motifs s'accumulent [à Bâle] pour qu'on ne se résolve à mener quasiment une vie d'ermite, surtout quelqu'un comme moi qui n'a aucun don pour la vie de société» (*in* COR, vol. 2, p. 33).
101. Lettre n° 18 à Ritschl du 2 août 1869, *in* COR, vol. 2, p. 36.
102. Fragment posthume 32[73] (début 1874-printemps 1874), *in* FP3, p. 198.
103. Ces deux citations proviennent de CI2, § 10, p. 168.

Chapitre 12

Conflits

Nietzsche a interprété ultérieurement le milieu des années 1870 comme le moment d'une véritable crise, lors de laquelle il prit conscience de l'antagonisme absolu entre le métier et la vocation. Dans son dernier ouvrage, il se remémore l'année suivant la quatrième *Inactuelle*: «[J]e vis qu'il était grand temps de revenir à *moi*. D'un seul coup, je compris avec une terrible évidence combien de temps j'avais déjà gaspillé — combien inutilement, combien arbitrairement toute mon existence de philologue jurait avec ma tâche [...]. Fouiller avec une minutie maniaque — et une mauvaise vue — les métriciens de l'Antiquité : voilà où j'en étais arrivé[1] ! » Ses problèmes oculaires font figure de symbole : la cécité physique traduit un aveuglement tout aussi réel quant à la tâche de la pensée et, par extension, quant à la vie adéquate pour l'esprit naturellement philosophe. Dans *Ecce homo*, Nietzsche répète ainsi ce qu'il avait écrit treize ans plus tôt, dans son essai pour une *Inactuelle* sur la philologie :

> Seules trois formes d'existence offrent à l'homme de rester un individu : celle du philosophe, celle du saint et celle de l'artiste. Il suffit de voir comment un scientifique tue sa vie : qu'est-ce que la règle des particules en grec a à voir avec le sens de la vie ? [...] [L]e philologue ouvre la voie au philosophe qui sait mettre à profit son

---
1. EH, VI («*Humain, trop humain*»), § 3, p. 152.

travail de fourmi et disserter sur la *valeur de la vie*. À dire vrai, sans *idée directrice* la *plus grande part* de ce travail de fourmi n'est qu'un tissu de vaines *absurdités*[2].

Le philosophe, le saint et l'artiste forment une minorité désireuse de se détacher de la quotidienneté par un questionnement fondamental sur le sens de l'existence ou les origines et les significations des normes éthiques et politiques[3]. L'important est moins le minutieux labeur de l'homme de science, que la méditation sur la valeur et le sens de la vie, une activité propre au philosophe, mais non pas au savant.

Le métier et la vocation

Le travail scientifique fournit la matière au travail philosophique. Nietzsche considère son travail de savant comme un avantage pour sa tâche de philosophe — à condition, bien entendu, que la seconde domine le premier, et non le contraire. C'est ce qu'il explique en janvier 1871 au recteur de l'Université de Bâle, en l'assurant que sa tâche se situe du côté de la philosophie et

---

2. NAP, p. 49 *sq.*
3. La pensée de Nietzsche préfigure ainsi la définition de la vie intellectuelle qui a été décrite par la sociologie américaine au milieu du XXe siècle. Pour Edward Shils, qui était sociologue au Committee on Social Thought de l'Université de Chicago, cette quête de sens et le désir de la mettre en mots ou en acte distinguent en propre la vie intellectuelle de la vie quotidienne : « Dans la religion, dans l'art et dans toutes les sphères de la culture et de la politique, la grande majorité des hommes dans toutes les sociétés connues à ce jour n'a — à l'exception de quelques intermèdes transitoires — pas été préoccupée d'être en contact immédiat avec les principes ultimes implicites à ses croyances et à ses normes. [...] Dans toute société, il y a une minorité de personnes qui, plus que leurs semblables, questionnent et cherchent à être en communion constante avec des symboles qui sont plus généraux que les situations concrètes immédiates de la vie quotidienne et qui sont éloignées dans le temps et dans l'espace. Cette minorité connaît un besoin d'extérioriser cette quête en discours oral et écrit, en expression poétique ou plastique, en mémoire historique, en performance rituelle ou en actes de vénération. Ce besoin intime de pénétrer au-delà de l'écran de l'expérience concrète immédiate distingue l'existence des intellectuels dans toutes les sociétés » (Shils, « The Intellectuals and the Powers. Some Perspectives for Comparative Analysis », p. 179 *sq.*).

non de la philologie. Il le répète en 1888 : « C'est en cela que consiste mon habileté : avoir été bien des choses et en bien des endroits pour devenir *un* — pour pouvoir atteindre à l'unité. Il était *nécessaire* que, pour un temps, je fusse, aussi, un savant[4]. » Nietzsche a précisé la distinction entre savant et philosophe dans *Par-delà bien et mal*, en soulignant que « l'instinct de la connaissance » n'est pas le père de la philosophie. Pour le philosophe, la connaissance est un « instrument[5] » au service d'un autre instinct, plus profond. Nietzsche affirme alors que chez le philosophe, tout est personnel[6]. Il n'arrive pas encore à une définition aussi radicale dans ses essais de jeunesse, mais il considère déjà dans les années 1870 que le travail philosophique a un statut unique. En proposant une généalogie des concepts, qui dévoile leurs origines dans des pulsions naturelles, Nietzsche ne peut plus être simplement un savant de métier. Le métier et la vocation se distinguent donc quant au type d'activité qu'ils impliquent et quant à leur statut épistémologique.

Mais aussi, la distinction entre métier et vocation révèle un antagonisme entre vie publique et vie privée. La première est jalonnée de prises de parole publiques : cours, conférences, exhortations, polémiques et tactiques de publicité et de notoriété. La seconde, à l'opposé, est constituée de réflexions et d'hypothèses privées, exprimées dans la correspondance et dans des essais inédits, parfois laissés en plan, écrits pour soi-même (*Vérité et mensonge au sens extra-moral*) ou pour des amis (*Cinq préfaces à cinq livres qui n'ont pas été écrits*). Nietzsche accumule les déceptions quant à ses activités publiques. Parmi les causes de ses déceptions figurent la faible réception de sa perspective

---

4. EH, V (« Les *Inactuelles* »), § 3, p. 149.
5. Ces deux citations proviennent de PBM, I, § 6, p. 25.
6. « Chez un philosophe, [...] rien n'est impersonnel, et sa morale surtout témoigne de *ce qu'il est*, car elle révèle les plus profonds instincts de sa nature et la hiérarchie à laquelle ils obéissent » (PBM, I, § 6, p. 26). Il y a des motifs « éminemment *personnels* » aux pensées et aux créations conceptuelles du philosophe (§ 21, p. 39). On revient sur cette question en conclusion.

philologique présentée en 1869 dans sa leçon inaugurale, les critiques négatives reçues pour son premier livre, la diminution du nombre de ses étudiants, la polémique et les disputes engendrées par ses essais, le maigre enthousiasme soulevé par ses conférences sur l'éducation et, finalement, la dimension de plus en plus populaire et de moins en moins intime du projet de Bayreuth. Autrement dit, sur ses trois plans — philologique, musical, pédagogique —, la thérapeutique mise en œuvre par la *Kulturkritik* nietzschéenne s'est soldée par un échec, jusqu'aux rêves d'une *Bildungs-Sekte* et de voyages formateurs avec des amis intimes, ceux-ci s'étant finalement détournés des projets de Nietzsche, comme le montre la correspondance. Ainsi, non seulement la dimension universitaire du projet général auquel Nietzsche se consacrait lui a-t-elle paru inadéquate, mais plus exactement, la dimension simplement *publique* de ce projet l'a déçu.

Jumelée à la conscience toujours plus forte que le métier de savant l'éloignait de sa tâche et de sa « voie », cette déception a amené Nietzsche à trancher le conflit entre métier et vocation — qui l'animait depuis son entrée en fonction comme professeur — en faveur de la *vocation de philosophe*. Il a ainsi appliqué le conseil du jeune Wilamowitz[7] et mis en pratique une conception « ancienne » de la philosophie, qui se développait depuis longtemps dans ses écrits et sa correspondance. Il ne faut toutefois pas que la constance de cette conception de la vie philosophique dans les écrits bâlois nous empêche de remarquer que Nietzsche a aussi exploré d'autres voies. Celles-ci montrent qu'il n'était pas

---

7. Dans un chapitre de ses *Souvenirs* (1914), portant sur ce qu'il appelle son « intermezzo » de l'été 1871 à l'été 1872, Wilamowitz est revenu sur l'affaire de *La naissance de la tragédie* en se montrant victorieux : « [Nietzsche] a fait ce à quoi je l'engageais, il a abandonné l'enseignement et la science et est devenu le prophète d'une religion irréligieuse et d'une philosophie non-philosophique. Son démon lui en a donné le droit ; il avait l'esprit et la force qu'il fallait pour cela. L'avenir nous dira s'il a remporté la victoire par sa propre divinisation et ses blasphèmes contre le socratisme et le christianisme » (repris *in* QANT, p. 283).

encore entièrement disposé à « vivre en philosophe ». La dynamique entre les voies abandonnées et celle finalement privilégiée rend compte de son choix en faveur d'une vie philosophique : des antagonismes philosophiques ont fait que les pistes explorées par Nietzsche étaient difficilement conciliables.

La philosophie et le masque

Partant pour la Bavière, à l'été 1872, en tant que représentant de l'Université de Bâle aux célébrations du jubilé de l'Université de Munich, Nietzsche parle de sa profession comme d'un déguisement qu'il peut enfiler à sa guise : « [J]e prends le masque d'un délégué universitaire et je pars[8]. » S'il ne se reconnaît pas dans son métier, il ne s'identifie pas pour autant à l'autre profession qu'il convoite alors : celle de philosophe universitaire, un statut lourdement critiqué par Schopenhauer qui souhaitait « que la philosophie cessât d'être un métier[9] ». Le costume porté par Nietzsche est donc celui de l'*universitaire* comme tel.

L'image du costume, ou du « masque », a non sans raison inspiré les commentateurs. Tributaire (mais aussi critique) de Heidegger tout autant que de l'école de Francfort, Peter Sloterdijk a beaucoup insisté sur la théâtralité de l'œuvre de Nietzsche : « En reconnaissant la douleur originelle comme fondement de tous les fondements, la pensée de Nietzsche se place à ses débuts sous un signe tragique, théâtral et psychologique. » Il a trouvé chez Nietzsche des éléments permettant de définir l'activité philosophique d'une tout autre façon que ne le fait l'université allemande. Dans *Le penseur sur scène*, Sloterdijk identifie la structure

---

8. Lettre n° 246 à Wagner du 25 juillet 1872, *in* COR, vol. 2, p. 325 *sq.*

9. « Aussi voudrais-je que la philosophie cessât d'être un métier ; la sublimité de son effort ne s'accorde pas avec cette façon de faire : les Anciens déjà l'ont reconnu. [...] [J]'exprime le vœu que l'enseignement de celle-ci dans les universités soit strictement borné à l'exposé de la logique, science bien délimitée et démontrable, et à l'histoire tout à fait succincte de la philosophie depuis Thalès jusqu'à Kant, remplissant un semestre » (Schopenhauer, *Contre la philosophie universitaire*, p. 156 *sq.*).

dramatique de la philosophie nietzschéenne — et partant, de la philosophie en tant que telle. Il souligne d'abord qu'avec son premier livre, Nietzsche ne s'est pas présenté sur la scène propre à sa chaire de philologie : il n'a pas interprété « son rôle bourgeois-universitaire[10] ». Nietzsche a fait son entrée dans le monde philosophique affublé du masque du savant, mais aussi du masque du criticiste : « Distance — tel est le mot clé de la nouvelle théorie tragique de la connaissance succédant à l'ancienne théorie de la connaissance, à la théorie optimiste, laquelle aspirait toujours à l'identification[11] ». Sloterdijk interprète le « besoin d'art[12] » dont parlent les premiers écrits de Nietzsche comme un besoin de « distance » par rapport à la vérité — d'où son insistance sur la notion de théâtralité : métaphoriquement, le lieu propre à la compréhension et à l'expression humaines de la vérité est la scène théâtrale. « [N]ous avons une distance par rapport à la vérité afin de ne pas devoir la posséder directement ». Le nouveau philosophe, qui « a adopté l'optique d'une psychologie philosophique », sait qu'ainsi, « tout n'est que théâtre » — à savoir mise en forme, mise en scène et représentation masquée de la vérité. Cependant, « il sait aussi qu'il serait absurde de vouloir fermer ce théâtre au nom de la vérité. Car la vérité terrible est la mère du théâtre[13] ». Le philosophe, dans ce cas, peut être vu comme un « penseur sur scène ».

Cette pensée dramatisée met en pratique un mode de production de la vérité tout autre que la déduction discursive logique : il s'agit d'un modèle *existentiel* de la vérité. Le penseur se met en scène lui-même : il s'affuble d'un masque pour présenter sa représentation masquée de la vérité. Si la pensée se déploie sur

---

10. Sloterdijk, *Le penseur sur scène*, p. 38.
11. Les deux dernières citations proviennent de Sloterdijk, *Le penseur sur scène*, p. 86.
12. « L'État chez les Grecs », *in* CP, p. 181.
13. Les quatre dernières citations proviennent du *Penseur sur scène*, p. 86 *sq*. Parce que Nietzsche montre que la vérité ne peut plus faire l'objet d'un « avoir », Sloterdijk affirme que « [n]ous sommes condamnés à la simulation par la vérité elle-même » (p. 88).

scène, comme une pensée « dramatisée », alors « les vérités découvertes, dans cette préparation de l'expérience [d'un connaissant], doivent se révéler comme des auto-réalisations du penseur et les erreurs comme des auto-manquements de celui-ci. [...] [I]ci apparaît comme vrai [...] ce qui a fait le mieux ses preuves dans le sens d'une vie qui réussit. » Autrement dit, « le penseur sur scène produit de la vérité sur lui-même » et il se montre ainsi « *ipso facto* dans un devenir vers ce qu'il est[14] ». Pour dire cela, Sloterdijk rattache le jeune Nietzsche au Nietzsche tardif : c'est l'auteur de *Par-delà bien et mal* qui écrit que toute grande philosophie est « la confession de son auteur[15] ». Sloterdijk propose ainsi une interprétation générale de la philosophie (et non pas seulement de celle nietzschéenne), qui prend Nietzsche comme instituteur d'une nouvelle conscience d'elle-même de la philosophie. Il propose une compréhension du mode discursif propre à la philosophie, dans l'optique nietzschéenne de la mise à distance nécessaire envers la vérité et de la psychologie comprise comme enquête généalogique sur la construction des concepts. En ce sens, Sloterdijk est un continuateur de la lecture française de Nietzsche qui, dans les années 1960, a entrepris le développement d'une méthode philosophique nietzschéenne.

La « renaissance » du nietzschéisme français[16] caractérise le courant inauguré par *Nietzsche et la philosophie* (1962) de Gilles Deleuze et par le colloque de Royaumont (1964), dans lequel s'insèrent aussi les travaux de Michel Foucault et de Jacques Derrida, le colloque de Cérisy-la-Salle (1972) et les essais de Marc Sautet (1977) et de Jean-Pierre Faye (dès 1978). Ce courant a présenté Nietzsche comme l'auteur d'une écriture de la fragmentation et de la déconstruction des idées de système et d'œuvre : ce régime d'interprétation a influencé les études nietzschéennes de type « postmoderne » en Amérique du Nord. L'époque 1960-1975

---

14. Les citations des deux dernières phrases proviennent du *Penseur sur scène*, p. 40 sq.
15. PBM, I, § 6, p. 25.
16. L'expression est de Le Rider, *Nietzsche en France*, p. 212.

représente en somme l'entrée française de Nietzsche dans le domaine de la philosophie[17].

Au sein de ce régime de réception, Michel Foucault offre un autre exemple d'interprétation générale de la philosophie à partir de la métaphore du masque. Il présente Nietzsche comme son « précurseur dans l'exploration d'un champ du savoir transdisciplinaire[18] » : dans un entretien au *Figaro* en 1966, Foucault rappelle que Nietzsche « s'est intéressé à tout, à la littérature, à l'histoire, à la politique, etc. Il est allé chercher la philosophie partout. En cela, même si en certains domaines il reste un homme du XIXe siècle, il a génialement devancé notre époque ». Dans un autre entretien, Foucault révèle les voies que suit sa pensée, en proposant qu'il y a deux sortes de philosophes : « [C]elui qui ouvre de nouveaux chemins à la pensée, comme Heidegger, et celui qui joue en quelque sorte le rôle d'archéologue, qui étudie l'espace dans lequel se déploie la pensée, ainsi que les conditions de cette pensée, son mode de constitution[19] ». Par ces mots, il montre d'emblée que truelle et tamis en mains, il se situe lui-même sur un terrain d'excavation quelque part entre les « chemins de pensée » heideggériens et la « psychologie des profondeurs » nietzschéenne. Sa conception de la philosophie est largement tributaire de sa lecture de Nietzsche.

Dans sa conférence sur les « trois maîtres du soupçon[20] » présentée au colloque de Royaumont en 1964, Foucault pose la

---

17. En témoigne le fait que Nietzsche figurait pour la première fois à l'agrégation de philosophie en 1970, alors qu'il avait été inscrit à l'agrégation d'allemand dès 1903 (*cf.* Le Rider, *Nietzsche en France*, p. 87).

18. Le Rider, *Nietzsche en France*, p. 208.

19. Les deux dernières citations proviennent de Foucault, « Michel Foucault et Gilles Deleuze veulent rendre à Nietzsche son vrai visage », p. 552, et « Qu'est-ce qu'un philosophe ? », p. 581 (*in* Foucault, *Dits et écrits*, vol. 1).

20. Foucault fait référence à deux soupçons fondamentaux quant au langage, qui se trouveraient déjà chez les Grecs : d'une part, que le langage « ne dit pas exactement ce qu'il dit », et d'autre part, « qu'il déborde en quelque sorte sa forme proprement verbale, et qu'il y a bien d'autres choses au monde qui parlent, et qui ne sont pas du langage » (« Nietzsche, Marx, Freud », *in* Foucault, *Dits et écrits*, vol. 1, p. 564 *sq.*).

question de savoir ce qu'est un auteur, à partir du moment où les mots (ou les signes) « sont des masques ». À la suite de l'auteur de *Vérité et mensonge au sens extra-moral*, Foucault souligne « l'inachevé de l'interprétation » : « [S]i l'interprétation ne peut jamais s'achever, c'est tout simplement qu'il n'y a rien à interpréter. Il n'y a rien d'absolument premier à interpréter, car au fond, tout est déjà interprétation, chaque signe est en lui-même non pas la chose qui s'offre à l'interprétation, mais interprétation d'autres signes[21]. » Il reprend ainsi la thèse que Nietzsche a développée dans son cours sur la rhétorique en 1872-1873 :

> Il n'y a absolument pas de « naturalité » non-rhétorique du langage à laquelle on pourrait faire appel : le langage lui-même est le résultat d'arts purement rhétoriques. La force [*Kraft*] qu'Aristote appelle rhétorique, qui est la force de démêler et de faire valoir, pour chaque chose, ce qui est efficace et fait de l'impression, cette force est en même temps l'essence du langage : celui-ci se rapporte aussi peu que la rhétorique au vrai, à l'essence des choses ; il ne veut pas instruire [*belehren*], mais transmettre à autrui [*auf Andere übertragen*] une émotion et une appréhension subjectives[22].

---

21. Les trois dernières citations proviennent de Foucault, « Nietzsche, Marx, Freud », p. 573, 570 et 571. « Les mots eux-mêmes ne sont pas autre chose que des interprétations, tout au long de leur histoire ils interprètent avant d'être signes, et ils ne signifient finalement que parce qu'ils ne sont que des interprétations essentielles » (p. 572).

22. RL, p. 111 ; *cf.* aussi notamment p. 112 *sqq.* et 123. Dans son cours, Nietzsche, en citant Schopenhauer, suggère ce qu'il serait possible de rétorquer à certains commentaires « postmodernes » de son œuvre, qui, parce qu'ils se penchent sur l'auteur d'une écriture « fragmentée » et métaphorique, se croient dégagés de l'obligation d'écrire d'une manière claire et logique : « Obscurité et manque de clarté sont toujours et partout un très mauvais signe. Car dans 99 cas sur 100, elles procèdent de l'obscurité de la pensée, qui elle-même à son tour vient presque toujours d'une incohérence originelle, d'une inconsistance et donc d'une inexactitude de cette pensée. Ceux qui composent des discours difficiles, obscurs, enchevêtrés, ambigus, ne savent certainement pas ce qu'ils veulent dire au juste. Souvent aussi ils veulent cacher, à eux comme aux autres, qu'ils n'ont proprement rien à dire » (Schopenhauer, *Parerga et paralipomena*, III, cité par Nietzsche *in* RL, p. 115).

Foucault suggère que l'œuvre de Nietzsche *révèle* l'herméneutique puisqu'elle révèle «cette primauté de l'interprétation par rapport aux signes[23]». Nietzsche montre que tout discours ayant prétention à la vérité a pour fonction de recouvrir le travail fondamental de la pensée qui est toujours et déjà interprétation, et donc mouvance, plutôt que fixité et stabilité. Décisifs pour le «troisième grand moment de la réception française[24]» ainsi que pour la réception nord-américaine postmoderne de Nietzsche, ces essais foucaldiens suggèrent que l'œuvre de Nietzsche place le lecteur face à l'essentiel travail d'interprétation en lequel consiste tout rapport aux mots et au langage, ainsi que toute pensée en général. De là l'intérêt de Foucault pour la question de l'auteur: si ce qui est, c'est l'interprétation, et si l'interprétation est infinie, alors ce qu'il s'agit d'examiner, c'est *qui* a posé l'interprétation et non ce qui gît au fond de l'interprétation — parce qu'en fait, il n'y a pas de substrat fixe, il n'y a que de l'interprétation. C'est ce que Foucault affirme dans sa conférence de 1964: «[L]'interprétation sera toujours désormais l'interprétation par le "qui?"; on n'interprète pas ce qu'il y a dans le signifié, mais on interprète au fond: qui a posé l'interprétation. Le principe de l'interprétation, ce n'est pas autre chose que l'interprète, et c'est peut-être le sens que Nietzsche a donné au mot de "psychologie"[25].»

En outre, pour Michel Foucault, Nietzsche présente un cas particulier du rapport d'un auteur à son œuvre, du fait que celle-ci a été «brutalement interrompue par la démence, au début de 1889.» Dans l'introduction générale à l'œuvre de Nietzsche, qu'il signe en 1967 avec Gilles Deleuze, Foucault souhaite que les fragments posthumes de Nietzsche puissent montrer au lecteur

---

23. Foucault, «Nietzsche, Marx, Freud», p. 570.
24. Le Rider, *Nietzsche en France*, p. 211.
25. Foucault, «Nietzsche, Marx, Freud», p. 573. Précisons que Foucault s'intéressait plus à «qu'est-ce qui fait qu'il y ait un "qui"?» — à savoir à ce qu'il appelait la «fonction d'auteur» — qu'au «qui?» lui-même.

« l'état inachevé du "livre à venir"[26] » — c'est-à-dire, aussi, *l'état inachevé de l'œuvre de Nietzsche*. Dans le contexte de l'établissement « définitif » de ses écrits — « tâche capitale », disait Foucault, « de même nature que celle posée précédemment [...] par l'édition scientifique des *Pensées* de Pascal[27] » —, l'absence d'une « théorie de l'œuvre[28] » devenait un problème pressant pour les responsables de l'édition française des *Œuvres complètes* de Nietzsche. Pour de nombreux commentateurs, Nietzsche est l'auteur de deux œuvres : celle achevée et publiée, et celle fragmentaire et posthume — auxquelles on peut d'ailleurs ajouter une troisième, l'œuvre philologique universitaire. La question se posait alors : à travers tout cela, quelle est l'œuvre *voulue* par Nietzsche et recoupe-t-elle l'œuvre qu'il a de fait *laissée* ? Mais de manière plus importante encore : quelle est son œuvre *essentielle* ? Ces questions devenaient de véritables problèmes dans la mesure où ce que la postérité philosophique allait recevoir et reconnaître comme la philosophie nietzschéenne serait immanquablement tributaire du travail philologique d'établissement de l'œuvre par les éditeurs attitrés[29]. Or paradoxalement, à l'intérieur même de l'« œuvre philosophique complète », les commentateurs ne font souvent aucune différence entre les essais qui ont été publiés par Nietzsche et ceux qui sont parus à titre posthume. Pour le cas Nietzsche, l'interrogation foucaldienne sur l'œuvre et l'auteur s'avère des plus pertinentes[30].

---

26. Il s'agit bien sûr de *La volonté de puissance*. Les deux dernières citations proviennent de Foucault et Deleuze, « Introduction générale » aux *Œuvres philosophiques complètes* de Nietzsche, p. 561 et 564 (*in* Foucault, *Dits et écrits*, vol. 1).
27. « Michel Foucault et Gilles Deleuze veulent rendre à Nietzsche son vrai visage », p. 550.
28. Foucault, « Qu'est-ce qu'un auteur ? », *in* Foucault, *Dits et écrits*, vol. 1, p. 794.
29. C'est ce que signifiait Foucault, lorsqu'il affirmait que « le réexamen des textes de Freud modifie la psychanalyse elle-même et ceux de Marx, le marxisme » (« Qu'est-ce qu'un auteur ? », p. 809).
30. Dans son étude sur la réception française de Nietzsche, Jacques Le Rider pose une question allant directement dans le sens de la réflexion foucaldienne :

Parallèlement à ces réflexions, dans sa conférence donnée au Collège de France en 1969 pour la Société française de philosophie, Foucault questionne la notion d'auteur, qui « constitue le moment fort de l'individualisation dans l'histoire des idées ». Souhaitant montrer qu'on ne peut séparer la question de l'œuvre de la question de l'auteur, il écrit que le « mot "œuvre" et l'unité qu'il désigne sont probablement aussi problématiques que l'individualité de l'auteur[31] ». Mais si la qualité « auteur » d'un individu est une condition nécessaire pour pouvoir affirmer que ce que cet individu écrit est une *œuvre*, quand et comment trace-t-on les limites d'une œuvre ? Au début des années 1970, Jean-Luc Nancy et Philippe Lacoue-Labarthe se sont intéressé aux cours de Nietzsche — qui ont par ailleurs été exclus de l'édition française de son « œuvre philosophique complète ». Ils notent : « L'œuvre de Nietzsche, on le sait, fait problème au point que le concept d'*œuvre* risque bien de ne plus lui convenir : la fragmentation, les inachèvements, la masse énorme de ce qui n'a pas été publié, — mais aussi une pratique incessante de l'écriture tendent à effacer les limites où l'on croit d'ordinaire pouvoir enfermer les livres. » Ils affirment ainsi l'importance de souligner ce qui, dans les textes mêmes de Nietzsche, relève de l'emprunt ou de la copie, un travail éditorial et philologique permettant de partager « ce qui est *de Nietzsche* et ce qui ne l'est pas[32] ». Voilà qui suggère l'idée que les auteurs cités (ou copiés) par Nietzsche (une pratique fréquente dans ses cours et ses notes) aient été autant de masques portés par l'auteur pour affirmer ses idées. Mais le travail sur les sources n'est-il pas justement le moyen d'une lecture et d'une interprétation plus précise de l'œuvre ? L'intégration de

---

« Faut-il refaire l'édition Colli-Montinari et mettre en chantier une édition diplomatique de l'intégralité des "traces" manuscrites conservées de Nietzsche (si tant est qu'un éditeur accepte d'envisager une entreprise aussi vaste et aussi coûteuse) ? » (*Nietzsche en France*, p. 210).

31. Les deux dernières citations proviennent de Foucault, « Qu'est-ce qu'un auteur ? », p. 792 et 795.

32. Les deux dernières citations proviennent de Lacoue-Labarthe et Nancy, « Présentation », *in* Nietzsche, RL, p. 100 *sq*.

ses sources fait partie du travail d'écriture de Nietzsche. Les sources font partie de l'œuvre, et les retracer ne participe pas de sa déconstruction, mais bien d'une compréhension plus approfondie de ses mécanismes de constitution.

Le travail sur les sources et les emprunts de Nietzsche a depuis le départ intéressé «l'école italienne» d'études nietzschéennes, basée autour du Centre interdépartemental d'études Colli-Montinari sur Nietzsche et la culture européenne, à l'Université de Lecce. Philologique et exégétique, dans la lignée du travail historico-critique de Giorgio Colli et de Mazzino Montinari, le régime de réception italien privilégie le travail sur les manuscrits et sur les sources. Dans cette perspective, Paolo D'Iorio s'est penché sur la question des masques philosophiques du jeune Nietzsche selon une approche plus exégétique que celles de Michel Foucault ou de Peter Sloterdijk. Dans son introduction au cours sur les philosophes préplatoniciens, D'Iorio ouvre une section portant sur l'artiste, le savant et le philosophe par la question suivante: «Sous quel masque Nietzsche cache-t-il sa pensée?» Car si chaque figure antique, pour Nietzsche, peut incarner «une position philosophique moderne et parfois même est le masque d'un contemporain», ne pourrait-on pas penser que l'une de ces figures antiques a servi de masque à la pensée de Nietzsche? Malgré les ressemblances que Nietzsche lui-même souligne entre ses idées et celles, notamment, de Démocrite ou d'Héraclite, D'Iorio conclue toutefois qu'aucun préplatonicien ne sert de masque unique à Nietzsche: «Plutôt que de s'identifier à l'un [de] ces personnages, Nietzsche cherchait à dessiner l'arrière-plan culturel où placer et faire évoluer les figures antiques[33].»

Délaissant la métaphore, D'Iorio revient directement à l'exégèse du texte de Nietzsche et au dépistage des sources, tout en précisant la compréhension nietzschéenne de la philosophie et la différence entre les modes de discours propres à ses textes

---

33. Les trois dernières citations proviennent de D'Iorio, «La naissance de la philosophie enfantée par l'esprit scientifique», p. 33, 17 et 33.

publiés et à ses cours. Si l'image du masque a servi à Peter Sloterdijk et à Michel Foucault de métaphore directrice pour interpréter le travail de la philosophie *en tant que telle*, chez P. D'Iorio, elle occupe plutôt le rôle d'hypothèse exégétique permettant de comprendre le rapport de Nietzsche à la tradition philosophique ancienne. L'image du masque — lorsqu'elle est appliquée non plus au philologue (ainsi que Nietzsche l'a fait dans sa lettre à Wagner du 25 juillet 1872), mais plutôt au philosophe (ainsi que l'ont fait Sloterdijk et Foucault) — rappelle la multiplicité des voies philosophiques que le jeune Nietzsche a considérées. Si la philosophie est pour Nietzsche un philosopher — c'est-à-dire un mode d'être ou un type de vie —, alors les différentes pistes possibles sont autant de postures du philosophe.

Les postures du philosophe

Lorsque Nietzsche note en 1872-1873 : « Je veux décrire et ressentir moi-même *le formidable développement de l'unique philosophe* qui veut la connaissance[34] », quel type de philosophe, tourné vers quelle forme de connaissance, entend-il être ? Car comme on l'a vu, entre 1869 et 1876, il envisage différentes formes de travail philosophique : (1) une *médecine pour la civilisation allemande* — et par extension, un programme contre les excès au sein de toute civilisation[35] —, appuyée sur une conception combative (exhortative, polémique) et *unzeitgemäß* de la philosophie : ce projet est mis en œuvre dans *La naissance de la tragédie*, les *Considérations inactuelles* et les conférences *Sur l'avenir de nos établissements d'enseignement* ; (2) une *revalorisation de la posture philosophique antique* (pratique, sectaire, apolitique) au moyen (a) d'une typologie des préplatoniciens et (b) d'une étude des rapports entre la tragédie et le pessimisme, qui débouche sur un modèle du rapport de la philosophie à l'histoire : *La philoso-*

---

34. Fragment posthume 19[136] (été 1872-début 1873), *in* FP2, p. 214.
35. *Cf.* les fragments posthumes 19[73.212] (été 1872-début 1873).

phie à l'époque tragique des Grecs et le cours sur les préplatoniciens, les *Cinq préfaces à cinq livres qui n'ont pas été écrits* et la deuxième *Considération inactuelle*, participent de ce travail ; (3) une *épistémologie* axée vers une genèse des concepts et de la notion de vérité, qui assure une continuation critique du kantisme et du schopenhauerisme tout en ayant recours au pessimisme antique : *Vérité et mensonge au sens extra-moral*, « La passion de la vérité », le cours sur la rhétorique de l'hiver 1872-1873 et, en partie, *La naissance de la tragédie* répondent à cet impératif. Ces trois fonctions définissent autant de types de philosophie : (1) la *philosophie culturelle* du médecin de la civilisation, qui suit la voie d'une *Kulturkritik* généralisée ; (2b) une *philosophie tragique* qui doit contrer le pessimisme[36] ; (2a) et (3) une *philosophie scientifique* dont l'objet est d'expliquer le monde par une ontologie ou un mécanisme[37].

Dans la première moitié des années 1870, la philosophie scientifique et la philosophie tragique s'insèrent dans le projet d'ensemble du philosophe médecin. La *Kulturkritik* est alors dominante, mais elle subsume ainsi des projets antagonistes. Son action est véritablement prophylactique dans la mesure où elle parvient à limiter les différentes pulsions qui animent l'être

---

36. N'oublions pas que le pessimisme n'est pas identique au tragique : la sagesse tragique proposée par Nietzsche doit être un *remède* au pessimisme. Il le confirme encore en 1888 : « [J]e suis en droit de me considérer comme le premier *philosophe tragique* — c'est-à-dire l'extrême opposé et l'antipode exact d'un philosophe pessimiste » (EH, IV [« *Naissance de la tragédie* »], § 3, p. 142 ; *cf.* aussi p. 139).

37. Nietzsche répète après Platon (*Théétète*, 155 c-d) et Aristote (*Métaphysique*, A, 2, 982 b) que la philosophie commence avec l'étonnement : « Voilà le véritable signe de l'élan philosophique : l'étonnement devant ce qui se trouve sous nos yeux » (*Les philosophes préplatoniciens*, § 1, p. 85 *sq.*). Il range ainsi les premiers philosophes soit parmi les « ontologistes » (Thalès, Anaximandre, Xénophane, Parménide, Héraclite), soit parmi les « mécanistes » (Anaximène, Anaxagore, Empédocle, Démocrite). En travaillant à son projet sur les préplatoniciens, il remarque : « [J]'ai été forcé par ce projet d'étudier les domaines les plus spéciaux, même la mathématique s'est montrée à l'horizon, sans pour autant m'effrayer, ensuite la mécanique, la chimie atomique, etc. » (lettre n° 301 à Gersdorff du 5 avril 1873, *in* COR, vol. 2, p. 417).

humain et qui sont à l'œuvre au sein de la civilisation. Un tel travail de médiation entre la science et l'art entre alors en tension avec la philosophie scientifique qui se désintéresse de l'esthétique pour se consacrer à l'étude des phénomènes physiques, sur le modèle des Grecs anciens. Mais surtout, cette tâche entre assurément en conflit avec le wagnérisme. Il ne fait aucun doute que pour Wagner, l'art n'a pas besoin de la sanction ou même de la médiation de la philosophie pour agir sur la civilisation. Wagner croit que la pulsion artistique est plus élevée — et plus puissante — que la volonté de connaissance. Le véritable maître présidant au projet pour régénérer la civilisation est l'artiste, non le philosophe ou l'homme de science. Le wagnérisme relègue donc le philosophe — même lorsque celui-ci se fait théoricien de la tragédie — à un second rôle par rapport au créateur de l'œuvre d'art tragique de l'avenir. Cette deuxième place, toutefois, ne pouvait convenir à Nietzsche, autant en raison de la dimension médiatrice de sa philosophie culturelle, qu'en raison du fait, plus personnel, que sa décision de favoriser sa vocation à l'encontre de son métier impliquait que sa vocation ne s'en tiendrait plus à un rôle de soutien. Alors que le wagnérisme exigeait de lui autre chose que d'écrire et de vivre en philosophe, la philosophie occupait dorénavant le devant de la scène pour Nietzsche. Elle est selon lui *l'activité fondamentale*.

Mis à part son conflit avec le wagnérisme auquel elle a pourtant participé, la philosophie culturelle éveille aussi un antagonisme avec la philosophie tragique. Celle-ci repose sur la vérité dionysiaque (la sagesse de Silène) qui est considérée comme dangereuse et qui ne peut donc être enseignée publiquement. Les fondements de la philosophie tragique sont alors incompatibles avec le projet public de la *Kulturkritik*. Comme on l'a vu, Nietzsche prend soin de faire la distinction entre ses activités exotériques et ses projets ésotériques[38] : le philosophe se trouve face à une sphère publique occupée par le programme du *Kultur-*

---

38. *Cf. supra*, ch. 10.

kritiker et à une sphère privée circonscrite par la métaphysique de type schopenhauerien. Dans le domaine privé, le philosophe dit la vérité, alors que dans le domaine public, il doit employer, au mieux, un « noble mensonge[39] ». Les deux sphères se rejoignent dans la mesure où elles se fondent sur un dialogue avec les anciens Grecs, mais elles se séparent irrévocablement dès qu'elles s'adressent à des individus de natures différentes et qu'elles définissent de manière divergente les priorités du philosophe.

Ces précisions soulignent l'important conflit entre la philosophie culturelle et les philosophies de type scientifique et tragique. La posture du philosophe culturel, médecin de la civilisation, est incompatible avec celles du philosophe wagnérien, du philosophe tragique ou du philosophe scientifique. Federico Gerratana, qui a remarqué cette difficulté interne à la philosophie du jeune Nietzsche, est allé plus loin que la simple « opposition de Wagner » : il a noté, aussi, « la prise de conscience, de la part de Nietzsche, de l'impossibilité à réussir à concilier [...] l'analyse de la grécité, la critique du monde contemporain et l'ébauche d'une nouvelle culture[40] ». Le projet (qui se voulait englobant) de faire de la philosophie une médecine pour la civilisation s'est ainsi retrouvé face à une impasse. Une phrase notée peu avant que Nietzsche ne se lance dans la rédaction de la première *Inactuelle* révèle son hésitation quant à la posture à adopter : « La civilisation est une unité. Or, le philosophe semble se tenir en dehors. Il s'adresse à la plus lointaine postérité[41] ». Pourtant, avec *David Strauss, l'apôtre et l'écrivain*, Nietzsche montre qu'il est bien ancré dans les débats de son temps et que par la polémique, il s'adresse précisément à ses contemporains plutôt qu'à des lecteurs de

---

39. Comme le dit Stanley Rosen : « Le noble mensonge est le fait de cacher la vérité sur le chaos, mais non pas dans le sens que cette vérité ne serait jamais dite » (« Remarks on Nietzsche's "Platonism" », p. 157).

40. Ces propos de F. Gerratana apparaissent dans le troisième volume des œuvres de Nietzsche en italien (Milan, Adelphi, 1992, p. 467), ici cités par D'Iorio (« La naissance de la philosophie enfantée par l'esprit scientifique », p. 41, note 58).

41. Fragment posthume 19[221] (été 1872-début 1873), *in* FP2, p. 239.

l'avenir. Les heurts entre la vie publique du savant ou du polémiste et la vie privée du philosophe ; l'échec de la tentative pour inscrire la tâche du philosophe médecin dans le projet wagnérien ; l'antagonisme entre le projet civilisateur public et le projet éducatif privé — ces conflits ont fait que dans la seconde moitié des années 1870, Nietzsche se détourne de la *Kulturkritik* et du projet civilisationnel comme lieu de réalisation de sa vocation philosophique. Le résultat est un constat qui détermine l'abandon, par Nietzsche, de son projet de jeunesse : *le philosophe ne peut être le médecin de la civilisation.*

Désormais, Nietzsche croit que le philosophe doit plutôt se faire d'abord *médecin de soi*. Autrement dit, la nature médicale de l'activité philosophique demeure, mais elle change d'objet. Ce revirement est en germe dans les écrits de jeunesse, où il s'annonce par exemple dans un fragment de 1873 : « Le philosophe n'est jamais utile que pour un petit nombre, et pas pour le peuple. Et encore l'utilité n'est-elle pas aussi grande pour ce petit nombre que pour le philosophe lui-même[42] ». Nietzsche remarque déjà en 1872 que le philosophe est bien souvent un solitaire et que son travail n'a pas d'impact au sein de la masse, ni même chez ses contemporains en général. Son don est contre-nature, c'est pourquoi le philosophe a besoin d'une puissante barrière pour le protéger, voire l'isoler[43]. Mais l'antagonisme entre le philosophe et son époque est réciproque : non seulement son époque ne s'intéresse pas à lui, mais en plus, le philosophe n'a que dédain pour son temps, notamment parce qu'il ne connaît pas encore la place qu'il doit y occuper. En contradiction, encore, avec son idée d'un philosophe lié à sa civilisation au point qu'il doit s'y sacrifier[44], Nietzsche cite l'exemple d'Héraclite. S'intéressant au

---

42. Fragment posthume 29[223] (été-automne 1873), *in* FP2, p. 447.
43. « Ils [les philosophes] se suffisent à eux-mêmes au point que les murailles de leur autarcie doivent être de diamant, pour ne pas être enfoncées et détruites, car tout se tourne contre eux, nature et humanité » (« La passion de la vérité », *in* CP, p. 173).
44. *Cf.* le fragment posthume 19[154] (été 1872-début 1873), *in* FP2, p. 219.

changement et au devenir, selon le modèle de la philosophie scientifique, Héraclite « n'avait pas besoin des hommes[45] », puisque ce que l'on peut apprendre des autres que soi ne l'intéressait pas. Mais de manière révélatrice, Nietzsche poursuit en citant le fragment 101, où Plutarque rapporte qu'Héraclite avait affirmé : « J'étais le propre objet de mon étude[46]. » *Héraclite réalisant l'injonction delphique* — voilà qui captive Nietzsche : « Son œil ne brille que tourné vers l'intérieur : vers l'extérieur son regard est éteint et glacé, et ne sert plus que *pour l'apparence*[47]. »

Cette philosophie tournée vers soi est toujours inactuelle, dans la mesure où son intérêt premier n'est pas l'époque en cours. Fort de l'exemple du philosophe obscur, Nietzsche voit que ce qu'il faut apprendre de l'être humain, c'est de *soi-même* qu'on peut l'apprendre, non de nos contemporains. C'est ainsi que la phrase de Pindare, que le jeune philologue citait en exergue à ses travaux scientifiques, « Deviens celui que tu es ! », peut tout naturellement réaparaître en 1882 dans un aphorisme du *Gai savoir*, avant de servir de sous-titre à son dernier essai, en 1888[48]. Ce nouvel objet, le *soi*, subsume les deux premiers types

---

45. « La passion de la vérité », *in* CP, p. 174.
46. Cité *in* Dumont, *Les écoles présocratiques*, p. 89. Nietzsche écrit : « "C'est moi-même que j'ai cherché et interrogé" disait-il [Héraclite] en usant d'un mot qui servait à désigner l'examen qu'opérait un oracle : comme si lui, et personne d'autre, avait vraiment réalisé cette formule delphique : "Connais-toi toi-même" » (« La passion de la vérité », *in* CP, p. 174).
47. « La passion de la vérité », *in* CP, p. 173 ; nous soulignons.
48. Cet extrait des *Pythiques* de Pindare, « Sois tel que tu as appris à te connaître » (II, 72), est cité par Nietzsche en exergue à son étude sur les sources de Diogène Laërce dans le *Rheinisches Museum* en 1869 (« De Laertii Diogenis Fontibus », *in* Nietzsche, *Werke, Kritische Gesamtausgabe* [éd. Colli et Montinari], vol. 2, partie 1). Selon Marc Crépon (« Amitié, lecture et écriture », p. 201), qui a commenté ce qu'on peut appeler les *Écrits autobiographiques* (1856-1869) de Nietzsche, il s'agissait de sa devise d'étudiant universitaire. Cette maxime apparaît, légèrement modifiée, dans le livre III du *Gai savoir* (« *Que dit ta conscience ?* — "Tu dois devenir qui tu es" », § 270, p. 185) et comme sous-titre à *Ecce homo* (« Comment on devient ce que l'on est », p. 91). En 1882, par le biais d'une critique du kantisme (aucun jugement individuel ne peut mener à l'établissement d'une norme pour l'action, puisque « il n'y a, ni ne peut y avoir jamais d'actions identiques »), Nietzsche, avec cette devise, invitait les philosophes à

philosophiques que Nietzsche a explorés. La philosophie scientifique s'y rattache à la fois par le criticisme épistémologique et la théorie du langage, qui renvoient à l'individu interprétant le monde, ainsi que par les types philosophiques présocratiques qui, tout en s'intéressant à l'ontologie, rappellent l'importance de l'injonction delphique. La philosophie tragique s'y rattache quant à elle par le fait que la sagesse de Silène, qui représente la perspective philosophique fondamentale, s'adresse directement à l'individu en l'invitant à prendre une décision existentielle — celle de vivre malgré l'horrible vérité. Héraclite portait un « masque tragique[49] » précisément parce qu'il était lui-même l'objet de ses réflexions philosophiques.

Dorénavant, pour Nietzsche, le mot d'ordre philosophique est : « Connais-toi toi-même. » C'est en passant par l'auto-examen et la connaissance de soi — c'est-à-dire en se penchant d'abord sur « le problème de l'existence » — que le philosophe peut ensuite se tourner vers « les problèmes éternels » de l'ontologie, de l'épistémologie, de la morale ou de la psychologie[50]. Cet impératif naît à partir d'une posture tragique et il mène à un intérêt (psychologique et généalogique) pour le monde. Mais le philosophe ne doit pas oublier que ses pensées partent toujours de lui-même et l'y ramènent. « Chez un philosophe, [...] rien n'est impersonnel[51] », car comme l'écrivait dans une dissertation le tout jeune étudiant à Pforta, en 1862, « [e]st-ce que tout ne nous renvoie pas de manière spéculaire à notre propre personnalité[52] ? »

---

devenir leurs « propres législateurs » et leurs « propres créateurs » (GS, IV, § 335, p. 224).
49. « La passion de la vérité », *in* CP, p. 174.
50. Fragment posthume 19[23] (été 1872-début 1873), *in* FP2, p. 178.
51. PBM, I, § 6, p. 26.
52. Nietzsche, « Fatum et histoire », p. 193.

Épilogue

De l'agora au jardin

> Écartez-vous plutôt, fuyez dans des retraites ! Et portez
> des masques, usez de ruses pour passer inaperçus,
> ou pour vous faire craindre un peu. Et n'oubliez pas
> le jardin, je vous prie, le jardin aux grilles dorées.
> Et entourez-vous d'hommes qui soient comme un jardin,
> ou comme une musique sur l'eau quand le soir tombe
> et que le jour n'est plus qu'un souvenir.
>
> Nietzsche, *Par-delà bien et mal*, II, § 25

On a retracé dans ce livre l'activité philosophique du professeur Nietzsche entre 1869 et 1876, à travers les formes de sa *Kulturkritik*. Cette étude nous a amené à examiner ses publications ainsi que ses projets d'ouvrages abandonnés ; les formes (philologique, combative, prophylactique) de sa pratique philosophique et ses tentatives pour définir une philosophie (tragique, culturelle ou scientifique) ; les orientations (culturelle, pédagogique, polémique) de ses projets intellectuels et les collaborations (avec Wagner, Rohde ou Overbeck) qu'il a entretenues pour les mener à terme ; les soucis pédagogiques exprimés dans ses cours de Bâle et ses démarches pour quitter le milieu de la philologie professionnelle ; les contextes contemporains (artistiques, scientifiques et plus largement culturels) dans lesquels ses idées s'inscrivaient et ses efforts pour penser d'une manière inactuelle et détachée de son temps. Par-delà la multitude des voies explorées par

Nietzsche dans la première moitié des années 1870, cet examen montre qu'un projet particulier rassemble les écrits de cette époque — un projet dont il est possible de cerner les fondements, les ambitions et, finalement, les écueils. En 1876 — l'année de la dernière *Considération inactuelle*, du premier *Festspiel* à Bayreuth, de la rupture avec Rohde et Gersdorff et du premier long congé universitaire de Nietzsche, après qu'il eut donné des cours à l'Université de Bâle sur les philosophes préplatoniciens, sur Platon et sur Hésiode — se confirment les retraits par lesquels le philologue s'éloigne du projet philosophique qui l'a jusqu'alors guidé. Ces gestes témoignent d'une réorientation de sa pensée, mais ils pointent aussi vers une modification importante de son écriture. Pendant les mois qui suivent son congé professionnel, il rédige des aphorismes et reprend certaines de ses notes : à partir de ce travail, il forme un manuscrit dédié à la mémoire de Voltaire, publié en 1878 sous le titre *Menschliches, Allzumenschliches* — « choses humaines, trop humaines ». Dix ans plus tard, Nietzsche affirme : « *Humain, trop humain* est le monument commémoratif d'une crise[1]. » Une fois décrites l'origine et l'ampleur de cette crise, le lecteur est en droit de désirer poursuivre l'étude du parcours intellectuel de Nietzsche. Car ce constat inspire une question simple : sur quoi a débouché cette crise que Nietzsche a diagnostiquée dans son parcours philosophique ?

On ne peut ici qu'effleurer une telle question. En guise de conclusion, on propose un « épilogue » autour de trois caractéristiques de la conception de la philosophie développée par Nietzsche dans les années 1880, pour établir certaines distinctions par rapport à la période bâloise — contribuant du coup à en cerner la particularité —, mais aussi suggérer des parallèles entre les philosophies de jeunesse et de maturité. Il s'agit en dernière analyse d'apprécier la nature des continuations, des radicalisations ou encore des réorientations philosophiques

---

1. EH, VI (« *Humain, trop humain* »), § 1, p. 150.

opérées par Nietzsche après sa retraite professionnelle. Les pages qui suivent laissent de côté certains thèmes connus et abondamment discutés dans la littérature — que ce soit le retour éternel du même, la volonté de puissance ou le surhomme. Leur interprétation n'est pas en question ici, et on ne propose pas un résumé de l'ensemble des thèmes de la philosophie de Nietzsche dans les années 1880. Les voies interprétatives proposées dans cet épilogue le sont à titre d'hypothèses permettant de retracer l'évolution de sa conception de la philosophie, pour mieux saisir la particularité du projet de jeunesse au sein du corpus. Une lecture de certains textes produits en 1882 (*Le gai savoir*) et en 1886 (*Par-delà bien et mal* et les cinq préfaces écrites pour la réédition de ses livres[2]) permet d'identifier les termes de la redéfinition de la philosophie, qui s'opère chez Nietzsche dans les années 1880.

On lit dans la préface rédigée en septembre 1886 pour la réédition du second volume d'*Humain, trop humain* :

> De même qu'un médecin place son malade dans un milieu complètement étranger, pour l'enlever à tout ce qui était son « jusqu'alors », soucis, amis, lettres, devoirs, sottises et tourments de la mémoire, pour lui apprendre à tendre ses mains et ses sens vers une nouvelle nourriture, un nouveau soleil, un nouvel avenir, ainsi, médecin et patient en une seule personne, je m'imposai de force un *climat de l'âme* radicalement différent et vierge, notamment un départ à l'étranger, un voyage en plein inconnu, une curiosité pour toutes les sortes de choses inconnues... Il s'ensuivit une longue errance, à m'enquérir et à changer sans cesse, une répulsion pour toute fixation[3].

Tout en évoquant la coupure intervenue dans la seconde moitié des années 1870, ce passage illustre des dimensions essentielles

---

2. En 1886, Nietzsche entreprend la réédition de certains de ses livres (*La naissance de la tragédie*, les deux volumes d'*Humain, trop humain*, *Le gai savoir* et *Aurore*), auxquels il ajoute de nouvelles préfaces rédigées pour l'occasion. William Schaberg (*The Nietzsche Canon*, ch. 6) a retracé la démarche éditoriale de Nietzsche à cette époque.

3. HTH, vol. 2, préface, § 5, p. 20.

de la pensée de Nietzsche au cours de la décennie suivante : le retrait par rapport au passé, l'importance de l'indépendance, l'attrait de l'errance. Mais aussi, il met en scène le philosophe « médecin et patient en une seule personne ». Trois dimensions de l'activité philosophique telle que Nietzsche la conçoit dès 1882 permettent d'apprécier la distance entre les « *nouveaux philosophes*[4] », qui doivent être médecin de soi, et le philosophe médecin naguère défini par le philologue bâlois : la philosophie est une exégèse du corps du philosophe, elle est sa « confession » et elle se pratique sur les chemins d'une « itinérance ».

La philosophie, exégèse du corps

Dans sa préface à la deuxième édition du *Gai savoir*, Nietzsche écrit que « [l]e travestissement inconscient de besoins physiologiques sous les masques de l'objectivité, de l'idée, de la pure intellectualité, est capable de prendre des proportions effarantes », et il se demande si, « tout compte fait, la philosophie jusqu'alors n'aurait pas été uniquement une exégèse du corps et un *malentendu à propos du corps*[5]. » Cette idée de la philosophie comme expression du corps du philosophe est développée dans *Par-delà bien et mal* et les cinq préfaces de 1886. Ce qu'on peut appeler la « découverte du corps » entraîne, dans ces préfaces, une réinterprétation des origines de l'activité philosophique ainsi que de ses mécanismes et, par suite, une modification de l'objet propre de la philosophie. Si le jeune Nietzsche s'intéressait à la santé du corps collectif[6], dans les années 1880, il se tourne d'abord vers son corps propre : l'objet de la philosophie devient la santé du corps privé.

---

4. PBM, II, § 44, p. 62.
5. GS, préface à la deuxième édition, § 2, p. 23 *sq*.
6. *Cf.* les inachevés de 1872-1873, par ex. PÉTG, § 1. Le philologue de Bâle estime que la philosophie doit s'intéresser à la personnalité des philosophes, mais il n'est pas encore question d'un intérêt pour le corps.

À cet égard, la position des années 1880 apparaît comme une radicalisation de celle des années 1870 : il faut s'intéresser d'abord aux origines « personnelles » d'une philosophie, parce que le corps du philosophe est son point de départ. C'est en ce sens que Nietzsche s'adresse à son lecteur vers la fin du *Gai savoir* : « Votre jugement : "voilà qui est juste" a une préhistoire dans vos impulsions, vos penchants, vos répulsions, vos expériences, vos manques d'expérience : "*Comment* ce jugement a-t-il pu se produire ?" devez-vous vous demander, et ensuite : "*Qu'est-ce qui* me pousse en somme à l'écouter[7] ?" » Nietzsche qualifie donc le nouveau philosophe de « physio-psychologue » : « [D]ésormais la psychologie est redevenue le chemin qui conduit aux problèmes essentiels[8] ». Le nouveau philosophe est toujours un type de médecin, mais il est médecin de soi avant tout. C'est en se tournant vers lui-même qu'il osera « avancer la thèse : en toute activité philosophique il ne s'agissait jusqu'alors absolument pas de trouver la "vérité", mais de quelque chose de tout à fait autre, disons de santé, d'avenir, de croissance, de puissance, de vie... » La philosophie commence par l'auto-examen du philosophe médecin. Sur cette base, Nietzsche propose en 1886 une définition selon laquelle la philosophie serait l'« art de la transfiguration » des « états de santé » « en la forme et en l'horizon les plus spirituels[9] ».

À partir de l'auto-examen qui forme la première étape de son travail, le philosophe peut tirer des conclusions plus générales sur les mécanismes propres de la pensée. On constate en effet que pour Nietzsche, la philosophie ne demeure pas uniquement attachée au corps privé : la transfiguration spirituelle des états corporels implique que la philosophie peut dépasser la seule sphère du corps du philosophe. Nietzsche affirme d'ailleurs dans sa préface au *Gai savoir* : « J'en suis encore à attendre la venue

---

7. GS, IV, § 335, p. 224.
8. PBM, I, § 23, p. 41 *sq*.
9. Les dernières citations proviennent de GS, préface à la deuxième édition, § 2, p. 24, et § 3, p. 24 *sq*.

d'un philosophe *médecin*, au sens exceptionnel de ce terme — et dont la tâche consistera à étudier le problème de la santé globale d'un peuple, d'une époque, d'une race, de l'humanité[10] ». Après son auto-examen, et à la suite de ses conclusions générales quant aux mécanismes de la physio-psychologie, le philosophe peut se tourner vers le corps social. Il le peut — mais le *doit-il* ? Cette question ne peut être tranchée aisément. Il ne fait aucun doute que le philosophe physio-psychologue est d'abord tourné vers son corps propre afin de comprendre l'origine des jugements qu'il pose. Mais ce philosophe qui est médecin de soi doit-il se faire médecin du peuple, de la culture, de la civilisation ? Est-il *tenu* d'étudier le problème de la santé d'un peuple ? Posons la question dans les termes de *Par-delà bien et mal* : le philosophe doit-il nécessairement s'occuper de la « grande politique[11] » ? Cette question trouve difficilement une réponse univoque dans les écrits de Nietzsche, comme le montre une comparaison entre un passage du *Gai savoir* et une section de *Par-delà bien et mal*.

Au premier livre du *Gai savoir*, Nietzsche écrit que la civilisation occidentale, s'il ne fait aucun doute qu'elle est effectivement malade, n'a toutefois pas à être guérie : « L'Europe est une malade qui doit une suprême reconnaissance à son incurabilité et à l'éternelle métamorphose de sa souffrance : ces situations, ces dangers, ces douleurs et ces expédients par leur renouvellement incessant ont fini par provoquer cette irascibilité intellectuelle qui est presque autant que du génie, et en tout cas la mère de tout génie. » Il compare ici l'Europe et la Chine, et conclut à l'utilité des nombreux « insatisfaits » qui garantissent la capacité européenne de changement, de renouvellement et de mouvement. Il

---

10. GS, préface à la deuxième édition, § 2, p. 24.
11. PBM, VI, § 208, p. 127. La grande politique consiste en l'affirmation et le déploiement d'une volonté européenne : elle amènerait le continent européen « à *se forger sa propre volonté*, par le moyen d'une nouvelle caste régnant sur l'Europe » et elle signerait ainsi la « domination universelle » de la nouvelle volonté européenne (p. 127). Ce faisant, la grande politique se dessine comme une solution possible à la « maladie européenne » (p. 126).

applaudit « la fameuse faculté européenne de perpétuelle *métamorphose*[12] ». Selon cette thèse, l'Europe devrait rester malade, car c'est la condition de son incessant renouvellement ainsi que de sa créativité propre. En ce sens, le philosophe n'aurait pas à guérir le corps européen, puisque le déséquilibre en son sein serait constitutif de l'esprit européen et ferait sa force.

Quelques années plus tard, dans le § 61 de la troisième partie de *Par-delà bien et mal*, Nietzsche précise que le philosophe « tel que nous le comprenons, nous esprits libres » est l'homme « de la plus vaste responsabilité, qui se sent responsable de l'évolution totale de l'humanité » et qui pourra se servir des religions « pour son œuvre de sélection et d'éducation, comme il se servira des conditions politiques et économiques existantes ». Mais en même temps, il souligne que « toute politique pratique » comporte une « souillure *nécessaire* » et que la religion, pour les individus de « nature aristocratique qui se consacrent, par leur haute spiritualité, à une vie plus retirée et contemplative et se réservent pour le mode le plus raffiné de domination, en s'entourant de disciples choisis ou de frères de leur ordre », que la religion, donc, peut être pour ces individus « un moyen de se tenir à l'écart du bruit et des tracas de la domination *grossière* » en laquelle consiste la politique. Comme exemple de tels individus, Nietzsche cite les brahmanes qui, « à l'aide d'une organisation religieuse, se donnèrent le pouvoir de nommer des rois pour le peuple, tandis qu'eux-mêmes se tenaient et se sentaient en dehors des contingences, comme des hommes voués à des tâches plus hautes et plus que royales. » De nombreuses idées sont avancées dans ce § 61 : le philosophe devra accomplir une tâche de sélection et d'éducation, et c'est donc lui qui a la plus grande responsabilité envers l'évolution générale de l'être humain ; il pourra utiliser les religions pour accomplir cette tâche ; l'activité politique est grossière et salit nécessairement celui qui s'y adonne ; il existe un type de domination raffinée en marge de la politique,

---

12. Les trois dernières citations proviennent de GS, I, § 24, p. 75.

et l'histoire non occidentale présente l'exemple de certains adeptes d'un mode de vie sectaire et d'une activité contemplative, qui se servirent précisément de leur type d'organisation religieuse pour accomplir une domination raffinée bien supérieure au pouvoir politique. Nietzsche rappelle que le philosophe n'est pas un homme politique ni un homme du commun, issu de « la grande masse ». Pour accomplir sa tâche supérieure, le philosophe, à l'exemple des brahmanes, peut s'entourer de « frères » de son « ordre » et se consacrer à une vie de contemplation, en retrait par rapport à la multitude. Il doit se réserver ainsi pour sa tâche raffinée de sélection et d'éducation du genre humain[13].

Deux conclusions s'imposent alors : le philosophe n'a pas à se soucier de politique, mais il doit s'occuper de la *grande* politique dans la mesure où celle-ci est définie comme la formation d'une volonté européenne propre, « par le moyen d'une nouvelle caste régnant sur l'Europe ». La grande politique serait le remède à la maladie occidentale qui consiste en ce que l'Europe « est lasse de sa volonté à en mourir ». On peut donc résumer ainsi les conclusions tirées par Nietzsche en 1886 : malade, l'Europe souffre d'une « paralysie de la volonté » (« voilà un diagnostic dont je me porte garant[14] », précise-t-il) ; la grande politique est son antidote ; le philosophe est son médecin. Et pourtant, Nietzsche n'écrivait-il pas quelques années plus tôt que l'Europe doit être reconnaissante de son incurabilité[15] ? Ces textes avancent donc les ensembles de thèses suivants : (1) Le philosophe doit être d'abord médecin de soi, après quoi il peut se tourner vers une action plus générale de sa médecine philosophique, sans toutefois s'occuper de politique pratique. (2) L'Europe souffre d'une maladie incurable qui est son bienfait — mais lorsqu'elle est comprise comme « paralysie de la volonté », la maladie européenne demande le remède d'une « grande politique ». (3) C'est

---

13. Toutes les citations de ce paragraphe proviennent de PBM, III, § 61, p. 75 *sq.*
14. Les dernières citations proviennent de PBM, VI, § 208, p. 126 *sq.*
15. *Cf.* GS, I, § 24, p. 75.

au moyen de cette grande politique que le philosophe accomplira sa tâche sélective et éducative pour orienter l'évolution de l'humanité, une tâche qui aboutira à la création d'une nouvelle caste dominante en Europe : cette grande politique marquera l'affirmation de la volonté européenne. La maladie que Nietzsche, en 1882, jugeait incurable pour le bien de l'Europe, est finalement comprise, en 1886, comme devant être guérie par une grande politique, une œuvre pour l'accomplissement de laquelle le philosophe a un rôle essentiel à jouer.

Le philosophe, en somme, ne doit s'occuper de politique que pour autant qu'il s'agisse de la grande politique. Il est d'abord médecin de soi, après quoi il peut — ou *doit*, selon *Par-delà bien et mal* — devenir médecin de la civilisation européenne. Au milieu des années 1880, Nietzsche renoue donc avec son idée de jeunesse d'un philosophe médecin de la civilisation, mais cette fois, la thèse s'appuie sur une modification du lieu de la philosophie. En effet, il ne s'agit plus de faire de la philosophie dans l'agora publique, de mener un combat ouvert dans des pamphlets, de s'associer à de grands projets artistiques et culturels ou de militer activement pour une rénovation des institutions d'enseignement. Le philosophe doit plutôt trouver son « jardin aux grilles dorées » pour y travailler avec les frères de son ordre philosophique à l'œuvre d'éducation qui changera l'humanité occidentale. La pensée de la maturité présente donc une définition de la philosophie selon laquelle celle-ci provient du corps du philosophe, consiste en une exégèse des mécanismes du corps et peut éventuellement mener à une médecine philosophique générale, *mais à partir d'un lieu isolé* réservé à l'activité philosophique, définie en des termes sectaires. Voilà qui réitère le souhait de jeunesse d'une *Bildungs-Sekte* et qui radicalise l'intérêt du jeune Nietzsche pour la personne du philosophe.

La philosophie, confession de son auteur

Dans les premières pages de *Par-delà bien et mal*, où Nietzsche distingue le philosophe du savant, il note qu'il a peu à peu appris « à discerner ce que toute grande philosophie a été jusqu'à ce jour : la confession de son auteur, des sortes de mémoires involontaires et qui n'étaient pas pris pour tels[16] ». Illustrant cette thèse, il souligne deux ans plus tard que bien qu'elles portaient manifestement sur Schopenhauer et sur Wagner, ses troisième et quatrième *Inactuelles* ne parlaient en réalité que de lui-même[17]. Dans *Par-delà bien et mal*, Nietzsche écrit : « Chez un philosophe, [...] rien n'est impersonnel, et sa morale surtout témoigne rigoureusement de *ce qu'il est*, car elle révèle les plus profonds instincts de sa nature et la hiérarchie à laquelle ils obéissent[18]. » La compréhension de la philosophie comme confession de son auteur découle naturellement de la définition de la philosophie comme transfiguration spirituelle des « états de santé » du philosophe[19]. Cette position débouche en outre sur une détermination « personnelle » de la tâche du philosophe, comme on peut le voir dans le cinquième livre (1887) du *Gai savoir* : « C'est une différence des plus considérables si un penseur est personnellement engagé dans ses problèmes au point d'y trouver son destin, sa détresse mais aussi sa chance, ou s'il les aborde de façon "impersonnelle", c'est-à-dire s'il ne sait les toucher et les saisir autrement qu'avec les antennes d'une pensée

---

16. PBM, I, § 6, p. 25.
17. « Maintenant que je revois avec un certain recul toutes les circonstances dont ces écrits portent témoignage, je ne nierai pas qu'au fond, elles ne parlent que de moi » (EH, V [« Les *Inactuelles* »], § 3, p. 148). Quant à son utilisation des figures de Schopenhauer et de Wagner pour parler du « problème d'éducation », Nietzsche précise aussi : « C'est exactement ainsi que Platon s'est servi de Socrate, comme d'une sémiotique pour Platon » (*ibidem*). Sur la quatrième *Inactuelle*, il écrit encore : « [D]ans tous les passages d'une importance psychologique capitale, il n'est question que de moi » (EH, IV [« *Naissance de la tragédie* »], § 4, p. 143).
18. PBM, I, § 6, p. 25 *sq.*
19. *Cf.* GS, préface à la deuxième édition, § 3, p. 24 *sq.*

froide et simplement curieuse. » Une question philosophique doit être consubstantielle au penseur : elle doit être « *sa* détresse, *son* tourment, *sa* volupté, *sa* passion personnelle[20] ».

La préface au second volume d'*Humain, trop humain* développe cette idée d'une « *mission* », d'un « but essentiel » et d'une « responsabilité la plus personnelle[21] » du philosophe. Le chemin vers soi, le chemin *personnel*, est identifié ici à la voie de la mission philosophique : Nietzsche propose une équation entre la personne du philosophe et la mission qu'il poursuit. L'état de maladie est alors compris comme la réponse ou la réaction du corps lorsque l'individu se détourne de lui-même — c'est-à-dire de son corps, de sa voie et de sa mission. Le « convalescent[22] », en contrepartie, est celui qui revient vers soi : avec la convalescence, « c'est notre mission qui nous est rendue[23] ». Nietzsche comprend sa propre crise intellectuelle et physique de 1876-1878 comme le résultat du fait qu'il avait dévié de sa tâche pour se concentrer sur un métier et des activités qui ne lui convenaient pas. Interprétée comme un conflit entre le métier et la vocation, cette situation, comme on l'a montré[24], préoccupait Nietzsche au moins depuis 1871, alors qu'il avait cherché à réconcilier les deux activités antagonistes que sont la pensée philosophique et le travail du savant, au moyen d'une carrière professionnelle en philosophie. À l'égard de l'importante crise des années 1870, la continuité entre le diagnostic que Nietzsche posait alors et l'interprétation qu'il en a faite en rétrospective est frappante.

La conception de la philosophie comme confession de son auteur révèle la mission du penseur ainsi que les obstacles et les déviations qu'il peut avoir rencontrés dans son parcours intellectuel. Toute philosophie comportera une part de confessions, qu'elles soient ouvertement annoncées comme telles ou bien

---

20. Les deux dernières citations proviennent de GS, V, § 345, p. 241.
21. HTH, vol. 2, préface, § 1, p. 16.
22. GS, préface à la deuxième édition, § 4, p. 26.
23. HTH, vol. 2, préface, § 5, p. 21.
24. *Cf. supra*, ch. 11.

cachées sous le texte philosophique. Les écrits de maturité, en effet, abondent en ce sens.

La philosophie itinérante

Dans un passage du *Gai savoir* qui porte sur Shakespeare, Nietzsche note : « L'indépendance de l'âme [...]. Là aucun sacrifice ne saurait être trop grand[25] ». Comme c'était le cas déjà dans les années 1870, il conçoit l'autonomie du penseur comme le gage de son *Unzeitgemäßigkeit* et la condition de la liberté d'esprit. Toujours dans une perspective autoréflexive — et qui participe, en tant que telle, de la philosophie comme confession —, le paragraphe de *Par-delà bien et mal* qui conclut la section sur les esprits libres affirme que ceux-ci sont notamment « pleins de méchanceté à l'égard de la dépendance et de ses appâts cachés dans les honneurs, l'argent, les fonctions ou les entraînements des sens, reconnaissants même envers la détresse et les vicissitudes de la maladie parce qu'elles nous affranchirent toujours de quelque règle et de son "préjugé"[26] ». Poussant à leur terme les idées avancées par Schopenhauer sur l'indépendance de la philosophie, décrites dans l'essai *Contre la philosophie universitaire* qui avait très tôt marqué Nietzsche, celui-ci affirme que le philosophe doit voyager, se déplacer, errer, éviter les situations de dépendance, d'enracinement et de souci pour ce qu'on peut appeler les « exigences du jour » et les écrits de circonstance que celles-ci invitent. Sans nationalité depuis avril 1869, Nietzsche, dès la fin de sa carrière universitaire, fait de la philosophie en errant sur les chemins d'Europe : il devient un philosophe « itinérant[27] », réalisant le destin que Rohde craignait au début des années 1870. Nietzsche écrit entre des déplacements incessants,

---

25. GS, II, § 98, p. 121. Au § 99, Nietzsche cite un extrait du *Werther* de Goethe : « [N]e suis d'autre que toi-même ! toi-même ! », ainsi qu'une phrase du § 11 de la quatrième *Inactuelle* : « [Q]uiconque se veut libre doit le devenir par soi-même » (p. 125).

26. PBM, II, § 44, p. 61.

27. Lettre de Rohde à Nietzsche du 6 mai 1872, *in* QANT, p. 75.

et il nomme d'ailleurs ses ouvrages du début des années 1880 (*Aurore* et *Le gai savoir*) ses « livres de voyage[28] ».

L'indépendance, l'inactualité et l'errance qu'elles entraînent sont nécessaires pour l'esprit libre, mais l'isolement l'est aussi souvent. L'isolement, en fait, est corrélatif à l'itinérance : celui qui erre finit par être solitaire dans ses déplacements, et lors de ses escales, il se retrouve souvent seul esprit libre parmi ses contemporains, seul inactuel parmi d'autres esprits bien *zeitgemäß*. Le discours du philosophe, en plus d'être une exégèse de son corps et, comme tel, une confession, se présente alors comme une « parole solitaire[29] ». Après son départ de l'Université de Bâle, d'ailleurs, Nietzsche, malgré qu'il soit devenu un écrivain à temps plein, n'est plus un personnage public. Il ne donne plus de cours ni de conférences, et ses livres se vendent peu et pour la plupart ils ne sont publiés qu'à compte d'auteur[30], l'un étant même diffusé uniquement en tirage privé[31]. Mais cet auteur qui n'a pas de lectorat travaille néanmoins à assurer la publicité et la diffusion de ses œuvres, en préparant des préfaces pour leur réédition et en publiant des annonces pour s'attirer des lecteurs[32]. Au cours des années 1880 et jusqu'en 1888, Nietzsche, en

---

28. HTH, vol. 2, préface, § 6, p. 21.
29. HTH, vol. 2, préface, § 1, p. 16.
30. *Cf.* Schaberg, *The Nietzsche Canon*, qui résume les démarches entreprises par Nietzsche pour prévoir, contrôler et payer lui-même la publication de la majorité de ses livres dans les années 1880 — stratégies vouées à l'échec dans l'immédiat, dans la mesure où ses œuvres ne se vendent pas et demeurent dans l'entrepôt de son imprimeur.
31. La quatrième et dernière partie d'*Ainsi parlait Zarathoustra* a été imprimée en tirage privé à quarante exemplaires pour les amis et les proches de Nietzsche, en avril 1885. Elle n'a été publiée qu'en 1892 (*cf.* Krummel, *Nietzsche und der deutsche Geist*, vol. 1, B [éd. 1974], p. 108).
32. *Cf.* par exemple Nietzsche, « Idyllen aus Messina », poèmes parus dans la *Schmeitzner's internationale Monatsschrift* en 1882, et ajoutés au *Gai savoir* pour sa réédition en 1887 ; et « Von der weiblichen Keuschheit », extrait du *Gai savoir* inséré en guise de publicité dans la *Gesellschaft. Realistische Wochenschrift für Litteratur, Kunst und öffentlisches Leben* de Munich en 1885 (au bas de la p. 96, on peut lire cet encart publicitaire : « *Zur Besprechung! Aus "Die fröhliche Wissenschaft." Chemnitz, E. Schmeitzner. Preiss 6 M.* »).

bref, ne fait à peu près plus parler de lui dans le monde germanophone, mais il écrit, encore et toujours, et cette fois *il termine et il publie ses livres.*

L'itinérance du philosophe est le moyen d'un isolement et le garant de l'inactualité comme de la véritable indépendance de l'esprit. Elle marque le parcours ascétique pour la construction et la création de soi, que Nietzsche décrit dans les années 1880 alors qu'il précise justement, vers la fin du *Gai savoir*, l'orientation nouvelle de sa philosophie : « Nous voulons être nous-mêmes nos propres expérimentations, nos propres sujets d'expérimentation[33]. »

Les nouveaux philosophes

Exégèse du corps, confession de son auteur, itinérance et *unzeitgemäß* : la philosophie qui se dessine dans les années 1880 exige véritablement de « *nouveaux* philosophes[34] ». Esprits libres, ces philosophes errants seront médecins d'eux-mêmes, puisqu'ils seront tournés avant tout vers un nouvel objet philosophique : le *soi* d'où origine toute pensée. Cette conception opère une continuation, une radicalisation et une réorientation de certaines caractéristiques de la philosophie développée par Nietzsche à Bâle. Dans la première moitié des années 1870, le philosophe, de pair avec l'artiste, procède à une *Kulturkritik* pour la rénovation de la civilisation allemande, alors que le médecin physio-psychologue des années 1880 délaisse la critique culturelle, trop « actuelle », et se tourne d'abord vers son propre corps avant de se vouer à l'éducation d'une nouvelle caste européenne. À Bâle, l'étude d'un texte philosophique examine la personnalité de son auteur comme expression de questions existentielles et comme témoignage quant à un mode de vie, alors que la radicalisation de cette position dans les années 1880 amène Nietzsche à comprendre que rien n'est impersonnel dans ses idées. Le philosophe des

---

33. GS, IV, § 319, p. 215.
34. PBM, II, § 44, p. 62.

années 1870 recherche ses semblables pour établir une communauté de pensée selon l'idée d'une *Bildungs-Sekte*, alors que celui des années 1880 a compris que l'errance et l'isolement forment la dure réalité de la vie philosophique. N'ayant pas encore consommé la découverte philosophique du corps ni défini la philosophie comme une confession de son auteur, le jeune Nietzsche, en accord avec le pessimisme schopenhauerien, affirme que le savoir fondamental est exprimé par Silène (les êtres humains sont des « enfants du hasard » qui ne peuvent qu'espérer « mourir sous peu[35] ») et que l'action de la philosophie, en harmonie avec la « passion de la vérité » qui anime le penseur, vise à détacher l'être humain de l'illusion[36]. Le penseur est alors un médecin de la civilisation mu par la conviction que la philosophie est un « combat » dans le cadre d'un « mouvement culturel[37] » qui doit être généralisé. Dans les années 1870, la philosophie chez Nietzsche est une *Kulturkritik*. Le « moqueur universitaire[38] » commet des « attentats[39] » de critique culturelle, puisqu'« [i]l est nécessaire de choquer[40] »

---

35. NT, § 3, p. 36. Se faisant stoïcien, Nietzsche répète au livre IV du *Gai savoir* que la mort est l'unique certitude de l'être humain (§ 278).

36. L'une des *Cinq préfaces* dédiées à C. Wagner en 1872 résume cette perspective : « Tel serait le destin de l'homme, s'il n'était précisément qu'un animal connaissant ; la vérité le pousserait au désespoir et à l'anéantissement : la vérité de sa condition d'éternel condamné à la non-vérité. Mais l'homme se contente de sa seule foi dans la vérité accessible, dans l'illusion toute proche qui lui inspire une confiance absolue. Ne vit-il pas au fond *grâce à* la perpétuelle illusion qu'il subit ? La nature ne lui dissimule-t-elle pas la plupart des choses, et surtout les plus proches, comme son propre corps, dont il n'a qu'une "conscience" fantasmagorique ? Il est prisonnier de cette conscience, et la nature a jeté la clef. [...] "Laissez-le attaché", crie l'*art*. "Réveillez-le", crie le philosophe, dans sa passion pour la vérité » (« La passion de la vérité », *in* CP, p. 175).

37. Lettre n° 197 à Gersdorff du 4 février 1872, *in* COR, vol. 2, p. 260.

38. Nietzsche signe sa lettre à Rohde du 30 avril 1872 « *irrisor academicus* » (*in* COR, vol. 2, p. 285).

39. La section d'*Ecce homo* qui porte sur les *Inactuelles* les décrit comme « quatre attentats » (EH, V [« Les *Inactuelles* »], § 2, p. 146).

40. Lettre n° 60 à Deussen de février 1870, *in* COR, vol. 2, p. 95 ; Nietzsche évoque ici ses conférences données à Bâle sur la tragédie grecque (« Socrate et la tragédie », « Le drame musical grec » et « La vision dionysiaque du monde »).

pour qu'arrive « l'époque que nous désirons[41] », comme le disait Rohde.

Dans les livres des années 1880, le philosophe est plutôt d'abord médecin et patient de lui-même. Seulement après cet auto-examen physio-psychologique peut-il se tourner vers des corps étrangers. Nietzsche lance ainsi un appel à une philosophie renouvelée, mais il conserve une indétermination de son *lieu* propre et donc de l'*objectif* qu'elle doit poursuivre, entre, d'un côté, la guérison de « la maladie européenne[42] » par la sélection du type humain de l'avenir, et de l'autre, la connaissance de soi et la tâche de « devenir soi » par-delà les bruits et les maux du monde moderne. La philosophie comme thérapie du corps social ou comme exégèse du corps privé : deux modèles sont avancés, et il semble que le philosophe de l'avenir doit lui-même décider s'il passera de la méditation à la domination — si l'injonction delphique (selon le modèle héraclitéen) donnera lieu à la réforme politique (selon le modèle platonicien)[43].

Quelques remarques s'imposent ici pour préciser le degré de continuité dans la conception nietzschéenne de la philosophie de 1869 à 1889. Si l'isolement du philosophe semble à peu près complet en pratique dans les années 1880, il est toutefois relatif en théorie : Nietzsche maintient en effet l'idéal d'une communauté séculière vouée aux idées, qui se rapproche de cette *Bildungs-Sekte* dont il parlait dans sa correspondance bâloise. L'auteur de

---

41. Lettre de Rohde à Nietzsche du 12 janvier 1873, *in* QANT, p. 239.
42. PBM, IV, § 208, p. 126.
43. Sur le modèle héraclitéen, *cf.* « La passion de la vérité », *in* CP, p. 174 ; sur le modèle platonicien, *cf.* le cours de l'hiver 1871-1872, qui considère Platon « comme un activiste politique, qui veut changer entièrement le monde et qui est, *entre autres choses*, et encore en vue de cette fin, un écrivain » (*Introduction à la lecture des dialogues de Platon*, introduction, p. 7). Ce passage montre la continuité, chez Nietzsche, entre la posture méthodologique à partir de laquelle il aborde les auteurs philosophiques dans les années 1870 (« Il faut considérer la *mission de législateur* de Platon comme le point central du vouloir platonicien » ; § 2, p. 22) et la question directrice qu'il propose pour la psycho-philosophie développée dans les années 1880, à savoir que pour comprendre la pensée d'un philosophe, il faut demander « que *veut*-il ? »

Par-delà bien et mal appelle les nouveaux philosophes à vivre dans la solitude dont ils sont amis, mais il précise que le moment venu, ils doivent pouvoir se retrouver ensemble dans un « jardin aux grilles dorées[44] » ou, comme le dit *Le gai savoir*, dans de nouveaux lieux de méditation[45]. Parmi les continuités qui caractérisent sa pensée, il demeure cette ambiguïté entre sa recherche de lieux de méditation retirés et solitaires[46] — propices au souci de soi, à la vie philosophique et à l'interrogation généalogique sur les conditions favorisant l'essor de la vie humaine — et son appel à l'action adressé aux nouveaux philosophes. Comment concilier le dessein d'une grande politique et la recherche d'un jardin ? Le conflit entre les activités critiques du médecin de la civilisation et le désir d'une *Bildungs-Sekte* semble avoir été reconduit dans les préoccupations du penseur itinérant des années 1880. La tension entre un désir de *domination* (orientée vers un programme d'éducation de l'Européen) et un désir de *méditation* (tournée vers l'idéal d'un retrait du monde) est permanente[47]. L'étude des écrits de la période bâloise montre que ce conflit, manifeste par exemple dans *Par-delà bien et mal*, informait déjà sa pensée dans les années 1870, alors que sa définition de la philosophie explorait des voies parfois antagonistes. La pensée de Nietzsche paraît ainsi marquée par la tension que cause l'alternative irrésolue entre une philosophie esthétique tournée vers la contemplation et une philosophie pratique tournée vers l'action.

Une autre continuité est manifeste quant au rapport du penseur à la vérité. *Par-delà bien et mal* — qui se veut, comme l'indique son sous-titre, le *Prélude d'une philosophie de l'avenir*

---

44. PBM, II, § 25, p. 44.
45. *Cf.* GS, IV, § 280, p. 192. Cet idéal d'une communauté privée pour les philosophes semble finalement plus atteignable à Nietzsche dans les années 1870 que dans les années 1880.
46. *Cf.* le § 280 du *Gai savoir*, intitulé « Architecture des contemplatifs ».
47. Sur le programme d'éducation et de sélection, *cf.* PBM, V, § 203 ; sur l'idéal de retrait du monde, *cf.* PBM, II, § 25.

— reprend les thèses de jeunesse sur la vérité et le mensonge. Le philosophe est « prédestiné à voir et non à croire[48] » : il doit percer les mythologies et les illusions, d'où le fait que le danger est son « élément ». Une bonne part de ce que disent et taisent les nouveaux philosophes les « situe à l'*autre* bout de toute l'idéologie moderne[49] et de ses aspirations grégaires[50] » : ils sont des « antipodes » de la modernité et doivent porter un « masque[51] » au besoin. Ils savent que la vérité n'est pas pour tous, « car il appartient à leur nature de *vouloir* rester des énigmes sur quelques points[52] ». Ils seront des « philosophes du dangereux[53] ». L'idée que la vérité et son corollaire, le désir de connaissance, sont fondamentalement nocifs pour l'être humain est donc au centre des positions de Nietzsche dans les années 1870 comme dans les années 1880. Il affine cette idée au livre III du *Gai savoir*, lorsqu'il précise que ce qui se déroule de plus fondamental en l'être humain est le combat entre le désir de vérité (ou de connaissance) et le besoin d'erreurs (ou d'illusions) nécessaires à la vie. Or, ce combat se livre chez un type d'homme en particulier :

> Le penseur : c'est maintenant l'être dans lequel l'aspiration impulsive à la vérité et ces erreurs conservatrices de la vie livrent leur premier combat, après que l'aspiration à la vérité s'est *révélée* à son tour comme puissance conservatrice de la vie. Relativement à la gravité de cette lutte tout le reste est indifférent : la question dernière quant à la condition de la vie est posée ici, et la première tentative faite pour répondre à cette question par l'expérience.

---

48. PBM, IV, § 112, p. 86.
49. L'illustration en est donnée au § 22 de *Par-delà bien et mal* : « "Égalité universelle devant la loi" [...] *"Ni Dieu ni maître"*, tel est votre vœu, [...] et c'est pourquoi "vive la loi naturelle" — n'est-ce pas ? Mais, je le répète, c'est là une interprétation, non un texte » (p. 40).
50. PBM, II, § 44, p. 61. Nietzsche poursuit : « Quoi d'étonnant que nous, les esprits libres, nous ne soyons pas des plus communicatifs ? »
51. Les deux dernières citations proviennent de PBM, II, § 44, p. 61, et § 25, p. 44.
52. PBM, II, § 42, p. 59. *Cf.* aussi le § 43 : « Leur orgueil autant que leur goût s'insurgera à l'idée que leur vérité doive être une vérité pour tous » (p. 59).
53. PBM, I, § 2, p. 23.

Dans quelle mesure la vérité supporte-t-elle l'assimilation ? — Voilà la question, voilà l'expérience à faire[54].

S'il y a un danger propre à la vie philosophique, c'est donc parce que *le philosophe doit faire cette expérience radicale en lui-même*, en raison du fait qu'il doit être lui-même l'objet de ses expérimentations, comme le dit le § 319 du *Gai savoir*.

La vie philosophique comme vie de danger, le philosophe comme un être de combat[55] : dans les années 1870 et 1880, l'idée de lutte est consubstantielle à la représentation nietzschéenne de la philosophie — à cette différence près que le penseur des années 1870 est publiquement au combat, alors que celui des années 1880 est plutôt d'abord lui-même le théâtre d'un combat. Dans les deux cas (en 1872 dans *La naissance de la tragédie* et encore dix ans plus tard dans *Le gai savoir*), un danger menace directement le philosophe, dans la mesure où la vérité présente un risque pour l'existence humaine. En 1882, la « question dernière quant à la condition de la vie[56] » revient pour Nietzsche à demander : peut-on posséder la vérité ? Ou dit autrement : l'assimilation de la vérité permet-elle de conserver la vie ou est-elle destructrice ? Sa réponse est négative, comme elle l'était déjà en 1872. Les deux positions possibles par rapport à la vérité sont donc la vie au sein des erreurs fondamentales (les illusions qui conservent la vie) ou la vie de combat entre l'erreur et le désir de vérité. La première position est celle de la majorité, la seconde, celle du philosophe. Tourné vers lui-même, s'il est conséquent et animé d'une profonde probité intellectuelle, le penseur ne peut qu'incarner cette tension, car il connaît l'impossibilité de vivre dans la pure vérité si celle-ci est nocive pour l'existence humaine. Seule une vie de tension est possible pour lui. Cette position fait écho à la définition, donnée par Nietzsche dans ses notes du

---

54. GS, III, § 110, p. 140 *sq*.
55. « Je suis belliqueux de nature. L'agression fait partie de mes instincts » (EH, I [« Pourquoi je suis si sage »], § 7, p. 108).
56. GS, III, § 110, p. 140.

début des années 1870, de la philosophie comme recherche d'équilibre précaire entre des pulsions divergentes[57]. Dans *Le gai savoir*, il écrit même que le penseur est « la première tentative faite pour répondre à cette question [sur le conflit entre erreur et vérité] par l'expérience[58] ». *L'existence du philosophe est en elle-même l'expérience pour déterminer les conditions de possibilité de la vie humaine* : elle renvoie ainsi à la question philosophique fondamentale — tout comme celle-ci ne peut que ramener le philosophe à lui-même.

Philosopher

Les écrits du jeune Nietzsche produisent l'effet d'une interrogation constante sur ce qu'est la philosophie et sur ce que peut être la tâche du philosophe, plus précisément dans un contexte de construction nationale. L'étude de la pensée de Nietzsche à Bâle ne peut passer à côté de ces questions fondamentales, et comme les essais des années 1880 proposent des réponses à ces interrogations, il faut comprendre sa pensée de jeunesse afin de pouvoir interpréter ses textes plus tardifs. Dans ceux-ci, Nietzsche défend encore une conception pratique de la philosophie : elle est une activité qui répond à l'injonction delphique et qui détermine ainsi un certain mode de vie. Elle est une posture radicale qui ramène le penseur à lui-même et qui l'invite à trouver les conditions d'une existence en accord avec sa nature. Celui qui n'effectue pas ce travail de pensée de soi, sur soi et pour soi, ne peut, selon Nietzsche, être qualifié de véritable philosophe.

Le projet philosophique du jeune Nietzsche présente l'image d'une pensée en dialogue ininterrompu avec des auteurs contemporains et classiques. Le repérage des sources de sa pensée et la connaissance des contextes dans lesquels elle s'est développée contribuent à démonter le mythe du génie, qui gêne plutôt qu'il

---

57. *Cf.* les fragments posthumes 19, de l'été 1872-début 1873.
58. GS, III, § 110, p. 140 *sq.*

n'aide l'investigation philosophique des textes. Le philosophe trop souvent qualifié de « prophète » redevient ainsi un penseur en dialogue avec son milieu et avec son temps, s'inspirant de ses lectures et de ses interlocuteurs.

Dans son essai « Qu'est-ce qu'un auteur ? », Foucault soulignait qu'il est impossible de décider en toute honnêteté intellectuelle de faire abstraction de la question de l'auteur pour ne s'intéresser qu'à l'œuvre. À la suite de Nietzsche lui-même, Foucault rappelait ainsi qu'il est important, en philosophie, de demander *qui* est l'auteur que l'on étudie. Une pensée, en effet, se développe chez un individu précis qui s'insère dans un contexte intellectuel et social particulier et qui se réfère aux œuvres de certaines traditions déterminées. Dans son cours d'*Introduction à la lecture des dialogues de Platon*, Nietzsche précisait l'importance de retrouver « l'*homme* Platon » avant de chercher à synthétiser la pensée platonicienne, afin de mieux poser la question directrice de l'investigation philosophique : que *veut* le philosophe[59] ? Autrement dit, Nietzsche comprenait la philosophie comme un projet de son auteur. Une investigation philosophique peut à juste titre chercher à cerner la philosophie nietzschéenne « comme expression de l'homme Nietzsche »[60].

En ce sens, l'étude de la première philosophie de Nietzsche participe d'une réflexion sur la méthode en philosophie. Nietzsche rappelle que cette activité ne se limite pas à l'étude professionnelle et savante des textes de la tradition. Comme les anciens Grecs, il précise l'importance de la philosophie comme une activité ou, autrement dit, comme une pratique. Il souligne dans *Le gai savoir* que « ce qui manque avant tout à nos grandes villes », ce

---

59. *Introduction à la lecture des dialogues de Platon*, introduction, p. 7. *Cf.* aussi la 1re partie, VII : « Il faut considérer la *mission de législateur* de Platon comme le point central du vouloir platonicien. Il se place dans la lignée des Solon, Lykurgue, etc. Tout ce qu'il fait, il le fait dans ce but » (p. 22).

60. Le deuxième chapitre du cours de 1871-1872 s'intitule « La philosophie de Platon comme expression de l'homme Platon » (*Introduction à la lecture des dialogues de Platon*, p. 35).

sont « des lieux de silence, spacieux et fort étendus, destinés à la méditation [...] : des édifices et des jardins qui dans leur ensemble exprimeraient la sublimité de la réflexion[61] ». Il remarque la rareté des *lieux philosophiques*, des endroits qui sachent montrer que la philosophie est un « faire » de la pensée, une action personnelle et, ainsi, une réflexion constamment à reprendre.

Mais Nietzsche a laissé une question ouverte : la philosophie comme pratique doit-elle être une activité sociale ou solitaire ? En ce sens, on a montré dans cet ouvrage deux échecs de Nietzsche : son incapacité à former un cercle philosophique et son incapacité à trancher entre une orientation purement privée et méditative ou une orientation éventuellement publique de la philosophie. Nietzsche a ainsi suggéré qu'elle était peut-être à jamais tendue entre activité privée et expression publique. Il a en outre souligné le danger de sa pleine expression publique, ne serait-ce qu'en rappelant les penseurs à la modestie : « [V]ous n'ignorez pas que jusqu'ici aucun philosophe n'a eu le dernier mot[62] ». Voilà précisément ce sur quoi nous laisse la pensée nietzschéenne : la philosophie est toujours en train de se faire, elle ne peut jamais être achevée. Son effort ou son action sont toujours à poursuivre, dans un dialogue avec la tradition. Cette conception de la philosophie présente donc une ouverture : un travail à reprendre sans cesse à nouveaux frais — une forme de méditation qui, en ramenant la personne qui médite à elle-même, renvoie du même geste à l'universalité de la réflexion. Et voilà certainement ce que peut être la philosophie dans son acception la plus générale, mais aussi la plus fondamentale.

---

61. GS, IV, § 280, p. 192.
62. PBM, II, § 25, p. 44.

BIBLIOGRAPHIE

1. Œuvres de Friedrich Nietzsche

Éditions allemandes

Édition critique

Nietzsche und Wagner. Stationen einer epochalen Begegnung, D. Borchmeyer et J. Salaquarda (dir.), Colli et Montinari (dir.) pour la correspondance, Francfort/Leipzig, Insel, 2 vol., 1994.

Sämtliche Briefe. Kritische Studienausgabe, G. Colli et M. Montinari (dir.), Berlin, de Gruyter/DTV, 8 vol., 2003.

Werke. Kritische Gesamtausgabe, G. Colli et M. Montinari (dir.), vol. 1, partie 2 : *Philologica. Philologische Schriften (1867-1873)*, F. Bornmann et M. Carpitella (dir.), Berlin/New York, de Gruyter, 1982.

Werke. Kritische Studienausgabe, G. Colli et M. Montinari (dir.), Berlin, de Gruyter/DTV, 15 vol., 1999.

Édition Becksche

Friedrich Nietzsche, Werke und Briefe, Historische-kritische Gesamtausgabe, H.-J. Mette et K. Schlechta (dir.), Munich, C. H. Becksche Verlagsbuchhandlung, 5 vol., 1934.

Édition Schlechta

Werke in drei Bänden, K. Schlechta (dir.), Munich, Carl Hanser, 1956. Éd. sur CD-ROM, Berlin, Directmedia, coll. Digitale Bibliothek, 2000.

Édition Kröner

Nietzsches Werke, Kleinoktavausgabe, Leipzig, Kröner, 19 vol., 1913.

Autre

« Idyllen aus Messina », *Schmeitzner's internationale Monatsschrift. Zeitschrift für allgemeine und nationale Kultur und deren Litteratur* (Chemnitz), vol. 4, n° 19, p. 269-275.

« Von der weiblichen Keuschheit », *Die Gesellschaft. Realistische Wochenschrift für Litteratur, Kunst und öffentliches Leben* (Munich), vol. 1, n° 5, 1885, p. 96.

Traductions françaises utilisées

Années d'enfance et d'études

1856-1869. *Écrits autobiographiques 1856-1869*, Schlechta (dir.), trad. M. Crépon et M. Marcuzzi, Paris, PUF, coll. Épiméthée, 1994.

1858-1864. *Premiers écrits. Le monde te prend tel que tu te donnes*, Becksche (dir.), trad. J.-L. Backès, Paris, Le cherche midi, rééd. L.G.F., coll. Livre de poche, 2002.

1862. « Fatum et histoire. Pensées », Becksche (dir.), trad. M. Marcuzzi, *in* NIETZSCHE, *Écrits autobiographiques 1856-1869, op. cit.*, p. 189-194.

Années d'enseignement : 1869-1879

1869. « Sur la personnalité d'Homère », *in* NIETZSCHE, *Sur la personnalité d'Homère*, suivi de *Nous autres philologues*, trad. G. Fillion, prés. C. Molinier, Nantes, Le Passeur – Cecofop, 1992, p. 11-41.

1870. « Le drame musical grec », trad. J.-L. Backès, *in* NIETZSCHE, *La naissance de la tragédie*, Colli et Montinari (dir.), trad. M. Haar, P. Lacoue-Labarthe et J.-L. Nancy, Paris, Gallimard, coll. Folio, 1986, p. 261-274.

—. « Socrate et la tragédie », trad. J.-L. Backès, *in* NIETZSCHE, *La naissance de la tragédie, op. cit.*, p. 275-288.

—. « Introduction aux leçons sur l'*Œdipe-Roi* de Sophocle. Introduction à l'histoire de la tragédie grecque », *in* NIETZSCHE, *Introduction aux leçons sur l'Œdipe-Roi de Sophocle*, suivi de *Introduction aux études de philologie classique*, Kröner (dir.), (Philologica, vol. 17), trad. F. Dastur et M. Haar, intr. M. Haar, Fougères, Encre marine, 1994, p. 13-82.

1871. « Introduction aux études de philologie classique », *in* NIETZSCHE, *Introduction aux leçons sur l'Œdipe-Roi de Sophocle*, suivi de *Introduction aux études de philologie classique, op. cit.*, p. 85-132.

1871-1872. « Cinq préfaces à cinq livres qui n'ont pas été écrits », trad. M. Haar et M. B. de Launay, *in* NIETZSCHE, *La philosophie à l'époque tragique des Grecs*, Colli et Montinari (dir.), trad. J.-L. Backès, M. Haar et M. B. de Launay, Paris, Gallimard, coll. Folio, 1990. Contient : « La passion de la vérité », p. 171-176 ; « Réflexions sur l'avenir de nos établissements d'enseignement », p. 177-179 ; « L'État chez les Grecs », p. 180-191 ; « Le rapport de la philosophie de Schopenhauer à une culture allemande », p. 192-195 ; « La joute chez Homère », p. 196-204.

1871-1872, 1873-1874, 1876. *Introduction à la lecture des dialogues de Platon*, Kröner (dir.), (vol. 19 : Philologica III), trad. O. Berrichon-Sedeyn, Combas, Éditions de l'Éclat, 1998.

1872. *La naissance de la tragédie*, Colli et Montinari (dir.), trad. P. Lacoue-Labarthe, *in* NIETZSCHE, *La naissance de la tragédie, op. cit.*, p. 9-142.

—. « Sur l'avenir de nos établissements d'enseignement », *in* NIETZSCHE, *La philosophie à l'époque tragique des Grecs, op. cit.*, p. 75-166.

1872-1873. *Les philosophes préplatoniciens*, suivi de *Les* διαδοχαί *des philosophes*, P. D'Iorio (dir.), (d'après les manuscrits), trad. N. Ferrand, Combas, Éditions de l'Éclat, coll. Polemos, 1994.

—. « Rhétorique et langage » (cours de l'hiver 1872-1873, suivi de fragments des années 1861-1875), trad. et prés. P. Lacoue-Labarthe et J.-L. Nancy, *Poétique. Revue de théorie et d'analyse littéraires*, vol. 2, n⁰ 5, 1971, p. 99-142.

1872-1875. *Le livre du philosophe. Études théorétiques*, Kröner (dir.), (vol. 10 : *Theoretische Studien*), trad. A. Kremer-Marietti, Paris, Flammarion, coll. GF, 1991.

1873. « Un mot de Nouvel An au rédacteur de l'hebdomadaire *Im neuen Reich* », trad. M. Haar et M. B. de Launay, *in* NIETZSCHE, *Œuvres philosophiques complètes*, vol. 1, partie 2 (1870-1873), Colli et Montinari (dir.), Paris, Gallimard, p. 201-205.

—. « La philosophie à l'époque tragique des Grecs », trad. M. Haar et M. B. de Launay, *in* NIETZSCHE, *La philosophie à l'époque tragique des Grecs, op. cit.*, p. 7-73.

—. « David Strauss, l'apôtre et l'écrivain » [1re *Considération inactuelle*], *in* NIETZSCHE, *Considérations inactuelles I et II*, Colli et Montinari (dir.), trad. P. Rusch, Paris, Gallimard, coll. Folio, 2001, p. 17-89.

—. « Vérité et mensonge au sens extra-moral », trad. M. Haar et M. B. de Launay, *in* NIETZSCHE, *La philosophie à l'époque tragique des Grecs, op. cit.*, p. 205-220.

—. « Appel aux allemands », trad. M. Haar et M. B. de Launay, *in* NIETZSCHE, *Œuvres philosophiques complètes*, vol. 1, partie 2 (1870-1873), *op. cit.*, p. 291-296.

1874. « De l'utilité et des inconvénients de l'histoire pour la vie » [2e *Considération inactuelle*], *in* NIETZSCHE, *Considérations inactuelles I et II, op. cit.*, p. 91-169.

—. « Schopenhauer éducateur » [3e *Considération inactuelle*], trad. H.-A. Baatsch, *in* NIETZSCHE, *Considérations inactuelles III et IV*, Colli et Montinari (dir.), trad. H.-A. Baatsch *et al.*, Paris, Gallimard, coll. Folio, 2001, p. 15-96.

1875. « Nous autres philologues », *in* NIETZSCHE, *Sur la personnalité d'Homère*, suivi de *Nous autres philologues, op. cit.*, p. 43-58.

1876. « Richard Wagner à Bayreuth » [4ᵉ *Considération inactuelle*], trad. P. David, *in* NIETZSCHE, *Considérations inactuelles III et IV, op. cit.*, p. 97-167.

1878. *Humain, trop humain. Un livre pour esprits libres*, vol. 1, Colli et Montinari (dir.), trad. R. Rovini revue par M. B. de Launay, Paris, Gallimard, coll. Folio, 1998.

1879. « Opinions et sentences mêlées » [1ᵉʳ supplément], *in* NIETZSCHE, *Humain, trop humain. Un livre pour esprits libres*, vol. 2, Colli et Montinari (dir.), trad. R. Rovini revue par M. B. de Launay, Paris, Gallimard, coll. Folio, 1991, p. 15-167.

—. « Le voyageur et son ombre » [2ᵉ supplément], *in* NIETZSCHE, *Humain, trop humain*, vol. 2, *op. cit.*, p. 169-324.

Années d'itinérance : 1880-1888

1881. *Aurore. Pensées sur les préjugés moraux*, Colli et Montinari (dir.), trad. J. Hervier, Paris, Gallimard, coll. Folio, 1989.

1882. *Le gai savoir (« la gaya scienza »)* [livres I-IV], Colli et Montinari (dir.), trad. P. Klossowski revue par M. B. de Launay, Paris, Gallimard, coll. Folio, 1997, p. 29-233.

1886. *Par-delà bien et mal. Prélude d'une philosophie de l'avenir*, Colli et Montinari (dir.), trad. C. Heim, Paris, Gallimard, coll. Folio, 1996.

—. « Essai d'autocritique » [préface à la 2ᵉ éd.], trad. P. Lacoue-Labarthe, *in* NIETZSCHE, *La naissance de la tragédie, op. cit.*, p. 11-21.

—. « Préface » [à la 2ᵉ éd.], *in* NIETZSCHE, *Humain, trop humain*, vol. 2, *op. cit.*, p. 15-22.

—. « Préface à la deuxième édition », *in* NIETZSCHE, *Le gai savoir, op. cit.*, p. 21-27.

—. « Avant-propos » [à la 2ᵉ éd.], *in* NIETZSCHE, *Aurore, op. cit.*, p. 11-18.

1887. « Nous autres hommes sans crainte » [5ᵉ livre ajouté à la 2ᵉ éd. du *Gai savoir*], *in* NIETZSCHE, *Le gai savoir, op. cit.*, p. 235-293.

1888. *Ecce homo. Comment on devient ce que l'on est*, *in* NIETZSCHE, *L'Antéchrist*, suivi de *Ecce homo*, Colli et Montinari (dir.), trad. J.-C. Hémery, Paris, Gallimard, coll. Folio, 1990, p. 91-195.

—. *Le cas Wagner*, trad. et intr. É. Blondel, suivi de : *Crépuscule des idoles*, trad. et intr. P. Wotling, Paris, Flammarion, coll. GF, 2005.

Correspondance

1850-1879. *Correspondance*, G. Colli et M. Montinari (dir.), trad. J. Bréjoux, M. de Gandillac et J. Lacoste, Paris, Gallimard, 3 vol., 1986-2008.

Fragments posthumes

1869-1872. « Fragments posthumes », trad. M. Haar et J.-L. Nancy, *in* NIETZSCHE, *Œuvres philosophiques complètes*, vol. 1, partie 1, Colli et Montinari (dir.), trad. M. Haar, P. Lacoue-Labarthe et J.-L. Nancy, Paris, Gallimard, 1977, p. 157-476.

1872-1874. « Fragments posthumes », *in* NIETZSCHE, *Œuvres philosophiques complètes*, vol. 2, partie 1, Colli et Montinari (dir.), trad. P. Rusch, Paris, Gallimard, 1990, p. 171-475.

1874-1876. « Fragments posthumes », *in* NIETZSCHE, *Œuvres philosophiques complètes*, vol. 2, partie 2, Colli et Montinari (dir.), trad. H.-A. Baatsch *et al.*, Paris, Gallimard, 1988, p. 171-507.

1879-1880. *Œuvres philosophiques complètes: Aurore. Pensées sur les préjugés moraux*, suivi de *Fragments posthumes (1879-1880)*, Colli et Montinari (dir.), trad. J. Hervier, Paris, Gallimard, 1970.

1887-1888. *Fragments posthumes automne 1887-mars 1888*, Colli et Montinari (dir.), trad. P. Klossowski et H.-A. Baatsch, Paris, Gallimard, 1976.

2. Études nietzschéennes

Littérature biographique

ANDLER, Charles, *Nietzsche. Sa vie et sa pensée*, Paris, Gallimard, coll. Bibliothèque de philosophie, 3 vol., 1958 (vol. 1: 1920-1921; vol. 2: 1921-1922, 1928; vol. 3: 1931).

COLLI, G. et M. MONTINARI, « Chronik zu Nietzsches Leben », *in* NIETZSCHE, KSA, vol. 15, p. 7-212.

—, « Chronologie der Absendeorte », *in:* COLLI et MONTINARI, *Nachträge (Stand Ende 1986) und Register zu Nietzsches Sämtlichen Briefen*, Berlin/New York, de Gruyter, 1987, p. 35 *sq.*

HALÉVY, Daniel, *Nietzsche*, Paris, Grasset, coll. Le livre de poche, 2000 (1944).

JANZ, Curt Paul, « Friedrich Nietzsches Lehrtätigkeit in Basel 1869-1879 », *in* D. M. HOFFMANN (dir.), *Nietzsche und die Schweiz*, Zurich, Offizin Zürich/Strauhof Zürich, 1994, p. 25-29.

—, *Nietzsche. Biographie* (1978), vol. 1: *Enfance, jeunesse, les années bâloises*, trad. M. B. de Launay *et al.*, vol. 2: *Les dernières années bâloises. Le libre philosophe*, trad. P. Rusch, Paris, Gallimard, 1984.

Études

ACAMPORA, Christa Davis, « Nietzsche's Problem of Homer », *Nietzscheforschung. Jahrbuch der Nietzsche-Gesellschaft*, vol. 5-6, 2000, p. 554-574.

BEHLER, Ernst, « Friedrich Nietzsche et la philosophie du langage du romantisme d'Iéna », trad. V. Schröder, *Philosophie*, n° 27, 1990, p. 57-75.

BÉLAND, Martine, « Nietzsche avant Brandes. Une étude de réception germanophone (1872-1889) », *Nietzsche-Studien*, vol. 39, 2010, p. 551-572.

BLONDEL, Éric, *Nietzsche, le corps et la culture. La philosophie comme généalogie philologique*, Paris, PUF, coll. Philosophie d'aujourd'hui, 1986.

BORNMANN, Fritz, « Anekdota Nietzscheana aus dem philologischen Nachlaß der Basler Jahre (1869-1878) », *in* T. BORSCHE, F. GERRATANA et A. VENTURELLI (dir.), *« Centauren-Geburten ». Wissenschaft, Kunst und Philosophie beim jungen Nietzsche*, Berlin, de Gruyter, 1994, p. 67-80.

BROBJER, Thomas, *Nietzsche's Philosophical Context. An Intellectual Biography*, Urbana/Chicago, University of Illinois Press, 2008.

CAMPIONI, Giuliano, *Les lectures françaises de Nietzsche*, trad. C. Lavigne-Mouilleron, Paris, PUF, coll. Perspectives germaniques, 2001.

COHEN-HALIMI, Michèle, « Une philologie excentrique », *in* COLLECTIF, *Querelle autour de* La naissance de la tragédie, trad. M. Cohen-Halimi, H. Poitevin et M. Marcuzzi, Paris, Vrin, coll. Tradition de la pensée classique, 1995, p. 11-24.

CRÉPON, Marc, « Amitié, lecture et écriture », *in* NIETZSCHE, *Écrits autobiographiques 1856-1869*, trad. M. Crépon, Paris, PUF, coll. Épiméthée, 1994, p. 199-234.

D'IORIO, Paolo, « L'image des philosophes préplatoniciens chez le jeune Nietzsche », trad. N. Ferrand et P. D'Iorio, *in* T. BORSCHE, F. GERRATANA et A. VENTURELLI (dir.), *« Centauren-Geburten ». Wissenschaft, Kunst und Philosophie beim jungen Nietzsche*, Berlin, de Gruyter, 1994, p. 383-417.

—, « La naissance de la philosophie enfantée par l'esprit scientifique », *in* NIETZSCHE, *Les philosophes préplatoniciens*, suivi de *Les διαδοχαί des philosophes*, P. D'Iorio (dir.), (d'après les manuscrits), trad. N. Ferrand, Combas, Éditions de l'Éclat, coll. Polemos, 1994, p. 11-49.

EMDEN, Christian J., *Friedrich Nietzsche and the Politics of History*, Cambridge, Cambridge University Press, 2008.

FABRE, Florence, *Nietzsche musicien. La musique et son ombre*, Rennes, Presses universitaires de Rennes, coll. Æsthetica, avec CD audio, 2006.

FOUCAULT, Michel, *Dits et écrits 1954-1988*, vol. 1: *1954-1969*, Paris, Gallimard, coll. Bibliothèque des sciences humaines, 1994.

GERHARDT, Volker, «Nietzsches ästhetische Revolution» (1981), *in* V. GERHARDT, *Pathos und Distanz. Studien zur Philosophie Friedrich Nietzsches*, Stuttgart, Reclam, 1988, p. 12-45.

GREEN, Michael S., *Nietzsche and the Transcendental Tradition*, Chicago, University of Illinois Press, 2002.

HAAR, Michel, «La décadence de la tragédie à l'époque moderne» et «"Comment devient-on philologue?"», *in* NIETZSCHE, *Introduction aux leçons sur l'Œdipe-Roi de Sophocle*, suivi de *Introduction aux études de philologie classique*, trad. F. Dastur et M. Haar, Fougères, Encre marine, 1994, p. 15-24 et 87 *sqq*.

—, «Institution et destitution du politique», *in* M. HAAR, *Par-delà le nihilisme. Nouveaux essais sur Nietzsche*, Paris, PUF, coll. Perspectives critiques, 1998, p. 219-274.

JASPERS, Karl, *Nietzsche. Introduction à sa philosophie* (1936), trad. H. Niel, Paris, Gallimard, coll. Tel, 1978.

JOHNSON, Dirk Robert, «Nietzsche's Early Darwinism. The "David Strauss" Essay of 1873», *Nietzsche-Studien*, vol. 30, 2001, p. 62-79.

KESSLER, Mathieu, *L'esthétique de Nietzsche*, Paris, PUF, coll. Thémis philosophie, 1998.

KREMER-MARIETTI, Angèle, «Nietzsche sur la vérité et le langage (1872-1875)», *in* NIETZSCHE, *Le livre du philosophe. Études théorétiques*, trad. A. Kremer-Marietti, Paris, Flammarion, coll. GF, 1991, p. 9-34.

LATACZ, Joachim, «Fruchtbares Ärgernis. Nietzsches *Geburt der Tragödie* und die gräzistische Tragödienforschung», *in* D. M. HOFFMANN (dir.), *Nietzsche und die Schweiz*, Zurich, Offizin Zürich/Strauhof Zürich, 1994, p. 30-45.

LE RIDER, Jacques, *Nietzsche en France. De la fin du XIXe siècle au temps présent*, Paris, PUF, coll. Perspectives germaniques, 1999.

LIÉBERT, Georges, *Nietzsche et la musique*, Paris, PUF, coll. Quadrige, 2000 (1995).

LONG, Thomas A., «Nietzsche's Philosophy of Medicine», *Nietzsche-Studien*, vol. 19, 1990, p. 112-128.

LÖWITH, Karl, *Nietzsche, philosophie de l'éternel retour du même* (1934), trad. A.-S. Astrup, Paris, Hachette, coll. Pluriel, 1998.

MEIJERS, Anthonie, «Gustav Gerber und Friedrich Nietzsche. Zum historischen Hintergrund der sprachphilosophischen Auffassungen des frühen Nietzsche», *Nietzsche-Studien*, vol. 17, 1988, p. 369-390.

PASLEY, Malcolm, «Nietzsche's Use of Medical Terms», *in* M. PASLEY (dir.), *Nietzsche: Imagery and Thought. A Collection of Essays*, Berkeley/Los Angeles, University of California Press, 1978, p. 123-158.

PHILONENKO, Alexis, «Nietzsche au miroir de la Belle Époque», préface à B. de CESSOLE et J. CAUSSÉ (dir.), *Nietzsche 1892-1914*, Paris, Maisonneuve et Larose/Éditions des deux mondes, coll. Les trésors retrouvés de la *Revue des deux mondes*, 1997, p. 3-31.

PLETSCH, Carl, *Young Nietzsche. Becoming a Genius*, New York, Free Press, 1991.

PORTER, James I., «"Don't Quote Me on That!" Wilamowitz Contra Nietzsche in 1872 and 1873», *Journal of Nietzsche Studies*, n° 42, 2011, p. 73-99.

—, *Nietzsche and the Philology of the Future*, Stanford (CA), Stanford University Press, 2000.

—, «Nietzsche, Homer, and the Classical Tradition», *in* P. BISHOP (dir.), *Nietzsche and Antiquity. His Reaction and Response to the Classical Tradition*, Rochester, Camden House, 2004, p. 7-26.

ROSEN, Stanley, «Remarks on Nietzsche's "Platonism"», *in* T. DARBY, B. EGYED et B. JONES (dir.), *Nietzsche and the Rhetoric of Nihilism. Essays on Interpretation, Language, and Politics*, Ottawa, Carleton University Press, 1989, p. 145-163.

SALIN, Edgar, *Jakob Burckhardt und Nietzsche*, Heidelberg, L. Schreider, 1948 (2ᵉ éd.).

SCHABERG, William H., *The Nietzsche Canon. A Publication History and Bibliography*, Chicago, University of Chicago Press, 1995.

SLOTERDIJK, Peter, *Le penseur sur scène. Le matérialisme de Nietzsche*, trad. H. Hildenbrand, Paris, Bourgois, 1990.

STACK, G. J., *Lange and Nietzsche*, Berlin/New York, de Gruyter, 1983.

TAYLOR, Quentin, *The Republic of Genius. A Reconstruction of Nietzsche's Early Thought*, Rochester (NY)/Woodbridge, University of Rochester Press, 1997.

VALADIER, Paul, *Jésus-Christ ou Dionysos. La foi chrétienne en confrontation avec Nietzsche*, Paris, Desclée, 1979.

—, *Nietzsche et la critique du christianisme*, Paris, Cerf, 1974.

WARREN, Mark, *Nietzsche and Political Thought*, Cambridge (MA), MIT Press, 1988.

WHITMAN, James, «Nietzsche in the Magisterial Tradition of German Classical Philology», *Journal of the History of Ideas*, n° 43, 1986, p. 453-468.

WILCOX, J. T., « The Birth of Nietzsche out of the Spirit of Lange », *International Studies in Philosophy*, vol. 21, 1989, p. 81-89.

WILKERSON, Dale, *Nietzsche and the Greeks*, Londres/New York, Continuum, 2006.

WISMANN, Heinz, « Nietzsche et la philologie », *in* Centre culturel international de Cérisy-la-Salle, *Nietzsche aujourd'hui ?*, vol. 2 : *Passion*, actes du colloque de juillet 1972, Paris, U.G.E., coll. 10/18, 1973, p. 325-335.

WOTLING, Patrick, *Nietzsche et le problème de la civilisation*, Paris, PUF, 1995.

3. Littérature du XIXe siècle

[Anonyme, s.t. : recension de la deuxième *Considération inactuelle*], *Der Literaturfreund. Ein Führer für Bücherliebhaber und Buchhändler* (Stuttgart), vol. 2, n° 9, juin 1874, p. 154.

[Anonyme, s.t. : recension de *Humain, trop humain*], *Literarisches Centralblatt für Deutschland* (Leipzig), vol. 29, n° 42, 19 oct. 1878, p. 1370 *sq.*

[Anonyme], « Die Vertreter der Philosophie an der Universität Basel », *Philosophische Monatshefte* (Berlin), vol. 8, 1872, p. 93 *sqq.*

[Anonyme], « Vom "Bildungsphilister" », *Musikalisches Wochenblatt* (Leipzig), vol. 4, août 1873, p. 35 *sqq.*

[Anonyme], *Deutsche Festspiele in Baireuth*, 2e éd. : *Aufruf des Akademischen Wagner-Vereins*, ajout à la *Musikalisches Wochenblatt* (Leipzig), 26 juil. 1872, p. 510-524 (p. 1-15).

B. F., « Herr Friedrich Nietzsche und die deutsche Cultur », *Die Grenzboten* (Leipzig), vol. 32, n° 4, 17 oct. 1873, p. 104-110.

BINDER, Gustav, « Herr Nietzsche », *Die Gegenwart. Wochenschrift für Literatur, Kunst und öffentliches Leben*, Berlin, déc. 1873, article en quatre parties.

BURCKHARDT, Jacob, *Histoire de la civilisation grecque*, trad. F. Mugler, Vevey, Éditions de l'Aire, 5 vol., 2002.

COLLECTIF, *Querelle autour de* La naissance de la tragédie, *écrits et lettres de F. Nietzsche, F. Ritschl, E. Rohde, U. von Wilamowitz-Möllendorff et R. et C. Wagner (1871-1873)*, trad. M. Cohen-Halimi, H. Poitevin et M. Marcuzzi, Paris, Vrin, coll. Tradition de la pensée classique, 1995.

DOVE, Alfred, « Ein Theologe wider Willen », *Im neuen Reich*, vol. 3, n° 45, 1873, p. 734 *sq.*

FALCKENBERG, Richard, « Nietzsche und Schletterer », *Musikalisches Wochenblatt*, vol. 4, n° 40, 3 oct. 1873, p. 580 *sq.*

FLACH, Hans, [s.t. : étude sur l'article de Nietzsche en quatre parties paru dans le *Rheinisches Museum* (1870, 1873)], *in : Jahresbericht über die Fortschritte der klassische Altertumswissenschaft* (Leipzig), sept.-oct. 1873, p. 613-620.

GOETHE, *Divan occidental-oriental* (1819-1827), trad. H. Lichtenberger, éd. bilingue, Paris, Aubier-Montaigne, 1940.

HANSSON, Ola, *Friedrich Nietzsche* (1890), trad. L. Verbèke, Paris, Stalker, coll. Excelsior, 2006.

HARTMANN, Eduard von, *Die Selbstzersetzung des Christenthums und die Religion der Zukunft*, Berlin, C. Duncker, 1874.

—, « Nietzsches "Neue Moral" », *in* E. von HARTMANN, *Ethische Studien*, Leipzig, Hermann Haacke, 1898, p. 34-69. 1ère éd. : *Preußische Jahrbücher*, 1891.

HOFFMANN, Franz, « Unzeitgemässe Betrachtungen von Dr. Friedrich Nietzsche. Erstes Stuck : David Strauss der Bekenner und der Schriftsteller » (1873), *in* F. HOFFMANN, *Philosophische Schriften*, vol. 5, Erlangen, Andreas Deichert (dir.), 1878, p. 410-447.

L., [s.t. : recension de *La naissance de la tragédie*], *Philologischer Anzeiger* (Gottingue), vol. 5, n° 3, 1873, p. 134-139.

MEYER, Bruno, « Beiträge zur Wagner-Frage. In eigener Sache », *Deutsche Warte. Umschau über das Leben und Schaffen der Gegenwart* (Leipzig), vol. 5, n° 11, nov. 1873, p. 641-673.

OVERBECK, Franz, *Über die Christlichkeit unserer heutigen Theologie. Streit- und Friedensschrift* (1873), Darmstadt, Wissenschaftliche Buchgesellschaft, 1963 ; reproduction de la 2ᵉ éd. (Leipzig, 1903).

PUSCHMANN, Theodor, *Richard Wagner. Eine psychiatrische Studie*, Berlin, B. Behr, 1873.

RICHTER, Arthur, [s.t. : recension de la première *Inactuelle*], *in : Zeitschrift für Philosophie und philosophische Kritik* (Halle), vol. 64, 1874, p. 153-158.

SCHELLING, F. W. J., « Leçons sur la méthode des études académiques » (1803), trad. J.-F. Courtine et J. Rivelaygue, *in* L. FERRY, J.-P. PESRON et A. RENAUT (dir.), *Philosophies de l'Université. L'idéalisme allemand et la question de l'Université*, Paris, Payot, 1979, p. 41-164.

SCHILLER, *La fiancée de Messine ou Les frères ennemis. Tragédie avec chœur* (1803), trad. H. Loiseau, éd. bilingue, Paris, Aubier-Montaigne, 1942.

SCHOPENHAUER, Arthur, *Contre la philosophie universitaire* (1851), trad. A. Dietrich, préface M. Abensour et P.-J. Labarrière, Paris, Payot et Rivages, coll. Rivages poche-Petite bibliothèque, 1994.

—, *Le monde comme volonté et comme représentation* (1818), trad. A. Burdeau, R. Roos (dir.), Paris, PUF, coll. Quadrige, 2003.

STEIN, Ludwig, « Frédéric Nietzsche. L'homme et l'écrivain », *Revue bleue. Revue politique et littéraire* (Paris), vol. 52, n° 24, 9 déc. 1893, p. 748-751.

STENDHAL, *Correspondance inédite*, intr. P. Mérimée, Paris, Calmann-Lévy, 2 vol., 1855.

WAGNER, Cosima, *Journal*, vol. 1: *1869-1872* et vol. 2: *1873-1877*, M. Gregor-Dellin et D. Mack (dir.), trad. M.-F. Demet, Paris, Gallimard, 1977.

WAGNER, Richard, *Beethoven* (1870), trad. et intro. J. Boyer, éd. bilingue, Paris, Montaigne, 1948.

—, « Das Bühnenfestspielhaus zu Bayreuth » (1873), *in* H. BARTH (dir.), *Der Festspielhügel: Richard Wagners Werk in Bayreuth, 1876-1976*, Munich, DTV, 1976, p. 13-22.

—, « De la musique allemande » (1840-1842), *in* WAGNER, *Dix écrits de Richard Wagner*, trad. H. Silège, Paris, Librairie Fischbacher, 1898, p. 1-30.

—, *L'œuvre d'art de l'avenir* (1849), trad. J.-G. Prod'homme et F. Holl, Plan-de-la-Tour, Éditions d'Aujourd'hui, coll. Les introuvables, 1982, fac-similé de l'éd. Delagrave (Paris), 1928 (1910).

—, *Opéra et drame* (1850-1851), *in* WAGNER, *Œuvres en prose*, vol. 4 (parties 1 et 2) et 5 (parties 2 et 3), trad. J.-G. Prod'homme, Plan-de-la-Tour, Éditions d'Aujourd'hui, coll. Les introuvables, 1982, fac-similé de l'éd. Delagrave (Paris), 1928 (1910); correspond aux vol. 3 et 4 des *Gesammelte Schriften*.

—, « Public et popularité » (1878), *in* WAGNER, *Œuvres en prose*, vol. 12 (1874-1878), trad. J.-G. Prod'homme, Paris, Delagrave, 1924; correspond au début du vol. 10 des *Gesammelte Schriften*.

4. Anthologies, bibliographies et dictionnaires

Deutsches Wörterbuch Grimm, Leipzig, 1854-1960; éd. de 1971 sur Internet: http://woerterbuchnetz.de/DWB/?sigle=DWB&mode=Vernetzung&lemid=GZ07715 (janvier 2012).

EISLER, Rudolf, *Wörterbuch der philosophischen Begriffe* (1899), Berlin, E. S. Mittler und Sohn, 1904.

KRUMMEL, Richard Frank et Evelyn S. KRUMMEL, *Nietzsche und der deutsche Geist*, vol. 1: *Ausbreitung und Wirkung des Nietzscheschen Werkes im deutschen Sprachraum bis zum Todesjahr. Ein Schrifttumsverzeichnis der Jahre 1867-1900*, Berlin/New York, de Gruyter, coll. Monographien und Texte zur Nietzscheforschung, 1998. (« B » = 1ère éd., 1974).

REICH, Hauke, *Nietzsche-Zeitgenossenlexikon. Verwandete und Vorfahren, Freunde und Feinde, Verehrer und Kritiker von Friedrich Nietzsche*, Bâle, éd. Schwabe, coll. Beiträge zu Friedrich Nietzsche, 2004.

WOTLING, Patrick, *Le vocabulaire de Nietzsche*, Paris, Ellipses, 2001.

5. Classiques

ARISTOTE, *Éthique à Nicomaque*, trad. Tricot, Paris, Vrin, coll. Bibliothèque des textes philosophiques, 1994.

—, *Poétique*, trad., intr. et notes M. Magnien, Paris, L.G.F., coll. Le livre de poche classique, 1990.

—, *Les politiques*, trad. et notes P. Pellegrin, Paris, Flammarion, coll. GF, 1993.

—, *Rhétorique*, trad. C.-É. Ruelle et P. Vanhemelryck, notes B. Timmermans, intr. M. Meyer, Paris, L.G.F., coll. Le Livre de poche classiques de la philosophie, 1991.

DUMONT, Jean-Paul (dir.), avec D. DELATTRE et J.-L. POIRIER, *Les écoles présocratiques*, Diels-Kranz (dir.), Paris, Gallimard, coll. Folio, 1991.

ÉPICTÈTE, *Entretiens*, Livre III, éd. et trad. J. Souilhé, avec la coll. de A. Jagu, Paris, Belles lettres, 1963.

HESIOD, *Works and Days*, trad. D. W. Tandy et W. C. Neale, Berkeley, University of California Press, 1996.

PINDARE, *Œuvres*, vol. 2 : *Pythiques*, trad. A. Puech, Paris, Belles lettres, 1922.

PLATON, *La République*, in PLATON, *Œuvres philosophiques complètes*, vol. 4, trad. R. Baccou, Paris, Garnier, coll. Classiques Garnier, 1958.

PLUTARQUE, *Consolation à Apollonios*, trad. et commentaire J. Hani, Paris, Klincksieck, 1972.

6. Autres textes cités

ABENSOUR, Miguel et Pierre-Jean LABARRIÈRE, « Parasites appointés, qu'avez-vous fait de la vérité ? », in A. SCHOPENHAUER, *Contre la philosophie universitaire*, trad. A. Dietrich, Paris, Payot et Rivages, coll. Rivages poche-Petite bibliothèque, 1994, p. 7-36.

ACCAOUI, Christian (dir.), *Éléments d'esthétique musicale. Notions, formes et styles en musique*, Arles, Actes Sud / Cité de la musique, 2011.

BOUVERESSE, Jacques, *Schmock ou le triomphe du journalisme. La grande bataille de Karl Kraus*, Paris, Seuil, coll. Liber, 2001.

CACCINI, Giulio, *Le nuove musiche* (1601), suivi de *Nuove musiche et nuova maniera di scriverle* (1614), trad. J.-P. Navarre, Paris, Cerf, coll. AMICUS, 1997.

CLARK, William, *Academic Charisma and the Origins of the Research University*, Chicago/Londres, University of Chicago Press, 2006.

DASTON, Lorraine, « The Academies and the Unity of Knowledge : The Disciplining of the Disciplines », *Differences. A Journal of Feminist Cultural Studies*, vol. 10, n° 2, 1998, p. 67-86.

GREGOR-DELLIN, Martin, *Richard Wagner. Sa vie, son œuvre, son siècle*, trad. O. Demange *et al.*, Paris, Fayard, 1981.

HADOT, Pierre, *Qu'est-ce que la philosophie antique ?*, Paris, Gallimard, coll. Folio, 1995.

HOBBES, Thomas, *Léviathan*, trad. F. Tricot, Paris, Dalloz, 1999.

JÜNGER, Ernst, « Le Travailleur planétaire. Entretien avec Ernst Jünger » (1981), entrevue et trad. F. de Towarnicki, *in* M. HAAR (dir.), *Cahier de l'Herne Martin Heidegger*, Paris, L'Herne, 1983, p. 145-150.

LANDORMY, Paul, *Histoire de la musique*, Paris, Delaplane, 1920.

LE RIDER, Jacques, *L'Allemagne au temps du réalisme. De l'espoir au désenchantement, 1848-1890*, Paris, Albin Michel, coll. Bibliothèque histoire, 2008.

—, « *Les journalistes* de Gustav Freytag, prototype de la satire de la presse et des journalistes dans le théâtre de langue allemande », *in* J. LE RIDER et R. WENTZIG, Les journalistes *d'Arthur Schnitzler. Satire de la presse et des journalistes dans le théâtre allemand et autrichien contemporain*, Charente, Éditions Du Lérot, 1995, p. 263-274.

MICHAUD, Yves, *Locke*, Paris, PUF, coll. Quadrige, 1998.

OBENAUS, Sibylle, *Literarische und politische Zeitschriften 1848-1880*, Stuttgart, Metlzer, 1987.

REINHARDT, Karl, « La philologie classique et le classique » (1941), *Po&sie*, n° 13, 1980, p. 64-90.

ROVAN, Joseph, *Histoire de l'Allemagne des origines à nos jours*, Paris, Seuil, coll. Points, 1998.

SCHMITT, Carl, « Staat als ein konkreter, an eine geschichtliche Epoche gebundener Begriff » (1941), *in* C. SCHMITT, *Verfassungsrechtliche Aufsätze aus den Jahren 1924-1954. Materialen zu einer Verfassungslehre*, Berlin, Duncker und Humblot, 1954, p. 375-385.

SHILS, Edward, « The Intellectuals and the Powers. Some Perspectives for Comparative Analysis » (1958), *in* E. SHILS, *The Constitution of Society*, Chicago/Londres, University of Chicago Press, 1982, p. 179-201.

SLOTERDIJK, Peter, *Règles pour le parc humain. Une lettre en réponse à la Lettre sur l'humanisme de Heidegger*, trad. O. Mannoni, Paris, Mille et une nuits, 2000.

Szondi, Peter, *Poésie et politique de l'idéalisme allemand* (1960-1972), trad. dir. par J. Bollack, Paris, Gallimard, coll. Tel, 1991.

Vonk, Frank, « Gustav Gerber and "Kantian Linguistics". Presuppositions of Thought and Linguistic Use », *in* D. Cram, A. Linn et E. Nowak (dir.), *History of Linguistics 1996*, vol. 2 : *From Classical to Contemporary Linguistics*, Amsterdam/Philadelphie, John Benjamins Publishing, 1999, p. 289-296.

TABLE DES MATIÈRES

Avant-propos	7
Remerciements	10
Note sur les citations	11
Abréviations	12

INTRODUCTION
Le conflit entre métier et vocation ... 15

PARTIE I
Nietzsche à Bâle

1. Textes ... 37
   La métaphore médicale 38
   Kultur et *Zivilisation* 43
   Bildung et *Gebildetheit* 50
   Le philosophe 54

2. Contexte ... 67
   Nietzsche à Bâle 69
   L'Allemagne 81

PARTIE II
Symptomatologie

3. Auscultation : le modèle de l'Antiquité grecque ... 93
   La méthode philologique 98
   La perspective philosophique 110

4. Symptômes politiques : les mensonges de l'État — 125
   La contradiction fondamentale 126
   Le mensonge politique 128
   L'égoïsme hypertrophié 131
   La carence en mythe 135
   Antidotes 141

5. Symptômes pédagogiques : l'élargissement et la réduction de l'éducation — 153

6. Symptômes littéraires : la domination du journalisme — 171
   Journalisme et *Bildungsphilistinismus* 172
   La première *Considération inactuelle* en contexte 182
   La maladie de la langue 193

7. Diagnostic et pronostic : les écueils de la civilisation alexandrine — 201
   Le nihilisme de la civilisation alexandrine 201
   Le point limite de la civilisation alexandrine 205
   La lutte pour une nouvelle civilisation tragique 209

PARTIE III
Thérapie

8. Front philologique : les Grecs au secours de la *Kultur* — 215
   L'*Unzeitgemäßigkeit* de la philosophie 219
   Le réveil de l'Antiquité hellénique 222

9. Front musical : détruire l'opéra — 239
   Wagner et l'œuvre d'art de l'avenir 241
   Philosophie de la musique 246
   La *Kulturkritik* dans les arts 272

10. Front pédagogique : l'éducation populaire et la formation philosophique — 277
    Éducation publique : critiques 279
    Propositions pour un nouveau principe d'éducation 283
    L'éducation, au singulier ou au pluriel ? 290
    Éducation privée : la *Bildungs-Sekte* 300
    Une renaissance allemande 306

PARTIE IV
Comment vivre en philosophe

11. Retraits 313
    De la philologie classique   315
    De la polémique   327
    Du wagnérisme   333
    De l'université   341

12. Conflits 349
    Le métier et la vocation   350
    La philosophie et le masque   353
    Les postures du philosophe   362

ÉPILOGUE
De l'agora au jardin 369
    La philosophie, exégèse du corps   372
    La philosophie, confession de son auteur   378
    La philosophie itinérante   380
    Les nouveaux philosophes   382
    Philosopher   388

Bibliographie 391

Pensée allemande et européenne

Le Centre canadien d'études allemandes et européennes
The Canadian Centre for German and European Studies

La collection *Pensée allemande et européenne* (CCEAE, Montréal) et la collection *Philia* (Editions de la MSH, Paris) sont associées dans un programme de coédition et ont publié en commun :

Georg SIMMEL, *L'argent dans la culture moderne et autres essais sur l'économie de la vie*, textes choisis et présentés par Alain Deneault, traduits par un collectif (2006).

Philippe DESPOIX / Peter SCHÖTTLER (dir.), *Siegfried Kracauer. Penseur de l'histoire*, avec des contributions de Sabina Loriga, Carlo Ginzburg, Jakob Tanner, Walter Moser, Bertrand Müller, Olivier Agard, Nia Perivolaropoulou, Christian Delage, Jean-Louis Leutrat (2006).

Georg SIMMEL, *Esthétique sociologique*, introduction par Philippe Marty. traduit par Lambert Barthélémy, Michel Collomb et Florence Thérond (2007).

Siegfried KRACAUER, *Le voyage et la danse. Figures de ville et vues de films*, textes choisis et présentés par Philippe Despoix, traduits par Sabine Cornille (2008).

Augustin SIMARD, *La loi désarmée. Carl Schmitt et la controverse légalité / légitimité sous la république de Weimar* (2009).

Theodor W. ADORNO, *Current of Music. Éléments pour une théorie de la radio*, introduction de Robert Hullot-Kentor, traduction et postface de Pierre Arnoux (2010).

Ernst BLOCH, *Études critiques sur Rickert et le problème de la théorie moderne de la connaissance*, traduction, introduction et notes par Lucien Pelletier (2011).